应用语言学

汉语第二语言教学理论概要

朱志平　著

北京大学出版社
PEKING UNIVERSITY PRESS

图书在版编目(CIP)数据

汉语第二语言教学理论概要/朱志平著. —北京：北京大学出版社，2007.12

(应用语言学)

ISBN 978-7-301-12273-0

Ⅰ.汉… Ⅱ.朱… Ⅲ.对外汉语教学－教学研究 Ⅳ.H195

中国版本图书馆 CIP 数据核字(2007)第 080634 号

书　　　名：汉语第二语言教学理论概要
著作责任者：朱志平 著
策 划 编 辑：邓晓霞
责 任 编 辑：李　凌
封 面 设 计：张　虹
标 准 书 号：ISBN 978-7-301-12273-0/H · 1780
出 版 发 行：北京大学出版社
地　　　址：北京市海淀区成府路 205 号　100871
网　　　址：http://www.pup.cn
电 子 邮 箱：zpup@pup.pku.edu.cn
电　　　话：邮购部 62752015　发行部 62750672　编辑部 62754144
　　　　　　出版部 62754962
印 刷 者：三河市博文印刷有限公司
经 销 者：新华书店
　　　　　　880 毫米×1230 毫米　A5　13.875 印张　390 千字
　　　　　　2007 年 12 月第 1 版　2020 年 5 月第 4 次印刷
定　　　价：32.00 元

未经许可，不得以任何方式复制或抄袭本书之部分或全部内容。
版权所有，侵权必究　举报电话：010-62752024
　　　　　　　　　　电子邮箱：fd@pup.pku.edu.cn

目 录

序 ··· 1

致读者 ·· 4

第1章 应用语言学与汉语第二语言教学 ··················· 1
  1.1 应用语言学说略 ···································· 1
      1.1.1 什么是"应用语言学" ························· 1
      1.1.2 世界应用语言学的发展 ······················ 13
      1.1.3 应用语言学在中国 ·························· 19
  1.2 汉语第二语言教学的成熟与发展 ··················· 32
      1.2.1 "对外汉语教学"事业的产生与发展 ············ 32
      1.2.2 "对外汉语教学发展史"阶段的划分 ············ 36
      1.2.3 "对外汉语教学"定名问题 ···················· 44
  1.3 汉语第二语言教学研究领域的形成 ················· 46
      1.3.1 汉语第二语言教学的研究基础 ················ 46
      1.3.2 汉语第二语言教学研究领域的分布 ············ 50
      1.3.3 汉语第二语言教学研究领域的研究特色 ········ 52
      1.3.4 "语言应用研究"与"语言本体研究" ············ 61
      1.3.5 语言教学研究的三个出发点
            和两个必须考虑的问题 ······················ 64
      1.3.6 汉语第二语言教学研究的定位 ················ 69

第2章 语言与语言学习 ································ 71
  2.1 语言的本质 ·· 71
      2.1.1 语言存在的普遍性 ·························· 72

2.1.2 人类语言的创造性 ·················· 74
  2.1.3 语言结构的系统性 ·················· 77
  2.1.4 语言使用的社会性 ·················· 81
  2.1.5 语言机制的生成性 ·················· 85
  2.1.6 语言功能的交际性 ·················· 88
 2.2 第一语言与第二语言 ···················· 92
  2.2.1 关于四个概念 ····················· 92
  2.2.2 有关第一语言获得的研究 ············ 96
  2.2.3 关于第二语言获得生理机制的研究 ···· 114
 2.3 第二语言学习的目标 ··················· 119
  2.3.1 第二语言与 Native Language
     及 Native Speaker ··················· 120
  2.3.2 怎样评价 Native Speaker ············ 123
 2.4 衡量第二语言水平的标准 ··············· 136
  2.4.1 Native Speaker 在应用语言学上的特征 ·· 136
  2.4.2 怎样衡量第二语言水平 ············· 144

第 3 章 语言学与第二语言教学 ················ 148
 3.1 作为领先科学的语言学 ················· 150
  3.1.1 为什么说语言学是"科学" ··········· 151
  3.1.2 为什么说语言学是"领先的" ········· 154
 3.2 历史比较语言学与比较研究方法的借鉴 ·· 156
  3.2.1 语言的历史比较研究与语言学的独立 ·· 157
  3.2.2 比较研究方法对诸多学科的影响 ····· 159
  3.2.3 第二语言教学对比较研究方法的借鉴 ·· 161
 3.3 结构主义语言学与结构主义思潮 ········ 167
  3.3.1 结构主义语言观 ··················· 168
  3.3.2 结构主义研究方法与结构主义思潮 ··· 176
  3.3.3 结构主义语言学与汉语第二语言教学 ·· 179
 3.4 乔姆斯基语言学与语言教学 ············ 183
  3.4.1 乔姆斯基语言学革命及其对各种学科的影响 ······· 184

      3.4.2 从心理学角度看乔姆斯基的语言观 ················ 193

      3.4.3 乔姆斯基从心理学角度对语言的讨论 ············· 202

      3.4.4 乔姆斯基语言学对语言教学的意义 ················ 209

  3.5 功能主义语言学与语言教学 ································ 212

      3.5.1 功能语言学 ·· 213

      3.5.2 认知语言学 ·· 225

  3.6 语言教学与语言学的互动 ··································· 237

      3.6.1 语言理论对语言教学的影响 ··························· 237

      3.6.2 语言教学检验语言理论,并为语言理论

           提出新的课题 ··· 241

      3.6.3 语言教学对语言理论的应用过程 ···················· 243

第4章 第二语言学习与习得理论 ································ 245

  4.1 第二语言学习与习得研究的性质 ·························· 246

      4.1.1 第二语言学习与习得研究产生的社会背景 ······ 246

      4.1.2 第二语言学习与习得研究的学术基础 ············· 249

  4.2 第二语言学习与习得理论的研究内容 ···················· 250

      4.2.1 第二语言学习与习得研究的一些基本概念 ······ 250

      4.2.2 第二语言学习与习得研究所关注的基本问题 ··· 258

  4.3 第二语言学习与习得理论流派 ····························· 265

      4.3.1 对比分析理论 ·· 267

      4.3.2 中介语理论 ·· 273

      4.3.3 语言共性理论 ·· 285

      4.3.4 认知理论 ··· 291

      4.3.5 文化融合与语言混合化理论 ··························· 296

      4.3.6 监控模式理论 ·· 303

  4.4 第二语言学习与习得研究的方法 ·························· 318

      4.4.1 研究的基本手段 ··· 318

      4.4.2 语料的搜集与处理 ·· 322

第5章　第二语言教学法的选择与应用 ········ 325

5.1 语言教学法的性质与特点 ········ 327
  - 5.1.1 语言教学法的理论性 ········ 327
  - 5.1.2 语言教学法的体系性 ········ 329
  - 5.1.3 语言教学法的传承性和现实性 ········ 332

5.2 历史上的第二语言教学法 ········ 334
  - 5.2.1 语法翻译法 ········ 334
  - 5.2.2 直接法 ········ 337

5.3 侧重语言理论的第二语言教学法 ········ 345
  - 5.3.1 口语法和情景法 ········ 345
  - 5.3.2 听说法 ········ 350
  - 5.3.3 视听法 ········ 356
  - 5.3.4 交际法 ········ 358

5.4 侧重心理学理论的第二语言教学法 ········ 364
  - 5.4.1 认知法 ········ 364
  - 5.4.2 全身反应法 ········ 368
  - 5.4.3 沉默法 ········ 371
  - 5.4.4 社团语言学习法 ········ 375
  - 5.4.5 自然法 ········ 378

5.5 前苏联第二语言教学法简介 ········ 383
  - 5.5.1 自觉对比法 ········ 383
  - 5.5.2 自觉实践法 ········ 387

5.6 语言教学法的比较与评估 ········ 391
  - 5.6.1 语言教学法的比较 ········ 392
  - 5.6.2 语言教学法的评估 ········ 398

第6章　学习者母语文化传统与跨文化语言教学 ········ 400

6.1 文化的概念与特点 ········ 401
6.2 第二语言教学的跨文化性质 ········ 403

  6.3 第二语言教学在教育学上的特殊意义 ·················· 406
  6.4 学习者母语文化传统与第二语言的课堂教学 ········ 410

参考文献 ·· 417
后 记 ·· 427

序

我们一向认为,对外汉语教学是汉语作为第二语言教学,是应用语言学的一个分支学科。研究对外汉语教学理论可以有两种路数:一种是从对外汉语教学出发,探讨对外汉语教学中的语言理论、语言学习理论、语言教学理论和跨文化交际理论,以此提升教学水平。如黄锦章、刘焱主编的《对外汉语教学中的理论和方法》(北京大学出版社,2004),就是走的这条路子。另一种是从语言理论、语言学理论特别是应用语言学理论、第二语言习得理论、第二语言教学法理论和跨文化交际理论出发,阐释基本原理,在此基础上讨论汉语第二语言教学"应用哪些"理论和"怎样应用"这些理论。朱志平《汉语第二语言教学理论概要》(以下简称《概要》)属于后一种写法。要采用这种叙述的方法,需要作者具有深厚的理论素养,坚实的理论基础,要有眼光,要能概括、提炼。要居高临下,结合教学和学习实际,有独到的见解。披阅《概要》一书,读者不难发现作者既非坐而论道,也不是在此展示教学经验,而是将二者融会贯通,从"理"到"术",展开了陈述,给人以启迪。

《概要》的研究范围,主要涉及跟汉语第二语言教学相关的语言学理论、心理学理论和教育学理论及其他一些与第二语言教学互动的理论。

既然是探讨汉语第二语言教学理论,何以又冠以"应用语言学"呢?这涉及到语言教学跟应用语言学的渊源关系。"应用语言学"这个术语的实际使用,本始于第二语言教学。早在 1946 年,美国学者就开始把英语第二语言教学及其研究称之为应用语言学,至今,已延续使用了半个多世纪。尽管如此,人们对应用语言学的认识还多有参差,对第二语言教学的隶属关系,以及与应用语言学的牵扯,认识也还不一致。

大致说来,学术界一般都从"广义"和"狭义"两个角度来限定应用语言学的范围。《概要》就认定狭义的应用语言学主要是指语言教学。我国的语言教学包括母语教学、外语教学、对少数民族的双语教学、特殊语言教学以及对第一语言为非汉语者的汉语教学（汉语第二语言教学）。

将汉语第二语言教学隶属于应用语言学是自有其道理的。这是因为语言教学绝不仅仅只是使用某种理论，语言教学更要将语言理论对语言现象的解释应用到语言教学实践中。语言教学的实践在对各种语言理论应用的基础上，要形成自己独特的研究视角、研究特色、研究领域和基本理论框架。例如，汉语第二语言教学，就已形成自己独特的研究领域，形成了自己的研究特色。在汉语第二语言教学中，基于汉语本身的特点，语法教学与研究一直领先，并处于重要位置；词汇教学与研究颇多纷争，系统纷呈；汉字教学有着特殊的重要性，方法灵活多样，等等。毫无疑问，语言教学（包括汉语第二语言教学）自身就是一个学科。这个学科，在世界范围内，大多数学者倾向于称做应用语言学。

为了能将语言理论、语言学理论、语言教学与学习理论跟汉语第二语言教学打通，《概要》一书紧守住三个出发点：汉语第二语言教学"教什么"、"怎样学"、"怎样教"。在介绍相关语言学理论的基础上，《概要》认为，有两个必须考虑的问题：在汉语第二语言教学中"应用哪些"理论和"怎样应用"的问题。因而，书中十分强调语言教学与语言学的互动。这种互动体现在三方面：语言理论对语言教学有直接的影响；语言教学检验语言理论，并为语言理论提出新的课题；语言教学展现了对语言理论的应用过程。《概要》在介绍第二语言学习与习得理论的时候，并没有就汉语习得规律、习得过程、习得特点加以展开，而是详细地讨论了第二语言习得与学习的研究方法，从方法论的角度，授人以渔。

第二语言教学教学法本是《概要》一书题中应有之义。历来不同的教育理念影响着语言教学法的变革，同时，一种语言教学法的产生又跟一定的语言观和语言学习观联系在一起，进入20世纪60年代以后，语言教学法的选择和应用又较多地受到心理学的影响。语言教学法都有很深的理论渊源。语言教师要根据教学需要和教学对象在教学中灵活使用不同的教学法,即所谓之"教无定法"。但是,要达到这个境界,并非易事,作为教师就要对各种教学法的性质和特点,特别是来龙去脉、理论基础、教学原则及适用条件等,有充分的认识和了解。综观目前存在的语言教学法,有着明显的体系性,且不断传承,它跟基础理论和语言教学实践皆有密切关系,是在语言学、心理学、教育学和语言习得与学习理论等基础研究的基础之上形成的,然后,用于语言教学实践之中。《概要》将第二语言教学法分为四类:历史上的第二语言教学法、侧重语言理论的第二语言教学法、侧重心理学的第二语言教学法和前苏联第二语言教学法。在介绍各教学流派及其方法的同时,结合汉语特点与汉语第二语言教学评骘其优劣得失,颇多个人见地。

最后一章,讲到第二语言教学中的文化问题,也许因篇幅所限,草草收场,未见展开。且又枝蔓到在教育学上的特殊意义,失去关联。这一章应从跨文化交际理论开场,进而讲述语言和文化的密切关系,汉语第二语言教学中的文化意识,语言教学中的文化因素教学和文化内容教学,跨文化研究与教学实践等。我们相信《概要》在未来的修订版中文化的内容定会大大丰富。

朱志平博士长期徜徉于国内外汉语第二语言教学领域,积累了丰厚的教学经验,又接受过我国传统语言学研究的功底训练,加之以现代语言学的浸染,所著《概要》一书,内容丰富,理论与实践结合,教学与习得并重,既是语言学概要,又是应用语言学概要,更是汉语第二语言教学与习得理论概要。从事汉语第二语言教学诸君将会从阅读《概要》中,获取理论的提升。

朱志平博士与我是同行,相知有年。在学术交流与切磋学问中,所见略同,同气相求。志平博士好学深思,勤奋有加,在繁重的教学工作之余,编教材,作课题,带学生,更有力作问世,令人刮目。志平博士正当盛年,我们期待她有更多的成果贡献给我国的汉语第二语言教学事业。

赵金铭
2007 年 10 月 3 日

致 读 者

这本书从总体上讨论与汉语第二语言教学有关的一般理论。读者可以是这个专业在读的本科生、研究生,也可以是正在从事或者将要从事汉语第二语言教学的教师。这里的"汉语第二语言教学"指对母语为非汉语的人进行的汉语教学,主要指通常说的"对外汉语教学",也包括在海外进行的把汉语作为外语的教学。

为什么一本讨论汉语第二语言教学理论的书要冠以"应用语言学"之名呢?这要从语言教学的应用性质以及"应用语言学"这个术语的最初使用说起。

语言教学的内容是语言,因此对语言的教学过程不可能脱离语言理论对语言的解释。其实,如果我们追溯历史就不难发现,语言学的研究初衷往往也是和语言教学联系在一起的。中国的传统语言文字学曾被称为"小学",它最初的目的就是帮助当时的人阅读前代典籍。其他语言研究究其根源又何尝不是如此,根据《普遍唯理语法》一书译者介绍,第一部法语语法著作《法语学习》(*L'Aprise de Francais*)①的编写目的就是为了教英国人学法语(安托尼,克洛德,2001,译者说明)。语言学史告诉我们,任何语言学研究的目的都是为了解释一定的语言现象,要解决语言使用中产生的问题。无论是历史比较语言学从学科之林脱颖而出,还是乔姆斯基(Noam

---

① 据《普遍唯理语法》译者张学斌介绍,该书作者是英国人沃尔特·毕贝斯沃尔斯(Walter de Bibbesworth),原作发表于1290年前后。

Chomsky)①语言学对结构主义语言学的革命,其根本目的都是要给予语言现象一个更恰当的解释。从这一点来讲,语言教学将语言理论对语言现象的解释应用到语言教学的实践中正好切合语言研究的初衷。

语言教学要应用语言理论,但是又不限于只应用语言理论,心理学、教育学、社会学、文化等等都是它可能涉猎的领域。在这一点上,第二语言教学的研究尤甚。由于把语言作为教学内容,它不仅要关注理论语言学对语言的一般性解释,还要关注所教语言的本体研究对该语言的阐释;由于面对的是第二语言学习者,它就不仅要关注心理学及其语言学习理论对第一和第二语言习得的研究成果,还要关注课堂教学的方法和学习者的文化背景、教育背景。此外,语言教学绝不仅仅只是使用某种理论,在对各种理论应用的基础上,它要形成自己的研究视角、研究特色、研究领域和基本理论框架,因此,它自身就是一个学科,而这个学科在世界范围内就称之为"应用语言学"。

1946年,美国的学者开始把英语第二语言教学及其研究称之为"应用语言学"(桂诗春,1988,p.10)。从那时以来,英语、德语、法语等大多数语言的第二语言教学及研究都冠以"应用语言学"这个名称。这些研究所采集的数据有相当一部分来自对外来学习者所进行的本国语言的教学实践。也就是说,这些教学与研究也可以被称为"对外英语教学"、"对外德语教学"等等。从这一点来看,对母语为非汉语的外国学习者进行的汉语教学在教学目的、教学对象,特别是教学所处的语言环境方面跟国际上通称的"应用语言学——第二语言教学"内涵相当。所以,把汉语作为第二语言进行教学的活动和研究归属于应用语言学也就是很自然的了。

"对外汉语教学"是个新兴学科,在很多方面它的研究还要或者正在借鉴其他语言的第二语言教学研究成果,鉴于本书所要讨论的

---

① 由于本书将涉及较多外语人名与术语,为了便于阅读与检索,本书使用汉语翻译的同时,将原名或原术语放在括号内,如:乔姆斯基(Noam Chomsky);对于汉语中尚无一致翻译的人名或术语,本书在括号内注明其他翻译,必要时注明出处;括号内同样的翻译在本书同一小节内只标注一次。余仿此。

内容主要是有关汉语第二语言教学的理论,使用这个称谓也有利于我们对其他第二语言教学的理论加以阐述而不至于引起误解。而且,进入21世纪以来,随着中国与世界各国各方面交流的迅速发展,在海外进行的汉语第二语言教学(即在某个国家境内进行的汉语作为外语的教学)也不断扩展,形成了国际上不同国家、不同地区的汉语教师和研究者共同探讨、协力合作的局面(朱志平,2006)。这些研究当然也属于汉语第二语言教学的范畴,即属于本书要讨论的范畴,但是却很难将它们涵盖在"对外"二字之下。从学科发展的角度考虑,本书在"应用语言学"这个书名之下进一步标明本书的主题:汉语第二语言教学理论概要,以便说明本书将要涉及的具体范围。实际上,跟汉语第二语言教学研究相关的内容相当广泛,很难仅靠一本书囊括全部,所以,本书将在应用语言学的框架内,从第二语言教学研究体系出发,相对系统地引入一些与汉语第二语言教学研究密切相关的理论,以引起读者的兴趣和进一步探讨。

据此,本书的范围主要涉及跟汉语第二语言教学相关的语言学理论、心理学理论和教育学理论及其他一些与第二语言教学互动的理论。全书共分六章,第1章着重介绍"应用语言学"概念的源起、研究范围,特别是汉语第二语言教学研究的发展、成熟、现状以及未来趋势;第2章集中讨论语言性质和语言学习的关系,其落足点在于如何看待第二语言学习;第3章着重从汉语第二语言教学的视角讨论跟第二语言教学相关的语言理论;第4章主要介绍第二语言学习与习得理论,并在此基础上讨论第二语言学习与习得的研究方法;第5章集中阐述语言教学传统、介绍教学流派及其方法,并从汉语第二语言教学的角度讨论其优劣;第6章重点讨论学习者的母语文化传统与第二语言教学的关系。

朱志平

2007年3月

第1章 应用语言学与汉语第二语言教学

本书讨论把汉语作为第二语言或者作为外语进行教学的相关理论。半个世纪以来,学术界开始较多地使用"应用语言学"这个术语,并从一开始就把语言教学,特别是第二语言教学纳入应用语言学的研究范畴,因为人们相信语言教学是对语言及语言理论的应用。那么,把汉语作为第二语言进行教学或者研究的活动跟人们一般称之为"应用语言学"的学科之间有什么样的关系?这正是本章要讨论的。

对语言及语言理论的应用在人类历史上可以说是源远流长,但作为一个学科,应用语言学还很年轻。本书作为一本涉及应用语言学研究领域的书,有必要对整个学科做一个基本介绍,为此本章从应用语言学的产生和发展开始我们的讨论。

1.1 应用语言学说略

1.1.1 什么是"应用语言学"

1.1.1.1 库尔德内与"应用语言学"

"应用语言学"这个术语,最早由波兰语言学家扬·涅切斯瓦夫·博杜恩·德·库尔德内(Jan Niecislaw Baudouin de Courtenay)[①](1845~1929)于 1870 年提出。他主张区分"纯粹语言学"和"应用语

---

① 据戚雨村《现代语言学的特点和发展趋势》,他的俄语名字译为伊万·亚历山德罗维奇·博杜恩·库尔特内。

言学"。

正如索绪尔(Ferdinand de Saussure)对共时语言和历时语言的区分为结构主义语言学的研究开辟了一片新的领域一样[1],库尔德内对纯粹语言学和应用语言学的区分也为语言的应用研究开辟了一片新的研究天地。从20世纪下半叶到21世纪初应用语言学研究的日趋繁盛来看,这位给20世纪语言学领路的语言学大师是功不可没的。今天,"应用语言学"已经成为千万语言工作者共同致力研究的领域,并形成了若干分支,这个术语的内涵同最初库尔德内倡议的"应用语言学"也发生了一定的变化。但是,从学术渊源的角度考虑,我们使用这个术语的时候,不但有必要知道谁是它的首倡者,也有必要了解其首倡者的学术背景、他提出这个术语的初衷、内涵以及后来使用中所产生的变化。

1845年库尔德内出生于波兰华沙附近的小镇。他生长在波兰失国的时期[2],从小生长在沙皇俄国统治的华沙,这使库尔德内早期所受的教育主要是俄语的,从而对斯拉夫语族诸语言较为熟悉[3],为他后来的语言比较研究打下了基础(郭谷兮,1985)。

1862年库尔德内进入华沙大学学习历史比较语言学。毕业后,他先后到布拉格、莱比锡、柏林,以及奥地利、意大利北部等地学习并考察。他研究了斯拉夫诸语言、梵语以及印欧语系的许多其他语言,1874年在彼得堡大学获得比较语言学博士学位。此后,他先后在喀山大学、克拉科夫大学、彼得堡大学教书。波兰复国以后他回到祖国,在华沙大学执教,直至逝世。

库尔德内一生著述丰硕。在语言学史上,他首次提出语音的物理属性和功能属性不相吻合,主张对音素和音位加以区分,强调后者跟意义的关系,从而创立了音位学说。他主要研究历史比较语言学,

---

[1] 这一点我们在第3章还会深入讨论。
[2] 从1772年起,波兰被奥匈帝国、普鲁士和沙皇俄国三次瓜分,至1795年波兰完全失国,直到1918年第一次世界大战结束列宁宣布废除沙皇所签不平等条约才又复国。在这一百多年里,波兰华沙一带一直被沙皇俄国占领。
[3] 波兰语和俄语同属于印欧语系斯拉夫语族(《中国大百科全书·语言文字卷》)。

但他的视野并不仅局限于此,他的一些研究涉及到了语言学的许多领域,并对后来的结构主义语言学产生了重要影响。通过库尔德内与索绪尔早期的一些书信往来,人们相信索绪尔的一些观点在不同程度上受到了库尔德内的影响。比如库尔德内在1870到1890年的著述中就已经提到了有关语言和言语的区分(郭谷兮,1985)。在威廉·布莱特(William Bright)主编的《国际语言学百科全书》(*International Encyclopedia of Linguistics*)(Oxford University Press,1992)中,库尔德内被认为是体现"19世纪末语言学研究新趋势"的代表人物之一,并与索绪尔同时被列为19世纪60~70年代欧洲结构主义语言学的先驱。今天看来,"应用语言学"这个术语的提出,还体现了20世纪语言学研究的趋势。库尔德内的许多观点尽管在当时没有引起更多关注,在今天看来却很有意义,对语言应用研究也很有价值。

在喀山大学执教期间,库尔德内提出了很多有理论价值的观点,在该校的学者中产生了一定影响,从而形成了以他为核心的"喀山语言学派",这个学派的特点是,强调"语言事实的价值不在于事实本身,而在于作为抽象概括的课题和得出科学结论的数据"(戚雨村,1997,p.32~33)。这些主张不仅对当时历史比较语言学的研究很有意义,在今天也依旧发人深省,语言研究如果不能从语言事实中概括出带有规律性的特点,语言研究就失去了它应有的价值,语言的应用研究也是如此。

库尔德内的学术时代是历史比较语言学盛行的时代,不过,他已经在一定程度上认识到了历史比较语言学的局限,提出了具有现代语言学意义的见解。比如,他认为"语言现象之间的联系不仅存在于异时的历史发展之中,而且存在于共时的语言状态之中"(戚雨村,1997,p.26)。这个观点对汉语第二语言教学的研究很有现实意义,因为有很多我们无法解释的语言现象往往是历时语言因素遗留在语言中的结果。比如,在我们把"家庭"的"家"的意义解释给学生之后,可能会遇到学生这样的疑问:"国家"的"家"跟"家庭"的"家"有什么不同?这就涉及到了历史语言因素在现代汉语中遗留的问题。"国家"中的"国"和"家"本来分别指春秋时期诸侯和大夫的政治势力范围,凝固为双音词后,词义专指"阶级统治的工具"(《现代汉语词典》,2005),其中的"家"是非自由语素,跟"家庭"的"家"意义是不同的。但是由于用同一个汉字书写,第二语言学习者很难把握住其差异。

库尔德内强调语言现象之间的联系,他主张在对现代语言的研究中,既要看到古代语言遗留的成分,也要看到反映未来状态的新的语言成分。这个观点也很有现实意义,比如,在现代汉语中有大量的非自由语素,它们是古代词汇的遗留,它们已经不能进入现代汉语的句法结构,但是它们在现代汉语的词法层面上还很活跃,有很强的组词能力和造词能力,是汉语第二语言教学不能忽视的。例如"民"是不能独立使用的,但是它却可以不断地组成诸如:股民、彩民、烟民等新词。

库尔德内认为语言的发展受到两方面的影响,一方面是语言社团各个成员之间的相互影响,另一方面是语言社团的各个成员自身在使用语言时对语言的影响。用我们今天的术语说,就是语言发展具有社会因素与个人心理因素。这个观点对语言教学,甚至社会语言学的研究都很有意义,有一些语言表达方式的日渐推广或萎缩事实上是语言社团各成员之间的影响造成的,比如,中国人过去常用的招呼语"吃了吗",它曾经使一些第二语言学习者感到疑惑并闹出笑话:当他们被某个中国人问到"吃了吗",他们误以为这个中国人是要请他吃饭。随着中国社会经济的发展变化,"吃了吗"这个招呼语如今已经逐渐被"你好"代替了,以至于有的外国学生在海外学了"吃了吗"这个招呼语,再拿到中国来使用的时候,中国有的年轻人听到这样的问题竟然半天反应不过来。再比如"对不起"和"不好意思",这是两个用于表达负欠心理的谦敬用语(易敏,2005),它们原本在语义上是有差异的,只是南方一些方言多倾向于用后者。近年来随着大陆和港台联系的日益密切,在"南语北上"的影响下,"对不起"在口语中的使用频率在日渐下降,代之而起的是"不好意思"的使用频率在不断攀升。尽管这里面有社会语言交际中的求变和"避重就轻"的心理(同上),但它无疑也是语言社团成员相互影响的一种结果。与此同时,个人对语言的使用也会影响整个语言社团,一些新词语、新用法曾经被认为是不合语法的,因为那时尚没有被社会接受并采纳,比如,副词"很"修饰名词的用法曾经是不被接受的,而如今类似"很中国"这样的说法却比比皆是。从这些语言现实看,我们不能不说,库尔德内的观点在今天的语言教学研究中依然可用。

当然,从语言教学的角度看,库尔德内对20世纪语言学研究更大的贡献还在于"应用语言学"这个术语的提出。基于对语言社会性的认识,他主张把语言学区分为"纯粹语言学"和"应用语言学"。他认为"应用语言学"是运用"纯粹语言学"的知识来解决其他学科领域的各种问题(S.皮特·科德,1983),主要包括了语言学史和语言教学法的研究,而前者则主要涉及语言的体系学和语法学。不过,在1870年以后的几十年里,人们对这个术语并没有给予更多的关注。这跟当时的学术氛围和语言学的研究状况有关,当人们还在热衷于语言的历史比较,特别是当语言的历时研究还没有被共时研究所取代的时候,人们很难注意到这一术语的社会现实价值。这也是为什么库尔德内"曾因其思想之新颖而受到同代人的许多批评,甚至嘲弄"(郭谷兮,1985,p.42)。

"应用语言学"这一术语的真正使用,是在半个世纪以后。20世纪40年代"应用语言学"首先在美国使用,被用来指称英语第二语言教学及研究。1946年,美国密执安大学(Michigan University)[①]成立英语学院,研究对外国人教英语的问题[②],并出版了一本刊物,名为《语言学习》(Language Learning),该刊副标题即为"应用语言学学刊(Journal of Applied Linguistics)",从那时起,英语第二语言的教学及理论研究就一直冠以"应用语言学"的名称。随后,这个术语又陆续用于指称其他的语言应用学科。比如,前苏联的学者也把"应用语言学"用于指称语言的计算机处理。所以,今天人们所使用的"应用语言学"概念往往不仅包括对"纯粹语言学"的应用,也包括

---

① 又译密歇根大学,这里沿用S.皮特·科德《应用语言学导论》原译。
② 这种教学又称为ESL(English as a Second Language)。

对语言本身的应用,以及对语言学和其他学科的综合应用。它的使用范围比库尔德内所谈及的要广泛得多。

1.1.1.2 应用语言学的基本定义

"应用语言学"的定义跟研究者们对它的使用有关。由于"应用语言学"这个术语的实际使用始于第二语言教学,而且这种使用延续了半个多世纪,直到现在。此后又用于计算机语言处理,以及语言的翻译、校勘、速记等,以及用于指称语言学与其他学科共同解决某个领域的问题所产生的许多新学科,比如社会语言学、心理语言学等等。所以,人们对"应用语言学"所下的定义也就多有参差。

刘涌泉认为,从20世纪80年代以后应用语言学的发展趋势看,应用语言学可以分成两种,一种处理面向人的问题,一种研究计算机的语言处理。所以他主张把前一种称为"一般应用语言学",把后一种称为"机器应用语言学"(刘涌泉,1991,"前言")。

桂诗春认为,应用语言学可以分为广义的和狭义的,广义的应用语言学指"把语言学知识应用于解决其他科学领域的各种问题"(桂诗春,1988,p.2),这种应用产生了许多边缘学科,如:社会语言学、心理语言学、神经语言学等等;狭义的应用语言学则是指语言教学,特别是第二语言教学或外语教学。

冯志伟也主张把应用语言学区分为广义和狭义两种,并进一步把广义的应用语言学归纳为"指语言学知识和研究成果所应用的一切领域和方面,即语言学与其他学科相互交叉渗透所产生的一切边缘学科",把狭义的应用语言学归纳为"指语言学知识和研究成果所应用的某一领域或方面,即语言学与其他学科相互交叉渗透所产生的某一边缘学科"(冯志伟,1999,p.5)。

结合库尔德内最早提出来的"应用语言学是运用纯粹语言学的知识来解决其他科学领域的各种问题"(S.皮特·科德,1983,"译者的话")这一基本观点,我们认为将刘涌泉1991年提出的观点和《中国大百科全书·语言文字卷》对"应用语言学"的介绍综合起来较能概括各家的解释,即:

应用语言学是语言学知识在各个领域各种不同应用的总称,它研究语言如何得到最佳利用的问题。它与理论语言学的不同在于，它着重解决现实当中的实际问题，<u>一般不接触语言的历史状态</u>。

从汉语第二语言教学的实际需要来讲，我们认为有必要对这个定义中划线的部分再做一点儿修正。正如库尔德内所主张的那样，由于共时语言现象中积淀了语言的历时发展过程，应用研究有时候也不得不接触语言的历史状态，也就是说，<u>应用研究着重解决现实当中的实际问题，必要时也要接触语言的历史状态</u>。我们这样主张是基于汉语和汉字的特点。汉语的书面语是由汉字来记录的，由于汉字从数千年前一直沿用到现在，一个词的不同义项，甚至是不同的词往往都掩盖在同样的字形之下，第二语言学习者常常难以判断。比如"事情"和"爱情"里的"情"，"毛病"和"毛线"里的"毛"，它们不是同一个语素，但是却以同样的字形出现在不同的词里，如果不对这些意义差异进行历史的分析就很难将现实的各种关系整理清楚。再比如：在汉语第二语言教学中对"穿"这个词的教学：学生学习了"穿衣服"的"穿"，也知道了"穿过马路"的"穿"，可是，当他们碰到"把一根很细的丝线穿过一颗有九曲孔道的明珠"[①]的"穿"时，依然不能理解这个句子里"穿"的意思。显然，学生只分别学习了"穿"的不同义项，却还没有把这些义项"穿"起来，都系到"穿"这个词下。这时，作为语言教师，要把"穿"的不同义项给学生讲清楚，就应当在进行教学设计的时候追溯"穿"这些意义形成的基础——词的本义及其引申线索，也就是它的历史状态和历时过程。《说文解字》有"穿，通也"，段玉裁引用《诗经·召南·行露》"谁谓鼠无牙，何以穿我墉"加以注释。从《说文解字》和段玉裁注释对"穿"本义的解释，我们可以看出，"穿衣服"、"穿过马路"和"用绳穿珠子"中所涉及的"穿"的三个义项之间有关联，它们都在"由（中间有空隙的）某物的一端通过某物，达到另一端"这一点上相通（朱志平，2002，p.43）。由于词义的引申和变化往往要以本义为基础，因此，一个词的众多义项必然在某一点上存在着共

[①] 句子选自《汉语中级教程》第二册第22课《文成公主》，杜荣主编，北京大学出版社，1992年。

性,追溯本义就能够把握住不同义项的共性。所以,如果在教学中以"由某物的一端通过某物,达到另一端"这个核心意义来贯穿"穿"的不同义项,恐怕就可以避免学生发出上述疑问了。由此可见,在解决汉语第二语言教学的现实问题的时候,必要时也得接触汉语的历史状态。

1.1.1.3 应用语言学的研究范围

由于应用语言学是一个领域相当广泛的学科,自从这个术语投入使用以来,人们赋予它的内涵并不统一,有人用于语言教学,有人用于计算机语言处理,还有人将它用于语言学和其他一些学科形成的交叉学科。而且,随着现代社会的发展,人们赋予这个学科的内容也日趋丰富。这一点从国际应用语言学协会目前下设的科学委员会(AILA Scientific Commissions)的研究领域即可见一斑。根据冯志伟的介绍,国际应用语言学协会目前下设的科学委员会有如下研究领域:成人语言教学、第二语言习得、多语环境下的语言教育、教育技术与语言培训、母语教育、儿童语言研究、特殊用途的语言研究(如"手势语")、言语分析、对比语言学与偏误分析、语言与性别、语言规划、语言测试、词典编纂与词汇学、修辞学与风格学、术语学、翻译学、社会语言学、心理语言学、应用计算语言学等等(冯志伟,1999)。

据此,学术界采取了实事求是的做法,从"**广义**"和"**狭义**"两个角度来限定应用语言学的范围。从广义角度,人们把应用语言学分为两类:一类包括了语言学与其他学科所形成的一切交叉学科,比如,计算语言学、社会语言学、心理语言学、神经语言学、文化语言学、认知语言学、病理语言学、人类语言学等;另一类则涉及语言理论、语言应用过程中产生的一切学科,比如,语言的计算机处理,语言教学,语言规划,以及翻译、校勘、速记等等。根据一些学者的观点,又可以把后一类分为"**机器应用语言学**"和"**一般应用语言学**"(包括语言教学、翻译、语言规划等)①。狭义的应用语言学则主要指语言教学。根据学术界的讨论,我们将应用语言学的研究范围分类列表如下:

---

① 参见《中国大百科全书·语言文字卷》p.460～462。

表 1-1 应用语言学研究范围分类表

广义应用语言学研究范围		
语言学与其他学科交叉形成的学科	语言理论、语言应用过程中产生的学科	
	机器应用语言学	一般应用语言学
计算语言学	语言计算机处理	语言教学（狭义应用语言学研究范围）
社会语言学	实验语音学	语言规划
文化语言学	机器翻译	辞书编纂
人类语言学	情报检索	翻译
病理语言学	文字信息处理	校勘
神经语言学		速记
心理语言学		
认知语言学		

从这张表可以比较清晰地看到应用语言学的主要研究范围以及语言教学在应用语言学研究领域中所处的位置。显然，汉语第二语言教学当属语言教学，在语言教学中，除了第二语言教学还包括：母语教学、外语教学、对少数民族的双语教学以及特殊语言的教学（如，对聋哑人的手势语教学）等。它们的关系如下图所示：

```
语言教学——母语教学
        ——对少数民族的双语教学
        ——特殊语言的教学——对聋哑人的手势语教学
        ——第二语言教学——对中国学生的外语教学
                      ——对第一语言为非汉语的学生的汉语教学
                        （对外汉语教学）
```

图 1-1

图 1-1 所示是就中国目前语言教学的现状与本书所要讨论的相关理论来划分的。在我国，对少数民族的汉语教学跟"对外汉语教学"不完全一样。1949 年以来，随着少数民族区域教育水平的不断提高，汉语在很多少数民族区域逐渐成为与民族语言同时通用的语言。在学校教育中，汉语和民族语文课程一般是同时开设，由于这些

课程的对象主要是未成年的中小学生，不少学习者有可能是在同时学习两种语言，跟本书所要讨论的已经掌握第一语言，在此基础上开始学习第二语言的情况不相同。这里将其单列为一类，有利于下面的讨论。另外，第二语言教学在有的国家既包括了对外国人的教学，也包括了对国内少数民族的教学，而这些国家少数民族的组成实际上包括了相当数量的新移民，这在一些移民国家尤其明显。比如美国的英语第二语言教学（English as a Second Language），其教学对象的主体是来自其他国家的移民或侨民。因此，这些国家进行的第二语言教学所涉及的"少数民族"概念在内涵上与中国不完全相同。

此外，表1-1的范围划分也不是绝对的，有些领域有时也互相交叉，比如人们也曾将"语言规划"划入"社会语言学"的范畴，而"计算语言学"实际上就是语言的计算机处理的理论部分，等等。而且，随着应用语言学研究的日益繁荣，应用语言学也产生了领域内的应用互动，比如汉语第二语言教学的研究就不可避免地会用到社会语言学、神经语言学、认知语言学等学科的研究成果。

为便于讨论，本书下面将要涉及的"应用语言学"这个概念主要指第二语言教学，涉及其他学科时我们会专门说明。这个限定既考虑到了"应用语言学"最先用于英语第二语言教学与研究，也是考虑到这个名称在当今世界范围内的第二语言教学界仍广泛使用。同为第二语言教学，英语及其他语言的第二语言教学有许多成果是值得汉语第二语言教学借鉴的。事实上，在过去的20多年里已经有很多研究者大量地借鉴了英语和其他语言的第二语言教学研究成果，因此，在我们讨论汉语第二语言教学的研究时是避不开这些内容的。

1.1.1.4 应用语言学的学科性质

在我们限定了我们所讨论的"应用语言学"范围之后，应用语言学学科的性质可以从以下三个方面来看。第一个是**语言应用的特殊性**。与"应用物理"、"应用数学"等学科不同，应用语言学的应用过程同时包括了对语言理论的应用和对语言本身的应用。前者只是对"物理学"或"数学"理论的应用。比如，在汉语第二语言教学中，我们要给学生讲语法，这时就要应用语言理论在语法方面的研究成果，但是我又不能直接在课堂上抽象地使用语言学术语向学生解释语法，因为学生是来学汉语的，不是来学语法的，教师需要把某个语法点内化在给学生举的例子、向学生提出的问题中，让学生在用汉语交流的过程中学会并正确使用汉语语法。例如，要让学习者了解"把"字句，教师首先应当弄清楚现代汉语语法学对"把"字句的解释——"谓语部分带有介词'把'构成的介词短语作状语的动词谓语句"（刘月华等，2004，p.731）以及"把"字句的结构特点——（主语）＋"把"＋"把"字的宾语＋谓语动词＋其他成分（同上，p.733），必要时还包括语法学界对"把"字句研究的最新成果，如"把"字句的语义分类、"把"字句的语用特征等等。但是，我们并不能只是抽象地把上述有关"把"字句的定义及研究成果告诉学生，而是必须通过提问、举例、交谈等方式让学生在用汉语交流的过程中学会"把"字句。比如，教学过程可能会以下面这样的对话进行：

教师：约翰为什么生气了？
学生1：山本把他的杯子拿走了。
教师：山本为什么把约翰的杯子拿走了？
学生2：山本把那个杯子当成他自己的了。
……

所以，语言教学在应用语言学研究成果的过程中同时也应用了语言本身，这种应用具有一定的特殊性。

第二个方面是"应用语言学"**学科领域的综合性**。应用语言学是一个多边缘的、综合性极强的学科。研究语言教学，主要是应用语言理论，同时还要涉及心理学、教育学，甚至有可能涉及社会学、人类学、数理统计等各种学科以及它们跟语言学产生的交叉学科的研究成果和研究方法。比如，"阿姨"这个词，中国人都不会觉得难学，许多孩子一岁就会说这个词，而且很少用错。可是第二语言学习者就觉得很难，他们不知道什么时候使用它。因此，尽管从频率上讲"阿姨"是高频词，但是许多外国学生表达相关概念的时候还是会倾向于选择意义跟它相近的低频词。例如他们会说"这个幼儿园的保姆都很漂亮"。这个句子中的"保姆"是个低频词[①],学习者却选择了它。而同样的条件下,一般中国人则更倾向于选择"阿姨"来表达上述意思。"阿姨"有3个义项:① 指母亲的姐妹,② 指跟母亲辈分相同、年纪差不多的无亲属关系的妇女,③ 是对保育员或保姆的称呼。这些义项无疑渗透了中国家庭关系以及家庭关系社会化带来的文化内涵,对它的理解需要建立在对中国社会了解的基础上。作为汉语教师,在进行教学设计的时候要预见到这一点,就不能不关注社会学、人类学等学科。

语言学、心理学、教育学曾一直被认为是"对外汉语教学"的三大基础理论(赵金铭,2001),近年来学者们又进一步提出把计算语言学和现代教育技术等也都作为"对外汉语教学"的基础理论(赵金铭主编,2005)。这种对语言教学基础理论的认识以及认识的发展也充分说明了应用语言学学科领域的综合性这一性质。

应用语言学性质的第三个方面是**学科研究的实验性**。应用语言学的研究必须建立在实验和调查的基础之上。影响第二语言学习的因素可以分为两类,外部的和内部的,前者涉及教师、教法、教学条件、环境等,后者涉及学习者的兴趣、智力、年龄、学习技巧等。"要想知道哪一个因素对语言学习有何作用,就必须把它视作具有操纵作用的因素。再把其他因素控制起来,使具有操纵作用的因素在相同的条件下进行试验"(王振昆,1997,p.49),所以,根据实验和调查所获得的数据进行研究是应用语言学必备的研究方法之一。比如,当我们要全面了解不同母语学生在混合编班的条件下的学习状况时,我们至少需要做两种调查,一种是横向的,根据一个班级或一批学生在某个平面上的成绩,分析他们成绩参差的原因;另一种是纵向的,要对某个或某几个学生做个案追踪的调查,了解他(她)或他们在某一段时间里学习成绩或者课堂表现的变化,并考察影响这些变化的各种因素。再比如,当我们要了解学生是怎样学会某些语言结构或

[①] 根据《汉语水平词汇与汉字等级大纲》(经济科学出版社,2001年)"阿姨"为甲级词,"保姆"为乙级词。

词汇,或是他们在学习过程中采用了哪些学习策略的时候,我们也需要通过实验来获得相关的数据。

1.1.2 世界应用语言学的发展

"应用语言学"这个概念,从库尔德内 1870 年提出到 1946 年美国的学者们正式启用经历了 76 年。此后由于社会的发展和语言理论的多元化,应用语言学发展得十分迅速,至 20 世纪 60 年代已经形成一个独立的学科。

1.1.2.1 社会发展对应用语言学的影响

第二次世界大战后,世界各国在努力恢复和发展社会经济的同时加强了文化的交流。20 世纪 40 年代到 60 年代计算机语言信息处理的研究和第二语言教学推动了应用语言学的发展。

国与国之间了解和沟通的障碍主要是语言。计算机对自然语言处理的目的最初就是要解决机器翻译的问题。从 20 世纪 40 年代电子计算机产生时起,研究者们在把计算机用于数值运算的同时,就已经开始考虑如何利用计算机把一种语言自动地译成另一种语言。词对词翻译的结果显然不能满足自然语言表达的需要,所以要把一种自然语言译为另一种或另外几种自然语言,首先就要使计算机理解自然语言,也就是要实现"人机对话"。直至 20 世纪 60 年代中期,"人机对话"的研究一直是计算机自然语言信息处理研究的核心课题。

"人机对话"的深入研究使自然语言信息处理的研究及其理论日臻成熟,形成了应用语言学的一个新的分支——计算语言学。并且也产生了许多新的研究领域,比如"情报自动检索"、"语料库的生成"、"言语统计"、"计算机辅助教学"等等。如今,计算语言学已经和现代教育技术联系在一起,成为汉语第二语言教学的一个重要的技术手段,比如"多媒体汉语教学"、"远程汉语教学"等,都离不开计算机语言信息处理的理论和研究成果。

解决国际交流困难的另一途径,就是第二语言教学。鉴于本书的核心内容是第二语言教学,所以,我们这里要重点讨论第二语言教学对应用语言学发展的推动作用。欧洲在罗马帝国的全盛时期曾经把一种"俗拉丁语(Vulgar Latin)"作为"普通话",到了公元500年前后,罗马帝国崩溃,拉丁语的各种方言之间的距离逐渐拉大,最终成为罗曼语族的各种近代语言,比如法语、意大利语、西班牙语等等(黄长著,1991)。文艺复兴以后,欧洲各国开始大力推行自己的语言和文字,原来各国通用的拉丁语在口语中逐渐遭到废弃,但是绝大多数的文献还是用拉丁文写成的,于是在大多数学校中拉丁文文献的阅读成为教学的主要内容,当时教师主要靠教授语法和翻译来帮助学生理解并掌握拉丁文。这种教学方法后来被称作"语法翻译法"(Grammar-based Method)。它一直被用来教授并学习拉丁语,后来也被作为一种主要的外语教学方法用于教授并学习其他外语,并且一直被沿用到19世纪。它的特点是重视语法、阅读和翻译,忽略口语教学。作为拉丁文文献阅读的教学法,语法翻译法的初衷并无更多的可指责之处。不过,把它用于外语或者第二语言的教学,它就不那么得力了。

19世纪后半叶,随着当时资本主义社会的经济竞争与经济的向外扩张,口语的学习变得迫切起来,人们急于通过语言交流达到交际目的。但是,传统的语法翻译法教出来的学生往往都只会读写,听说能力极差。因此,直接法(Direct Method)被作为"反叛"的教学法提出来,它强调直接学习、直接理解、直接应用,反对或者限制使用母语及翻译。它是受婴儿学习母语的启发而产生的,但其产生的社会动力却是资本主义社会的经济竞争及向外扩张的需要。

直接法最早的倡导者之一是法国人古安(F. Gouin)[①],他曾经用传统方法学习德语,他花了一年多的时间背了德语语法和词典,但是他依旧不能听、说德语,当他看到一个一年前不会说话的婴儿已经说得很流利时,他受到了启发,提出外语学习应当像婴儿学习母语那样直接学习,而不要通过母语的翻译或者语法的解释。此后,经过许多人提倡,直接法逐渐形成一个流派。详细情况我们在第5章再讨论。

---

① 这里F. Gouin译名依照《国外外语教学法流派》(章兼中主编,1983)。

今天看来,语法翻译法和直接法各有偏颇,前者忽略了语言的社会性和交际性,后者则忽略了成人学习语言和第二语言学习的特殊性。因此,第二次世界大战以后,随着社会发展,国与国之间的交流依旧迫切需要行之有效的语言教学方法。最早产生这种迫切感的是美国。从20世纪50年代开始,美国与前苏联之间进入冷战时期,双方都在努力增强国力。当时在美国的大部分中小学里,外语教学并不那么受重视,由于教学方法落后,许多学生都不愿意选修外语课程。据调查,1955年美国只有14%的中学生在学习外语课程。1957年56%的中学都不设外语课程(Krashen Stephen,1995)。1957年苏联成功发射第一颗人造卫星。①这个消息震动了美国政府。1958年,美国国会通过了"国防教育法"(The National Defense Education Act),开始大力推动外语教育,掀起了外语教育改革的热潮。这时,人们开始关注二战中美军使用过的一种教学法——听说法(Audio-lingual Method)。

第二次世界大战中后期,美国介入战争,大量的美军士兵将被派往欧洲、北非以及亚太地区,不懂当地语言给美军士兵带来很多困难。为了解决这个问题,美军采用了美国一些语言学家研究印第安语时使用的办法,请语言研究专家和语言教师联合组织教学。这些专家在研究印第安语时深入印第安人社会,直接与对方交流,在交流中学习土著语言。因此他们主张在教师的指导下让学生直接与目的语使用者交流。主要有两个训练方法,一个是练习并记忆情景对话,另一个是根据句型组织口语对话。这种训练方法的特点是,把语法包含在一系列的语言行为中,通过语言行为的实践建立起目的语的语言能力。它的心理学基础是行为主义,语言学基础则是结构主义。有关不同教学法的源流及评价我们将在第5章详细讨论,这里主要就教学法的变化来说明不同时期社会的需求。

美国政府行政手段的推动和听说法的推广使美国公众增加了学

---

① 约翰·奈比斯特《大趋势——改变我们生活的十个新方向》认为这标志着信息时代的开始。

习外语的信心,推动了外语教学的研究,特别是二次大战以后大量移民涌入美国,在事实上造成了对英语成人第二语言教学的需求。在这种需求的推动下,英语作为第二语言的教学与研究有了较大的发展。具体表现为 1946 年美国密执安大学成立英语学院,专门研究如何教外国人英语。1959 年,美国在华盛顿正式成立了应用语言学中心(Center for Applied Linguistics,简称 CAL),下设本族语与英语教学部、外语教学部、研究部、语言与公共政策办公室等部门。该中心由著名语言学家弗格森(C. Ferguson)领导。至此,应用语言学作为一个学科已经初具规模了。

因此可以说,计算机语言信息处理研究的需求和第二语言教学及研究的需求是推动应用语言学蓬勃发展的两大社会动力。

1.1.2.2 语言理论多元化对应用语言学的影响

应用语言学在 20 世纪 60 年代蓬勃发展的另一个原因是受到语言理论多元化发展的影响。语言学自 19 世纪以来由于方法论的成功,得以从其他学科独立出来(伍铁平,1994),形成了理论语言学研究的第一个全盛时期——**历史比较语言学**时期。进入 20 世纪以后,对共时语言的研究又使它进入了第二个全盛时期——**结构主义语言学**时期。20 世纪 30 年代到 50 年代,语言学研究一直是结构主义唱主角,有两个主要流派:一个是以瑞士语言学家索绪尔(Ferdinand de Saussure)为代表的欧洲结构主义语言学,另一个是以布龙菲尔德(Leonard Bloomfield)为代表的美国描写语言学(American Descriptive Linguistics)。

在历史比较语言学的后期,结构主义在欧洲已经崭露头角。此前的洪堡特(Wilhelm von Humboldt)以及此时的库尔德内虽然也已经注意到了共时语言中存在的诸多有价值的现象,提出过一些跟索绪尔观点非常接近的理论。但是,在他们的时代,这些理论并没有受到学术界太多的重视,从语言学史的角度,我们只能说他们的观点在一定程度上影响了索绪尔。而索绪尔本人也并未发表过更多的著述,主要是由他的一些学生将他的讲课笔记整理出来发表,这就是我们今天看到的《普通语言学教程》(*Cours de Linguistique Generale*)。

然而后者却在 20 世纪上半叶产生了巨大的影响。按照罗宾斯(R. H. Robins)的观点,此时人们对历史比较语言学的研究"已经暂时达到一个可接受的停留点(... historical linguistic theory had temporarily reached an acceptable resting place...)"(R. H. Robins,2001,p.224),所以索绪尔就成为新时期语言研究的集大成者。有关索绪尔的理论我们将在第 3 章详细讨论。这里仅从语言学史的角度说明不同语言理论的更替关系。

美国描写语言学形成于对美洲印第安土著语言的研究,它在一定程度上秉承了欧洲结构主义的研究传统和方法。不过,美国描写语言学在本土语言的研究中也形成了自己的特色。"它不主张用别的语言的模式来描写本地的语言"(赵世开,1989,p.1),而是从本地语言的实际出发强调对所研究语言的客观描写,从而形成了美国式的结构主义。正像赵世开所指出,"美国语言学"包括两种含义,"一种是指它的描写方法,另一种是指它的理论"(同上)。也正是这种强调客观描写的传统使得美国的结构主义有了另一个称谓——描写语言学。

美国描写语言学早期代表主要是鲍阿斯(F. Boas)和萨丕尔(Edward Sapir),他们的主要研究成果和学术思想都建立在对印第安语言的研究上。鲍阿斯重视从人类学的角度研究语言,萨丕尔在继承前者的基础上,对语言的本质有独到的见解,也重视语言的文化和心理基础。

以布龙菲尔德为代表的一批学者则将鲍阿斯和萨丕尔对语言结构描写的原则进一步具体化了,从方法论的角度对美国描写语言学"做出了奠基性的贡献"(赵世开,1989,p.48)。比如语法研究中的"语素分布识别"和"直接成分分析法"。他们的语言观主要建立在行为主义心理学的基础上。

不过,20 世纪 50 年代后期,结构主义"一统天下"的局面却发生了变化。主要是乔姆斯基(Noam Chomsky)生成语言学的崛起,以及在欧洲发展起来的伦敦学派所形成的功能语言学,分别从心理学和社会学的角度给语言学带来了新鲜空气①。至此,在语言学理论研究界已经形成了百家争鸣的局面,用科德(S. Pit Corder)的话来说,作为语言理论的"消费者",应用语言学自然会发现这个货架上是琳琅满目了(S. 皮特·科德,1983)。

1.1.2.3　应用语言学的成熟与发展

在社会和理论两个方面的条件催化作用下,应用语言学自身逐渐成熟起来。

1964年是标志应用语言学成熟的一年。这一年在法国南锡(Nancy)召开了第一届国际应用语言学大会,成立了国际应用语言学协会。同年,韩礼德(M. A. K. Halliday)等人在英国出版了第一本应用语言学教科书——*Linguistic Science and Language Teaching*。此后,欧美各国大学纷纷开设应用语言学课程,并出版应用语言学刊物。

时至今日应用语言学作为一个成熟的学科已经走过了将近半个世纪,每三年一届的国际应用语言学会议也已经召开了14届。2001年中国正式申请参加国际应用语言学学会,于2002年成为正式会员,并积极申办国际应用语言学大会。在2005年7月的国际应用语言学学会执委会和国际委员会联席会议上,中国的申请获得批准,第16届国际应用语言学大会将于2011年在北京召开②。这无疑将大大推动中国应用语言学的研究。

不过,迄至目前为止,尽管国际应用语言学会已经设有19个科学委员会,其中也包含有"第二语言习得"、"成人语言教学"等领域,但是,中国直接参与国际应用语言学研究和讨论的还主要是从事英语第二语言教学的学者。这也是有待汉语第二语言教学研究者努力的一个方面。

---

① 有关生成语言学和功能语言学我们在第3章还要详谈。
② 消息来自北京外国语大学新闻网2005年10月12日新闻公告。

1.1.3 应用语言学在中国

20世纪60年代世界应用语言学的蓬勃发展并没有在中国引起多大反响。不过,这并不是说,那时或此前中国国内不存在语言的应用活动与研究。作为应用语言学的主要分支,语言教学早就存在了。因此,这里应当明确的是,在中国历史上一直存在着语言的应用活动与应用研究,只是应用语言学作为一个学科的意识此前并没有建立起来。

1.1.3.1 中国历史上的语言应用活动与研究

根据目前的研究现状,不少学者主张把以下5个方面作为中国当前应用语言学研究的主要领域:(1)国家的语言规划和计划,语言文字规范化、标准化、现代化;(2)语言文字学与计算机的结合,如汉字信息处理、机器翻译等;(3)语言教学,包括外语教学、对外汉语教学等;(4)语言学与社会学的结合,如社会语言学、文化语言学等;(5)语言学与心理学的结合,如心理语言学、神经语言学等等(冯志伟,1999,p.26)。这种主张在一定程度上反映了中国当前应用语言学的研究兴趣趋向,也可以从中看到现状和历史的一些关联。以上的5个方面,(2)(4)(5)都是当代新兴的研究领域,(1)和(3)是历史上业已产生的领域。结合汉语第二语言教学研究的需要,我们这里集中讨论两方面的情况,一个是历史上的汉语第二语言教学及相关的应用活动与研究;另一个是近代以来的语文现代化运动。语文现代化运动跟中国现在的语言规划和计划,语言文字规范化、标准化、现代化有渊源关系,不过,我们在此讨论语文现代化运动的目的主要还在于,今天汉语第二语言教学的研究跟语文现代化运动推动下所形成的现代汉语研究传统密切相关。

1.1.3.1.1 中国历史上的汉语第二语言教学

中国历史上的汉语第二语言教学跟汉语及汉文化在历史上的对外传播关系密切。

董明将汉语汉字对外传播的渠道分为6条:(1)中国历代对外国来华留学生的教育;(2)外国宗教界人士对汉语文的学习;(3)

"汉字文化圈"国家进行的办学活动;(4)中国知识分子在境外教汉语;(5)分散于中国民间的对外汉语教学;(6)各种中文典籍的对外流布(董明,2002,p.546)。综其所述,通过这6条渠道所进行的汉语第二语言教学,从教学环境看,包括了两种语言条件下的教学,一种是在中国境内汉语言大环境中进行的,一种是在中国境外非汉语环境下进行的;从教学目的来看,它们可以大致分为两类,一类是通过一般的中外文化交流实现的,包括民间的和官方的;另一类则是宗教传播的结果。主要通过两个途径,一个是古代佛教自印度传入中国,再通过中国传入中国东部和南部的周边国家,包括东渡传入日本;另一个是近代基督教自西向东传入中国。后者是西学东渐的助力之一,因此也起到了推动现代汉语研究传统形成的作用。

语言是文化的载体,不同民族之间的文化交流无疑要通过语言来进行,而宗教的传播同样也是要通过语言来进行的。随着文化和宗教的传播,语言作为媒介自然也成为传播内容之一。

不同民族和文化之间的交流,一般始自地域接壤或接近的区域,中华文化发源于黄河与长江的中下游地区,这里地处亚洲东部,所以它最早影响的自然主要是居住在东部或东南部的其他民族。直至近代以前,中国古代汉语汉字向周边国家的传播主要有三个方向:向东传入朝鲜半岛;向南传入越南;向东越过日本海或东海传入日本(董明,2002)。

早在公元前12世纪就有纣王诸父箕子"不忍周之释,走之朝鲜"(《尚书大传》),并在当地进行"中国礼乐"等教育活动。这些活动是汉语汉字向朝鲜半岛传播的开始。因为"箕子在朝鲜的教育活动,绝离不开基本的直接或间接的语言学习(学习朝鲜语)和语言传播(传播中国语)"(同上,p.7)。自此,汉语汉字在朝鲜半岛的传播几乎就没有中断过,它历经先秦两汉、隋唐五代,以及宋、元、明、清各朝。在这期间,汉字汉语的传播主要通过以下几种人来完成,一是中国历代前往或者流落朝鲜半岛的人,有的人最终在当地成为名副其实的汉语教师(同上,p.139~140);二是往来于两地的官员和留学生,特别是从唐代开始,由朝鲜半岛赴中国留学的人员就没有中断过;三是宗教人士的往来,这里面既有来中国学习佛教的古朝鲜人,也有中国前往朝鲜半岛的佛、道等宗教人员。

据周有光介绍,公元前214年秦始皇曾在今越南中部和北部一带设置象郡。公元前208年,河北人赵佗建南越国,都广州,疆土包括今天的越南中部和北部。公元前112年,汉武帝平定南越国,在越南中部和北部设置交趾、九州和日南三郡(周有光,1997,p.98)。由这些历史可知,汉字当时已随这些行政机构南下。在那个时代,当地肯定已有不少人懂汉语识汉字。此后历经三国、两晋、隋、唐、两宋及至元、明、清。由于越南历代统治者推行科举考试,儒家经典的教与学事实上一直是汉语汉字传播的一个重要途径。

隋朝以前汉语汉字向日本的传播主要有两个途径,一个是官方的直接往来,一个是以经学、理学或者佛学为内容或通过朝鲜或直接传至日本。自隋朝起,日本官方开始重视与中国的交往,大批的使节、学问僧、留学生自此源源不断。以隋、唐为最盛,并一直延续到明、清时期。1868年日本明治维新以后,日本统治者开始转向学习西方,汉语言文字的传播主要在民间继续(董明,2002)。

汉语汉字向朝鲜半岛、越南和日本的传播当属古代的汉语第二语言教学。不过,由于这种教学的主体是汉字书写的儒家经典等的传播,其结果主要是古代朝鲜、越南和日本将汉字作为记录当地语言的工具并对儒家等思想的吸纳。目前,韩国和朝鲜两国书面语都使用拼音文字——谚文(谚文创制于1443年)。此前,汉字一直是当地记录语言的主要工具。而且,韩国教育部对中小学的教育规划现在依旧包含着应当学习1800个汉字的要求[①]。古代越南也一直使用汉字为记录当地语言的工具,尽管在中国的宋朝时期越南就已经创造了"喃字"(周有光,1997),"但汉字一直是官方通用的文字"(董明,2002,p.331)。17世纪以后,随着西学东渐和基督教传播活动的展开,越南语书面语逐渐开始走上拉丁化的道路,并在20世纪最终实现书面语拉丁化(赵丽明主编,2003)。在日本,汉字作为记录语言的

---

① 据2000年12月31日韩国教育部文件。

手段一直沿用至今。尽管二次大战之后日本开始较多地使用假名，但1946年公布的《当用汉字表》还有1850个汉字，1981年《常用汉字表》又增加到1945个汉字（冯志伟，1999，p.124）。

汉语汉字在上述几个国家的传播历史，无疑给这几个国家今天的汉语学习者带来不少益处，特别是日本学生和韩国学生，有了汉字基础，他们学习汉语书面语言就比其他国家的学生容易许多。所以有不少研究者将这几个国家纳入"汉字文化圈"。

从应用语言学的视角去看这段历史，应当认识到，在这期间，汉语语言本身的传播只是一种"副产品"，因为绝大多数以语言学习为目的的汉语教学是自发的，散见的，还没有形成有规模的以语言交际能力培养为目的的汉语教学，当然也就谈不上相关的应用研究，更没有成形的理论，所以这种汉语汉字的传播充其量只能看成是语言应用的一些活动。

值得一提的是，我们今天经常使用的"留学生"一词产生于这一时期。汉唐两代是中华文化广受周边国家及世界重视的时期，从汉代开始就有不少国家向汉朝派遣留学生，及至唐朝人数更多（吕必松，1990，引言）。另外，这期间也有少数教材产生，特别是元末明初在朝鲜半岛流行的两本以教授汉语口语为目的的课本——《老乞大》与《朴通事》。它们用当时的北京口语以会话体的形式写成，被认为是早期以课文为中心的教材的代表（程相文，2004）。

与前述的一般文化交流活动不同，宗教的传播虽然最终造成了汉语传播的事实，但二者的初衷是不一样的。前者往往始自汉文化向其他民族社会的输出或其他民族对汉文化的吸纳，后者则始自其他文化向汉民族社会的输入。所以，宗教传播所形成的汉语第二语言教学是从僧侣们为传教而学习汉语开始的。在中国历史上，宗教传播所涉及的汉语教学主要是古代佛教的传入，以及明清以来，特别是近代基督教的传入。

佛教之传入中国，得益于丝绸之路的开通。据史料记载，始自西汉汉武帝时，西域即有僧人来华，主要是印度僧侣，也有僧侣来自伊朗（汉代称"安息"）。佛教在中国的传播，隋唐时期达到鼎盛，持续至宋朝、明朝。特别是在唐朝,由于当时统治者的推崇,佛教成为唐代意识形态的一个重要组成部分(杜继文主编,1991)。除了中国僧人到西域取佛经同时也传播中国文化以外(比如唐代高僧玄奘),外来僧侣要想在中国宣讲佛经,让中国的佛教徒理解佛经,首先必须学会汉语。他们学习汉语的活动自然成为古代的汉语第二语言教学活动的一部分。

在中国历史上,唐代因开明的对外政策,已经出现基督教的传教活动,但是当时基督教的影响没有佛教那么大(董明,2002)。自元代以来,特别是明清两代,基督教开始随着西方资本主义的海外扩张传入中国,成为跟宗教传播有关的汉语教学活动的另一方面。就像当年葡萄牙传教士被中国官员告知的那样"先去做学生,学习我们中国话,以后你再做我们的老师,给我们讲解你的教义"(转引自张西平,2002)。与佛教僧侣一样,基督教教士要想传播他们的教义也得学习汉语。而且,由于明清以来西方资本主义的扩张和中西文化的差异,基督教要想渗入中国的文化体系并非易事,所以传教士往往是"通过亲近儒家文化来改造儒家文化,从而使基督教在中国扎下根"(张西平,2002,p.94)。

伴随着宗教传播和传教士们的汉语学习,也出现了一些汉语教科书,比如19世纪葡萄牙著名汉学家伯多禄(Pedro Nolasco da Silva),在他就任澳门华务局长期间曾编写了数本汉语教材,供香港和澳门的葡萄牙儿童及成人使用(张西平,2002)。

宗教传播的结果既包括语言应用活动,也包含一定的语言应用研究。除了汉语第二语言教学的活动,主要是宗教经典的传译工作带来的语言应用成果。正如梁启超所说"佛教为外来之学,其托命在翻译,自然之数也"(梁启超,1988,p.155),因此,宗教经典的传译首先推动了语言的翻译研究的发展。早在两汉时期,佛教僧侣们就开始了佛教经典的汉译工作,至隋唐还有了专门的译经师(董明,2002,p.569)。特别是明清以来的宗教传播,更具有现代性质,成为现代翻译学的前奏。这一时期的翻译活动不仅涉及宗教经典,还大量涉及具有词典性质的工具书和其他科学著作。比如,罗明坚(P. Michel

Ruggieri)和利玛窦(P. Matthoeus Ricci)合作编写的《葡汉词典》,"按照字母表排序,用罗马字注音,还提供相应的汉语短语……"(杨慧玲,2004,p. 106)。再比如,王徵①协助金尼阁(P. Niclaus Trigaus)撰写《西儒耳目资》。中国近代科学家徐光启还曾和利玛窦一起翻译了《几何原本》(张西平,2002)。诸如此类,既是应用活动,也具有一定的研究性质。这些活动对后来双语词典、各种学科著作的翻译研究与发展显然是不无影响的。

此外,宗教经典的传译还推动了汉字注音的研究。东汉学者在佛经读字的启发下,发明了反切。"反切方法的发明,是汉语音韵学的开始"(王力,1980,p.28)。反切的产生改变了过去使用直音的局面,为汉语研究摆脱汉字束缚开创了新的方法。这不能不说也是应用研究的一个成果。同样,近代西方基督教传教士用罗马字对汉字注音的活动也在一定程度上推动了近现代的汉字注音研究。

一些著名的传教士,诸如罗明坚、利玛窦、金尼阁等人在聘请当时的中国知识分子做汉语教师的同时,也将一些汉语教师带到国外。据张西平介绍,黄嘉略是较早的一位教师,他随法国传教士梁弘仁(Artus de Lionne)到法国后,担任了法王的中文翻译和王室中文图书的整理工作,并在法国完成了《汉语语法》(Essay de Grammaire de la Langue Chinoise)一书,供法国人学汉语用(张西平,2002)。这些活动及其结果也在事实上推动了汉语和汉文化的传播。

1.1.3.1.2　中国近代以来的语文现代化运动与汉语第二语言教学

语文现代化是国家工业化的前奏。工业化是以全民教育为基础的,这种教育的实施又需要在全民共同语的基础上进行。欧洲在文艺复兴之后摆脱了中世纪漫长的宗教"一统天下"跟拉丁文的"书同文"时代,各国开始发展自己的民族共同语和国家共同语,"准备好了工业化的语文土壤"(周有光,1992,p. 11)。所以,语文现代化的运动往往跟民族共同语和国家共同语的形成密切相关,当它成为一种民

---

① 此处据罗常培作"王徵",不简化作"王征"。

族的或国家的行政行为时，就是国家的语言规划和计划，语言文字规范化、标准化和现代化。

我们这里从汉语第二语言教学的视角来认识中国近代以来的语文现代化运动。

在中国，现代汉语的民族共同语和国家共同语的形成和发展是在一系列的"语文现代化运动"中逐渐实现的。1840年的鸦片战争把中国带入殖民地半殖民地的近代史时期。随着19世纪东西方资本主义势力的侵入，一些进步知识分子欲救国家于危亡，主张采用西方一些进步的理论来分析中国社会，在要求政治变革的同时，他们也意识到民族共同语和国家共同语需要建立在文言一致的基础上，因此掀起了一系列的语文现代化运动。这些运动属于汉语的应用活动与研究，它们先后包括"切音字运动"、"国语运动"、"白话文运动"、"拉丁（罗马）化运动"、"汉字简化运动"、"少数民族语文运动"等等（周有光，1992），最早可以追溯到清朝末年。这些运动从成果来看主要有两部分：汉语口语与书面语的统一、文字改革。它们成为今天中华民族共同语——汉语普通话形成的基础。

汉语口语与书面语的统一始于20世纪初的"白话文"运动，它强调"我手写我口"，推动了汉语书面语形式的改革。到20世纪初，中国通用的书面语依旧是文言文，跟当时的口语差距很大。尽管唐宋以来已经流行白话文，明清时的章回小说也多以白话文写成，但白话文的使用始终没有超出通俗文学的范围。1917年胡适在《新青年》杂志上发表了"文学改良刍议"，主张以白话文为文学正宗。1918年的"五四"运动由于它在思想解放上的巨大作用成为推行白话文的巨大社会动力。20世纪30年代的"大众语运动"又进一步动摇了文言文和半文言文在政府公文、法律条文、报纸新闻等领域的地位。1949年中华人民共和国成立以后，白话文在汉语书面语的地位得以完全确立，从那时以来，报纸、公文等一律采用白话文（冯志伟，1999）。

白话文运动也促进了汉语书面形式的改革，由竖排版改为横排版，采用了新的标点符号，文章中使用阿拉伯数字等等。由于这些改革的具体实施都在1949年以后，也造成了海外一些华人聚居区通行的汉语书面形式与中国大陆有一定差异。

伴随着汉语书面形式改革运动的是中国的文字改革。文字改革的过程涉及到两个方面,一个是汉字注音的改革与拼音化,另一个是汉字的简化、整理与规范化。

汉字是表意文字,自古人们就认识到它难读、难写、难认。前人在古籍中为汉字注音,目的也是为了帮助读者跨越这个障碍。汉以前采用的汉字注音方法主要是直音(王力,1980)。直音是用一个字为另一个字注音,比如"冬,东也"或"拾,音十"。直音的问题在于,有时找不到同音字,或者用于注音的字是生僻字,注音就无助于阅读。汉代以后的反切法较之直音前进了一大步。反切是汉儒在梵语拼音字母和拼音原理启发下发明的,它采用"两个汉字为一个字注音。前面的字称反切上字,注被切字的声,后面的字,称反切下字,注被切字的韵、调。"(邹晓丽,2002,p.56)如"东,德红切"。

尽管如此,反切注音的方法也还有自身不能克服的局限性,使用的时间一长,这些局限性就显现出来了。罗常培指出,反切注音有三个弊端:一是两字注一字,前一字只用声,不用韵,但是汉语中却没有无韵的音节,因此要花很长时间才能学会使用;二是自东汉以来用于反切注音的字没有一定范围,同样的音节在不同的书里可能使用不同的字来注音,使学习者无所适从;三是有的音节涉及的字太少,还是找不到合适的字来注音,比如《广韵》上声第四十二个字"拯",就没有字来为它注音,因为跟"拯"同音的几个字都是生僻字,它们都用"拯"注音,所以《广韵》只好在"拯"字下说"无韵切,音蒸上声"(罗常培,1956)。

很明显,反切注音局限是汉字为汉字注音造成的。明清以来,特别是随着基督教传播以及西学东渐的影响,学者们开始关注用拼音代替反切注音。前述王徵与金尼阁合著的《西儒耳目资》就是用拉丁字母给汉字注音的。英国人威妥玛(Thomas F. Wade)设计的一套用拉丁字母拼写中国人名、地名、事物名称的拼写法后来被称为"威妥玛式"拼写法。这些都为早期汉语拼音运动——切音字运动提供了经验。1892年卢戆章的《一目了然初阶》拉开了切音字运动的序幕,此后的 20 多年出版了各种注音方案,其中影响较大的是王照的《官话合音字母》和劳乃宣的《增订合声简字》。"注音字母"最终在 1913 年的读音统一会上得以确定,并于 1918 年由北洋政府公布,此后向全国推广。它的方法是"取笔画最简之汉字,而用双声叠韵法变读其原来之字音"(同上,p. 115)。这套注音字母在中国大陆一直使用到 1958 年,台湾地区和海外一些人士目前还在使用。在注音字母推广之后、汉语拼音方案产生以前的几十年中,汉字注音还先后经历了"国语罗马字运动"和"拉丁化新文字运动",二者尽管最终没有在全国范围内推广,但它们对后来汉语拼音方案的诞生有着极其重要的影响。

1956 年,中国文字改革委员会发表了《汉语拼音方案》草案,经过修正和审定,1958 年经第一届全国人民代表大会第五次会议正式批准,并向全国推广,一直沿用至今。汉语拼音为中国儿童识字提供了极大的方便,它无疑也是汉语第二语言学习者极其重要的学习工具,以及汉语教师课堂讲解字词和编写教材的依据,它带给母语为拼音文字的学习者的便利更是不言而喻的。汉语书写形式的拼音化曾经是不少学者汉字改革的理想目标,不过,迄目前为止,汉语拼音主要还是汉字拼写助读的工具。

文字改革的另一个方面是汉字的简化、整理与规范化。实际上,汉字的简化和整理都可以看成是规范化工作的一部分。从汉字发展的总体趋势来看,汉字是在不断简化的,在字体的演变中我们可以看到这种趋势。比如"星"字在甲骨文中是"生"加 5 个圆圈,到了小篆,圆圈变成"日",有三个的,也有一个的,楷化以后,就只剩一个了。与此同时,历代在民间也不断有简体字出现,由于只在民间流行,很少进入正式刊行的文献,文字学家把这种民间手写简化了的汉字称为"俗体字"。到了清朝末年,在汉字注音改革的同时,人们也认识到汉字简化给学习者和使用者带来的便利。随着教育救国的呼声,汉字简化开始形成一种社会运动(苏培成,2001)。

首倡汉字简化的是陆费逵。1909 年,他在《教育杂志》创刊号上发表了《普通教育当采用俗体字》。把汉字简化具体化并将汉字简化运动推向高潮的是钱玄同，他归纳出 8 种简体字构成的方法。支持汉字简化运动并身体力行的学者还有黎锦熙、杨树达、陈望道、蔡元培、陶行知、郭沫若、巴金等（同上）。不过，汉字简化工作的切实推行，是中华人民共和国成立之后。1954 年成立了中国文字改革委员会，1955 年发表了《汉字简化方案》的草案。草案经修改于 1956 年正式公布。1964 年又编辑出版了《简化字总表》，共收字 2238 个，1986 年调整后为 2235 个。

根据《汉字简化方案》，汉字简化的方针是"约定俗成，稳步前进"，因此，简化字的产生主要源于已有的古字、民间流传的俗字和楷化的草书字体，少数是新造字。根据傅永和介绍，汉字简化经历了三个阶段的不同认识，在最初的阶段侧重于笔画的减省，后来认识到单纯追求笔画减少并不能完全解决识字的问题，在第二阶段侧重选用按形声结构简化的形体，开始重视汉字结构跟识字的关系，这样认识一个声符就可以认识好几个字。第三阶段则注重"减少罕用部件，尽量使非字部件独立成字，从而使不便称说的汉字变得可以称说"（刘坚主编，1998，p.591）。

在简化汉字的同时，汉字的整理工作也在进行着，主要是从字量、字形、字音等方面对汉字加以规范。在字量规范方面，1952 年正式公布了《常用字表》，收字 2000 个；1988 年又发布《现代汉语常用字表》收常用字 2500 个和次常用字 1000 个。同年发表的《现代汉语通用字表》收字 7000 个。在字形规范方面，结合汉字简化工作，对异体字进行了整理。1955 年发布《第一批异体字整理表》，淘汰 1055 个汉字，此后，又多次对该表进行修正，至 1986 年恢复其中 28 个为规范汉字。此外，还对印刷体字形、查字法进行了规范，更换了生僻地名用字，统一了部分计量单位名称用字等等。

辛亥革命前后的"国语运动"是语文现代化运动中推行汉民族共同语的先声（黎锦熙，1956）。紧随其后的"白话文运动"无疑又加速了对国语的推广。随着汉语口语与书面语的逐渐统一和文字改革的成功进行，汉民族共同语也逐渐成熟。1958 年开始在全国展开的"推广普通话"运动，成为语文现代化运动的一个重要里程碑。当时确定普通话为汉民族共同语,并对普通话进行了较为清晰的界说:以北京音为标准音,以北方话为基础方言,以典范的现代白话文著作为语法规范(冯志伟,1999)。至此,近代以来的语文现代化运动也逐渐被纳入国家语言文字规划的范围。

近代以来的语文现代化运动是中国历史上语言文字应用活动与研究的一个重要方面。它们既是今天的国家语言规划、计划,语言文字规范化、标准化、现代化的基础,从语言教学的角度来看,它们也给今天的汉语第二语言教学提供了可遵循的语言本体的教学标准和依据,尤其是汉字的简化和汉语拼音方案的实施,极大地方便了以拼音文字为母语文字的第二语言学习者。

值得关注的是,与这些语言文字应用活动并行的语言理论成果是现代汉语研究体系的形成,从1898年出版的《马氏文通》(马建忠著),到1942年出版的《中国文法要略》(吕叔湘著),学者们完成了现代汉语语法的构建。吕叔湘在1982年《中国文法要略》的"重印题记"中就指出该书的撰写初衷是提供中学教师参考用的。因此,我们甚至可以说现代汉语研究体系的形成是语文现代化运动又一成果。而这一成果则直接为"对外汉语教学"所吸收,成为今天汉语第二语言教学研究的基础。所以,正如我们在本书的"致读者"中所言,理论研究的动力往往来自于应用的需求。在这一点上,近代以来的语文现代化运动功勋卓著。不过,也应当看到,近代以来的语文现代化运动在建立现代汉语研究传统的同时,也在一定程度上使人们一度忽略了汉语本体研究的文献语言学传统,后者一直到20世纪80年代才又重新受到重视。正是由于这个原因,今天的汉语第二语言教学研究主要奠基在现代汉语的研究传统之上。

无论是历史上的汉语第二语言教学还是近代以来的语文现代化运动,在当时都还不能称之为应用语言学的研究,而只能算是语言应用活动与研究。事实上,在1964年世界应用语言学学科建立之前,应用语言学作为一个学科的意识尚未在中国建立起来,而1966年开始的"十年动乱"又延缓了这种学科意识的建立。学科意识的建立是跟学科理论发展到一定程度相关联的。自《马氏文通》以后至20世纪 80 年代,此前中国的语言学研究主要精力是集中在现代汉语体系,特别是汉语语法体系的建立上。正像陈保亚所指出的,这个阶段是一个汉语言研究的初级阶段,在这个时期"需要把所研究的对象限定在一个确定的范围内,使研究的对象有一个稳定的、静态的、没有变异的、易于观察的基础"(陈保亚,1999,p.1)。这个时期中国在普通语言学的研究和方法上主要是借鉴国外的,而且主要是结构主义的。如前所述,世界应用语言学的发展的学术基础是语言理论多元化,在中国也一样。所以,这个时期在中国语言学的学术土地上尚缺乏足以使应用语言学成长的土壤。

1.1.3.2 应用语言学学科在中国的建立

应用语言学真正进入中国学术界,是 1978 年以后。关注它的首先是英语教学界。

1980 年 6 月,广州外国语学院和上海外国语学院联合发起召开了"应用语言学与英语教学"学术讨论会。这是首次以"应用语言学"为名的学术活动。1982 年,上海外国语学院外国语言文学研究所翻译并出版了英国学者科德(S. Pit Corder)以英语第二语言教学为主要内容的应用语言学专著《应用语言学导论》。

与此同时,研究计算机语言信息处理的学者们也开始使用这一术语,1982 年刘涌泉等人出版了《应用语言学》论文集,主要讨论"机器应用语言学"。

后来,语言规划研究、其他的语言教学等研究也开始逐步纳入应用语言学的研究范围。

1984 年,中国教育部成立了语言文字应用研究所,该机构的主要任务是研究以汉语为主体的语言文字应用,以及语言文字的规范化、标准化等问题。1992 年《语言文字应用》杂志创刊,该刊的英译即"Applied Linguistics(应用语言学)"。

1998 年,国务院学位委员会首次批准北京语言文化大学设立应用语言学博士点,下设四个研究方向:理论语言学、社会语言学、对外汉语教学、语言信息处理。也是从这个时候开始,对外汉语教学正式归并入应用语言学。

由于"文革",中国应用语言学的学科建设比之世界许多国家晚了至少 20 年。而且由于改革开放初期许多不同时期的理论、观点和研究方法同时涌入中国,也形成了中国应用语言学研究的多元性和领域的多样化,以及各领域之间的沟通不足。形成了人们对"应用语言学"学科的不同认识,以及对各自所从事研究领域与应用语言学关系的认同不一。这也是时至今日,很多研究汉语第二语言的著作更多地冠以"对外汉语教学",而较少地使用"应用语言学"的原因之一。

1.1.3.3 应用语言学在中国的研究领域

进入 21 世纪以来,中国的应用语言学研究基本上已经达到了跟国际接轨的水平,人们对应用语言学的认识也逐渐趋向一致。结合本书在 1.1.1.3 对应用语言学研究范围的讨论,以及 1.1.3.1 对中国当前应用语言学研究领域的介绍,我们基本上可以把应用语言学在中国的研究领域确定为 4 个。基于汉语第二语言教学的视角,并结合我国语言应用活动与研究的历史和当前应用语言学的研究现状,我们将这 4 个研究领域表述如下:

(1) 语言教学(包括母语教学、外语教学、对外汉语教学等)及其他对语言的应用与研究(如,辞书编纂、翻译、速记等);

(2) 语言文字学与计算机的结合所产生的应用研究,如汉字信息处理、机器翻译等;

(3) 国家的语言规划和计划,语言文字的规范化、标准化和现代化;

(4) 语言学与其他学科结合所产生的各种交叉学科。

从汉语第二语言教学的角度看,不论是语言学与社会学的结合还是语言学与心理学的结合所产生的学科都可以归入"广义应用语言学"的范围,它们的研究成果都可以为汉语第二语言教学所借鉴。而且,汉语第二语言教学可资借鉴的研究成果还不止于此,本书在第 2 章、第 4 章所要讨论的内容不但涉及心理学的研究,也涉及神经语言学的研究;而第 5 章、第 6 章要讨论的内容既跟教育学有关,也跟社会语言学、文化语言学等有关。所以,我们主张将语言学跟其他学科结合产生的交叉学科都归入同一个领域。

1.2 汉语第二语言教学的成熟与发展

一个学科的成长离不开两个因素,一个是社会力量的推动,一个是学术氛围的营造。世界各国的应用语言学学科都是这样形成的,中国也不例外。汉语第二语言教学的成熟与发展同样得益于社会的需要和相关学术理论的影响。由于它的教学对象主要来自海外,从它最初的产生、发展,到"文革"时期的一度衰落和今天的再度繁荣,它所迈出的每一步都跟中国国家对外经济文化的交流息息相关。同时,从学术氛围看,汉语第二语言教学的研究最初更多地与汉语本体研究相关联,这一点可以从它的学术基础和人才基础来认识,我们将在1.3里论及。在1.2里,我们主要讨论前者,即从中国对外经济文化发展的视角来看汉语第二语言教学的发生与发展。

1.2.1 "对外汉语教学"事业的产生与发展①

1.2.1.1 50年代至改革开放以前

在中国大陆展开的,有组织有一定规模的汉语第二语言教学,起步于20世纪50年代,是紧随着中华人民共和国的建立而开始的。

1950年,捷克斯洛伐克和波兰两国分别提出与中国交换留学生。当年,中国就分别与这两个国家各交换了5名留学生。同时,中国也提出与罗马尼亚、匈牙利、保加利亚、朝鲜等国各交换5名留学生。同年在清华大学成立了"东欧学生中国语文专修班","这是我国第一个从事对外汉语教学的机构"(吕必松,1990,p.1)。因此,它也标志着"对外汉语教学"事业的产生和开始。

说它是"对外汉语教学"事业开始的标志,主要是因为它具备了一种正式的规模教学所需要的几个特点:首先,它以课堂教学的形式

---

① 这一小节的历史简述和数据主要参考了吕必松《对外汉语教学发展概要》,刘坚主编《二十世纪的中国语言学》、《中国大百科全书·语言文字卷》,张亚军《对外汉语教学法》、刘珣《对外汉语教育学引论》、赵金铭主编《对外汉语教学概论》等书,为避免篇幅杂乱,除具体观点和引文外,不再一一注出。

进行,具有课堂教学所需要的教学环境、教学内容、教学步骤等各种条件;其次,它的教学目的明确,作为大学预科教育的一部分,它要培养学习者的汉语语言能力,使其达到能与中国人交流并能进入中国的大学接受大学教育的水平;第三,它的教学对象是把汉语作为第二语言的外国学习者,而且主要是成年人;第四,它有专职教师,并逐步形成一支稳定的教师队伍。此前的汉语第二语言教学并不完全具备这些特点。

同时,从学生的来源我们还可以看到当时的"对外汉语教学"跟中国对外经济文化交流活动的关系,在 20 世纪 50 年代,跟中国交往较多的主要是当时已经跟中国建立外交关系的国家:前苏联、东欧各国,以及朝鲜和越南。所以,学生主要也来自这些国家。50 年代末到 60 年代初,随着一些获得民族独立的非洲、拉丁美洲国家及其他一些亚洲国家相继与中国建交,这一阶段的"对外汉语教学",又招收了大量来自这些国家的留学生。

1952 年,由于高校院系调整,"中国语文专修班"移师北京大学,改名为"北京大学外国留学生中国语文专修班"。第二年,招收 257 名越南留学生,为了方便培养,曾就近在广西设班进行教学。

1960 年,为了接收来自非洲的留学生,北京外国语学院成立了"非洲留学生办公室",当年招收非洲学生 200 来名。第二年,"非洲留学生办公室"与"北京大学外国留学生中国语文专修班"行政合并,统称"北京外国语学院外国留学生办公室"。当年在校留学生人数达到 471 名。在这期间,"对外汉语教学"的目标主要是完成大学预备教育。与此同时,中国也开始了驻华外交人员的汉语教学活动,并向一些国家派出汉语教师。这些教师一般都必须是大学中文专业毕业,派出前再进行 2~3 年某种语言的专门培训,他们是中国首批汉语第二语言专职教师。

1962 年,前述"北京外国语学院外国留学生办公室"独立,成立了"外国留学生高等预备学校"。并着手开始创办"翻译专业"。1964年,该校更名"北京语言学院"。自此,中国有了第一所专门从事汉语第二语言教学的高校。北京语言学院成立当年就接受了出国师资的培养任务,同时开始向中国国内招收大学本科生,为进一步培养汉语教师做准备。1965年,越南向中国派来2000名留学生,除北京语言学院以外,全国20多所大学也开始接收留学生。

至此,中国已经先后接收来自数十个国家的留学生7千多人。而且,开始创办了第一个对外汉语教学的专业刊物《外国留学生基础汉语教学通讯》。留学生人数的剧增既表明中国与世界各国经济文化交流的迅速扩展,也表明汉语第二语言教学已经初具规模。专业刊物作为这种规模的学术产物,是汉语第二语言教学应用研究的一个重要开端。

不过,这一切并没有继续向前发展。1966年,随着"文革"开始,大学停课,各校的"对外汉语教学"也因此而中止。在留学生纷纷回国之后,北京语言学院也于1971年撤销。

1.2.1.2 改革开放以后至20世纪末

随着1971中国在联合国合法席位的恢复,中国与世界各国的经济文化交流也逐渐扩展。尽管此时"文革"尚未结束,到1972年已经有四十多个国家提出恢复派遣留学生的计划。1972年,为了帮助坦桑尼亚和赞比亚两国培养专业技术人员,北方交通大学成立了汉语培训班,为200名来自这两个国家的学生进入专业学习而进行汉语预备教育。这是"文革"开始后的第一批留学生。同年,北京语言学院复校,并于1973年重新招生,同时也恢复了教材建设和教学研究。自此至1977年,中国共接收外国留学生2266名。这个数字尚未达到"文革"前五年的水平。所不同的是,随着中国与西方国家关系的"解冻"[①],来自日本、美国等国,以及欧洲和澳洲等地留学生的比例开始呈上升趋势。这可以视为"对外汉语教学"再度兴起的前奏。

1978年中国的"改革开放"给"对外汉语教学"带来了蓬勃发展的生机。从这时至20世纪末,"对外汉语教学"发生了几个变化:

第一个是生源的变化。汉语第二语言教学的对象由原先的预科生,发展到了各种不同阶段的长、短期进修生与之并存,此外,还有相

---

① 1972年中日邦交正常化,同年,中美联合公报发表。

当数量的学生以学习金融、商贸、外交为目的。同时,华侨华人子弟也大量参与到汉语学习群体中来。这种生源的"多极化"是不同学习目的造成的,它和中国改革开放以来对外经济文化交流迅速扩展密不可分。

生源增加,学习目的的多样化,随之而来的第二个变化是招收留学生单位的急剧增加。全国大多数综合性大学由此开始设立系一级的、或是教研室一级的"对外汉语教学"机构。至1986年,仅仅8年时间内,全国开办各类汉语培训班的高校由1所增至60所,学生人数超过4千(张亚军,1990,p.50)。

紧随第二个变化形成的第三个变化是专职教师队伍的迅速壮大。这些教师有不少来自专门的培养机构,比如从1978年开始,北京语言学院就正式创办四年制的现代汉语本科专业,"以培养汉语教师、翻译和汉语研究人员为主要目标"(吕必松,1990,p.9)。1985年北京外国语学院、北京语言学院、上海外国语学院、华东师范学院等又专门开设了"对外汉语教学专业"。与此同时,教师派出国外教学的方式和渠道也出现了多样化,有的专门从事教学,有的则作为汉语专家前往指导当地汉语课程的制定和教材编写;有的由国家公派,有的则通过校际交流,等等。

第四个变化是在前三个变化基础上逐步形成的,这就是"对外汉语教学"学科意识的形成和学科的建立。1978年吕必松教授在中国社会科学院召开的北京地区语言学科规划座谈会上提出,"把对外国人的汉语教学作为一个专门的学科"(同上,p.13)来建设。1979年《语言教学与研究》正式刊行。相隔8年后,1987年《世界汉语教学》又正式创刊,同年《学汉语》杂志也正式发行。前两个刊物时至今日一直是汉语第二语言教学研究的重要领地,而后者则为第二语言学习者开辟了课外阅读和语言实践的园地。学术刊物的出版无疑是学科意识自觉化的最突出的表现,它表明汉语第二语言教师及其研究者正在努力耕耘,致力于学科的建设。与此相应,有关汉语第二语言教学的研讨会也如雨后春笋,自1983年开始,每三年就召开一次全国性的汉语教学讨论会。这种对汉语教学研究的"热"也促发了海外汉语教师及研究者的热情,1985年,第一届国际汉语教学讨论会在北京举行,来自20个国家的二百六十多位代表与会(张亚军,1990,p.56)。自此,每隔三至四年就召开一届国际汉语教学讨论会。1987年世界汉语教学学会成立。

汉语第二语言教学的迅速发展也引起学术界和中国政府有关部门的关注和重视。1984年,著名语言学家王力教授为《语言教学与研究》创刊5周年题词:对外汉语教学是一门科学。同年,教育部长何东昌在外国留学生工作会议的报告中明确指出"对外汉语教学已发展成为一门新的学科"(转引自赵金铭主编,2005,p.2)。1987年,中国政府成立了国家对外汉语教学领导小组,对全国对外汉语教学工作实行统一领导和管理。并于1988年召开了第一次全国对外汉语教学工作会议。

随着对外汉语教学的迅速发展,为了规范对外汉语教学,提高师资队伍的整体素质,1991年,国家对外汉语教学领导小组开始审定"对外汉语教师资格"。

1998年,"对外汉语教学"正式作为应用语言学的一个分支被列入国务院学位委员会颁布的二级学科"语言学及应用语言学",并首次设立以"对外汉语教学"为主要培养方向的"语言学及应用语言学"硕、博士点。这表明,"对外汉语教学"作为应用语言学的一个分支,开始进入新的发展阶段(朱志平,2000)。

1.2.2 "对外汉语教学发展史"阶段的划分

1.2.2.1 几种不同的划分观点

研究"对外汉语教学发展史"的人,一般都以1950年为界,把汉语第二语言教学历史切为两段,一段是"历史上的汉语第二语言教学",一段是"当代的汉语第二语言教学"。这样划分的基本理由是,在1950年以前汉语第二语言教学尚未成为一项专门的事业(吕必松,1990)。关于这一点尚未见到更多的不同意见。

至于对1950年至今这段历史的划分,有几种不同的划分观点。第一种是吕必松于20世纪80年代末提出来的,他主张把20世纪

50 年代到 80 年代末这段 40 年左右的历史分为 4 个阶段：

（1）50 年代初～60 年代初："对外汉语教学"的初创时期；

（2）60 年代初～60 年代中期："对外汉语教学"的巩固和发展阶段；

（3）70 年代初～1978 年："对外汉语教学"的恢复阶段；

（4）1978 以后："对外汉语教学"的蓬勃发展阶段（吕必松，1990）。

第二种由张亚军几乎同时提出。他也主张把 20 世纪 50 年代到 80 年代末这段 40 年左右的历史分为 4 个阶段，只是时段略有出入[①]：

（1）50 年代初～60 年代初：汉语预备教育的兴起；

（2）60 年代初～60 年代中期：亚洲、非洲、拉丁美洲学生人数的迅速增加；

（3）60 年代中期～70 年代末：对外汉语教学在全国展开；

（4）80 年代以后：对外汉语教学的蓬勃发展。

综观两种划分，没有根本分歧，只是前者的注意力更多地放在"对外汉语教学"作为一个学科的整体发展过程，后者则侧重于关注"对外汉语教学"办学方式和生源等方面的情况。从"史"的角度看，前一种划分各阶段的名称更专业化一些。

上述两种划分主要是以"对外汉语教学"专门机构的产生、发展以及由此不断扩展延伸而形成的"对外汉语教学"局面为线索。如 1.2.1.1 所述，从 20 世纪 50 年代初期中国第一个专门从事"对外汉语教学"机构的产生，随着这个机构在此后十年的逐步稳定，它的生源由最初的数十人发展到数百人；办学模式也由原来的"招进来教"发展到"走出去教"，开始了"出国师资"的培养。到 1961 年，"对外汉语教学"作为一项事业确实已经初具规模。这十年作为"初创时期"不是没有道理。

---

① 由于张亚军没有明确给出"发展史"划分阶段的名称，下面的阶段名称是笔者依据张先生的介绍加上的，如有不妥请见谅。

1962年,原来的"办公室"独立为"预备学校",并在1964年进一步成为一所专门教授语言,而且是以教授外国人汉语为主的高等院校——北京语言学院①。而且,从1965年开始,汉语第二语言教学也开始走进北京语言学院以外的几十所高校,如同"星星之火"开始形成燎原之势。生源也从原来的以东欧、越南、朝鲜为主,发展到亚洲、非洲、拉丁美洲均有。办学目的也从原来的单一大学预备教育,进而发展到翻译专业、对外汉语教学专业并存。相关的学术刊物也应运而生②。与前十年相比,"对外汉语教学"此时有了稳定的教学机构,专业也有所增加,而且正式开始了专职教师的培养。所以,这项事业此时的确进入一个"巩固和发展阶段"。只是由于"文革",这条线索一度中断,等到重整旗鼓,时间已经进入到70年代。吕必松对此做出了"恢复阶段"的划分,而张亚军则忽略了这部分中断的历史,这是二者略有不同之处。1978年是个历史性的变化,作为国家对外文化交流的一个窗口,"对外汉语教学"的历史划分显然是不能忽略这种变化的。

第三种对"对外汉语教学发展史"阶段的划分观点由刘珣于20世纪末提出,他主张"对外汉语教学五十年的发展史,以1978年为界分为两个时期"(刘珣,2000),前一个称为"开创对外汉语教学事业时期",后一个称为"确立对外汉语教育学科时期"。这个划分的提出时间较前者推后了将近10年。在对"开创对外汉语教学事业时期"的具体叙述中,刘珣把这段时期进一步细化为三个阶段,其起止时间与前两种划分所谈及的(1)(2)(3)三个阶段基本相合。说明后者在把1978年作为一个划分"对外汉语教学发展史"的界限这个问题上与前两者并没有分歧,只是由于时隔10年,随着"对外汉语教学"事业的发展,学者们站在一个更新的角度去认识"对外汉语教学"的发展过程。

第四种对"对外汉语教学发展史"阶段的划分观点体现在程裕祯

---

① 即今北京语言大学前身。
② 1965年《外国留学生基础汉语教学通讯》刊行,前后出版11期。

主编的《新中国对外汉语教学发展史》一书中。该观点的划分起止时期与刘珣相同,但对刘珣所讨论的后一阶段进行了进一步划分。该书将20世纪50年代开始到20世纪末(1999年)的"对外汉语教学发展史"划分为三个阶段:事业开创时期(50年代初~70年代后期)、学科确立时期(1978~1987)、学科深化时期(1987~1999)(程裕祯主编,2005)。这种观点对第一阶段的划分与前三种基本一致,但是,对后两个阶段的划分有所不同,它的划分标准是1988年和1999年中国国家对外汉语教学领导小组先后两次主办的"全国对外汉语教学工作会议"。后一段的标准主要是从行政管理的角度来考虑的。

此外,还有一种观点见于程棠对"对外汉语教学学科"理论发展史所做的划分,他把20世纪50年代以来到20世纪末的"对外汉语教学学科"理论的发展过程分为三个阶段:学科理论的准备阶段(20世纪50年代到70年代后期)、学科理论的创建阶段(20世纪70年代后期到80年代)、学科理论的发展阶段(20世纪90年代以后)(程棠,2004)。这一观点对我们从学术的角度认识"对外汉语教学发展史"的阶段划分有启发作用。

1.2.2.2 对"对外汉语教学"阶段划分的再认识

综上所述,我们认为,仅就"对外汉语教学"前40年或前50年的历史来看,前述有关"对外汉语教学发展史"的划分各有千秋。不过,时间已进入21世纪,现在距离第三、四种划分又已经过去了近10年。立在今天的时间点上来看近60年的"对外汉语教学发展史",我们需要寻找新的划分标准,并保持标准的一致性。结合前述程棠的理论阶段划分,我们认为确定一个学科发展史的标准时有两个角度不能忽略,一个是历史,一个是学术。由于我们讨论的是"对外汉语教学发展史",我们不能忽略它的历史发展过程;同时又由于我们讨论的是"对外汉语教学"作为一个学科的"发展史",我们考察它的历史发展过程时还必须从学术的角度考虑。

从历史看,在整个历史长河中20世纪50年代到今天也只有半个多世纪,只要中国对外开放的局面不变,汉语作为第二语言的教学将是一个长期的事业,因此,从"发展史"的角度考虑,我们需要在这段时间里找到对这个学科来说具有转折意义的时间点;从学术看,一个学科的发展在漫长的历史过程中一般是渐变的,但是这种渐变积累到一定时候,在一定的历史条件下就会发生质的飞跃,这个飞跃的时间往往会和历史的时间点重合,像"对外汉语教学"这样的与国家对外经济文化交流密切相关的学科,其发展过程更具有这种特点。基于历史和学术两个角度,我们倾向于将整个"对外汉语教学发展史"分为四个阶段:

(1) 1950 年以前:历史上的汉语第二语言教学;

(2) 1950~1978 年:"对外汉语教学"事业的初期发展;

(3) 1978~20 世纪末:汉语第二语言教学学科的建设与发展;

(4) 从 21 世纪起:汉语第二语言教学学科步入成熟。

回望历史,20 世纪 50 年代既是中国历史上的一个里程碑,也是汉语第二语言教学发展的里程碑。因为从 1949 年开始,中国的政治、经济和文化发生了天翻地覆的变化,同时,"对外汉语教学"事业也从无到有。同样,当我们要对"对外汉语教学发展史"进行再一次的划分时,我们也应该保持划分标准的同一性。1978 年的"改革开放"无疑可以作为第二个里程碑。前述前三种划分的一致性也说明了这一点。而 20 世纪末,既是中国全面进入深化改革的阶段,也是"对外汉语教学"归入"应用语言学"之时,这个时间可以作为第 4 个阶段的划分标志。

20 世纪 50 年代以前,汉语第二语言教学不是有组织的,它缺少正规课堂教学所具备的各种特点,比如,明确的教学目的、完整的教材规划、稳定的生源和师资队伍等等。当有一批人专门把这项工作作为自己赖以生存的依靠时,这项事业才会有赖以发展的基础。因此,此前的汉语第二语言教学应当属于"历史上的汉语第二语言教学"。

中华人民共和国的建立作为历史长河的里程碑,既使以往的汉语第二语言教学告一段落,又促成了新的汉语第二语言教学产生。从 20 世纪 50 年代开始,汉语第二语言教学无论是生源还是师资抑或是专门的教学基地都处在一个从无到有,向上发展的阶段,尽管 60 年代中期曾经发展到一定规模,对外汉语教学的专门机构——北京语言学院也于1964年建校,但其间又经历了"文革"时的撤校、复校等反复过程,一直到1973年才重新再招生,并随着教材建设和教学研究的恢复,到1977年再次达到一定规模。在1978年以前,"对外汉语教学"并未在全国大规模地展开,北京语言学院作为一个"对外汉语教学"的专门机构,它的发展过程无疑可以作为当时"对外汉语教学"发展史的一个缩影。因此,这段时间是"对外汉语教学事业的初期发展"阶段。

1978年前后汉语第二语言教学也有一个质的飞跃,这项事业有了自觉的学科意识,开始了学科建设。"把对外国人的汉语教学作为一个专门的学科"(吕必松,1990,p.13)来建设,这一口号正是在此刻提出的。这表明汉语第二语言教学学科意识的觉醒与中国对外文化交流历史转折的必然联系。它标志着"对外汉语教学"开始起飞并迅速繁荣。而且,从1978年到20世纪末,"对外汉语教学"经历了一个迅速壮大的过程,达到了空前的繁荣。首先是生源的迅速扩大与专门教学机构的迅速增加,同时,随着教师队伍的壮大,学科建设全面展开。

这期间发生了许多重要事件,表明这个学科的确立、建设和快速发展。在国家行政教育管理方面,"对外汉语教学"作为一个学科其地位得以确立(1984),专门成立了领导和管理"对外汉语教学"的专门机构——国家对外汉语教学领导小组(1987),召开了第一次全国对外汉语教学工作会议(1988);在对外汉语教学学科的规范化、标准化、科学化方面,制定了《汉语水平等级标准和等级大纲》(1988),设立了汉语水平考试(HSK)(1989~1997);在师资队伍的建设和规范方面,实施了国家对外汉语教师资格审定制度(1991),而且,越来越多的高校从"对外汉语教学"本科专业的设置发展到了进行"应用语言学"硕、博士生的培养(1983~1998),同时,许多非汉语专业出身的教师走进"对外汉语教学"的行列,从而实现了教师知识结构的重组,这些在提高教师队伍素质的同时大大增强了这个学科的研究能力;在学科研究方面,《语言教学与研究》(1979)、《世界汉语教学》(1987)等以研究"对外汉语教学"为主要内容的学术刊物先后创刊,一些学术著作在这期间也相继出版;在学术交流方面,这期间首次召开了全国对外汉语教学讨论会和国际汉语教学讨论会,并成立了中国对外汉语教学学会(1983)和世界汉语教学学会(1987),学术会议和学术活动促进了全国以及世界汉语教师之间的交流。

1999年,第二次全国对外汉语教学工作会议召开,把"对外汉语教学"提到了"国家和民族的事业"的高度。也正是在此前一年,"对外汉语教学"归入"应用语言学"学科。因此,这个时间和这个学科的明确归属可以作为汉语第二语言教学进入一个新阶段的标志。

进入21世纪以来,作为"应用语言学"的一个分支,汉语第二语言教学在教学和研究上都进入一个高水平稳定发展的时期,开始走向成熟。这里所说的"高水平"和"稳定"跟几个条件的成熟有关。

首先是学科建设,1997年起"对外汉语教学"作为"应用语言学"的一个分支归入国家二级学科"语言学及应用语言学"。有了学科归属,学科建设就有一个较高的发展平台。其次是师资培养的多层次化及其知识结构的多元化,1997年各高校开始招收"应用语言学——对外汉语教学"专业的硕士生,1998年开始招收博士生,师资培养自此由过去少数的本科,发展成今天的学士、硕士、博士三级,形成一个多层次、高学历的稳定的教师资源;与此同时,相当数量的心理学、教育学及各种外语人才走进教师队伍,使师资知识结构由过去的单一性变为今天的多元性。这两股力量形成了学科高水平发展所需的人才基础。而上述的这种高水平又得益于生源的稳定性,2000年以来,来华留学的外国学生中以学习汉语为目的的人数一直保持在每年4~5万,稳定的生源是教学与研究得以展开的重要保证。

为了对这种变化有更为明确的认识,我们不妨通过一组数据的变化来看"对外汉语教学"的成长过程[①]。

---

① 以下三个阶段的数据1950~1977来自吕必松《对外汉语教学发展概要》,1978~1997,1998~2003来自《中国教育统计年鉴》和《中国教育年鉴》。

表1-2 "对外汉语教学"三个发展阶段数据表

"对外汉语教学"三个发展阶段	1950～1977	1978～1997	1998～2003
留学生人数增长	33人→408人	432人→41211人	43712人→49370人
留学生来源	国家公派	国家公派、校际交流、学术机构交流、个人	国家公派、校际交流、学术机构交流、个人
教学体制	高校预备	预备、本科、进修、硕士生	预备、本科、进修、硕士生、博士生
教师队伍	无→有	1996年持证教师1300人	2004年持证教师3690人

生源是"对外汉语教学"这项事业的基本保证,从上表可见,1950～1977年这27年中,来华学生人数增加了10倍多,1978～1997年这20年中,学生人数也增加了近100倍。而且前27年的留学生总数只有9525人,不及1997年当年的四分之一。而1997年以后,来华学汉语的学生人数一直稳定在4～5万人以上①。在海外,截至2003年底,全球计有100个国家在开展汉语第二语言教学,包括大中小学和社会培训机构在内计有12400多所学校设置了汉语第二语言课程,在学的学生人数达到了334万多人,有约4万名教师在从事这项职业。

质的飞跃是建立在量变的基础上的,正是留学生人数这种量的变化促成了"对外汉语教学"事业的初期发展、中期繁荣和当今的学科成熟。

继之而来的生源多极化和教学体制的丰富多样化则进一步成为学科发展与成熟的坚实基础。近60年来,"对外汉语教学"的生源从1978年以前的一种——国家公派的交换留学生,发展至国家公派、校际交流、学术机构交流、个人申请等并存。与此相应,教学体制也

---

① 这里不包括来华以后滞留在华攻读非汉语专业硕博士的学生,加上这些人将达到8万以上。

从1978年以前的以大学预备教育为主,发展到预备教育、本科培养、长期进修、短期进修教学、硕士研究生培养,1998以后又增加了博士生培养。教学体制多样化是需求的结果。这种需求又反过来推动学科的发展,在进入本科阶段以后,学习者的学习目标也开始形成两极分化,一部分人继续以提高汉语交际能力为目的,把汉语作为交际工具;而另一部分人则将汉语作为专业,充实到汉语教师和汉语研究队伍中来,进入研究生和博士生阶段这种目的就更明显。多极化生源的稳定,教学体制的丰富多样,教学科研队伍的持续壮大,形成一个良性循环,这就为汉语第二语言教学与研究奠定了坚定的基础,也成为学科成熟的标志。

"对外汉语教学"之归入"应用语言学",既是国家有关学术管理部门的决定,也是汉语第二语言教学发展到一定阶段的必然结果。这说明人们已经自觉地在使本学科向某一较为明确的研究领域靠拢,这与70年代末少数人呼吁的局面已大不一样。尽管在学科的具体名称上还有一些分歧,但是它已经表明了群体学科意识的自觉化,这是学科发展到一定程度的反映。

1.2.3 "对外汉语教学"定名问题

一个学科名称的确定实质上是一个学科定位的问题。

"对外汉语教学"这项事业始自20世纪50年代,它的名称则出现得相对晚一些,明确地提出是在1982年的"对外汉语教学研究会"筹备会议上。同时还提出了"汉语作为外语教学"和"汉语作为第二语言教学"两个名称。后两个名称没有得到多数人的认可,当时的理由有两个:第一,这两个名称句法不符合汉语习惯;第二,难以将它们与少数民族语言教育区分开来(刘坚,1998)。

但是20世纪末以来,"对外汉语教学"这个名称也开始引起争执。这种争执的产生究其原因主要来自三个方面。第一个方面跟一些海外华人子弟对"对外"的说法不满有关。随着中国改革开放,中国国家对外经济贸易活动的日益频繁,越来越多的华人华侨子弟加入到汉语学习的队伍中来,特别是进入21世纪以后,一些20世纪

80年代出国留学并留居海外人员的子女也成为外国留学生队伍中的成员。这些人的语言背景很复杂,有的无汉语背景,也就是说,家庭里没有人使用汉语,汉语的确是他们的第二语言;有的只有汉语方言背景,比如广东话、闽南话等,汉语普通话也是他们的"第二语言";有的有一定汉语普通话背景,但程度相差很大,从会说几句话、认一两个汉字到没有基本的交流问题、可以读小说等等,不一而足。但是,他们中许多人都不愿承认自己是中国人口语中戏称的"老外"。

  第二个方面的原因来自海外的汉语教师和汉语教学研究者。由于"对外汉语教学"跟"对外经济"、"对外贸易"等词语在"对外"这个语义上有共性,具有以中国为主体与其他国家和民族交往的含义。因此,随着汉语第二语言教学研究的趋向"国际化"(朱志平,2006),有时的确难以用它涵盖各种把汉语作为第二语言进行的教学和研究。

  第三个方面的原因跟"对外汉语教学"学科的成熟与发展有关。随着这个学科的日益成熟,一些界内人士也感到,由于这个词语可与"对外经济"、"对外贸易"并称,它就更多地接近于"对外交流"一类国与国之间的交往行为,似乎跟"学术研究"有一定距离。当它要作为一个学科与其他学科并称的时候,这种"距离感"就更明显。

  循着历史的轨迹来看,实事求是地说,"对外汉语教学"之所以带上了"对外"这个字眼,是由于这项事业的发生、发展一直跟中国对外经济贸易和对外文化交流的活动密切相关。在中国对外交往频繁时期,"对外汉语教学"就迅速发展;在中国对外交往缩减时期(比如"文革"时期),"对外汉语教学"的发展就停滞不前。在语义上,"对外"是与"对内"相对而言的,它既反映了这个学科产生之初的"对外交流"性质,也在一定程度上反映了中国人"内外有别"的观念。所以,随着海内外汉语教学的合流和学科研究的发展,这个称谓的不合适性也逐渐显现出来。

  1997年,"对外汉语教学"归口"应用语言学",正名的问题被再一次提到桌面上来。也有学者主张将"对外汉语教学"归口教育学(刘珣,2000)。不过,"对外汉语教学"作为一个已经使用了20多年的概念,从语言"约定俗成"的特点考虑,这个名称改变与否还跟语言的社会选择有关,很难在短时间内或几次讨论中确定下来。作为一种"对外国人的汉语教学"(《中国大百科全书·语言文字卷》,1988),"对外汉语教学"既是一种"外语教学",也是一种"第二语言教学"。有鉴于此,为了便于与有关各种理论衔接,本书采用了"汉语第二语言教学"这个简称。理由我们在"致读者"中已经叙述过了。

1.3 汉语第二语言教学研究领域的形成

汉语第二语言教学作为一种语言应用活动,它的研究领域的形成过程是一个应用各种相关理论对第二语言教学加以研究的过程。

不过,就汉语第二语言教学与研究的实际情况来看,在"对外汉语教学"发展的前几十年中,语言学理论的应用,特别是汉语本体研究成果的应用是主流,心理学、教育学等理论较晚才纳入应用研究的范围,这一点跟中国应用语言学产生较晚有关,也跟汉语第二语言教学的研究基础有关。

1.3.1 汉语第二语言教学的研究基础

当我们审视某个学科的研究状况时,首先无疑应该关注促成这个学科的研究现状的基本因素(朱志平,2003)。这些基本因素构成这个学科的研究基础,分析这些基本因素往往能为我们了解该学科的发展过程,研究这个学科各个领域的形成原因以及潜在的发展方向提供可能。

一个研究领域的形成依赖两个条件,一个是研究者自身的条件,一个是这个研究领域的学术条件。前一个跟这个领域的研究者的教育背景直接相关,它构成这个研究领域的人才基础。后一个与该研究领域所处的学术环境密切相关,它构成这个研究领域的学术基础。它们也是一个研究领域形成的两个基本因素。因为人才的教育背景和专业范围往往影响他们的研究兴趣,对他们的研究起着导向作用。同时,人才的教育背景和专业范围,与该学科所处的学术背景,及其所处时代的学术认识水平和研究水平又影响了这个学科"学术基础"

的形成。所以，一个学科的人才基础和学术基础对这个学科的研究领域的形成和学科发展方向形成直接的影响。

汉语第二语言教学学科研究的人才主要出自它的师资队伍（吕必松，1990）。20世纪50年代开始从事汉语第二语言教学的教师绝大多数来自各高校的中文专业，60年代的出国师资，也基本上是从中文专业的毕业生中选拔，然后进行某种特定外语的培训（程裕祯主编，2005）。80年代以后在继续输入中文人才的同时，也培养了相当数量的以"对外汉语教学"为专业的人才，这些人才的专业范围也主要是中文，同时具备一定的外语能力，培养模式类似于60年代的出国师资。在90年代许多外语人才、心理学、教育学以及计算机等其他专业人才走进对外汉语教师队伍之前，从事汉语第二语言教学这项工作的教师主体是中文专业出身的。

这种师资的培养目标和选拔方式在一定程度上反映了当时人们对汉语第二语言教学的认识，即，教汉语首先得懂汉语，其次是懂学生的母语。因此，要求从事这项工作的教师首先应当具备汉语言本体的知识以及相关的文学文化知识，其次也在一定程度上掌握学习者的母语。

这种以中文专业出身为主体的教师队伍形成了汉语第二语言教学的人才基础。同时，也由于这个人才基础使得这个学科的研究在最初的阶段更倾向于关注汉语的本体研究。这同样也导致了它的学术基础在形成时带有同样的特点。

一个学科的学术背景跟它所继承的学术传统密切相关。从语言研究传统看，汉语的本体研究有两个传统，一个是自周秦以至现代的对文献语言研究的传统，这个传统在20世纪初曾一度中断，到80年代又重新兴起；另一个是在20世纪前后随着语文现代化运动发端而形成对汉语的共时研究——即现代汉语研究传统。20世纪50年代起步的汉语第二语言教学研究主要承袭了后一个传统。这是当时的学术条件和研究倾向使然。20世纪初以来，在白话文运动的推动下，文言文一直受到排斥，传统的在古典文献研究基础上发展起来的汉语言文字学研究成果在一定程度上被忽视了。这种情况一直持续到20世纪80年代。

从世界学术研究的大环境来看,从20世纪50年代到70年代初,中国在对外交流方面除与一些东欧社会主义国家、朝鲜、越南等国交流较多以外,一直受到西方社会的排挤和封锁,这种情况一直持续到70年代初中国在联合国合法席位的恢复。同时由于当时"文革"尚未结束,中国与世界各国的学术交流还没有因为外交局面的改观而迅速展开,这种情况一直持续到1978年全面改革开放。因此,在新中国成立到改革开放的前27年里,语言研究界在学术研究上与西方学术界的交流并不多。汉语本体的研究主要继承了《马氏文通》到40年代所形成的现代汉语研究传统,同时主要吸收了两种外来影响:一个是20世纪30年代以来形成的结构主义语言学方法论;一个是以前苏联为主的特别是斯大林对语言研究的一些主张,即把语言的语法构造和基本词汇作为语言的本质特征。

这是汉语第二语言教学研究起步时期的学术背景和学术氛围,它是汉语第二语言教学研究的学术基础形成过程中最具影响力的因素。因此这一时期现代汉语本体研究的特点是:注重语法结构的研究,注重从形式上分析语言现象,忽略语义的研究。反映在汉语第二语言教学的研究上就是,主要关注教学内容,尤其关注语法结构和基本词汇的教学,忽略语义的教学。

由于上述原因,在改革开放以前的27年中,对第二语言学习规律和教学规律的研究相对薄弱,这一时期语言教学理论的心理学基础主要是早期的行为主义;教育学基础的形成则受到来自几个方面的影响,一个是对中国的语文教学传统的继承,一个是外语教学所接受的来自西方的语言教学传统的渗透,还有一个是前苏联的外语教学理论,这个理论产生自斯大林的语言学说,它既影响了当时中国的外语教学,也影响了"对外汉语教学"。基于上述条件,这一时期对第二语言学习规律和教学规律的研究集中反映在教学法的选择和使用上,在教学中强调句法分析和词类及词汇用法的介绍,也涉及一定的篇章阅读。20世纪50年代甚至使用过"唱双簧"式的"翻译法",即由汉语教师讲解语法,由旁边的专职翻译将教师的讲解译成学生的母语(程裕祯主编,2005)。这种方法使得50年代培养的留学生,有不少人尽管今天已经成为所在国家的著名汉学家,但多半"精通汉语"而不会"讲汉语"。这种情况到60年代中期有所改变,鉴于留学生口语发展迟滞的现状和混合母语编班的现实,此时吸收了"直接法"和前苏联的"自觉对比法"及"自觉实践法"的一些教学原则。

人才基础和学术基础的交互影响形成了汉语第二语言教学的研究基础:重视汉语本体研究,特别是汉语语法研究,并将这些研究与语言教学方法的采纳结合起来。

这 研究基础形成了汉语第二语言教学研究以汉语言本体为中心的特点,尽管随着20世纪80年代以来大量新的语言学习理论以及其他语言的第二语言教学理论从国外涌入,特别是90年代以后各种外语人才、心理学、教育学以及计算机等其他专业人才也大量进入对外汉语教师队伍,这种局面开始有所改观,但原有的研究基础依旧显示出它的发展"惯性"。这一点从第一至第七届"国际汉语教学研讨会"的论文集所收集的各类论文内容比例可见一斑。

表1-3 第一至第七届国际汉语教学研讨会研究兴趣分布表(单位:篇)①

会议届次 兴趣分布	第一届 (1985)	第二届 (1987)	第三届 (1990)	第四届 (1993)	第五届 (1996)	第六届 (1999)	第七届 (2002)
汉语本体	40	55	40	26	39	35	46
教学方法	13	23	36	25	19	11	17
二语习得	0	2	1	1	4	10	6
汉外对比	5	5	9	4	1	2	3
文化教学	2	1	4	7	6	5	5
教材与工具书	5	8	13	5	5	8	4
语言测试	1	1	2	5	1	3	2
多媒体与网络教学	5	1	6	3	6	5	1
其他	8	0	1	0	8	14	0
总计	79	96	112	76	89	93	84

---

① 由于每一届论文集的分类体例不一致,表1-3的分类分别根据论文集和文章讨论的实际内容加以调整。

如果我们用柱状图把汉语本体研究兴趣和其他研究兴趣对比起来,就看得更为清楚。

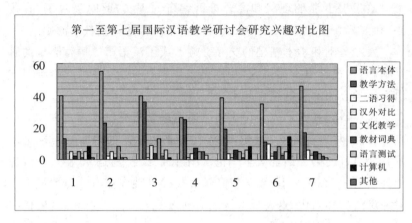

图 1-2　汉语本体研究兴趣与其他研究兴趣对比图

可以看得出,从 1985 年第一届国际汉语教学研讨会召开,直至 2002 年,在将近 20 年的研究中,汉语本体研究的论文数一直在各种研究兴趣中遥遥领先。显然,当人们把多数注意力都集中在某个领域的时候,其他相关领域的研究势必受到"冷遇",它使整个学科的研究表现出一定的不平衡性。

1.3.2　汉语第二语言教学研究领域的分布

从 1.3.1 的表 1-3 和图 1-2 可以看到,汉语第二语言教学的人才基础和学术基础形成了它以汉语本体研究为中心的研究领域分布。根据目前的研究现状及各类研究之间的相互关系,我们将汉语第二语言教学目前已经形成的各个研究领域归纳如表 1-4。

表 1-4　汉语第二语言教学研究领域一览表

(1) 第二语言教学的汉语本体研究	第二语言教学的汉语语音研究
	第二语言教学的汉语语法研究
	第二语言教学的汉语词汇研究
(2) 汉语第二语言教学法研究	语言技能教学法：听、说、读、写、译
	语言要素教学法：语音、语法、词汇
(3) 汉语第二语言学习与习得研究	
(4) 汉外语言文化对比研究	汉外语言对比研究
	跨文化交际研究
(5) 第二语言教学的汉字研究	
(6) 教学大纲、课程设计与教材编写	
(7) 汉语水平与能力的测试	
(8) 多媒体与网络汉语教学	

自 20 世纪 80 年代以来，随着其他人才不断步入这个学科，使它的人才基础也在发生着变化；同时，随着汉语第二语言教学的繁荣发展，这个学科在学术研究上对诸多理论的借鉴也不断走向多元化，汉语第二语言教学逐渐形成了颇为丰富的研究领域。尽管如此，从上表还是不难看到，在各类研究中，"**第二语言教学的汉语本体研究**"和"**汉语第二语言教学法研究**"堪称阵容整齐。

在汉语第二语言教学的众多研究领域中，对汉语本体的研究最先形成，相对于其他领域，这个领域的研究也成熟许多。它与从第一语言角度进行的汉语本体研究在方法上具有一致性，但是在研究焦点上又有自己的特点。与之相关，较为成熟的是对汉语第二语言教学法的研究，它是前一领域在实际教学领域里的延伸。这个研究领域可以从研究角度分为两部分：一部分是关于语言技能的训练方法，另一部分是关于语言要素的训练方法。

20 世纪 80 年代以来，汉语作为第二语言的学习与习得研究也逐步展开，吸收了心理学对第一语言习得的研究成果，也借鉴了不少其他第二语言学习与习得研究的理论和方法，并逐渐开始形成汉语第二语言的学习与习得研究的特色。

汉外语言文化对比的研究最早起步于汉语跟学习者母语的对比

研究,这跟当时的语言学习观有关,即认为第二语言学习的问题在于目的语跟学习者母语的异同。随着研究深入,人们逐渐认识到两种语言背后的文化乃是导致第二语言学习障碍的更重要的因素。所以,这个领域的研究可以根据研究兴趣的不同分为两部分:汉外语言对比研究和跨文化交际研究。它们同时也代表了不同时期的研究热点。

文字本不属于语言,但是由于汉字这种特殊的记录语言的符号给许多第二语言学习者阅读和写作带来了很大的困难,所以,有关汉字的教与学的研究一直吸引着大量的研究者,使得对汉字教学的研究成为一个相对独立的领域。

"教学大纲→课程设置→教材编写"是语言教学设计的一个基本流程,半个多世纪以来,汉语第二语言教学在教材编写方面已经积累了相当多的经验,教学大纲的研制也有了二十多年的经验,不过"课程设置"相对薄弱,所以整个流程尚未达到成熟通畅的状态。

第二语言的汉语水平与能力的测试研究近年来进展较快,已经形成了一套相对完整的考试制度,即"汉语水平考试(HSK)"。与之相应,汉语水平测试的辅导教材和课程研究也逐渐发展起来。

这里说的"多媒体与网络汉语教学"包括计算机辅助教学、多媒体计算机辅助教学和网络汉语教学。这是汉语第二语言教学各个研究领域中较晚开始发展,但也是进入21世纪以来发展极为迅速的一个研究领域,特别是网络汉语教学,它的发展使大多数远居海外的学习者与中国国内的汉语第二语言教师直接交流成为可能。

1.3.3 汉语第二语言教学研究领域的研究特色

人才基础和学术基础造成了汉语第二语言教学研究兴趣分布的不平衡性,也形成它的研究特色:汉语本体研究领先于其他研究,在汉语本体研究中,语法研究领先于其他语言要素的研究,词汇和汉字教学的研究则纷争不断。

1.3.3.1 语法研究领先于其他语言要素的研究

汉语第二语言教学研究的人才基础与学术基础决定了"语法研

究"在诸多研究中居领先地位。这也是汉语第二语言教学研究所承袭的现代汉语传统主要受到结构主义语言学影响的结果。尽管如此,汉语第二语言教学所涉足的汉语本体研究跟现代汉语对汉语本体的研究仍有所不同,主要表现在所关注的语法现象和研究视角上。这可以从以下几个方面来看:

(1) 关注第二语言学习的难点

有人曾对《语言教学与研究》从 1977 年创刊到 1992 年这 15 年中所登载的研究语法的论文进行过统计。在 300 多篇论文中,从句法层面对词进行的研究有 110 篇,约占总数 1/3,其中主要涉及副词、动词、助词三大词类。这说明研究的焦点围绕汉语的动态结构进行。汉语没有严格意义上的形态标志,因此,"汉语的动态结构必须依靠动词的意义类,依靠动词前后的副词和助词"(赵金铭主编,1997,p.27)。比如"他也许来过了"、"都 8 点了,你才来"这些句子所表达的时间概念,是靠副词和助词来完成的。涉及句子的研究也占一定数量,有 70 篇,主要关注汉语的特殊句式和句子成分。比如"把字句"、"连字句",以及补语等问题。此外还有一定数量的汉外语法对比研究。

可以看出,这些研究的兴趣点与汉语第二语言教学实践中的问题紧密相关。比如"工作"一词第二语言学习者常常掌握不好。学生上课迟到了会对老师说"对不起,我的闹钟今天不工作",描写旅途中看到的车窗外的景象时,学习者会说"农民在田地里工作",此类句子可能来自英语的"I'm sorry. My clock did not work this morning."、"Farmers work in the field."由于汉语现有的词类是按语法功能划分的,进入第二语言教学后,我们就发现,原有的词类划分对教学缺乏实际的应用意义。教学需要从语义来确定动词的搭配关系。20 世纪 80 年代以来,对汉语词语语义搭配关系的研究导致了大量"用法词典"的产生。再比如汉语名词短语定中关系之间的"的",也是一个难点。学生会说出这样的句子:

我的妈养成了勤劳的习惯。

我还记得我的妈对我说的话。①

如果教师告诉学生"错了",那么,怎样才是对的呢?问题在于"的"何时用,何时不用。

这样的一些难点,是汉语第二语言学习者每天面对的,自然也就成为汉语第二语言教学研究者的关注点。

(2) 关注教学语法体系的建设

对汉语第二语言教学语法的关注也源起于教学实践的需要,因为不论是教材的编写还是课堂教学总会面临这个问题。程棠认为在"对外汉语教学"事业的初期发展阶段,语法研究的重点和成果主要体现在"对外汉语教学语法系统的构拟和语法项目的切分与选择上"(程棠,2004,p.47)。当人们要考虑拿什么教给学生的时候,就必须决定哪些语法项目应当进入教学,这时就需要对现代汉语的语法项目加以选择并切分。同时,在选择和切分的过程中,汉语第二语言的教学语法框架也就逐步成熟了。这种研究成果主要体现在两个方面,一个是教材语法编写系统的形成,从1958年出版的《汉语教科书》,到1972年出版的《基础汉语》,及至1981年的《实用汉语课本》所形成的教材语法编写系统可以看出,汉语第二语言语法教学由结构起步逐步向"结构~功能"靠拢的过程。另一个是理论上对教学语法的探讨。比如,崔希亮主张分三种语法:客观语法、专家语法、教学语法②。这是因为汉语第二语言教学需要确定,客观存在的汉语语法中哪些语法项目应当纳入第二语言语法教学的范畴,专家已经研究成熟的结论哪些是可用于第二语言教学的。吕文华则对汉语第二语言教材中语法项目的选择和编排提出了更为具体的主张,比如她主张语法项目的编排要注意两点,一个是量的控制,一个是难点的处理(吕文华,2002)。此外,邓守信还对教学语法的性质和特点作了较为具体的描写(邓守信,2003),等等。

---

① 例句摘自赵金铭主编论文集《新视角汉语语法研究》,文章原作者郑懿德。
② 第七届全国对外汉语教学讨论会大会宣读论文(2002,成都)。

(3) 重视从语义和语用的角度探讨汉语语法

从语法、语义、语用三个平面对汉语加以研究是现代汉语本体研究者20世纪80年代提出的主张,这个主张很快得到了汉语第二语言教学研究者的响应。特别表现在对汉语常用句式句法语义的探讨上,比如吕文华对53万字语料中收集到的1094个"把"字句进行了语义类别的统计,从语义上将常用的"把"字句分为六类,并统计出这六类"把"字句在"把"字句总数中所占的比例(吕文华,1999,p.115~121)。她的研究结论可以简述如下:

第一类"把"字句:表示某确定的事物因动作而发生位移或关系转移,这类"把"字句占总数27.8%,比如:"把书放在桌子上"、"把箱子放到外边去"、"把本子交给老师"、"把中国引向光明"等等;

第二类"把"字句:表示某确定的事物因动作而发生某种变化,产生了某种结果,这类"把"字句占总数49.8%。比如:"我把他叫醒了"、"我们把房间收拾得干干净净"、"他把好消息告诉了大家"等。

第三类"把"字句:表示动作与某确定的事物发生联系,或以某种方式发生联系,这类"把"字句占总数8.4%。比如:"请把情况谈一谈"、"别把东西乱扔"、"他把手一挥,站了起来"、"他把两眼紧闭着"、"他把信又念了一遍"等。

第四类"把"字句:把某事物认同为另一事物,或通过动作使某事物变化为在性质或特征上有等同关系的另一事物,这类"把"字句占总数6%。比如:"他把稻田改成了菜地"、"他把学生当做自己的孩子"等。

第五类"把"字句:表示不如意的"把"字句,这类"把"字句占总数5.1%。比如:"我把他打了"、"大风把房屋给刮倒了"、"这些天把人愁成啥了"。

第六类"把"字句:表示致使的"把"字句,这类"把"字句占总数1.5%。比如:"快去把你的手下人排成队"、"雷声把她从梦中惊醒了"

很显然,这类研究从句法语义的角度为汉语第二语言的教学语法框架的形成和语法项目的编排设计提供了非常有用的研究依据。

当教师们要进行教学设计或者进行教材编写的时候,第一、二类"把"字句肯定是要先进入教学或教材的。

语用也跟第二语言教学关系极为密切,学会了某个结构,如果没掌握该结构的语用条件,使用时就免不了要出错。在第二语言学习者的偏误中,有相当数量的偏误是跟语用相关的。因此,这也成了汉语第二语言教学的研究者们关注的焦点之一。如张旺熹从句群的角度对"把"字结构的语用进行了分析。他指出,第二语言学习者之所以不能确知何时使用"把"字句,比如怎样区分"我开汽车到学校门口"和"我把汽车开到学校门口"这两类句子,是因为"把"的使用在于指出动作行为的目的、原因或结果。在缺少上下文的条件下有可能失去"把"使用的目的,这时也就失去了"把"的使用意义(张旺熹,1999,p.1~16)。这是过去很多年来一直让大多数教师感到棘手的问题。

1.3.3.2 词汇研究纷争不断

程相文对一千多年来的汉语第二语言教材进行了调查,认为汉语教材的发展经历了三种形态:以词语教学为中心、以课文教学为中心、以语言结构教学为中心。其中,以语言结构为中心乃是近六十年以来的教材形态,前两种则已延续了一千多年(程相文,2004,p.30~39)。

从这一调查结果可以看到,人们对汉语第二语言教学最初的认识基于词汇是掌握语言所需的最基本要素这一理念,因为词汇直接携带语义,词汇可以将学习者带入语言的理解和使用。人们又在"词汇中心"理念的基础上发展出了课文教学中心,当词汇处于一定的语言环境中时,单个的词义就跟活的语言联系起来了。所以,传统的汉语教学是以词汇为中心的,通过篇章教学,使学生在篇章所形成的语境条件下了解词汇、掌握词汇。这种传统跟汉语缺乏形态、词汇用单个汉字记录有密切关系。

这个调查结果也表明,自"对外汉语教学"这项事业产生以来,教材的形态就基本上是以结构为中心的。自20世纪30年代以来,世界各国语言研究基本上都以结构为主,这一方面是由于结构主义曾引领世界学术研究达半个世纪之久,也因为结构的确比语义易于抽象、提取,并在教学中举一反三。这当然也带来一些问题。事实上,在 20 世纪的后半叶,汉语第二语言教学由于重视以语言结构教学为中心,在一定程度上忽略了词汇及其携带的语义对语言学习的重要性,使得汉语这一缺乏形态的语言的教学问题层出不穷。同时,问题的存在也促使人们开始关注第二语言教学中产生的词汇问题。但是,在怎样进行词汇教学的问题上还没有达成一定的共识。主要有下述的一些研究和不同的观点:

(1) 对词汇搭配关系的研究

汉语形态不发达,词汇由汉字来记录,缺少形式上的标志,因此第二语言学习者首先碰到的就是词汇搭配关系的问题。20 世纪 80 年代以来出版的大量的各类词语搭配辞典、词语用法辞典、词语正误辞典都与教学中词汇语义搭配方面出现的难点有关。比如杨庆蕙主编的《现代汉语正误词典》(北京师范大学出版社 1992 年出版)等。

进入 90 年代以后,词汇的搭配问题也逐渐出现在教材中。如陈灼主编的《桥梁》(北京语言文化大学出版社 1997 年出版),在每篇课文之后都用大量的篇幅介绍了课文中主要词汇的搭配关系及使用特点。

(2) 对离合词的研究

"离合词"这一名称最早是由陆志韦 1957 年提出来的(陆志韦,1957)。它本来是文字改革运动中为解决汉语双音词拼音形式词连写问题而提出的一个概念,此后,除了研究构词法问题的人,并没有人对它投以更多的关注。但是,在汉语第二语言教学中它却被作为一个应当被重视的大问题拿来讨论。为什么?因为"结婚"、"见面"、"睡觉"等这样一些在说第一语言的人看来毫无问题的词语,一旦进入教学就成为第二语言学习者学习的难点。他们不能理解为什么既有"结婚",却不能说"结婚他";既有"见面",却要说"见了面"等等。因此,不少人主张把"离合词"作为词汇教学的一个重点。

(3) 在词汇教学中是"词本位"还是"语素本位"或是"字本位"

以词为本位研究汉语词汇是 20 世纪 40 年代以来现代汉语本体

研究形成的共识。汉语第二语言教学在形成之初也承袭了这一传统。但是在第二语言教学中教师们却屡屡碰到困难,"离合词"的问题就是其中之一。这是由于常用的汉语词汇中虽然有70%以上都是两个音节以上的双音词(朱志平,2005)①,但是,它们却都是用单个汉字来记录的。教师们确曾碰到过这样的笑话:第二语言学习者在学习了"鸡蛋"这个词以后,便到商店去买"鸡蛋的妈妈"。因为他们把"鸡蛋"作为整个词接受下来,却不知道在记录这个双音词的两个汉字"鸡"和"蛋"中,有一个也记录自由语素即单音词,而这个词正是他们要买的"鸡"。

语素是词的次级单位。由于多数语素通常由单个汉字记录,而且汉语中存在着一批组词能力较强的自由语素。比如"车"本身是个词,又可以作为语素组成"火车、汽车、车站"等。于是,有人主张课堂教学以语素为基本单位(吕文华,1999)。

"字本位"是20世纪90年代语言本体理论研究界针对"词本位"说提出来的(徐通锵,1998)。在汉语第二语言教学界也有人呼应这一观点,主张以字为基本单位进行汉语教学(贾颖,2001)。这种主张的动因也是起于汉字记词给第二语言学习者带来的问题。

无论是"离合词"还是"语素本位"或"字本位"教学,都涉及到了汉语多音词,特别是双音节复合词在阅读时的辨识、切分和习得过程中的记认问题。汉语双音节复合词这种两个汉字记一个词的特点,其在平面结构上的问题实际上是语言发展的历史过程造成的。周秦以前,汉语的造词方式主要是"单音造词"(王宁,1997)。多数词汇是通过派生手段产生的,比如由"舞"(跳舞的动作)派生出"巫"(以舞祝神的人)以及"武"(舞蹈的步伐),等等。周秦以后,汉语造词开始向双音合成的方向发展。这是语言简约、丰富的需要。而双音节复合词产生的一个重要途径就是:周秦时期的一些短语凝固成词。比如:国家、地震、雪白、柔弱、完成、输入、司机等,在上古时期曾经是并列式、主谓式、偏正式、述补式、动宾式的短语。而且,由于依旧有相当

---

① 这里的"双音词"主要指双音节复合词,参见朱志平《汉语双音复合词属性研究》。

数量的自由语素横跨在单、双音词之间,势必给教者和学习者都带来讲解和理解上的困难。比如,学习者会说出这样的句子"我把大家的要求输入进电脑去了"。"离合词"的存在则进一步加剧了这一问题的严重性,高年级的学生也会说出"我们见面了两次"这样的句子。所以,它首先引起了学者们的关注(杨庆蕙,1986)。"语素教学说"和"字本位教学说"也是基于教学中的问题提出来的。应当承认,这些教学主张在一定程度上能缓解第二语言词汇教学面临的问题,比如,如果学生先学了"鸡",就比较容易理解并掌握"鸡蛋、鸡毛、鸡翅"等一系列以"鸡"为语素的双音节词语。

但是,也还有一些问题不能解决,那就是,尽管汉语中存在一批有组词能力的自由语素,但是还存在着相当数量的有组词能力的非自由语素,比如"民"是不自由的,但是它至今活跃在新词当中,我们已经有了"人民、村民",但是近 20 年来又出现了"烟民、股民、彩民、基(金)民"等(朱志平,2005)。所以,在汉语词汇的本体研究方面,汉语第二语言教学的词汇研究还有很长的路要走。

1.3.3.3 专门的研究领域——汉字教学研究

字和词都是令第二语言教学研究者头疼的问题。由于汉字的存在,母语用拼音文字记录书面语的学习者,在汉语阅读和书写方面的障碍尤大。对这个问题的关注使得与第二语言教学相关的汉字教学研究形成一个颇有特色的领域。

第二语言的汉字教学从一开始就面临着这样几个问题:

(1) 有关汉字在汉语教学中的位置的讨论

要不要学汉字?在一般中国教师看来这不是问题——汉字怎能不学。但是,在第二语言教学中,教师们会首先碰到这个问题。为什么?因为汉字太难,冰冻三尺,非一日之寒,对于那些急于掌握汉语并用它来解决口头交际问题的学习者来说,他们会坚持认为可以不学。所以,在理论上提出来的问题就是:离开汉字是否能最终掌握汉语,或者不学汉字是否能使汉语达到较高水平。

是"先语后文"还是"语文并进"?这是汉语第二语言教学面临的另一个问题。这个问题既跟上一个问题有关,又跟第一语言和第二语言的教学实际有关。对中国儿童来说,语言的课堂教学——语文教学始于6~7岁,此时儿童已经在一定程度上掌握了汉语,所以他们是"先语后文"的。那么,对于第二语言学习者来说,他们要不要跟第一语言一样呢?还是学了第一句汉语"你好"之后,就应该马上学会写这两个字呢?实际上,在绝大多数第二语言教学机构,采用的是后一种办法。

是先认字后写字,还是认字和写字同时进行?这是继上两个问题而来的第三个需要思考的问题。随着人们在教学和研究中对汉字的结构规律和汉字的认知规律的认识的加深,这个问题也逐步提上议事日程(朱志平,2002;江新,2003)。

无论是上述哪个问题,目前都尚待进一步探讨。

(2)汉字习得与汉字教学规律的研究

有关汉字习得的心理过程,心理学和小学识字教学有不少类似的研究,不过是以第一语言为研究对象的,所以第二语言汉字教学尚难以直接借鉴其成果。在这方面,汉语第二语言教学的研究主要是从两种视角做出的。

一种是汉字本体研究的视角。主要体现在四个方面:第一个是有关汉字结构教学的讨论。有人主张从汉字结构理据出发进行汉字部件教学,将字符作为汉字部件教学的基础,比如把"湖"切分成"三点水"和"胡"两部分,再进一步将"胡"切分成"古"和"月"(万业馨,2001;朱志平,2002);第二个是提倡重视声符教学,因为形声字在汉字中占多数,但是由于声符用方块字记录,教学双方都有可能视而不见,而忽略了声符的利用价值(万业馨,2001,2003,2004);第三个是对汉字难易度的测查,这种研究是从汉字结构的角度来考虑汉字学习中的知识累积的问题,通过测查可以确定汉字教学的顺序(万艺玲,2001);第四个是强调在汉字教学中对"汉字效用递减率"的利用,根据周有光的研究,最常用的1000个汉字即可覆盖99%左右的汉语阅读材料(苏培成,2001),因此汉语第二语言的汉字教学应当充分利用这些汉字(陈曦,2001)。

一种是心理学研究的视角。主要表现在三个方面:一个是汉字认知过程的研究,比如汉字学习策略的调查(江新、赵果,2001);另一个是汉字"正字法"的研究,根据心理学对第一语言汉字认知过程的研究,人们发现,中国学生在小学四年级形成"正字法",六年级掌握正字法(彭聃龄主编,1997),与此相仿,在第二语言的汉字学习中也存在类似的过程,朱志平发现,随着学习水平的上升,学习者所写的汉字中,真字的比例逐渐上升,假字和非字的比例逐渐下降[①](朱志平、哈丽娜,1999;朱志平,2002);还有一个是第二语言学习者的汉字偏误分析(梁彦民,2004;江新、柳燕梅,2004)。

综合起来讲,在汉字教学研究方面,汉字本体研究的视角和心理学的视角目前正在逐步地走向合流(万业馨,2003,2004);在词汇教学和汉字教学的关系方面,也有越来越多的研究者主张将二者结合起来(朱志平,2005;江新,2005)。而且,有的设想已经开始付诸实践,一些国家和地区的教材直接采用了汉语教学始于汉字,由字过渡到词的办法,来提高所教汉字的使用频率。比如白乐桑(Joel Bellassen)、张朋朋编写的法国汉语教材《汉语语言文字启蒙》,该教材所涉及的字词比例为1∶3.97,较之《基础汉语课本》(李培元等编写,1980)的1∶1.09,学习者的汉字认读负担就减轻了(王若江,2004)。

1.3.4 "语言应用研究"与"语言本体研究"

语言教学要应用语言理论,这是必然的。汉语第二语言教学也不例外。从1.3.2和1.3.3的讨论可以看到,在一定的人才基础和学术基础的影响下,汉语第二语言教学的研究从一开始就大量地应用了现代汉语本体研究的理论和研究成果。语言本体研究领先于其他研究,语法研究领先于其他语言要素的研究表明,汉语本体研究对汉语第二语言教学的影响是极其深远的。因此,有的研究者干脆把汉语第二语言教学的研究领域一分为二,认为"对外汉语教学研究的

---

① 真字、假字、非字是心理学术语。真字指被试书写正确的汉字,假字在结构上符合汉字结构方式,但汉字中不存在这样的字,如:彵;非字是既不符合汉字结构方式,汉字中也不存在的字,如:敁。

内容主要包括两个方面:一是学科理论研究,即对外汉语教学学科教学论或学科教育学的研究;二是汉语研究。"(程棠,2004,p.42)

不过,随着汉语第二语言教学研究的逐渐成熟,汉语本体研究的这种影响在继续向前推进的同时也在发生着微妙的变化。这种变化还可以从不同发展阶段汉语第二语言教学研究的兴趣焦点看出来。在1950~1978年"对外汉语教学"事业的初期发展阶段,教学研究的重点主要是汉语教学的原则和方法。因此,这个阶段除了引入一些不同的教学理论以外,对汉语的解释和描写主要直接采自汉语本体研究,比如,对语法的研究仅限于对"教学语法系统的构拟和语法项目的切分与选择"(程棠,2004,p.47)。从20世纪80年代到90年代末,情况开始逐渐发生变化,一个突出的表现就是相继出版了大量跟汉语第二语言教学相关的汉语研究专著,这些研究的对象尽管还是汉语本体,但它们的出发点和角度已经开始发生变化。比如刘月华等的《实用现代汉语语法》(1983)、吴宗济主编的《现代汉语语音概要》(1992)、李大遂的《简明实用汉字学》(1993)等,这些著作的共同特点是,都针对汉语第二语言教学而作。继之而来的,就是对第二语言教学语法的框架建设和难点语法的专项研究,已如上述。

这种变化揭示了两个问题,一个是语言教学并不仅仅是在应用语言理论,前述语法研究的兴趣焦点一方面表明,汉语第二语言教学的研究正在逐渐摆脱纯粹的汉语本体研究的路子,而显示出应用的特色,并且达到了相当的深度;另一方面也表明,现代汉语传统基础上形成的本体研究,其成果不能满足第二语言教学的需要。另一个问题与此相关,即在应用特色之下包含着的是一种对汉语本体研究的挑战。

这种挑战的产生有两个原因,一个是汉语本体和汉语第二语言教学研究目的不同,一个是汉语本体研究本身的不足。已如前述,汉语第二语言教学在最初的研究阶段主要是承袭了20世纪40年代以来形成的现代汉语传统。现代汉语的研究体系形成于学者们对自己第一语言的研究,尽管在形成过程中这个体系曾受到印欧语言诸多方面的影响,但这种影响主要是方法论上的,研究者们并没有从第二语言学习的视角对汉语加以研究。因此,一旦进入第二语言教学的课堂,第二语言学习者不能理解的很多语言现象要么找不到解释,要么无法解释。比如,中国人常常说"单身汉用不着自己开火,可以吃食堂嘛"、"今天不做饭了,我们去吃馆子"等等。"不少语法论著都把'吃食堂'、'吃馆子'里的'食堂'、'馆子'分析为处所宾语"(陆俭明、郭锐,1998,p.4),这在现代汉语的研究里并未产生过任何问题,但是进入第二语言教学以后,学习者就会说出下面的句子:

* 勺园二号楼食堂的饭不好吃,我现在都吃勺园七号楼餐厅。①
* 昨天我们进城是吃前门的全聚德。

这是成人第二语言学习中对语法格式的泛化,也是课堂教学没有讲解清楚的结果。这种问题的产生是汉语本体研究者始料未及的,因而在汉语第二语言教学的初期阶段这类问题在已有的论著中根本找不到现成的答案。

现代汉语研究传统深受结构主义的影响,面对一切语言现象都力图从结构的角度做出解释。而汉语是孤立语,是一种语义型的语言,形态不发达,仅从结构角度并不能根本解决语义理解的问题。如"把"字句,过去在教学中一般是把"把"字结构介绍给学习者,而较少从语义和语用上加以解释,一般的对"把"的"处置"、"提宾"等解释对第二语言学习者毫无用处。比如,"老师把手表放在桌子上"、"她把药吃了"这样一些句子看起来似乎并不难理解,但是学习者就有可能提出这样的问题:"老师放手表在桌子上"跟"老师把手表放在桌子上"有什么不同?或者将"她把药吃了"泛化成"昨天我把电影看了",等等。

再比如前述"的"字的问题。语言学前辈吕叔湘就曾认为"的"何时用,何时不用尚不清楚;朱德熙认为如果中心语是表示亲属称谓的名词则通常不用"的";胡裕树则认为与短语本身结合是否紧密有关,等等(赵金铭主编,1997,p.39~41)。因为汉语中已经存在的一些例子使得人们难以下定论,比如:

---

① 两个病句引自陆俭明、郭锐,1998年,p.4。

A. 合伙吃我的人,便是<u>我的哥哥</u>,吃人的是<u>我哥哥</u>。(狂人日记)
B. 这好像<u>我们的母亲</u>,……这象征<u>我们母亲</u>富有曲线美。(可爱的中国)
C. 在<u>她丈夫</u>活着的时候,……<u>她的丈夫</u>喝酒来找她。(骆驼祥子)①

这种挑战尤其可以从词汇研究的纷争不断看出来。由于在汉语第一语言的本体研究中尚未解决词类划分、字词关系等问题,第二语言教学自然不可能找到最具解释力的理论加以应用。因此,如何对第二语言学习者解释诸多的他们不能理解而说汉语的人又习焉不察的语言现象,这是汉语第二语言教学的研究建立起自身研究特色的最主要的动力。同时,这种动力也在客观上推动了现代汉语的本体研究,越来越多的汉语本体研究者开始认识到从第二语言学习视角看到的语言现象其实正是汉语本体研究领域尚未开发的处女地。

由此,我们可以看到,汉语第二语言教学作为应用语言学,要应用汉语及汉语本体研究成果;同时,汉语第二语言教学也并不仅仅只是在被动地应用语言本体研究的成果,它已经并正在跟理论研究形成一种互动。

综上所述,我们可以说,语言的应用研究不等于语言的本体研究,即便他们都在研究语言本体的某一要素,比如语法,研究目的的不同也会使前者显示出自身的特色;语言的应用研究又会推动语言的本体研究,它在产生具有自身特色理论的同时,会在一定程度上反过来影响语言的本体研究。

1.3.5 语言教学研究的三个出发点和两个必须考虑的问题

语言应用研究与本体研究的差异提示我们,语言教学在应用理论进行自身的研究时要关注三个出发点,并考虑两个问题。

---

① 例句摘自赵金铭主编论文集《新视角汉语语法研究》,文章作者郑懿德。

1.3.5.1 教什么、怎样学、怎样教

语言教学要应用相关的理论进行研究,但是又不能仅限于单纯的应用,由于不同理论各自的研究目的与语言教学目标存在着实际差异,语言教学在应用理论的过程中自然要形成自己的应用研究。这实质上也是应用语言学立于学科之林的根本。

应用研究当从何处着手呢?这要从语言教学研究的出发点来看。汉语第二语言教学研究经历了从关注"教什么"到关注"怎样教",再到关注"怎样学"的发展过程。

要从事一种教学,首先就得回答**"教什么"**。这是古往今来从事教学的人都必须考虑的问题,也是语言教学首先要考虑的问题。教语言就要考虑教哪种语言,教汉语就要考虑把汉语中的哪些部分作为教学内容。这实际上也是在"对外汉语教学"起步的前27年里,研究者们考虑得最多的问题(程棠,2004)。因为它直接关系到如何把汉语言的系统纳入第二语言教学体系。因此,这也是语言教学研究的第一个出发点。

在"教什么"的问题确定以后,走进教室,任何一个教师都会马上碰到**"怎样教"**的问题。这实际上也是"对外汉语教学"在最初的发展阶段讨论较多的问题。它直接关系到教学的成功与失败。随着时代的推进和语言教学方法论的演进,汉语第二语言教学曾不同程度地借鉴过各种教学法,从"翻译法"到"直接法",再到"情景法"、"听说法";从"自觉对比法"到"自觉实践法"等等。不过,汉语第二语言教学并没有"生搬硬套"这些方法,而是在实践中不断地总结形成自己的方法(程棠,2004)。这说明,在考虑"怎样教"的时候,不但需要思考教的方法和手段,也要对教学理论加以选择并应用。因此,"怎样教"自然成为汉语教学应用研究的第二个出发点。

20世纪70年代以来,随着认知心理学的发展,人们也开始认识到,语言学习的过程可能会因人而异、因年龄而异、因母语和第二语言的不同而异,等等。因此,除了"教什么"和"怎样教",语言教学的应用研究还应当考虑第三个方面的问题:**"怎样学"**。这是汉语教学应用研究的第三个出发点。

立于第一个出发点上,在从事应用研究的时候,语言教学就有两个方面的理论是不可忽略的:一个是有关语言共性特征的研究理论,主要是普通语言学的理论,也包括社会语言学、心理语言学、计算语言学等相关理论;另一个是有关某一语言个性特点的理论,具体到汉语,那就是汉语本体的研究理论。如前所述,汉语本体的研究理论来自两个传统,一个产生于文献语言的历时研究,一个产生于现代汉语的共时研究。在"对外汉语教学"发展的前两个阶段中(也即21世纪以前),汉语第二语言教学应用较多的主要是后者。不过,进入21世纪以来,越来越多的研究者也开始认识到了同时继承两个传统的必要性。

由第二个出发点应当看到,教学法理论本身就是一种具有应用性质的理论,它在方法论和教学理念上要受到语言理论的影响,换言之,人们是根据他们对语言性质、特点的认识来确定教学方法的。同时,由于"怎样教"也要涉及到教学对象,对成人和对儿童的教学方法肯定不一样;"怎样教"要涉及教学目的,作为学校教育体系中的汉语教学和作为一般进修目的的汉语教学肯定也不相同。因此,教学法理论又在一定程度上受到心理学、教育学理论的影响,也就是说,它要应用心理学、教育学理论。

"怎样学"的问题跟语言学习理论密切相关。语言学习理论是语言学和心理学互动的结果。因为人们在研究"怎样学"的时候,既要考虑到语言的性质和特点,也要考虑到学习者的学习特点。它实际上也是考虑"怎样教"时所需要的基础,只是这方面的研究成果出现较晚,汉语第二语言教学也是较晚才开始关注它。

那么,如何处理这三个出发点之间的关系呢?从三者的逻辑关系看,我们认为"教什么"是首先要考虑的问题,因为只有在确定了所要教的是哪一种语言以后,才有可能进一步探讨学习者是怎样学这种语言的以及怎样教这种语言。从三者理论源流的关系看,前面的讨论也已经表明,有关"怎样学"语言和"怎样教"语言的理论往往要建立在人们对语言的认识的基础上。它们是在语言理论的基础上协同其他理论研究的成果。进而言之,即便在语言理论内部,我们也可以看到,人们对某一语言本体的研究也要受到语言观及方法论的影响,这种语言观和方法论来自人们对语言的共性特征的认识。所以,语言理论是语言教学应用研究的核心。

在语言理论这个核心的基础上,我们会看到,无论是人们对语言的认识,还是人们对语言学习规律的认识,对于语言教学来说,这些研究最终的目的是提高语言教学的效率,所以,不论是"教什么"的研究还是"怎样学"的研究,最终都是为"怎样教"服务的。赵金铭将三者关系图示如下(赵金铭,2005,p.11)。

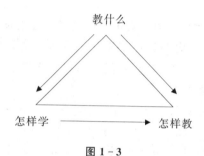

图 1-3

这个图很能说明三者之间的关系。

从这三个点出发所进行的研究形成汉语第二语言教学研究的一些最基本的领域,比如"汉语本体研究"、"第二语言习得研究"、"教学法研究"等。并由此逐渐延伸开去,进一步产生"跨文化交际研究"、"网络与多媒体教学研究"、"教学大纲研究"、"水平测试研究"、"教材编写研究"等更新的、更具有多学科交叉特点的研究领域。

1.3.5.2 "应用哪些"与"怎样应用"

众多新的研究领域的不断形成表明应用研究与理论研究是不同的,具有自身的特色。同时,这一现象又从另一个侧面说明,汉语第二语言教学作为一个应用学科,不应该也不可能仅仅只是应用理论,或者只应用某一种理论。以语言本体理论的应用为例,我们需要明确的是,汉语第二语言教学对语言本体的研究与一般的汉语本体研究究竟有什么不同。同样,汉语第二语言的教学法与英语第二语言的教学法也有所不同,汉语第二语言习得研究也有必要与一般意义上的语言习得研究区分开来,否则,这个学科存在的价值何在?因此,从上述三个角度出发进行应用研究的同时,我们就不能不考虑两个相关的问题:"应用哪些"与"怎样应用"。

"应用哪些"指汉语第二语言教学的研究在对理论的应用过程中要根据自身的需要加以选择。从上面讨论的三个点出发进行研究,有很多理论可以借鉴。但是这些理论并不是为汉语第二语言教学"量身定做"的,它们在建立之初有自己的研究目的。因此它们是否适合汉语第二语言教学要由应用者来决定,在应用以前必须加以选择。

"怎样应用"指应用时要考虑到所选择的理论及其数据的产生基础、前提、条件以及研究过程,弄清楚某个研究成果和将要应用的领域之间的相关性。这些问题不弄清楚,应用研究就有可能被引向误区,结果可能是事倍功半。

20世纪60年代以来语言理论的多元化,既推动了应用语言学的迅速发展,也给应用语言学带来了"应用哪些"的问题。这些理论在20世纪80年代进入中国学术界时,同样也给汉语第二语言教学的应用研究带来了这个问题。在"教什么"的问题上,我们需要考虑我们所应用的理论是从什么视角来认识语言的,它们是在研究哪一种语言的基础上产生的,这种语言跟汉语的差别和共性是什么。比如我们应当考虑,乔姆斯基(Noam Chomsky)对句法结构的分析,及其得出的结论是否适用于汉语的句法结构分析。类似的问题,我们在应用之前就应当考虑到。即便是在对待汉语本体研究两种传统的态度上,我们也需要考虑,是一概兼收并蓄,还是取各家之长。

20世纪50年代以后,产生了许多不同的语言学习理论的流派,也产生了若干种教学法。这些不同的流派和观点在1978年改革开放时几乎是同时涌入汉语第二语言教学的研究视野的,如果在应用时不加以选择,或者对其研究基础未加了解就直接应用,势必会造成理论应用和成果借鉴的"消化不良"(朱志平,2003)。

此外,人才基础和学术基础的改变也在不断向我们提出"应用哪些"和"怎样应用"的问题。进入21世纪以来,汉语第二语言教学的人才基础和学术基础都发生了很大变化。教师队伍出现了学历的"多层次化"和专业的"多元化"。自1998年开始，师资培养由原先单一的本科学士培养，发展成今天的学士、硕士、博士三级并存的局面。同时，大量的硕博士高学历非汉语专业人才，如心理学、教育学以及各种外语人才也走进汉语第二语言教学的师资队伍。这两股力量形成了这个学科新的人才基础。不同的人才在将自己的专业所学带进汉语第二语言教学研究队伍的同时，必须考虑如何使自己的知识得到最好的利用，以及如何吸收他人之长，补自己之短。

与人才基础的变化相关联的是学术基础的变化。人才基础的变化带来了研究兴趣和研究领域的重新分布，这种变化在改变着汉语第二语言教学的学术基础。同时学术氛围的变化和对新的理论的应用也在改变着汉语第二语言教学的学术基础。学术基础的改变也意味着对理论应用倾向的改变，这时同样需要考虑"应用哪些"和"怎样应用"。

1.3.6　汉语第二语言教学研究的定位

汉语第二语言教学的研究在理论研究上处在什么位置？这是一个理论定位的问题。

由于它所教的内容是语言，所以与它关系最为密切的理论主要是语言理论，特别是汉语本体研究的成果。由于语言学习的过程是学习者吸取语言知识并将其内化的过程，也是学习者语言能力的养成过程，因此搞好语言教学的另一个前提就是充分了解语言的习得过程，所以语言教学的研究要应用心理学理论，特别是语言学习理论。跟语言教学的研究密切相关的第三个方面的理论是教育学理论，因为一方面教学，特别是课堂教学，要遵循教育的某些规律；另一方面，作为汉语第二语言教学，其教学的对象是在另一种教育传统、教育制度下成长起来的，所以，汉语第二语言教学不但要应用一般的教育理论，还要关注不同教学对象的受教育背景。因此，语言学、心理学、教育学是汉语第二语言教学研究的三大基本理论。在这些理论中，语言理论是其核心。

由此,我们初步确定,汉语第二语言教学的研究是一种应用研究,要应用以语言理论为核心的各种相关理论,所以它具有语言理论和语言教学中介的性质。其次,它并不是被动地使用某种理论,在对理论应用之前,它要对其加以选择,并在应用中验证其合适性,或在应用中对理论的合适性提出质疑,因此,它与各种相关理论是一种互动的关系。

第 2 章　语言与语言学习

2.1　语言的本质

我们常听到这样一些语句:"我和他没有共同的语言"、"他语言很流畅"、"这个人语言污秽"、"我们要为纯洁祖国的语言而奋斗",等等。"语言"这个词我们用得很频繁,在上面的几个语句中我们已经赋予"语言"不同的意义。但是我们是否考虑过这样一个问题:语言究竟是什么?

这个问题乍听起来有点怪,因为日常生活中人们用不着去探讨它。但它却是哲学家、语言学家们探讨了几千年的问题。这个问题被学术界称之为"古老的柏拉图问题"。迄今为止也还没有一个统一的、标准的答案。

"语言是什么"的问题也是语言教学在回答"教什么"的时候首先应当考虑的。人们总是从事物的本质来判断并了解事物。所以,在进行语言教学以前,我们不但要考虑教哪种语言,这种语言有什么特点;也要考虑学习者的母语是哪种语言,这种语言跟我们所要教的语言有什么关系;还要考虑怎么把这种语言教给学生,学生怎样才能学会这种语言,等等。把这些具体问题归结起来,它们就上升为更为抽象的问题:人是怎样学会语言的? 语言的本质是什么?

人类对自己语言的本质的探求,是语言学形成的最基本的动因。然而,人们从不同研究视角对语言本质做出的判断又是不同的,所以,当我们要从应用语言学的角度,特别是语言教学的角度去对语言的本质加以判断的时候,我们需要先了解前人对语言本质的不同判断,并且在这个基础上来讨论我们的判断。在对语言性质认识的基础上,我们才有可能进一步讨论语言学习的特点以及第二语言学习的目的,从而最终讨论衡量第二语言水平的标准。

在语言学发展的历史长河中,不同时期的研究者从不同角度对语言的本质进行了探讨。这种从不同的角度对语言的本质的认识导致了今天人们对语言诸多方面的不同观点和不同的研究方法。

2.1.1 语言存在的普遍性

当人们从哲学的角度来认识语言的时候,人们认识到语言是普遍存在的。语言普遍存在于人类社会,为人类社会所共有。

在19世纪以前的欧洲,语言学一直是哲学的一部分。人们从了解自身与世界的关系的角度来认识语言。那时的学者们认为:"世界一切语言同源"(R. H. 罗宾斯,1997,p. 151)。因此,语言存在的普遍性成为一个传统的认识。语言是人类社会普遍存在的现象,是人类共有的财富,这种认识起自古希腊的哲学家们。那时的学者们已经意识到,只有人类才拥有语言,语言使人有别于其他动物,语言也使人摆脱野蛮,走近文明。所以,英国语言学家罗宾斯(R. H. Robins)指出,"古希腊的思想家在讨论语言和有关语言的问题时,在欧洲开创了我们可以在最广泛的意义上称之为语言学的学科"(同上,1997,p.10)。

早在公元前1000年,古希腊人对语言本质的这种讨论就开始了。他们在语言普遍性的基础上认识到了语言跟种族以及文化的关系,认识到不同种族的人可能说不同的语言。希腊人曾经把说异族语言的人叫做 Barbarian,即讲话无法听懂的人。英语词 barbarian(意思是"野蛮人")源出于此。这跟中国古代的孟子把许行称之为"南蛮䴗舌之人"无疑有共同之处——人们对文明程度落后于自己的民族及其语言表示鄙夷。这在一定程度上表明古希腊人已经关注到了语言的不同,以及语言跟文化的关系。不过,他们更关心的还是分析并讨论语言中普遍存在的各种要素及其共性。

在古希腊众多的哲学家中,柏拉图(Plato)最先关注到语法的问题,他的思想影响了亚里士多德(Aristotle),后者主要继承和发展了柏拉图在这方面的成果。不过,二者对语言的研究还主要局限在对希腊语具体语言现象的探讨(R. H. Robins,2001)。亚里士多德以后是芝诺(Zeno)在公元前 315 年创立的斯多噶学派(The Stoics)。这个学派的研究为语言学在哲学的众多议题中争得了一席之地,因为他们开始关注纯语言的问题。他们的研究兴趣主要在语音学、语法学和词源学方面。在语言理论方面,斯多噶学派最早提出了语言的形式和意义的二分法,这种区分跟后来索绪尔(Ferdinand de Saussure)所提出的"能指"和"所指"有一定的关联。此时他们对语言的研究开始具有了普通语言学的性质。

　　布龙菲尔德(Leonard Bloomfield)说:"古希腊人具有一种善于对旁人认为理所当然的事物加以怀疑的天才"(布龙菲尔德,1985,p.4)。正是这种天才造就了一代古希腊的哲学语言学家。尽管古希腊在罗马人的打击下被毁灭了,但古希腊人建立的文明却被继承下来。今天我们只要追溯西方哲学,其渊源一定能够追溯到古希腊,因为它们是一脉相承的,古希腊时期的论争同样也成为今天现代语言学的论争。比如:同样师承于柏拉图,亚里士多德更多地继承和发展了对语法的研究,他强调语言的约定俗成,从而成为从哲学、逻辑学角度研究语言的一代宗师;斯多噶学派则更多地从文学的角度把语言看成是表达思想和感情的工具,他们强调语音来源于对事物的模拟,认为自然引导人类的生活和语言(R. H. Robins,2001)。

　　罗宾斯指出,在政治上罗马人是希腊人的主人,但是在文化上他们是希腊人的学生。古希腊文化对古罗马乃至整个欧洲产生了极其深远的影响。而且,由于"希腊语和拉丁语在语言类型和结构上的相似,又加速了这个过程"(R. H. 罗宾斯,1997,p. 11)。但是在古希腊时期,无论人们对语言的讨论怎样深入,语言始终是哲学研究的一部分,从古罗马时期到 18 世纪,欧洲学者的大部分研究都是在古希腊哲学的范畴里进行的。对语言的哲学认识因而也成为古希腊以来的西方哲学家们的共识。这种观点一直延续到十七八世纪,并且成为此后语言研究的基础。

2.1.2 人类语言的创造性

"语言学作为一门独立的科学诞生于19世纪上半叶"(伍铁平,1994,p.2),这得益于18世纪人们对人类起源的研究。18世纪是人类学发展的时期,人们着力于探究人类不同种族的来源,而这项研究的许多结论则得自不同民族语言的对比。当语言学家们通过亲属语言的对比发现欧洲及亚洲许多民族之间的历史渊源关系时,语言研究立刻就引起了人们的重视,因此,历史比较语言学在19世纪初脱颖而出,使得语言学成为一个新的学科。

有关语言性质的认识也随着现代人类学的产生在18世纪进入了一个新的时期。这一时期有两个因素影响语言学的发展进程(R. H. Robins,2001),一个来自欧洲内部,即人们对语言和思维关系的重新认识;一个来自欧洲外部,即人们对印度语言跟欧洲语言亲缘关系的发现。

现代人类学的产生使得人们开始从人类学的角度来认识语言。这个新的视角及其研究成果使得这个时期的语言研究成为从传统到现代的过渡,罗宾斯把这个时期称为"现代时期的前夜(The eve of modern times)"(R. H. Robins,2001,p.152)。在这个时期,有几个研究者的观点对今天的语言学产生了较大的影响,从应用语言学角度看,最值得一提的是卡尔·威廉·冯·洪堡特(Karl Wilhelm von Humboldt)。

洪堡特(1767~1835)被认为是一位生命跨越两个世纪,但理论属于前一个世纪的学者。"人的研究"是洪堡特一生不懈探求的主题,他忠于人文主义精神,致力于从探索人类精神的角度研究语言,与十九二十世纪"为语言而研究语言"(姚小平,1995,p.63)的学者们不同。

洪堡特1767年生于柏林附近,从小受到良好的教育。不过,他的前半生,即52岁以前基本上是从政,出任外交使节,致力于教育改革,因而主要以政治家、教育家闻名。直到1819年,他退出政坛,从此潜心研究语言。他兴趣广泛,探索过美学、民族学、古典哲学。不过,在今天的语言学界,人们还是把他看成德国语言理论家、语文学家,这跟他在语言学史上的影响不无关系。

洪堡特在语言学史上的影响跟他的著作《论爪哇岛上的卡维语》及其导论有关。这本著作有一篇长达 300 页的导论——"论人类语言结构的差异及其对人类精神发展的影响",在语言学史上产生了巨大影响。在这篇导论中,他主张把人类语言看成一种活动,特别是一种具有创造性的活动,而不仅仅是某种活动的产品。贯穿洪堡特有关语言的大多数论述的主题可以归结为一个,即人类语言的创造性。他强调人类头脑中普遍存在的对语言的创造能力,这个观点后来受到乔姆斯基(Noam Chomsky)极大的赞赏,也由此引起了语言学界对洪堡特思想的重新审视。

18 世纪现代人类学的成熟促使人们试图找到人类的起源。人们认识到自身不同于其他动物的地方——语言。所以,18 世纪下半叶,人们重新开始了对语言起源这个问题的探究。这种探究集中在语言和思维的关系上。

比如,普鲁士科学院 1769 年的评奖征文的题目要求回答:人类在没有外力的帮助下,是否可以把语言发展到现在这个样子?如果可以,是如何做到的?赫德尔(J. G. Herder,又译赫尔德)《论语言的起源》因此而获奖。赫德尔认为,语言和思想是不可分离的,没有谁先谁后的问题。在此之前,从亚里士多德开始的历代哲学家都认为,语言起源于思想,从属于思想。

洪堡特则进一步认为,语言不仅与思想密不可分,而且是一个使用某种语言的民族其民族精神的一部分。他认为,一种语言是一个民族精神的外在表现。而且,语言在人类的原始形成中是第一个必要阶段,在此之后,各个民族才能追求每一个更高一级的人类发展方向(胡明扬主编,1999)。

在语言跟思维及精神关系这个问题上,洪堡特的观点跟后来的萨丕尔—沃夫假说(The Sapir-Whorf Hypothesis)有相似之处。萨丕尔(Edward Sapir)认为,现实世界在很大程度上是不自觉地建立在人们的语言习惯上的,不仅语言所指的是经验,而且语言也规定经验。在萨丕尔之后，沃夫(Benjamin Lee Whorf)进一步提出，世界观的形成受语言的影响，语言的概念范畴影响人对周围环境的观念。(赵世开，1989)。这种观点尽管未被语言学界多数人所接受，但它讨论的是语言和思维的关系。

洪堡特思想对今天的影响主要在于，他认为人类思维的创造性表现为人类语言的创造性。他认为"语言面对着一个无限的、无边无际的领域，即一切可思维对象的总和，因此，语言必须无限地运用有限的手段，而思维力量和语言创造力量的同一性确保了语言能够做到这一点"，"儿童学说话，并不是接受词语、嵌入记忆和用嘴咿呀模仿的过程，而是语言能力随时间和练习增长"(转引自姚小平，1994，p.125)。洪堡特这些有关语言性质的论述被后人归结为：语言是有限手段的无限运用。这一思想在20世纪60年代得到乔姆斯基的大力推崇，影响逐步扩大。也正是这一思想，使得今天人们会说出"洪堡特还活着"(威廉•冯•洪堡特，2001，导言)这样的话。

在语言获得的问题上，洪堡特认为，"语言存在的根本原因在于，人与人到处都是同一的，因此语言能力在每一既定的个人身上都可以成长起来，而其结果又各不相同。"而且，母语无论对于什么人"都具有远胜过异族语言的巨大力量和内在价值"、"当一个人听到母语的声音时，就好像感觉到了他自身的部分存在"(威廉•冯•洪堡特，2001，p.296~297)。这些论述既是建立在语言普遍性基础上的，又将语言的本质跟人类的思维及精神生活紧密地联系在一起。

基于对语言与思维的关系和人类语言创造性的认识，洪堡特主张因语言结构的差异将世界语言分为三类：孤立语、粘着语、屈折语。尽管这种划分不是他最先提出的，但是他的主张却在语言学史上有一定的影响，推动了语言类型学的形成。

在西方学者中，洪堡特较早提出了对汉语的认识，他"把汉语和梵语看做语言类型的两极，认为前者是典型的孤立语，后者是典型的屈折语，所有其他语言均分布于两极之间"(威廉•冯•洪堡特，2001，导言，p.VI)。因此，在谈到汉语与梵语的特点时他指出"这两种语言在语法结构上的对立如此鲜明，简直可以说，它们各自霸占了语言研究的一半领地,任何第三种语言的插足都不免黯然失色",他特别指出"其他语言往往苦苦地为拥有一种语法而奋斗,汉语却由于缺乏这样一种语法而形成了它自己独特的语法,其本质特点便是不具备(寻常意义的)语法"(威廉·冯·洪堡特,2001,p.256~257)。这样的一些论述也许应当对我们今天的汉语第二语言教学语法的研究有所启迪。

应当看到,洪堡特对语言及其文化的认识也有保守的一面,比如,他认为,印欧语言等形态发达的语言是先进的语言,而汉语等形态不发达的语言则是落后的语言。这些认识在一定程度上也成为限制他学术思想产生更大影响的因素。

历史地看,洪堡特的观点在他所生活的时代影响并不显著,这种特点跟他的研究所处的时代学术氛围有关,当现代语言学因亲属语言在语音上的对比研究而大展宏图的时候,有多少人会关注还属于上一个世纪的语言学观点呢?直到20世纪50年代以后,由于乔姆斯基的推崇,随着生成语言学的发展和结构主义语言研究的衰落,特别是随着文化人类学的再度兴起,洪堡特的观点又重新受到重视。有关洪堡特和乔姆斯基在观点上的差异,我们会在2.1.5进一步讨论。

2.1.3 语言结构的系统性

把语言作为一个系统来看待,从结构的角度来认识语言,始自费尔迪南·德·索绪尔(Ferdinand de Saussure)。这个观点最早见于索绪尔的《普通语言学教程》(1916年首次出版),尽管在这本书中索绪尔只在一次讨论中提到过"结构"这个词,而且并不与后来的"结构主义"的"结构"概念直接相关[①],但是从结构的角度来认识语言,重视语言在结构上的系统性这种研究方法却开了一代学术研究的先河,以至于对20世纪上半叶整个世界的学术研究都产生了重大影响。

1857年索绪尔出生于瑞士日内瓦的一个法国人家庭,1875年他

---

① 参见《普通语言学教程》有关"构造"和"结构"的区分,p.250。

就读于日内瓦大学,一年以后转至德国莱比锡大学学习语言学。两年后他发表了一篇论文:"论印欧系语言元音的原始系统",受到语言学界的很高评价。从1881年起,索绪尔开始在法国高等研究学院教授梵语,培养了一批语言学家。1891年,索绪尔回到瑞士,在日内瓦大学讲授梵语和印欧语系语言历史比较研究。1906年到1911年,他先后几次讲授普通语言学,但是并未将所讲内容编写成书。1913年索绪尔去世以后,他的学生沙·巴利(Charles Bally)和阿·薛施蔼(Albert Sechehaye)根据一些学生在索绪尔课上所作的笔记、索绪尔的一些手稿和其他材料整理成一本书,并于1916年在巴黎出版,这就是闻名于世的《普通语言学教程》。

岑麒祥在1979年为这本书所写的前言中指出,索绪尔的这本书之所以有这样巨大和深远的影响,有两个主要原因:一个是"它的内容非常广泛"、"欧美各国语言学界所接触到的各种有关原理和方法的问题,都逃不出他的视线";另一个就是索绪尔生活的几十年间是"欧洲学术思想发生急剧变化的年代",历史比较语言学的研究到此时已经达到"登峰造极的境界",当时的一些研究者沉湎于实证主义的研究方法,只关注个人语言中的具体事实,缺乏整体感和系统性(索绪尔,1985,p.8)。所以,索绪尔此时提出对语言结构和语言系统的重视,无疑是开辟了一个新的研究天地。

索绪尔的观点主要有三个部分,简述如下:A. 语言研究有两个最基本的方面,共时研究和历时研究;B. 语言研究应当区分言语和语言,而语言学研究的主要是后者;C. 在共时语言现象中,"语言是一个由词汇、语法和语音中相互联系的成分构成的系统。"(R. H. 罗宾斯,1997,p.214~215)。索绪尔把语言看成一个系统,一种整个语言社会的成员必须遵守的规范。尽管他本人并没有直接使用过"结构主义"一词,不过,从上述三方面考察他的观点,他已经把结构主义的方法论建立起来了。共时研究和历时研究的区分,使语言学在历史比较语言学的基础上更进了一步,为语言学研究开辟了另一个研究领域;言语和语言的区分则是把语言从具体的语句材料的研究中抽象出来,形成一个新的研究对象,使得语言学的研究不再沉湎于琐碎的材料,从而有可能发展出一套完整的研究方法,最终推动方法论的形成。因此,他被认为是"结构主义之父"。

注重语言结构的系统性虽然始自索绪尔,却形成了两支不完全相同的传统,一支是以索绪尔为代表的欧洲结构主义语言学,另一支是以布龙菲尔德(Leonard Bloomfield)为代表的美国描写语言学。美国描写语言学一方面跟欧洲语言学传统有着千丝万缕的联系,另一方面又有着自身的特点——始自印第安语言的实际考察与描写。后一种研究上承自鲍阿斯(F. Boas,1858～1942)。不过,在鲍阿斯的时代,美国描写语言学的研究角度主要还是人类学的。这种传统到萨丕尔(Edward Sapir)时进入了以语言描写为主的时期,而且开始关注到了语言的符号性和系统性,萨丕尔在1921年首次出版的《语言论》中指出,语言"是纯粹人为的、非本能的,凭借自觉地制造出来的符号系统"(爱德华·萨丕尔,1985,p.7)。布龙菲尔德是美国描写语言学的集大成者。他认为语言是一套由刺激反应而产生的交际系统,语言可以在一个人受到刺激时让另一个人去做出反应。从鲍阿斯到萨丕尔,再到布龙菲尔德,美国描写语言学从注重对共时语言的描写,进而发展到注重语言的系统性,及至注重语言的结构描写,最终在基本的方法论上逐渐跟索绪尔走向合流。这种合流是结构主义在20世纪所产生的影响的必然结果。关注语言结构的系统性也因此成为20世纪的一个重要的语言观。

结构主义语言观对汉语第二语言教学有较为深远的影响,这一方面是由于汉语第二语言教学的研究基础——现代汉语研究传统形成于结构主义盛行的时期,另一方面也是由于索绪尔提出的区分共时与历时的观点,与当时中国语文现代化运动所提倡的使用现代汉语的口号具有共同之处。这在一定程度上表现了学术的社会背景的一致性,即学术在一定社会历史背景下的"不谋而合"。结构主义作为一种方法论,它在影响西方各种学术研究的同时,也随着西学东渐的潮流而进入了中国的学术界,影响了中国近百年的语言研究。从系统的角度对语言下定义,已经成为20世纪50年代以来绝大多数语言学著作必不可少的内容。比如,1963年出版的《语言学概论》

(高名凯、石安石主编)提出"语言是由词汇和语法构成的系统"(p.16);1981年出版的《语言学纲要》(叶蜚声、徐通锵)主张"语言是符号系统"(p.28);1993年出版的《普通语言学概要》(伍铁平主编)则进一步论证了语言的符号性与系统性,等等。

在语言研究中,由于在整个语言的各要素之间,语法是最能体现语言的结构性和系统性的。这一特点也使得语法研究在语言研究中胜出一筹。利用这一点,人们可以对任何一种语言一个句子的结构进行分析:

<u>这些要求</u> <u>我</u> <u>都能</u> <u>做</u> <u>得</u><u>到</u>。
（主语）　　（谓语）
　　　　　　（主语）（谓语）
　　　　　　　　　（状语）（动词）（补语）

这种条分缕析,使人们确信,语言是一个可以加以分析的结构系统。

这种对语言纯结构的分析在一定程度上抨击了洪堡特有关形态不发达的语言是落后的语言的说法,因为既然所有的语言都是可分析的,它们就都可以放到一个层面上来,用同样的方法研究,也就不存在先进和落后之间的可比性了。

不过,基于"语言是一个可以加以分析的结构系统"这种认识,人们也就认为,只要掌握了一种语言的系统,就能学会这种语言。正是在这种理念的指导下,20世纪50年代才出现了老师讲语法,翻译给学生听的汉语课堂(程裕祯主编,2005)。人们相信,只要学生了解了词语组合关系(即教师教给学生的句式、结构),就会利用聚合关系说出无限多的句子来(即用替换的方法把所学的词汇填进去)。但事实并没有人们想象的那么简单,用这种方法培养出来的许多学生,最突出的特点就是,精通语法,但不会说话。这种方法曾经造就了一代不会说汉语的汉学家,也造就了大量不会说英语(或其他语言)的中国学生。时至今日,如果一个老师还在课堂上大讲特讲语法。学生就会觉得,在课堂上学的还不如在出租车里学的多。

所以,一方面,我们应该看到,语言的系统性和结构性是客观存

在的事实,我们在说话的时候的确可以用不同的结构去表达不同的语气。比如:

A. 把笔借给我使使,行吗?
B. 能借一下你的铅笔吗?

A 句和 B 句结构不同,所表达的语气也不一样,前者比较随便,后者比较客气,它们可以分别用在跟说话人关系远近不同的听话人身上。

不过,另一方面,我们也应该看到,结构不是语言的全部,特别是在汉语里,由于形态不发达,句法结构松散,语义往往处在突出的地位。只关注结构,就会产生语义表达和理解的问题。再如:

C. 甲:这么高级的宾馆,<u>房费付得起吗</u>?
乙:没关系,我有的是钱。

C 句是一个第二语言学习者说出来的病句,划线部分本来空着,要求学生用"……得起(不起)"补充完整,但是,第二语言学习者所补充的这个部分尽管语法正确,意思却跟上下文不相关联。事实上,我们在生活中关注的更多是语言的意义,而不是语言的结构。比如,当一个孩子说:"妈妈,要糖"。父母不会认为这个句子缺主语而去纠正它,而当孩子对着狗说:"猫,猫!"时,父母马上就会加以纠正。因此,语言教学在利用语言结构引导学习者举一反三的同时,必须记住,了解了一种语言的系统和会说这种语言不是一回事儿。

2.1.4 语言使用的社会性

对语言性质的社会性的认识,是从社会学的角度看语言的结果。这种观点在中国的形成首先受到来自斯大林(Joseph Vissarrionovich Stalin)的影响,斯大林在《马克思主义与语言学问题》中指出:"语言是属于社会现象之列的,从有社会存在的时候起,就有语言存在。"(转引自高名凯《语言论》,1999,p.1)斯大林对语言社会性的论述主要涉及两个要点:语言对社会有依赖性——离开了社会,无所谓语言;语言起到组织社会的作用——离开了语言,社会也会崩溃。由此,人□□□□□语言既不是个人现象,也不是自然现象,而是一种社会现象。20世纪50到70年代的中国语言学家主要□□□□□高名凯、石安石主编的《语言学概论》就提出"语□□□□□现□□"□□□□□□叶蜚声、徐通锵编著的《语言学纲要》强调语言是社会现□□□□□□认为"社会的发展是语言发展的基本条件"(p.187)。

20世纪60年代以后,随着结构主义语言学研究逐渐走向衰微,社会语言学在功能语言学的影响下日益受到重视,逐渐"发展成为一门独立的学科"(祝畹瑾,1992,p.4)。中国当代的社会语言学也是在上述前后两种影响的基础上发展起来的。人们认识到,人属于社会不同阶层,不同阶层或者不同行业的人都有不同的语言,同一个人在家里与家人谈话和在工作中与同事或工作对象谈话是不一样的,这些话语不论在方式、语气还是用词上都会有一定的差别。比如:营业员跟顾客的谈话与教师跟学生的谈话不同,某个营业员或教师在家中跟父母、配偶或子女的谈话也不同于他们跟顾客或学生的谈话,等等。

研究英语社会语言的人指出,人们的日常问候可以有Business Greeting(公务问候)和Daily Greeting(日常问候)的不同。从下面这两段电话录音中,我们不难看到两种不同的语体风格:

例1:Good morning. This is Miss Lane calling from City Bank. Your account will be closed since over withdraw. Please deposit at least 200 dollars before Monday, 24th June.(早上好!我是花旗银行的蓝小姐。您的账户由于取款过量将被关闭,请最晚在6月24日星期一以前存入至少200元钱。)

例2:Hi, Laura. It's Susan. We are going to have a picnic next Saturday. Would you like to go with us?(嗨!劳拉,我是苏珊。我们下个星期六去野餐,你想跟我们一起去吗?)

例1来自一个银行职员对客户的提醒,语体正式,用词规范,礼貌但也略带严肃;例 2 来自一个朋友,从说话人的用词就可以感到她与听话人关系密切,少了很多客套。比较二者,首先是招呼语不同,前者很正式地用了"Good morning",后者则直接说"Hi";前者用"This is..."句式和正式称谓、姓氏作自我介绍,后者则简单说出自己的名字;前者用礼貌的语句警告用户,后者则用亲昵的语气邀请朋友,等等。

朱司(Martin Joos)把英语的语体分为 5 类:(1) 礼仪语体,这是非常正式的语体,多用于典礼,比如美国总统里根(Ronald Wilson Reagan)在第 23 届奥运会上的开幕词;(2) 正式语体,其正式程度仅次于礼仪语体,具有书面语特点,多用于演讲,比如马丁·路德·金(Martin Luther King, Jr.)的著名讲演;(3) 商议语体,具有半正式性质,往往用于官方场合的正式交谈;(4) 随便语体,多用于同学、朋友、熟人间,特点是简略;(5) 亲切语体,常用于有亲密关系的人之间,高度简略,且会夹杂俚语。这 5 种不同的语体从正式到不正式形成一个连续体。所以,同是一句问时间的话,可以用以下 5 种句子来表达:

A. I should be glad to be informed of the correct time.
B. I should like to know the time please.
C. Do you have the time on you please?
D. What's the time?
E. Time?

(祝畹瑾,1992,p.24~26)

这类研究随着改革开放以后中国学术界对各种语言理论的吸收,逐步在中国受到重视,比如法官在法庭上使用的语言,人们开始注意到过去那种"把×××带上来"之类的语句是不适合用在法庭上的,更不适合用在证人身上,对证人说的话应当是"传证人到庭"这样的不带任何感情色彩或褒贬意义的语体(王洁,1997)。

但是如何将社会语言学研究的成果引入汉语第二语言教学,还有很多值得研究的课题。比如,在下面这两段电话留言的录音中,哪一段在语体上更适合于给来访者留言呢？如果我们把它们放在教材里，哪一段更适合教给第二语言学习者呢？

　　例3：你好，这里是×××的家，主人不在家，请留言。

　　例4：您好，对不起，我们不在家，请您留言。我们会尽快跟您联系。谢谢。

再比如，在口语的分班考试中，一些有汉语背景的华裔或者华侨学生会被分到水平较高的班级里。但是，当我们读他们写的文章时，我们就会发现这样的一些句子：

　　例5：暑假我去中国饭馆打工，我不理地位是低，只想学到东西。

　　例6：我要我自己能说和写汉语好像英语那么快。

且不说句子里的其他问题，单就语体看，我们就会发现说话人是把不同语体杂糅在了一起。产生这样的句子，多半是由于这些学生的汉语口语是在家庭里学到的，其语言环境并不充分，其语言的社会适应性也很有限。从社会语言学语言使用的角度要求，这种语句根本就没有达到相应年级的水平。

在我们日常的交往中，语体选择是否得当非常重要，在教学中也同样如此。有的年轻教师常常抱怨，说学生没有礼貌，因为有的第二语言学习者没听懂教师说的话时会对教师说"再说一遍"，相应情况下，此时中国人得说"请再说一遍"、"老师，再说一遍"、"再说一遍，好吗"等等。但是，当我们仔细对说这种话的学生观察一段时间以后，我们会发现，多数人并不是故意的，而是他们往往不知道如何表达才是得体的。试想，教师跟学生之间都会因为语体使用不当而发生误解，那么，第二语言学习者进入中国社会，直接进行跨文化交际时会有多少误会啊！所以，在这方面第二语言教学要吸收社会语言学的研究成果。此外，社会语言学的许多研究方法也是语言教学研究可资借鉴的成果，比如，威廉·拉波夫（William Labov）对语言社会变体连续统的研究就可以为第二语言学习者中介语发展过程的研究所借鉴(Rod Ellis,1999)。不过,我们也应当看到,尽管语言使用的社会性是语言教学应当关注的重要内容,但它不能涵盖语言教学所需要的全部内容,因此,我们还要了解从其他角度对语言的本质做出的判断。

2.1.5 语言机制的生成性

这是以诺姆·乔姆斯基为代表的一种观点——从心理学的角度看语言。他说"我愿意把语言学看成心理学的一部分,它集中注意力于一个特殊的认识领域和一种心智能力,即语言能力。"(诺姆·乔姆斯基,1992,p.125)

乔姆斯基推崇洪堡特的观点——语言是有限手段的无限运用,认为"这种为语法所生成的语言是无限的"(同上,p.170)。他指出,"语言的基础是一个决定无限多句子的解释的规则系统"、"人们实际上不能教授语言,只能提出一些条件,在这些条件下,语言将以自己的方式在心中自发地发展。"、"语言的结构相对来说是独立于任何固有智力的"(乔姆斯基,1986,p.51)。

从语言教学的角度来理解这段话,给我们一个启示:是不是把语言的各种要素教给学生,学生就一定掌握了语言。事实上,我们在设计教学或者编写教材的时候往往会有这样的做法,一个词或一个语法项目一旦教过了,或者在教材中出现过了,就不再教第二次或出现第二次。当我们这样做的时候,无形中说明我们假设学生已经掌握了。而事实上,就连我们自己学习第一语言的时候恐怕也不是一次就学会了的。

乔姆斯基在他的著述中多次引用洪堡特的观点,这使得我们需要将二者的观点加以对比,从而分辨二者的异同。我们可以看到,洪堡特的观点核心在于指出,语言是个人自我表现的一种手段。所以我们说他的观点还是"人类学的";乔姆斯基则发展了洪堡特的观点,他把语言看成一种心理的生成机制,一种能力。他把这种机制叫做"普遍语法"(Universal Grammar),从语言学习的角度讲,又叫做"语言习得机制"(Language Acquisition Device)。他用这个理论来解释,为什么只有人才能掌握语言,而且可以掌握不同的语言。所以我们说,乔姆斯基的观点是"心理学"的。有人称之为"心灵主义(Mentalist)"。洪堡特的角度在"人类的语言使用",而乔姆斯基的角度在"人类的语言学习";前者关注人类语言的文化特征,后者则关注人类语言的生理机制。伍铁平和姚小平对洪堡特和乔姆斯基的思想作了一个更为细致的比较,我们不妨来看一下。

> 差异1:乔姆斯基认为,语言能力是一种人类共有的生物能力。
> 　　　洪堡特提出,人类语言具有语法的普遍性。
> 差异2:乔姆斯基认为,人类共有一种语法。
> 　　　洪堡特提出,语法不能概括人类语言的创造性。
> 差异3:乔姆斯基认为,语言能力有先天性。
> 　　　洪堡特提出,语言是以"个人形式"存在的"共同本质"。
> 差异4:乔姆斯基认为,语言独立于任何智力。
> 　　　洪堡特提出,语言是人类精神的表现。(胡明扬主编,1999,p.42)

有的学者把当代语言学研究分为两大阵营:一个是形式主义,一个是功能主义。并把乔姆斯基归入形式主义阵营(张敏,1998)。有的人则干脆指出,乔姆斯基在语言研究上所做的努力主要是在为结构主义找到一个出路,力图解决结构主义面临的困难(胡壮麟等,2005,p.8)。尽管如此,我们还是应该看到,乔姆斯基和结构主义是有区别的,结构主义的心理学基础是行为主义心理学,乔姆斯基反对行为主义,他指出,"经验主义认为,语言本质上是外来的构成物,是通过条件作用来教授的,或是通过训练和清楚明白的解释来教授的"(乔姆斯基,1986,p.51)。但是,"语法结构的知识不可能通过应用任何迄今在语言学、心理学或哲学中发展起来的逐步归纳操作而产生出来"(同上,p.57)。所以,乔姆斯基的观点在心理学方面和结构主义很不一样,乔姆斯基的理论影响了一代心理学的发展,在这个影响下形成了与行为主义对抗的另一心理学流派——认知心理学。这既是乔姆斯基对心理学的贡献,也是他对语言教学的贡献,因为认知心理学有关语言学习的理论是语言教学,特别是第二语言教学不可或缺的理论基础之一。

在以上从哲学、人类学、结构主义语言学、心理学等不同角度对语言本质做出的解释中,我们还可以看到一点,乔姆斯基的观点最接近语言教学。因为他探讨了一个跟语言教学密切相关的问题——为什么只有人才能掌握语言,而且可以掌握不同的语言,这也是我们在第 1 章讨论过的"怎样学"的问题。不过,他最终并没有对"怎样才能掌握语言的问题"给出清楚明确的答案。由此我们认识到,理论语言学家们从各自的角度对语言本质做出的解释并不一定能被语言教学直接应用,因为这些解释的立足点都不是语言教学。但是,这些解释又是语言教学研究必须了解的,因为语言教学要以语言理论为基础,语言教学研究不可或缺的方法论要从这些解释中获得。

因为人类的语言具有普遍性,所以语言能为不同民族的人共享,第二语言学习在理论上才成为可能;因为语言具有创造性,是"有限手段的无限运用",所以语言教学才有可能通过"举一反三"的办法帮助学习者掌握语言;因为语言具有系统性,我们才可能通过对语言规律的分析来制定语言教学的大纲,并编写语言教材;因为社会语言学的研究说明语言使用具有社会性,语言教学只有注意到这一点,教出来的学生才有可能说话得体;由于语言的机制具有生成性,语言教学就要立足于让学生获得一种能力,而不仅仅只是给他们一个语言的框架。语言虽可无限运用,但却受限于它的规则。你可以说"小王吃食堂",却不能说"小王吃全聚德"。这个限度在哪儿,语言教学有责任让学生掌握。所以,学生说出一个句子,我们就要分析,这种错误是怎么产生的,语言教学是否有可能做到避免这一错误的产生。例如:

  例 1:我在班里的成绩的排名是<u>头百分之十</u>。(应该用"前……名")

  例 2:我朋友在北京只待了一天,我们只看了天安门、长安街<u>等等</u>。(应该用"什么的")

例3：A. 小王性格很特别，你们合作得怎么样？（要求用"尽管"回答问句）

B. <u>尽管他的个性很特别，但是我们合作得不好。</u>（这是学生的句子，根据上文，中国人一般会说"尽管他的个性很特别，但是我们合作得很好"）

例1～3的语病并不明显，但是，一个土生土长的中国人却是绝对不可能这么说的，这种语病往往有可能通过我们在教学中对结构使用条件的充分讲解，对第二语言学习者学习策略的深入分析，特别是对语言交际条件的足够重视使它们的产生降到最低限度。总之，语言教学要关注语言本身，也要关注语言教学法，还要关注语言学习过程，仅此也还不够，因为学习者不但要学会语言，更重要的是要能够用语言去交际，所以，语言教学还要从"交际"的角度去认识语言。

2.1.6 语言功能的交际性

当人们从哲学角度来认识语言的时候，人们提出，语言的存在具有普遍性；当人们从人类学的角度来认识语言的时候，人们认识到，人类语言具有创造性；当人们从社会学的角度来认识语言的时候，人们看到了语言使用的社会性；当人们把语言作为一个系统来研究的时候，人们提出了它在结构上的系统性；然而，从心理学的角度，人们则又认识到语言机制所具有的生成性质。那么，当我们要从语言教学的角度来认识语言的时候，我们怎样看待语言呢，这应当是应用语言学要回答的问题。

从学以致用的目的来看，我们认为，**语言是一种体现人的社会价值的交际工具，它在功能上具有交际性**。比如，很多外国学生在刚到中国的最初半年内都想家，特别是头几个星期的"新鲜劲"过去以后。可是，在中国住上一年以后相当多的人就又都不想回国了，为什么？从人的社会性和语言的文化承载作用来看，造成这种现象主要有两个基本原因，一个是目的语文化跟母语文化的冲突，还有一个就是人在社会中的价值的有所体现和无从体现。刚到中国的时候，学习者的语言水平往往比较低,进入实际生活以后往往会遇到困难,社会交往也少,感受不到自己在这个社会中存在的价值,这时他(她)就会感到自己的社会价值无从体现,因而不满所处的环境,思乡的情结日益加重。在经过一段时间的语言学习以后,学习者语言水平不断提高,对社会的了解程度也不断深化,社会交往增多,逐渐建立起自己的社交圈子,这时学习者开始感到自身的社会价值有所体现,对目的语社会的认同感不断增强,学习者也就会开始产生不愿意回到母语国家去的念头,因为一旦回去了,已获得的语言能力和对目的语社会熟悉的成就感有可能完全丧失。因此,从第二语言教学的角度来认识语言,**语言的本质是它的交际性**。正像有的学者指出的那样,"语言是人类最重要的交际工具"(叶蜚声、徐通锵,1981,p.7)。

　　语言教学从什么角度认识语言的本质,这对语言教学法的选择是有导向作用的。在语言教学法的发展史上曾经有人发起对"语法翻译法"的批判,提出用"直接法"取代"语法翻译法"。为什么会发生这样的"革命",从语言学习看是学习目的变了,但是从语言观看则是人们对语言本质的认识发生了变化。"语法翻译法"曾主要用于拉丁语的教学,拉丁语曾经是欧洲各国交流的主要语言,文艺复兴以后,即便在书面语中它也逐渐被各国自己的语言所代替,成为一种文献语言,不再活跃在口语中,人们只有在阅读古代文献时才用得着它。因此,拉丁语的教学主要通过语法讲解和母语翻译来实现。所以,当人们要进行口语交际的时候,用语法翻译法教出来的学生完全不具备这一能力。拉丁语的普遍性不再存在,代之而起的是不同语言间语际交流的普遍需求。这种教学方法的变革说明,对语言本质的认识影响人们对语言教学方法的选择。

　　在现代英语第二语言教学中人们常常要论及6个wh-,即who(学习者是谁),what(学什么,教什么),how(怎么学,怎么教),when(何时开始学习第二语言),where(在哪儿学习第二语言,在什么语言环境中,什么背景条件下等),why(学习目的是什么)。这6个问题实质上也涉及到对语言本质的认识。因为它们从不同角度确定了语言教学的对象、内容、方法、条件和目的,而对语言本质的认识实际上是确定这些的基础。中国国内的英语教学曾经有过重视语法讲解和翻译的阶段,那个时期培养出来的学生其英语能力曾被戏称为"哑巴英语"——能读英文原著,能翻译,但是不能说,也听不懂英语。因为忽略了交际能力的培养。随着世界走向"全球化",交际能力的培养已经成为第二语言教学的共识。汉语第二语言教学也不例外。

不过,我们同时也要看到,语言不是那种"窥一斑而见全豹"的东西。科德(S. Pit Corder)指出,"语言是一种极其复杂的现象,用一种观点无法看清它的全貌"(S. 皮特·科德,1983,p. 3)。因此,在我们强调语言教学要从语言功能的交际性去认识语言本质时,我们是站在前人从不同角度认识语言的基础上来做出这个判断的。如果我们不承认语言存在于人类社会的普遍性,第二语言教学就没有存在的必要,因为没有这个基础,不同文化的语际交流就不成其为可能;如果我们忽略人类语言的创造性和语言机制的生成性,我们就不能解释为什么不同语言文化背景的人能够学会同一种语言,同时也否定了第二语言教学本身;如果我们不重视语言结构的系统性和语言使用的社会性,我们就很难让学习第二语言的成年人根据语言规则学会一种语言,并掌握说话的得体性。

也就是说,如果我们只从一个角度去看语言的话,我们就有可能"以偏概全",使得我们对语言的认识得出片面的结论。语言是一种多维度的、复杂的人文现象,不可能仅用一两句话就完全定义它。在有的国家,大学的学科分为三类,自然科学、社会科学、人文科学,而把语言学归入人文科学。从这种归类,我们也可以看出人们对语言这种人文现象的认识。所以,如果忽略了前人的研究成果,我们在教学中就会走向片面。编一部教材,如果不重视结构,结果可能是教师没法教、学生学不会;但如果只注意结构,就很难保证教材的趣味性和实用性,结果同样是教师不爱教、学生不想学。在课堂教学中讲解某个语法点既要考虑到结构特点,语用功能,还要注意学习者的习得规律。比如"不"和"没"的区别,由于"不"多用于否定当前的事情,而"没"多用于否定过去的事情,很多成人学习者会把二者的这种不同绝对化,以至于当他们听到别人问"昨天晚上你为什么不吃饭?"这样的句子时,不知如何回答。像这样的语言点,既要求我们能够清楚地讲解,又需要我们提供一定的使用条件,还需要我们通过一定的方法和策略来帮助学习者掌握。

我们应当站在前人观点的基础上看语言,因为语言教学涉及到语言的各个方面:"教什么"要求我们充分认识到我们所教的内容的系统和结构,以及相应的文化内涵;"怎样学"要求我们了解语言作为人类的共同文化财富的普遍性、人的心理特质;"怎样教"要求我们充分了解语言的交际目的,对不同的学生、不同学习目的的学生施以不同的教学方法,等等。一言以蔽之,作为应用学科,语言教学既不能不过问语言的本质,又不能仅仅停留在"语言是什么"这个问题上,而是要从各个学科角度所归纳的理论中汲取对教学有益的营养。不同的人从不同的角度得出对语言本质的不同看法,这说明我们要了解的不仅仅是"语言是什么"的问题,而且要思考为什么会有不同角度,要问为什么人们这样定义语言的本质。要在认识语言是什么的基础上认识怎样教语言。

正如我们在第 1 章里所分析过的,应用语言学和其他应用学科的差别,就在于它不但要应用语言学理论的研究成果,同时也要应用语言本身。从这个角度讲,我们就不但要研究语言本身,也要研究怎么应用语言。由于语言是一套结构系统,语言教学就要在了解这套系统的基础上研究如何使学习者掌握这套系统;因为语言是一种具有生成机制的能力,语言教学就不仅仅只是把系统呈现给学生,而且要注重语言能力的培养,帮助学习者建立起使用这套系统的能力;也因为语言是一种体现人的社会价值的交际工具,所以语言教学的任务就不仅仅只是教学生会说,还要让他们说话得体。

最后这个任务,在学习者的语言水平达到一定阶段以后尤为重要。比如詈语——骂人话,语言的得体性比较突出地反映在詈语的使用中。有的学习者对所学语言的詈语特别感兴趣,这其中不乏猎奇的心理,但是从教什么的角度看,绝大多数教师可能都会认为詈语不应该成为教学内容之一,因为这类语句是一个文明社会所不齿的。

但是,一旦进入目的语社会,教师们并不能阻止学生从社会上学到詈语。从另一方面讲,詈语又往往跟一个社会的文化底蕴有很深的联系,初学者往往用不到位,这时就会引起很多误会。作为汉语第二语言的教师,笔者就曾碰到过这样的事:一个多年前曾经教过的学生打来电话,称6月1日是他的生日,为了过一个别开生面的生日,他包租了一个游泳池,打算在"六一"那天邀请他所有朋友的孩子一起游泳,然后在游泳池边切蛋糕、庆祝生日。他希望父母们把孩子送到游泳池后就离开,让他与孩子们畅游。当时笔者的女儿只有6岁,便不太放心地问"那么多孩子,你一个人照顾得过来吗",没想到电话那边传来的声音是"你他妈的是不是小看我?"笔者愕然。而实际上,说话人当时并无丝毫恶意。这个例子提醒我们,在目的语环境中教第二语言,除了考虑教什么,还得考虑怎么引导学生说话得体。

2.2 第一语言与第二语言

2.2.1 关于四个概念

在认识了语言的性质以后,本节要从神经语言学的角度集中讨论既相关又不同的两种语言学习。在开始讨论之前,我们需要把一些相关概念之间的关系弄清楚。这里要讨论四个概念,它们是:母语(Mother Tongue)、第一语言(First Language)、第二语言(Second Language)、目的语(Target Language)。

2.2.1.1 第一语言和母语

我们教语言,是因为有人要学语言。但不是每一种语言都是靠语言教师教会的。我们中的绝大多数人都有一种语言不是在课堂上学会的,而是在出生以后,自然而然地掌握了的。有人把从小在妈妈身边学会的这种语言称为"母语(Mother Tongue)"。由于人生不仅仅只学习一种语言,又有人把第一次学会的语言叫做"第一语言"(First Language)。这时就产生了一个问题:母语是不是等于第一语言?

一般认为,母语基本上等于第一语言,比如,《中国大百科全书·语言文字卷》就指出,"第一语言也称母语"(p.478)。不过,严格地考查起来,"母语"并不完全等于"第一语言"。这主要跟错综复杂的个人经历有关。有的人从小在妈妈身边学习了母语,但并没有用于交际,或者并没有进入社会交际,最后母语萎缩了,或者只局限在家庭中进行简单的日常生活交流。这些人实际上用于社会交际的是另一种语言,后者多半是当地的社会通用语或者官方语言。从语言的社会性和交际性来看,后者可以称为"第一语言",却不能称之为"母语",在这种情况下,母语不等于第一语言。

　　这样的例子很多,比如,在日本的北海道生活着一种民族,叫阿依努人(Ainu)。他们已经在霍凯德(Hokkaido)岛上生活了7000年,以捕鱼为生,现在仅存25,000人左右(Patricia Ackert,1999)。随着越来越多的阿依努年轻人进入现代日本社会学习和工作,他们中的大多数人不再学习自己民族的语言。很多阿依努家庭的孩子往往就只能听懂或说一两句阿依努话,这时,我们尽管还可以称阿依努语是他们的母语,却已经很难说阿依努语是他们的第一语言。

　　再比如,生活在美洲的印第安人,有一些人从小就离开"保留地",被养父母带走,或者到外面去上学,他们中的不少人母语是印第安语的一种,但第一语言可能是英语、法语或西班牙语等。19世纪时,澳大利亚的某些地区政府曾经采用过一种政策,把土著居民跟白人所生的孩子带离土著人部落,集中到某个地方,让他们接受欧洲文化和英语教育。很多孩子被带走时只有一两岁,被带离部落以前听到的是土著语言,但是被带走以后受到的是英语教育,他们的第一语言也很难说是某种土著语言。

　　中国有55个少数民族,但不是每个民族的语言都进入当地社会生活的交际,有的民族的语言由于本民族的孩子越来越少使用,已经成为濒危语言。那么,这些不学习或不使用本民族语言的人,他们的母语和第一语言也是不相同的。

　　改革开放以来,有不少中国学子奔赴世界各国求学,很多人带着幼小的孩子前去,还有的孩子是在当地出生的。当这些孩子的父母留居海外以后，这些孩子就会进入当地社会，他们有的在家中学了一两句汉语，但是这种语言的水平极其有限，与他们所掌握的当地语言水平差距相当大，我们也很难说这种母语等于第一语言。

可见，第一语言和母语这两个概念之间存在着很复杂的关系。因此，我们需要对这两个概念做一些解释和限定，以免使用中产生概念混淆。首先，我们主张在语言教学的讨论中使用"第一语言"这个概念，因为人们一般把人生再次接触的语言称为"第二语言"（Second Language），而且多数人是通过语言教学掌握"第二语言"的，其中成年人居多。"第一语言"和"第二语言"在学习顺序上有差别，在学习条件、途径、年龄、方法上也有所不同，这样就便于我们从教学的角度把两种语言区别开来讨论。其次，母语这个概念由于每个说话人的生活背景的千差万别而在意义上含混不清，从教学研究的角度讲，缺乏科学性。有的学者提出区分"社会母语"和"自然母语"的概念（王宁、孙炜，2005），原因也跟母语这个概念本身意义含混有关。

最后，我们从语言教学的角度限定，"母语"主要指一个人生下来以后接触到的第一种语言或几种语言（如果儿童的父、母及其他家庭成员均不使用同一种语言的话，比如爸爸说英语，妈妈说法语，奶奶说西班牙语，爷爷说汉语，等等，这时儿童就有可能同时接触几种语言），但是这种（些）语言不一定进入社会交际。"第一语言"既是指一个人幼年时学会的第一种语言，也指这个人使用这种语言进入社会交际。因此对有的人来说，前者可能等于后者，这时就无须分辨第一语言和母语；对有的人来说，母语就不等于第一语言，对这种人我们在把他（她）作为教学对象来讨论时不把他（她）的母语列入讨论范围。在此基础上，我们限定本章讨论涉及到的"母语"概念主要指前一种情况，这时母语等于第一语言。

2.2.1.2 第二语言和目的语

我们已经对即将讨论的母语和第一语言进行了限定。由于第二语言是跟第一语言相对而言的，我们同时也需要对第二语言的概念作一个限定。人们通常把人生再次学习的语言叫"第二语言"，但是在具体的条件下，我们会发现情况比较复杂，这种通常说的"第二语言"概念可能覆盖着几种情况:第一,历史上已经形成的多民族国家的非本族语。比如,中国有56个民族,其中汉族占绝大多数,而且大部分说北方方言。因此,汉语普通话是中国主要的官方语言,那么,少数民族学习汉语普通话就意味着在学习第二语言[①]。第二,移民国家的非本族语。大多数的移民国家都有一种主体语言作为官方语言,那么,一些本族语言不属于主体语言的人就需要学习这种官方语言,对他们来说,这个语言也是第二语言。比如,移居美国、加拿大、澳大利亚、新西兰这些国家的华人。第三,在一些历史上曾经经历过殖民统治的国家,当地的官方语言是非本族语,那么当地人学习这种语言时也是在学习第二语言,比如,印度、新加坡等国的人学习英语。第四,某个民族或国家的人学习的外族语,比如,中国人学习英语、法语、西班牙语等等。第五,某人到另一民族的国家学习的该国语言,比如,大量的外国留学生来中国学习汉语,许多中国留学生去美国、英国学习英语,等等。因此,在讨论汉语作为第二语言的教学时,我们需要对不同情况加以分辨。

从语言教学的角度,人们通常把有意识地学习的一种语言叫做"目的语"(Target Language)。从上述我们对"第二语言"这个概念的分析可以看出,"第二语言"既跟"目的语"相关,又不等同于"目的语"。前者既有可能是有目的地学会的,也有可能是由于搬迁、移民等原因自然学会了的语言;后者是更明确地为某种目的而学习的语言。比如,到世界各地留学或者经商的许多华人,他们中不少人在童年,或少年,甚至青年时开始学习另一种语言,对年龄较为幼小的人来说,这可能会是第一语言,不过对已经掌握母语并以之进行交际的人来说,这就是第二语言,那么如果是去学校特意地学习这种语言,我们就说是目的语了。由此看来,"目的语"这个概念的外延相对于"第二语言"要小一些。它难以将在自然条件下

[①] 有鉴于此,我们在1.1.1.3应用语言学的研究范围中将中国的少数民族语言教学定位为"双语教学",与"第二语言教学"区分开来,以便缩小我们所讨论的"第二语言教学"可能覆盖的范围。

学习第二语言的情况囊括进去,而它本身则可以被涵盖在"第二语言"这个概念中。有鉴于此,为了便于讨论,也为了使我们的讨论范围更明确一些,我们限定,在本章的讨论中,我们直接使用"第二语言"这个概念来指称包括"目的语"在内的第一语言以外的另一种语言的学习。也即:

第一语言 First Language = 母语 Mother Tongue
第二语言 Second Language = 目的语 Target Language

2.2.2 有关第一语言获得的研究

我们在研究第二语言教学的时候,常常惊叹第一语言"不教就会"的奇迹。在第二语言教学的课堂上,一个语法项目先要讲解,然后要练习很多遍。比如"一……就……"这个句式,教师要解释它的使用条件是强调前一个动作完成以后立即开始下一个动作,例如"一下了课就去吃饭",然后要设计若干使用情景,帮助学生练习。即使这样,到了考试的时候,有的学生可能还是不会用,他们还会说出这样的句子:我一吃饭就睡觉(正确句子是:我一吃完饭就去睡觉。或者:我一吃完饭就睡觉了。)。第一语言似乎并没有经过这样的训练,但往往比第二语言掌握得熟练。

再有,第二语言教学要讲语法,但是在第一语言的获得过程中人们却不关注语法。孩子看见爸爸理了发,就说"爸爸头上不毛多",这个句子有语法问题,可是我们却听不到妈妈纠正孩子的语法错误,倒是关注意思的准确,妈妈会说"那不是毛,是头发"。

那么,第一语言是怎么学会的呢?这是我们下面要讨论的。

2.2.2.1 古代对幼儿习得语言问题的探讨

从许多文献的记载可以得知,语言的来源一直是困扰人类的一个问题。婴儿学语过程被认为是人类语言发展过程的缩影,这使得古人一直试图通过观察幼儿获得语言的过程来得到答案。他们的研究关注两个问题:人类是怎么学会语言的;最早的语言是哪种。

古埃及的国王普萨美提克(Psammetichus)就做过一个实验,想通过听到婴儿说出的第一句话来判定最早的语言,了解人类是怎么学会说话的。他想知道哪种语言是最古老,也就是最原始的语言,并且希望埃及语是这样的语言。为此,他命令将出生不久的婴儿放在一个没有语言的环境里长大。直到有一天,当被隔离的孩子看到面包时,突然喊出 bekos(面包)这个词,国王就以此证明最古老的语言是弗里及亚语(Phrygian)①。(R. H. 罗宾斯,1997,p.147)

15 世纪的苏格兰王也做过一个类似的实验。他将两个孩子放在不同地方,要求喂养孩子的人都不说话,来观察孩子最早说出的语言。据说结论是,最早的语言是希伯来语。

语言,这种使人类不同于其他动物的东西究竟如何产生,随着近代人类学的发展,特别是现代医学、解剖学、神经生理学以及心理学等各种学科的共同发展和综合研究,又有了新的进展。现代学者对这个问题的关注综合起来主要集中在三个方面:第一,语言与大脑的关系;第二,影响语言获得的因素;第三,语言获得的过程。下面分别介绍几个方面的研究。

2.2.2.2 现代学者对人类语言能力来源的讨论

对于人类语言能力来源的问题,近现代的研究主要形成了三种观点:先天论、后天论、先天和后天兼而有之论。

17 世纪以来跟人类学有关的一些研究是持先天论的。比如,17 世纪法国哲学家笛卡尔(Rene Descartes)就认为,智力是与人类身体同时存在的一个实体(诺姆·乔姆斯基,1992)。后来,随着刺激反应理论和行为主义心理学的发展,早期的先天论遭到唾弃。20 世纪 60 年代以来,当代语言学家乔姆斯基(Noam Chomsky)再次提出先天论的观点,他进一步指出,语言能力是遗传的。乔姆斯基认为,人类具有先天的获得语言能力的共同脑结构,他把这个结构称为"语言习得机制"(Language Acquisition Device,简称 LAD)。他用这个机制的成熟来解释为什么人类的儿童能很快学会语言,而人类的近

---

① 一个古希腊时期的部落。参见靳洪钢《语言获得理论研究》p.28。

亲——黑猩猩却不能(同上)①。至于外界刺激的作用,乔姆斯基认为它们只是"触发"了这个机制(Noam Chomsky,1988)。

　　有些研究和日常生活的事例支持了先天论的观点。比如,人们在研究中发现,儿童能将打嗝、咳嗽等非语言声音与字母发音等语言的声音区分开来,他们排斥前者,接受后者,并且生来就知道怎样组织语法(王德春等,1997,p.185)。而且,对早产儿的脑电图研究表明,怀孕30周出生的孩子大脑两个半球已经能够对语言做出不同的反应(Doris Bergen,Juliet Coscia,王爱民译,2006,p.33)。在生活中,人们也确实能看到或听到某一民族的儿童生活在另一民族的语言环境中就学会当地语言的事。在中国云南南部与越南接壤的地区,有一种古老的窄轨火车。这种火车的铁轨很窄,只有一米来宽,人称"米轨"。在南方崎岖的山路上"米轨"火车行走缓慢,甚至不如公路上跑的汽车,被称之为"云南十八怪"之一(火车没有汽车快)。这种铁路是当年法国人对越南实行殖民统治时期修建的,从越南的河内一直延展到云南的省会昆明。中国境内的这些火车站20世纪40年代以前由法国人管理。一些在车站工作的法国人常常把孩子给当地人照看,几月不见,结果妈妈听不懂孩子说的话,因为孩子说的都是当地的红河州方言,一时传为笑谈。这说明,只要同属人类,不管是哪个民族都可以学会人类的语言。它在一定程度上证明了"人类具有先天的获得语言能力的共同脑结构"这一断言。

　　与先天论完全不同的观点是后天论。持后天论的人认为,人类的语言是后天获得的,是生后的经验。英国哲学家、教育家约翰·洛克(John Locke,1632~1704)认为,人类没有一点知识能够超越于经验之外。约翰·洛克强调教育万能,他主张把儿童"看成是一张白纸或一块蜡,是可以随心所欲地做成什么式样的"(约翰·洛克,1999,p.185)。他的观点被称为"白板说(tabularasa②)",赞同这一主张的

---

① 根据20世纪以来的一些研究,经过精心训练的黑猩猩使用手势语只能达到最愚笨的儿童的水平(沈家煊,1988)。

② tabularasa,拉丁语"白板",哲学上用于指人出生时未受外界和自身经验影响的纯净心灵。见陆谷孙主编《英汉大词典》,上海译文出版社,1993年。

人认为,人的大脑像一块白板,人经历了什么,白板上就留下什么印记。这是一种经验主义观点,20世纪初在美国兴起的行为主义心理学与这个观点相一致。行为主义心理学的早期代表华生(John Broadus Watson,1878~1958)主张环境决定论,认为"人的一切行为都是在后天影响下形成的"(全国十二所师大联合编写《心理学基础》,2002,p.8)。在语言学习上,他们认为儿童是通过重复家长的话而学会语言的(王德春等,1997,p.185)。

后天论的说法也可以在生活中找到支持,比如狼孩。1920年,人们在印度加尔各答西面的丛林中发现了两个狼哺育大的女孩儿,估计大的八岁左右,小的不到两岁,她们被送入孤儿院,分别取名为卡玛拉和阿玛拉。她们不会说话,发音独特,也不会直立行走,惧怕人,喜欢夜间活动,会像狼一样嚎叫。小的女孩儿阿玛拉回到人类社会不久就死了。大的卡玛拉语言发展缓慢,两年后才会说两个单词,4年后掌握了6个单词,第7年学会45个单词。她动作姿势变化也很缓慢。1年4个月以后才学会用两膝行走,1年7个月后靠支撑才使两脚站起来。不用支撑的站立,是在2年7个月后。她用了5年的时间学会完全用两脚步行,但快跑时还会恢复用四肢。卡玛拉一直活到17岁。但她直到死时也没有真正学会说话,智力只相当于三四岁的孩子。在大脑结构上,这个狼孩和同龄人没多大差别。一个10岁儿童的大脑在重量和容量上已达成人的95%,脑细胞间的神经纤维发育也接近完成。只是因为狼孩长期脱离人类社会,大脑的功能得不到开发,智力也就低下。[①] 除了印度狼孩,在其他国家也陆续发现过别的狼孩或猪孩。狼孩的例子在一定程度上说明,离开了人类社会,缺少语言环境的熏陶,人就不能掌握语言。

随着现代心理学的发展,人们又进一步认为,应当把先天论和后天论结合起来,这就是先天和后天兼而有之论。研究者提出,人类语言既有先天遗传的因素,又有后天经验的作用。加拿大心理学家唐纳德-赫布(Donald Hebb)认为,婴儿在出生时就对人类语音有敏感

---

① 摘自2006年8月15日北京科普之窗网。

性,说明婴儿的大脑中已经具有接收、理解和形成言语的特殊结构。美国学者伯根(Doris Bergen)等人也认为,"尽管环境因素对语言学习有强烈影响,但大脑研究证实了'先天论者'的观点,即基本语言发展的能力是建构于大脑解剖结构之中的"(Doris Bergen, Juliet Coscia,王爱民译,2006,p.33～34)。但是,这种结构需要经验的促进才能产生语言功能。比如,婴儿看得最多的一般是母亲的面容,当一个婴儿首次发出"mā"这个最简单的双唇音 m 和元音 a 组合的音节时,他(她)可能会看到这张脸立刻绽开的笑容,以及这个人对他(她)的亲吻和对这个音节的重复,这无疑是一种鼓励。一次又一次的发音和具有鼓励性质的回应逐渐使婴儿形成对"妈"这个词的语义概念,使婴儿最终掌握这个词。不少持这一观点的心理学家相信,这就是语言的开始。这样就可以解释,为什么动物学不会人类语言,而人类的孩子在不同的语言社会就能学会不同的语言,可是,一旦离开人类语言环境,即便是人类也不能学会语言。因此,问题最终落在"语言能力在多大程度上是先天赋有的,在多大程度上是后天获得的"(沈家煊,1988)。

与先天和后天兼而有之的理论相关的是伦内伯格(Lenneberg)的"关键期假设",也叫做"自然成熟说"。这个理论认为,儿童的语言发展过程实际上是发音器官、大脑等制约语言的神经机制的自然成熟过程,随着儿童年龄的增长,这些机制逐渐成熟,这个过程大约是12岁以前完成,这个阶段最适合语言学习,过了这个阶段,学习语言就不那么容易了。因而这是语言学习的关键期(又称"临界期")。克里斯蒂娜(Krystyna Drozdzial-Szelest)认为,2～7岁是语言学习的最佳时期,她称之为学习语言的下意识时期,也就是说,这个时期儿童是在下意识的条件下掌握语言的;7～11岁是从下意识向自我意识转变的过程,这时儿童逐渐产生掌握语言的意识;11～16岁则向青春期发展,这段时间,自我意识越来越强,下意识越来越弱,学习语言也就越来越难(Krystyna Drozdzial-Szelest,1997)。用伦内伯格的"关键期假设"和克里斯蒂娜的"年龄分期"就能解释,为什么前述那个年龄较大一些的狼孩很难学会语言,而且最终达不到同龄儿童的水平,因为她开始接触语言时虽在关键期内,却已经过了语言学习的最佳时期。

2.2.2.3　神经语言学对脑语言中枢的研究

神经语言学是 20 世纪 60 年代以后发展起来的交叉学科,它以语言学、神经心理学、神经病理学、神经解剖学等学科为理论基础。神经语言学对脑语言中枢的研究始于医学界早先对失语症患者的治疗和关注。失语症是脑血管疾病、脑外伤和脑肿瘤等大脑疾病的常见症状(崔刚,2002),由于大脑损伤,患者无法用语言正常表达自己的思想或理解他人的思想。

神经解剖学把人的神经系统分为两个部分,一个是中枢神经系统,一个是外周神经系统。中枢神经系统由脑和脊髓两部分组成。脑位于颅腔内,分"大脑、小脑、间脑、中脑、脑桥和延脑"6 个部分。其中,大脑是中枢神经系统中最发达的部分,由大脑纵裂分为左、右两个大脑半球,其间由胼胝体连接。大脑的表层分布着灰质,称为"大脑皮层"。大脑的表面有许多沟与裂,在沟与裂之间凸起的部分称为"脑回"。大脑的外侧面前后左右各个部位称为"脑叶"。从前向后,借助三条大的沟与裂,神经解剖学将大脑的外侧面各部位分为"额叶、顶叶、枕叶、颞叶"4 个部分。大脑皮层的前端是额叶,中央是顶叶,后部是枕叶,颞叶在大脑皮层外侧。人脑基本结构的简图如下:

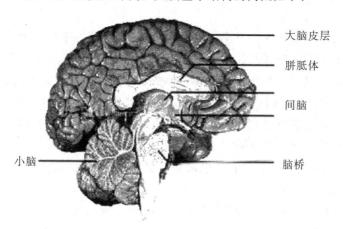

图 2-1　大脑左半球内侧面图

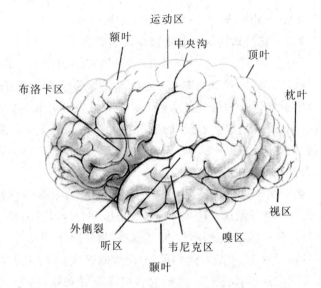

图 2-2 大脑左半球外侧面图

把失语症跟脑语言中枢的损伤相关联是从 19 世纪上半叶开始的,1836 年,戴克斯(M. Dax)针对他所接触到的失语症患者提出,言语障碍是由大脑左半球损伤引起的。由此,人们逐渐开始把语言跟人的大脑左半球联系在一起。有两大发现奠定了神经语言学研究的基础。

1861 年,布洛卡(P. Broca)发现,言语构音能力定位于大脑左半球的额下回的后部。1861 年,法国医生布洛卡收治了一个生命垂危的病人。这个病人从小患癫痫,30 岁时完全丧失了语言表达能力,除了能发"tan"这样一个音以外,别的音都发不出,但可以听懂别人的话。该患者死后,布洛卡解剖了他的尸体,发现脑额叶损伤是该病人言语能力丧失的原因。因此,他指出,大脑的这个区域与言语生成有关,该区域的损伤会导致失语症。后来,这一区域就被命名为"布洛卡"区(王德春等,1997)。

大脑"布洛卡"区域受损的患者在语言方面的问题主要表现为表达障碍,语言的理解能力相对正常,因此,这类失语症又称为"运动性"、"表达性"失语症。比如,一个曾经做过电工的患者在描述自己的工作时话说得断断续续，语句缺乏连贯性:"爬……电杆……修……电灯……电……工"。有人将这类失语症的语言问题分为5类:(1)发音困难,语言节奏差;(2)有严重的语法缺失;(3)句法结构简单;(4)复述能力差;(5)有词语命名障碍。(崔刚,2002)

1874年,韦尼克(Carl Wernicke)又发现,听觉性言语理解障碍是由大脑左半球颞上回后部损伤引起的。1874年,德国神经学家韦尼克描写了另一种失语症病例,能说话,听觉正常,但听不懂别人以及自己说的话。病人死后的病理解剖结果表明,病人大脑左半球颞上回后部有病变。韦尼克提出,这个部位是言语感受中枢,这一区域后来命名为"韦尼克"区(王德春等,1997)。

大脑"韦尼克"区域受损的患者在语言方面的表现与"布洛卡"失语症正好相对,患者虽然听力正常却无法理解语言,虽然能说话,却听不懂话,不论是别人说的还是自己说的。所以,他们往往表现为答非所问。一般来讲,句子结构越简单,患者理解起来越容易,句子中的实词比例越大,患者就越容易理解(高素荣,1993)。这是一种"感觉性"、"接收性"失语症。

尽管后来人们还发现,除了这两个区域以外还有一些区域会引起书写、阅读等方面的障碍。此后的失语症语言障碍研究主要建立在这两大发现的基础上。比如,人们根据大脑受损部位和言语表现来划分失语症的种类,首先区分出两类病因,一类是言语运动中枢损伤引起的失语症,即"布洛卡"失语症;一类是言语感觉中枢损伤引起的失语症,即"韦尼克"失语症。继而在此基础上再分出"传导性失语症(言语运动中枢和言语感觉中枢的联系受损)"、"构音障碍性失语症(言语运动中枢传出路径受损)"、"纯词聋性失语症(言语感觉中枢的直接传入路径受损)"等类别。

前苏联学者卢利亚进一步把人脑区分为三个机能区域,一个是脑干、大脑内侧皮层或边缘皮层形成的网状结构,它们可以使大脑保持清醒和兴奋;第二个是大脑左半球后部各个感觉区,它们接收、加工和储存信息;第三个是大脑半球前半部的运动区,主管言语活动的程序化。三者协调工作,是语言得以正常使用的基本条件(A. P. 卢利亚,1987,p.47)。

此外,人们还发现,尽管左脑主管语言中枢,但在一定条件下,右脑会起一定的"代偿作用"。如果左脑损伤时患者还年幼,右脑就可能发展出代偿功能。年龄越小,恢复功能的可能就越大(靳洪刚,1997)。因此,主张语言与先天和后天都有关系的人,似乎可以从神经语言学的这些研究中找到支持。

20世纪90年代以来,以汉语失语症患者为研究对象的神经语言学研究也取得了一些成果。一些研究结果跟语言教学有一定关系,我们可以从患者言语缺失的不同表现看到大脑语言中枢对语言各要素的控制关系。例如,脑语言中枢受损的患者有一个共同特点:他们的大脑在语言中关涉逻辑性的内容方面的损失比较明显,比如句子结构、关联词语等;而在语言中关涉意义的部分保留比较多,比如词汇,特别是实词。这表明,语法和词汇作为语言表达和理解的内容,它们分别受到中枢神经不同的控制,而且,在上面的描述中,我们可以看到,不论是"布洛卡"失语症还是"韦尼克"失语症,保留在患者语言中相对较多的是对实词的表述和理解。崔刚在对失语症患者句法特点所进行的研究中发现,汉语失语症患者的句法特点与西方语言失语症患者相似,即保留了基本句法,但是丧失了复杂句法和大量的功能词的使用。与此相关的是,他发现汉语失语症患者往往从大脑词库中直接提取词,而不是提取语素,然后组合成词,再表达出来(崔刚,2002,p.143)。这给我们一个启示,意义沟通可能是语言交际中最基本的要素,而意义的单位是以词为主的。

2.2.2.4 神经生理学的条件反射学说

20世纪50年代,前苏联学者伊凡·巴甫洛夫(Ivan Pavlov,1870~1932)从神经生理学的角度进行过一系列的实验,他根据实验结果提出,大脑的一切活动都是反射。有两种反射,一种是条件反射,另一种是非条件反射(王德春等,1997)。非条件反射是人类和动物与生俱来的大脑神经对外来刺激的反应,如接触食物时就分泌唾液等等。条件反射则是人类和动物后天经验形成的反射,比如,如果每次给婴儿喂奶就打开一盏绿色的灯,多次重复以后,只要绿灯一亮,婴儿就会做吮吸的动作,因为绿色灯光的刺激跟食物刺激之间建立起了一种联系,这种联系形成一个条件,这种刺激就叫"条件刺激",它所引起的反射就是"条件反射"。同样,如果每次给狗喂食物都开灯的话,以后只要一开灯狗就会不自觉地开始流口水。

巴甫洛夫提出,条件刺激是一种信号。他认为有两种信号,一种是具体的,直接作用于感官,比如灯光、铃声等等;另一种是抽象的,通过语言产生刺激。大脑对这两种信号产生的反应形成两种大脑皮层机能系统,前一种是第一信号系统,它是直接作用于感官引起的刺激反应系统,也是人类和动物共有的刺激反应系统;后一种是第二信号系统,它是言语的词语所构成的刺激反应系统,是人类独有的,比如,当人们谈起某种喜欢的食物时,就会不自觉地吞咽唾液。汉语成语"望梅止渴"常常被认为是说明第二信号系统作用的最好的例子。在中国历史上的三国时期,当曹操对又累又渴、精疲力竭的士兵说前面有一片梅林时,士兵们想到了梅子的酸味就觉得口中有了唾液,不那么渴了,最终奋力摆脱了后面的追兵。

条件反射学说认为,婴儿出生半年后开始模仿言语,第二信号系统开始形成;婴儿出生的第二年,第二信号系统迅速发展,在语言的帮助下,抽象思维开始形成。

条件反射学说几个因素之间的关系可以图示如下。

图 2-3

条件反射学说与 20 世纪 50~60 年代在美国盛极一时的斯金纳(Burrhus Frederic Skinner)为代表的新行为主义心理学的"刺激—反应论"有一致之处。后者强调,由于刺激通过感官达到脑的相应部位,儿童大脑做出相应反应,从而掌握语言。后来这个学派的奥斯古德(Osgood)又用词语的传递来解释刺激—反应的过程,无形中使第二信号系统的学说和刺激—反应论结合起来了(王德春等,1997)。

2.2.2.5 有关影响语言发展因素的不同观点

婴儿从出生到咿呀学语到最终掌握语言经历了一个什么样的过程,在这个过程中哪些因素会参与进来?这是有关第一语言获得的研究关注的又一个问题。那么,到底有哪些因素影响语言的发展呢,主要有如下几种观点:

跟语言能力来源的先天论相关,乔姆斯基认为,在儿童的语言发展过程中,起最主要作用的是生理因素。他认为,由于人类的大脑中存在着与生俱来的语言习得机制,这种机制能适应所有语言的共同规则(Universal Grammar),当儿童接触到某种语言时,这种机制就通过共同规则判断出这种语言的参数,并逐步掌握它。因此,语言的获得过程就不是一个学习的过程,而是一种生理机制成熟的过程。

神经语言学对左脑的研究结果似乎在一定程度上支持这种观点,上述有关对失语症患者左脑解剖学的研究成果可以作为证明。因此,一些研究者相信语言习得机制就在左脑。儿童出生后它开始发育,它成熟时,也就是儿童开始说话时。此外,聋哑儿童自发的手势语似乎也支持这种观点。费尔德曼(Feldman)等人发现,一些从来没有受过手势语教育的聋哑儿童会自发地使用一套手势语,这些手势语在很多方面非常类似正常的手势语,学者们认为,这说明儿童有发明创造语言的能力(靳洪刚,1997,p.27)。

赞成后天论的学者,特别是行为主义心理学家,还有重视语言交际功能的学者反对上述观点,他们认为语言是刺激反应的结果,或者说是人与社会相互作用的结果。在缺少语言环境的条件下,无从谈到语言的习得,狼孩就是证据。他们批评乔姆斯基的观点是"语言天赋说",是唯心主义的先验论。所以我们可以把这类观点称为"环境决定论",即环境是影响语言发展的主要因素。

我们在生活中会发现,儿童在掌握第一语言的过程中也常常说错话,特别是一些同时接触不同语言的儿童,在掌握某种语言的过程中受到不同语言的干扰,他们常常不能确知某个语法的正确表达方式,会说出"我来这里过了①(正确的句子是:我来过这里了)"这样的句子;有时他们不能确知某个句式的恰当使用条件,会说出"谁是爸爸呀②(正确的句子是:爸爸在哪儿呀)"这样的句子;还有的时候,他们会把不同语言的词语和语法项目组合在一个句子里说出来,比如"I don't 没看见③"、"I 不吃饭④"等等。与同龄的孩子相比,这些孩子的语言状况说明,在缺乏足够的语言环境的条件下,儿童获得语言的能力的确下降了。这无疑能在一定程度上说明"环境决定论"的正确性。

但是"生理因素决定论"在这些孩子的表现中也可以找到足以证明他们观点的证据,即孩子的大脑还处在判断语言参数的过程中,在他们的语言完全成熟之前,以此证明环境是决定性因素为时过早。因为上述的这些句子有时也会出现在有足够语言输入条件的儿童口中,比如前面列举过的"爸爸头上不毛多",这个句子就出自一个生长在汉语环境中的两岁女孩儿之口。

在两种相互对立的观点之外,有人提出了第三种观点。第三种观点认为,影响儿童语言发展的因素是儿童智力的发展,所以语言的获得是智力发展的结果。这种观点的代表人物是瑞士心理学家皮亚杰(Jean Paul Piaget),他从"发生认识论"角度解释第一语言的习得。他认为,儿童语言的发展源自儿童智力的发展。婴儿在会说话以前开始用手势,说明他们的大脑开始进入符号思维阶段,从符号发展到语言的时间是两年,在这期间,语言和思维交互作用。这种观点建立在语言与思维关系的研究上,它没有完全否定生理因素的作用,也在一定程度上关注了环境对语言发展的影响,有一定的说服力。

以上的观点都是把儿童作为一个整体来研究得出的。当面对

---

① 语出一个澳洲出生,在汉语家庭环境中成长的 6 岁男孩。
② 语出一个日本出生,在汉语家庭环境中成长的 4 岁男孩。
③ 语出一个 4 岁到美国的 5 岁中国女孩。
④ 语出一个美国出生,在汉语家庭环境中成长的 2 岁男孩。(以上例子均由作者本人采集。)

不同的儿童时,研究者发现不同的儿童语言发展的速度、方式都有所不同。所以,除了以上三种观点以外,还有人从人与人之间的差异来分析影响儿童语言发展的因素,认为个人差异也是影响儿童语言发展的一个因素。比如,尼尔森(K. E. Nelson)观察了儿童的语言发展后指出,儿童一般采用两种方式习得语言,她把这两种方式分别叫做"参考法"与"表达法"。尼尔森认为,使用参考法获得语言的儿童在语言发展过程中要借助外界的事物,在理解听到的语言以后才开始模仿;而使用表达法的孩子对听到的语言包括套语会全盘吸收,但实际上并不一定理解自己所模仿或重复的语句(靳洪刚,1997,p. 31)。

尼尔森所观察到的现象在生活中也确实存在,有些孩子开始说话较其他孩子要晚一些,他们在听到一个词语时,往往需要跟相应的事物或动作对应起来才能理解,在理解之后才试着使用。这些孩子很少使用整句套语,特别是在他们还不理解这些句子之前,比如"干吗去"、"玩儿什么呢",他们一般不试着去重复成年人说出的这些句子。这类孩子获得语言的方式应当属于尼尔森所说的"参考法"。还有一些孩子,他们很善于模仿成人的话语,如果教他们背唐诗,他们学得很快,但实际上,他们往往尚未理解所重复的诗句。这类孩子获得语言的方式应当属于尼尔森所说的"表达法"。

不过,如果仔细观察每一个孩子,我们还会发现,同一个孩子在不同的阶段或对待不同的语言内容可能会两种方法均采用。也就是说,绝对地只使用"参考法"或绝对地只使用"表达法"获得语言的孩子,在现实生活中恐怕并不多。

语言是一种复杂的人文现象,人类从没有语言到产生语言经历了一个漫长的过程。与此相对,儿童获得语言的这个过程要短暂得多,因此,尽管从儿童获得语言的过程我们可以得到许多可供我们了解人类语言能力来源的宝贵信息,但毕竟很有限,所以综合考虑多种因素可能要比绝对地只强调某一种因素来得更为实事求是一些。

2.2.2.6 关于第一语言获得过程的阶段划分

对语言发展阶段的研究是第一语言获得研究的重要课题之一[①]。儿童在不同阶段语言的具体表现为第一语言获得研究描画出一条轨迹。有关研究主要是从心理语言学的角度做出的，不同的学者观点有一些出入。下面介绍两种划分。

桂诗春把从婴儿接触语言到儿童真正获得语言的过程分为两个大的时期（桂诗春，1985），前语言时期（First Sounds）[②]和真实语言时期（True Speech）。

"前语言时期"主要指从婴儿出生到儿童1岁左右这段时间。这个时期进一步分为三个阶段：对语音的听辨、最早的声音的产生、咿呀学语。人们通过测定婴儿吮吸的速度来判定他们对语音的反应。在实验中人们发现，婴儿听辨语音的过程随年龄的增长变化，在出生两个星期左右的时候，婴儿能辨别语音和非语音；到了两个月时，他们就能辨别含有不同感情的语音，比如责骂或褒奖的话语；四个月时会辨别男声和女声，到了六个月就会注意语调和说话的节奏了。这是语音听辨的第一步。语音听辨的第二步是区别音段和序列，第三步是区别表示不同意义的语调和重音。显然，从第二步开始，婴儿进入了对语言意义的理解时期。初生婴儿最早发出的声音是不带有任何意义的，而且比较简单，以元音为主。随着时间的推移，在嘴唇和舌头的相互作用下，婴儿逐渐发出一些跟语音相近的声音，到了五六个月大的时候，婴儿就进入咿呀学语的时期了。

儿童到了1岁左右开始学习走路，同时也就进入了"真实语言时期"。这个时期从1岁到3岁左右，又分为4个阶段：单词话语阶段（Single-word Utterances）、双词话语阶段（Two-word Utterances）、连接语法阶段（Connective Grammar）、递归语法阶段（Recursive Grammar）。在"单词话语阶段"，儿童主要用词来表达思想，根据尼

[①] 沈家煊认为，另外两个课题是先天和后天经验、语言理解和语言输出在习得中所占的比重（沈家煊，1988）。

[②] 桂诗春《心理语言学》称为"最早的声音"（p.44），这里略作改动。

尔森(K. Nelson)的研究,18个月的儿童最初获得的10个词基本上属于动物、食物和玩具这三个范畴,随着词汇量的扩大,词汇语义的范畴也延展到人体、服装、家庭用品等方面。在单词话语阶段,尽管儿童会说的主要是名词,但这些词在不同情景下意义有所不同。比如,同样是喊"妈妈",既可能指"我要妈妈抱",也可能指"我要撒尿"(桂诗春,1985)。由此可见,在这个阶段,儿童已经开始用单个词语表示交际意图。在1岁半以后,儿童开始能够把两个词语连起来说,这就进入了"双词话语阶段"。由两个词来表达意思,语言意义的内容变得丰富起来,尽管这时并不一定有完整的结构,比如,儿童要让妈妈给自己找袜子、穿袜子,或者告诉妈妈袜子从脚上脱落了,都会说"Mummy sock(妈妈袜子)"。这是两个名词组成的表达,在一定语境中,它也是一个完整的语篇。根据史密斯(M. Smith)的统计,美国儿童到两岁时的平均词汇量不到300个,但是到三岁时,就达到将近900个(同上)。这时语法的连接就变得必要了,于是进入"连接语法阶段"。由于语法的复杂性,儿童会倾向于简化语法,或者把语法规则化(regularization),这种特点有点像第二语言习得过程中的泛化。三岁以后,儿童逐渐建立起语法正确与否的感觉,有时会主动纠正自己的语法错误,这时就进入"递归语法阶段"。需要强调的是,上述这些阶段并不是一个结束了另一个才开始,它们往往出现叠加交错的情况。

上述这种第一语言获得过程的分期用图表列出来就更为清晰一些:

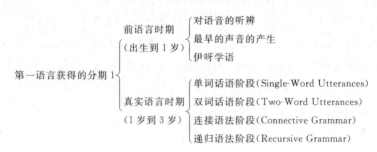

图 2-4

靳洪刚把儿童第一语言获得过程分为3个时期,10个阶段。早期是0~1岁,初期是1~2岁,后期是2~10岁。其中早期分为4个阶段,初期和后期各分为3个阶段(靳洪刚,1997)。靳洪刚采用卡普兰及卡普兰(Kaplan and Kaplan,1971)的实验调查,把婴儿早期的语言发展再分为4个阶段:啼哭阶段(crying)、呱呱之声阶段(cooing)、咿呀学语阶段(babbling)、系统语言发展阶段。啼哭阶段始于婴儿出生的第一个月内,父母往往可以通过婴儿的啼哭声判断出其中的意义:饥饿、疼痛、无聊等。咕咕之声阶段始于婴儿出生1个月后,这时在啼哭的同时,婴儿开始用唇、口、舌等器官发出与元音相近的音,两个月之后还会用假哭来引起父母的关注。咿呀学语阶段出现在婴儿出生三四个月后,这个阶段婴儿能清楚地发出元音和一些辅音。辅音主要是p/b/m等双唇音,根据奥勒与爱勒斯(Oller and Eilers,1982)的调查,说印度语、日语、英语等语言的儿童在这个阶段发出的辅音中,都不含c/j/f/v等音。这个阶段婴儿也会发出语调,只是这个阶段的语音范围较广,往往不限于婴儿此时所接触到的语言的语音范畴。到了1岁左右,婴儿开始进入系统语言发展阶段。

1~2岁是儿童语言发展的初期,靳洪刚把这个时期分为3个阶段:单词阶段、双词阶段、词缀阶段。对"单词阶段"的语言发展情况,靳洪刚采用了尼尔森1973年的研究,即此时儿童获得的词汇主要是实词,以名词为主。儿童在1岁半左右进入双词阶段,这时的语言主要是"电报式"的,即以实词为主,没有明确的语法关系。到了两岁左右,儿童的语言中开始出现词缀,语法逐渐成熟,开始向语言后期过渡。

4~6岁被称为儿童的语言获得后期,10岁时完全进入成人语言。这个时期分为3个阶段:疑问句、否定句习得阶段,复杂结构、不常用结构获得阶段,进入成人语言阶段。从两岁半左右到4岁,儿童语言发展从单词向整句过渡,这个阶段比较明显的语言获得特征是疑问句、否定句的获得。这主要是就英语儿童而言,因为英语的疑问句和否定句结构比陈述句复杂得多。汉语儿童对这两种句式的习得是否会早于或迟于英语儿童,靳洪刚未提及。由于第一语言获得不是本书的重点,这里不深入探究。5岁左右时,儿童进入复杂结构习得阶段,并逐渐向成人语言过渡。

靳洪刚对第一语言获得阶段的划分可以图示如下。

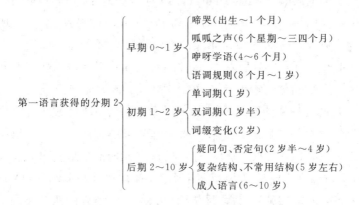

图 2-5

对比桂诗春和靳洪刚对第一语言获得阶段的划分,大同小异。二者的前两个时期划分基本一致,前两个时期内的阶段划分也相差不多。所不同在于:前者集中讨论3岁以前的情况,主要分为两期7个阶段;后者对3岁以后的情况也进行了讨论,分为3期10个阶段。这说明,尽管不同语言儿童的语言获得研究仍在深入,但就大多数儿童而言,第一语言获得的总过程比较接近,有一定的共性。所以有人用几句话来概括第一语言的获得阶段:0~8个月是辨声练音期,8~12个月是声语过渡期,1~3岁是语言形成发展期,4~6岁是语言成熟完善期(王德春等,1997)。

第一语言获得的一些研究结果对第二语言获得的研究是有启发作用的。从发音规律看,儿童早期发音元音先于辅音,说明发辅音要比发元音难一些,而且,各种语言儿童在初期阶段的发音中均无 c/j/f/v 等音,说明这些辅音发音更不容易。那么,第二语言学习者是不是也有类似困难呢?这是值得我们关注的。事实上,在周秦时期汉语只有重唇音 p/b,没有轻唇音 f/v。所以,语言学家认为,婴儿发声初期的语言与人类早期语言有类似之处。从儿童早期的语音获得情况看,往往是辨音在发音之前,而且不论是辨音还是发音,往往要跟意义联系起来,这说明第二语言语音教学也应当重视从输入到输出的过程,关注语音跟语义的关联,而不是纯粹的辨音、练音。比如,同样是疑问句"你是留学生吗"和"你是留学生吗",当重音移到"是"上,第二句就带有质疑的语义了。

对于儿童初期语言以词汇为主的现象,靳洪刚引用克拉克(Clark,1973)的感知理论和尼尔森(1974,1978)的功能理论来加以解释,前者认为儿童早期词汇的获得是基于对所感知事物的范畴化,后者认为是基于对事物功能的理解,靳洪刚认为二者皆有可能。由于语言的功能和意义是紧密相关的,靳洪刚的主张是有道理的。这个现象再次启发我们,意义是语言交际的核心,第二语言也是如此。

儿童获得语言一般都遵循"单词—双词—句子"这样一个过程,这说明语法体系是逐步完善起来的,并有一定顺序。在单词—双词阶段儿童一般不会用功能词、儿化等语法手段,平均句长也很短,根据朱曼殊等人的研究,儿童2岁时平均句长不到3个词,到6岁时增加到八九个词(靳洪刚,1997,p.49)。第二语言习得也有类似的平均句长逐渐增长的过程,比如,施家炜在7个月的跟踪调查中发现,汉语第二语言学习者的平均句长由不到4个词增长到将近8个词(施家炜,2002)。

此外,上述有关儿童的单词、双词和词缀获得的研究始于印欧语言,由于汉语以单音节为主,又使用汉字来记录语言,因此,有关汉语儿童语言获得时期的研究就出现两种测量标准,一个是以字为单位,一个是以词为单位。当人们以字为单位进行研究时,测量结果主要是儿童话语包含的字数(含字量),比如1岁半到两岁的儿童85%以上的句子包含5个以下的汉字;当人们以词为单位进行研究时,测量结果主要是儿童话语的平均句长,如2岁左右的孩子平均句长是3个词左右(靳洪刚,1997,p.48~49)。与此相关的是,汉语第二语言平均句长的研究是以词为单位还是以字为单位?如何考虑其中的单音词和多音词所起的作用?等等,这些还是尚待解决的问题。

2.2.3 关于第二语言获得生理机制的研究

前面我们介绍了有关第一语言获得过程神经生理和语言心理的研究。那么,第二语言的发展是否也遵循同第一语言一样的规律呢?这就涉及一个第二语言获得的生理机制与第一语言是否相同的问题。这方面的研究不多,主要有以下几个方面的讨论。

2.2.3.1 关于第二语言在大脑中位置的讨论

关于第二语言在大脑中的位置的讨论来自两个方面,一个是对失语症的研究,一个是对持双语者大脑神经反应的实验研究。

对失语症的研究产生了两种观点。一种观点认为,第一语言和第二语言处在大脑的同一位置,即左脑。因为一些失语症的患者在左脑受到损伤后第一语言和第二语言都受到了影响。但是,这种观点受到另一些病例的质疑,医生在治疗另一些大脑受损的病人时发现,左脑受到损伤时第一语言和第二语言受损的程度不一样,第二语言比第一语言更易丧失,而恢复又比第一语言慢(Paradis,1977;转引自靳洪刚,1997)。对此人们提出一些假设,比较有影响的一种观点是,由于第一语言较早植入大脑,不易受损(Ribot,1977;同上)。这种理论在心理学上称之为"前次效应(primacy effect)",或者叫"首因效应"(张厚粲等主编,2000)。

另一种观点认为,第一语言和第二语言不在大脑的同一位置。因为有些失语症的患者在右脑受到损伤时第二语言往往受损,在左脑受到损伤时更多的是第一语言受损。由此人们提出,第一语言在左脑,第二语言在右脑。因此,仅靠对数量有限的失语症病例的研究还不足以确定第二语言在大脑中的位置。

有关第二语言在大脑中位置的讨论,还有一些来自对"持双语者(Bilingual)"的研究。人们在对不同时期开始第二语言的持双语者的调查中发现,幼年时期或者几乎同时获得两种语言的人,在左脑处理第二语言的可能性较大;成年后再学第二种语言的人,在右脑处理第二语言的可能性较大。幼年和成年区别是"临界期",即 12 岁左右。温瑞希(Wenreich)把前一种情况称为"同步双语获得",把后一种情况称为"异步双语获得"(靳洪刚,1997)。也就是说,年龄是决定第二语言位置的一个因素,成人在右脑处理第二语言的可能性更大。一般认为,这可能跟成人学习语言使用一定的策略有关。

应当看到的是,左脑和右脑的不同是大脑自身的分工所致,尽管对大多数人来说左脑主管语言,是优势半球,但是一般人的正常行为都是由大脑整体功能所支配的,像阅读、数学能力、记忆的有效存储和提取等都需要左脑和右脑的共同参与(Doris Bergen,Juliet Coscia,王爱民译,2006),而且,从第二语言教学的角度看,绝对地说第二语言一定在大脑的哪个位置处理并没有太大的意义。

2.2.3.2 第二语言获得过程在神经生理、语言心理上跟第一语言的差别

第二语言获得过程与第一语言获得过程的差别是什么,这也是学者们关注的一个问题。这方面的研究主要是从神经生理和语言心理两个角度进行的。

从儿童第一语言获得的诸多研究可以看到,二者的首要差别在于,第一语言掌握过程伴随着大脑、听觉器官、言语器官的发育过程。婴儿出生后脑重迅速增加,新生儿平均脑重为350~370克,6个月以后达到700克,1岁时达到900克,达到成人脑重的2/3,3岁时达到1000克以上,是出生时的三倍,6岁时达到成人脑重的90%左右,进入青春期才与成人相同(王德春等,1997)。对比2.2.2.6儿童在第一语言获得过程中不同阶段的表现,我们会发现,儿童脑重的增长与语言的增长不但成正比,而且两相对应。与此同时,随着对语言的理解和语言使用的发生,儿童的听觉器官和言语器官也不断地发育成熟。第二语言的获得则不存在这些过程,第二语言学习者在开始学习某种语言的时候就已经具备了上述生理条件。

二者的差别也表现在感知能力和认知能力的发展上,第一语言掌握过程伴随着感知能力和认识能力的形成过程。儿童通过对声音的感知来分辨语音和非语音,通过对实物的感知来了解语言词汇所含有的意义,因此,第一语言获得的最初阶段主要是词汇,以实词为主。在获得语言的同时,儿童对周围世界的认知也在不断拓展。在

儿童语言从实词走向虚词,从单词、双词走向整句的同时,我们能看到儿童抽象思维发展的轨迹。这也是语言与思维的关系论争(即人类是先有思维还是先有语言的问题)的由来。所以第一语言的掌握过程伴随着思维的发展。第二语言的获得则不同,多数第二语言学习者(少数第一语言尚不完备的年幼学习者除外)在学习之前已经具备了基本的感知能力、认识能力和抽象思维的能力。因此他们才能凭借第一语言的翻译来掌握第二语言的一些词语。

前述对失语症患者的研究表明,尽管第二语言在大脑中的位置还不能确定,但有一点至少可以肯定,就是掌握二者的神经机制不完全相同。因为脑受损的人往往只失去一种语言能力,而不是两种语言同时丧失。

2.2.3.3 第二语言获得过程在神经生理上的特点

相对于第一语言获得,第二语言获得过程在神经生理上的特点有这样几个。

第一,不理解的生词对第二语言学习者来说相当于对第一信号系统的刺激。因为此时学习者尚未建立起词义与客观事物之间的联系。汉语第二语言教师多半都有这样的经历,如果在某个第二语言学习者身后用汉语叫其中文名字,这时一般是得不到回应的。

第二,第一语言的心理词典(mental lexicon)与第二语言的心理词典不是一一对应的。这一点很值得第二语言教学关注。心理词典是词的意义在人心理中的表征。二者不对应也就意味着,学习第二语言并不是把目的语译为母语一切问题就迎刃而解了。"心理词典"这个概念最早由特雷斯曼(Treisman)在1960年提出,他认为心理词典由许多词条组成,这些词条具有不同的阈限。当一个词条的激活超过其阈限时,这个词就被认知了(张必隐,1992,p.66)。由于二者不是一一对应,因此,一个第二语言的词语要被学习者认知需要以不同的方式来激活,有时可以在第一语言中找到对应词条,有时则需要第二语言的其他经验。比如英语的 help 可以译成汉语的"帮助",但"帮助"在汉语中的语义功能跟英语的 help 并不完全相同。所以,当一些初中级水平的美国学生被问到:如果你在中国碰到危险怎么办?

绝大多数学生的回答都是：我就喊"帮助！"。事实上，如果真发生此事，某个在附近听到喊叫的中国人很可能会漠然置之，因为紧急时刻汉语要说"救命"，此时"帮助"不可能激活中国人心理词典中"救命"这个词条。

日韩学生在学习汉语时常常会有一种似乎明白了但实际不明白的情况，这是由于他们曾经通过第一语言学习汉字，掌握了汉字携带的一些意义，在学习汉语时就把过去掌握的意义跟接触到的同一个汉字关联起来，这时他们自以为理解了某个词，但是使用时我们就会发现，他们实际上并没有掌握这个词。比如"劝"这个词，在现代汉语中既可以表示"劝勉"，也可以表示"劝阻"，但是在古汉语中一般只表示"劝勉"，日本学生 看就以为自己会这个词，但使用时往往出错。所以，当他们要表达"我劝你别去了"这个意思时，他们会说出"我不劝你去"这样的句子。

第三，在同样的语言活动中，第二语言要比第一语言动用更多的神经机制。研究者用脑电描记法来测定使用不同语言所需的神经机制。他们在测定一位英语为第一语言的妇女大脑的不同部位时发现，这位妇女在使用自己不熟悉的语言（希腊语）时，大脑皮层活动的范围要比使用自己熟悉的语言（英语）时大得多。也就是说，人们在使用自己不熟悉的语言时要动用更多的神经机制。所以，与第一语言相比，第二语言在使用时要动用更多的脑神经机制。

这一点，在日常的第二语言教学中也可以从学习者的表现观察到，在课堂上第二语言学习者常常会不自觉地喃喃自语。自语的内容往往是学习者的第一语言，日本学生在面对教师提问答不上来的时候会不自觉地用日语说"難しい（太难啦）"，在回答问题的过程中，每逢停顿，或者要停下来思考时就会用日语说"あの，あの…（那个，那个……）"。如果在上课时班里有谁打了一个喷嚏，英国学生就会脱口而出"Bless you"，等等。

2.2.3.4 影响第二语言发展的因素

第二语言跟第一语言有着密切关系，在讨论影响第二语言发展因素的时候，有几个问题是需要考虑的：（1）第一语言在第二语言学习中起什么作用。在我们使用"第二语言"这个概念的时候,我们事实上已经假设,学习者已经掌握第一语言或者在此前已经开始学习第一语言,而且,由于大多数人的第一语言发展过程伴随着大脑的成熟,因此,这种早先植入大脑的语言会对第二语言的学习产生什么影响就是值得考虑的一个因素。(2) 第二语言的学习者是谁,是儿童还是成人。尽管语言学习的"关键期"到目前为止还是一个假设,而且主要是针对第一语言获得提出的(靳洪刚,1997,p. 156~157),但已经有不少研究者接受了这个理论,多数人同意这个时期在 12 岁左右。因此这个问题既涉及年龄因素也涉及学习者个体变量。跟这个问题相关的还有一些更进一步的小问题:A. 儿童学习第一语言和学习第二语言是否相同;B. 儿童学习第一语言和成人学习第二语言是否相同;C. 儿童学习第二语言和成人学习第二语言是否相同;D. 儿童和成人学习第二语言是否遵循同样的发展路线,等等。(3) 第二语言是否能达到与第一语言同样的水平。这个问题也建立在问题(1)的假设之上,也就是说,任何一个神经生理健全的人都应该能够学会语言,既然已经学会了第一语言,为什么不能学会第二语言呢?在这个设问的基础上来看问题(3),我们就很难在神经语言学里找到更有说服力的答案。所以,与其说这个问题跟神经生理机制有关,还不如说它跟教与学双方主观及客观的各种条件有关。

  根据前面有关影响第一语言发展因素的讨论,以及第一语言发展过程的各种实验研究,我们可以看出,第一语言获得过程涉及较多的自然因素,比如,儿童大脑、听觉器官、发音器官等先天条件是否具备,儿童成长过程中感知能力、认知能力、抽象思维能力的发展状况等等。因此,大多数的研究也集中在生理解剖、神经机制、发展心理等方面。其中的一些研究成果对第二语言发展的研究固然有不少帮助,比如,人们观察到的儿童在语音、词汇等发展过程中的一些特点对第二语言发展的研究有一定的启发作用。但是,更多的研究与第二语言学习的研究目标还是有一定的距离。

  由此看来,有关第一语言的研究可以提供给第二语言研究的主要是人类语言发生的神经生理基础。在这个平台上,我们得以认识语言的自然属性。然而,仅靠这些启发还不足以建立起第二语言发展研究的框架。换言之,第二语言发展研究的框架不能只建立在神经语言学的研究基础上,因为它只提供给我们第二语言学习者都具备语言能力这个假设的基础,而学习者的第二语言最终能达到什么程度,第二语言教学获得成功的条件等问题不可能从这儿得到答案。因此,在我们了解了语言学习的神经机制以后,我们需要回到语言的社会功能方面,从语言学、心理学和社会文化的角度考察第二语言学习。所以,我们把有关影响第二语言习得因素的诸多研究分为两部分:一部分涉及第二语言学习的目标,即问题(3),我们将在本章第3节讨论;另一部分涉及语言学习与习得理论,即问题(1),我们将在第4章讨论。问题(2)则散见于两处,因为本书的主题是第二语言教学,而绝大多数进入课堂学习第二语言的人已经处在"关键期"之外。

2.3 第二语言学习的目标

第一语言多半是在自然条件下获得的,因而也就不必讨论它的学习目的;第二语言就不同了,有相当数量的人学习第二语言带有一定的目的性,因此,研究第二语言的发展就要跟一定的学习目标结合起来。当我们考虑语言学习目标的时候,我们首先要考虑的是把什么作为标的,即第二语言学习所应达到的那个标准。为此,这里要引入两个新的概念:native language 和 native speaker。对汉语来说,这两个概念都是舶来品,它们在英语中对应明确,但是译成汉语就难以对应起来,人们一般把 native language 译成"本地语",而把 native speaker 译成"说本地语的人"或者"说本族语者"。在 native speaker 的这两种翻译中,前者是从社会语言学的角度译的,与 native language 的译文对应,后者是从第二语言教学的角度译的,与 native language 不对应。而本节所要进行的讨论既要涉及 native language,又要涉及"说本族语者",由于尚无更合适的对译词,本节的讨论中必要时将直接使用这两个词的英语原文,以便读者理解。

2.3.1 第二语言与 Native Language 及 Native Speaker

2.3.1.1 Native Language 和 Native Speaker

一般情况下,人们把某个地区通用的本地语称为 native language,而持这种语言的当地人也就是 native speaker。乍看起来,这两个概念跟第二语言学习没有什么关系,但是,如果我们把它们跟第二语言学习的目标联系在一起,双方的关系就清楚了。当某个学习者把某地的本地语作为自己第二语言学习的目的语时,某种 native language 就是他(她)的学习目标,那么,某个说 native language 的人,即成为一个 native speaker,在理论上就可以成为确定与衡量第二语言学习者目的语水平的标准。我们在这里强调"理论上",是因为这种标准尽管事实上还有待于深入讨论与研究,但是相当数量的人都不假思索地认为这种"标准"是可以不必加以论证的。因此,native language 和 native speaker 很自然地成为跟应用语言学特别是第二语言教学关系极为密切的两个概念。

那么,谁能成为衡量第二语言学习水平当然的标准——native speaker 呢?这就是本节要讨论的。只有确定了一个标准,我们才有可能在这个基础上确定某个第二语言学习者的当前水平,或者为某个第二语言学习者确定他(她)学习的终极目标。

阿兰·戴维斯(Alan Davies)给 native speaker 划定了一个基准:当我们说某个人是某种语言的 native speaker 的时候,这种语言应当既是他(她)的第一语言,也是他(她)的母语,还是他(她)的主体语言和家庭语言(Alan Davies,1991)。这里的主体语言(Dominant Language)和家庭语言(Home Language)是两个跟社会语言学关系比较密切的概念,主体语言一般指某个多语的场合中人们指定用来相互沟通的语言,比如联合国的工作语言。主体语言的使用往往要受到场合限制,在 A 场合是主体语言,在 B 场合就不一定,比如法语和英语在早期英国的宫廷生活和市民生活中。家庭语言则仅限于家庭,不用于社会交际。有些人的母语如果不进入社会交际,同时又一直在家庭中使用,就等同于家庭语言。下面我们就在阿兰·戴维斯这个概念框架内展开本节的讨论。

2.3.1.2 有关第二语言的几种称谓

第二语言这个概念是相对于第一语言提出的,当人们把第二语言作为一个人语言学习的终极目标时,在学习者未达到这个目标之前怎样描写学习者的语言状态呢？一些学者提出了几个概念来描写这种状态。

科德(S. Pit Corder)1967年提出,这是一种向终极目标迈进的过渡状态,由于学习者在不断地学习,这种状态也就在不断变化,在达到稳定之前它会上下浮动,忽好忽坏。所以他把这种状态称为过渡能力(transitional competence)。

耐姆塞(William Nemser)1971年提出,从语言体系的角度来看,学习者当前的语言体系只是近似于目的语体系,而非真正的目的语体系。所以他把这个语言体系称为近似体系(approximate system)(蒋祖康,1999)。比如,他用一个图来描写学习者当前的语言状态。

A(开始学习第二语言)——→B(当前水平)——→C(第二语言)

图 2-6

赛林克(Larry Selinker)1972年提出,学习者的当前语言是一种独立的语言体系,其中含有第一语言的影响,又不是发展完善的第二语言,是一种介于两种语言之间的中介状态的语言。他称之为中介语(Interlanguage)。

这三种说法都是要从不同角度指出第二语言学习者正在持有的语言是一个不断变化的系统,它不等同于第二语言,只是处在不断向第二语言发展的过程之中,同时还不能完全脱离第一语言的影响。赛林克的说法后来被比较多的人采用。因此,中介语成为指称和研究第二语言发展过程中学习者语言状态的一个重要术语。

2.3.1.3 关于第二语言学习能否达到 Native Speaker 水平的讨论

在这个问题上有两种完全相反的意见，有人认为，第二语言学习永远也达不到 native speaker 的程度；也有人认为，在一定条件下第二语言学习也可以达到 native speaker 的水平。在北京香山的第三届世界汉语教学讨论会上曾经有过类似的争论，一位中国学者提出，第二语言学习者无论如何努力也达不到 native speaker 的水平。话音未落，即遭到一位长期侨居海外的学者的激烈反对，这位学者以自己的亲身经历反驳这一观点。这位学者 25 岁即赴日留学，旅居日本 40 年，他深信自己说日语与日语的 native speaker 没有任何差别。那么，究竟孰是孰非呢？

我们不妨也看看语言学家们对这个问题的看法。布龙菲尔德（Leonard Bloomfield）认为，第二语言学习不可能达到 native speaker 的水平。他说"No one is ever perfectly sure in a language afterwards acquired"（转引自 Alan Davies，1991，p. 4），这是结构主义语言学家的观点。韩礼德（M. A. K. Halliday）认为，这也许有可能，但是会比较难。他说："... It is possible but difficult for an adult second language learner to become a native speaker of the target language"（同上，p. 3）。这是功能主义语言学家的观点。那么，生成语言学家怎么看呢？乔姆斯基（Noam Chomsky）似乎并不关心此事，所以阿兰·戴维斯评价说，乔姆斯基只关心语言学习的共性，不讨论第一语言和第二语言的区别（Alan Davies，1991）。玛丽·泰伊（Mary Tay）有一个相对全面的解释，她认为如果一个人从童年就开始学习第二语言，并且一直把这种语言作为主体语言，而且达到一定的流利水平。这时就可以称他（她）是第二语言的 native speaker。她以英语为例来讨论这个问题，她说："... learns English in childhood and continues to use it as his dominant language and has reached a certain level of fluency..."。

不过，在这个解释之下我们仍有几个问题要解决：第一，过了"关键期"就一定不能成为 native speaker 吗？第二，把某种语言作为主体语言的具体条件是什么？第三，怎样衡量语言的流利水平？第三个问题尤为重要，因为它要弄清楚第二语言达到什么程度可以称为"native language"。

2.3.1.4 第二语言达到什么程度可以称为 Native Language

第二语言学习者的目的语水平达到什么程度才算是 native speaker，如果不能达到，缺少的是什么？如果我们借用图 2-6 和两个圆来表示我们将要讨论的问题，一个圆代表学习者已有的第一语言的水平，另一个圆代表第二语言完全达到以后的水平，这样我们就得到了图 2-7。

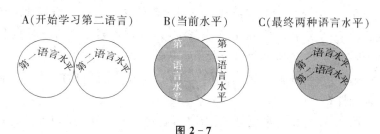

图 2-7

我们需要讨论：这两个圆是否能重合，什么时候重合，怎样才能重合？如果不能，剩下的缝隙是什么？换言之，我们需要弄清楚，一个 native speaker 应具备什么。

2.3.2 怎样评价 Native Speaker

人们常常笑话外国留学生说汉语是"洋腔洋调"，电影电视里也常用改变声调的办法来表明说话人是个外国人。那么，汉语第二语言学习者怎样才能甩掉"洋腔洋调"的包袱，说上一口纯正的中国话呢？这里面有一个问题是需要讨论的，即，什么是纯正的中国话？也即什么是真正的汉语 native speaker。只有确定了这一点，我们才能给第二语言学习者一个可以为之努力的确切标准。

这个标准是普通话吗？这个要求似乎不太合理，因为全中国十几亿人也不是个个都能说上一口纯正的普通话，又何况"老外"呢？如果"普通话"不是第二语言学习的标准，那么我们拿什么衡量第二语言学习者的水平呢？我们在课堂上常常要给学生纠错，那么我们纠错的标准又是什么？

在谈到外国人"洋腔洋调"的时候，我们忽略了几个问题，第一，汉语的标准是什么；第二，每个人是否都可能说某种语言说得非常地道；第三，是否存在着极为熟练的汉语第二语言使用者。在这一小节里，我们要着重讨论的是：从应用语言学的角度看 native speaker 应该是什么样的。

有关第二语言学习的研究可以从不同角度进行，心理学关注第二语言获得的心理机制；语言学关注第二语言要素和第一语言的对应关系；社会语言学关注第二语言所携带的文化与第一语言社会产生的冲突；从语言教学看第二语言学习，特别是第二语言学习的目标，则需要把上述研究都综合起来。我们讨论的主要目的是：

第一，指出任何一种语言的 native speaker 所掌握的语言技能的复杂性；

第二，要降低这种复杂的排他性，使其对第二语言学习者更具有开放性，更容易获得。

下面主要摘引阿兰·戴维斯（Alan Davies）的研究，从心理学、语言学和社会语言学的角度加以讨论。

2.3.2.1 从心理学角度分析 Native Speaker

心理学关注第二语言获得的心理机制，所以，当人们从心理学的角度讨论 native speaker 的特点时，主要关注第二语言学习者与第一语言学习者在语言学习过程中是否使用相同的认知系统，如果是，那么一个第二语言学习者是完全有可能达到 native speaker 的水平的；如果二者使用不同的认知系统，那么一个第二语言学习者要达到 native speaker 的水平就有困难。

以乔姆斯基普遍语法（Universal Grammar）为理论基础，既然语言习得机制（LAD）为每个人所共有，每个人就应该都能学会任何一种语言，当然也就包括第二语言。为此，阿兰·戴维斯提出 4 种有关 native speaker 的可能，并加以讨论：

（1）假设每个人都是他自己语言行为的 native speaker。这个前提意味着有多少个人,就有多少种 native language;也意味着某个人说出的任何语句都代表语言里的一定规则;还意味着一种 native language 在某个个人的控制之下,他(她)可以随意地让某个语法项目出现或者消失。

根据我们前面对 native language 的定义,这显然是不可能的。native language 必须属于某个地区或某个语言社团。而且,从语言的社会功能看,人不可能脱离社会而持有自己的语言,任何语言都必须属于某个语言社团,在这个前提下,native speaker 这个概念才有意义。所以,不存在某个人自己的 native language,当然也就不存在这个意义上的 native speaker。

世界语(Esperanto)的推广过程可以在一定程度上说明这个问题。世界语是由波兰眼科医生柴门霍夫(Lazarus Ludwik Zamenhof)1887年在印欧语系的基础上创立的一种人工语言,柴门霍夫的目的是建立一种简单易学的国际辅助语,旨在消除国际间交往的语言障碍。世界语不能算是某个人的语言,曾经有几百万人学习过这种语言,目前使用这种语言交流的人在全世界仍有数万。但是,从它创立至今,经过100多年的努力推广,它依然没有代替任何地区语言成为本地语,只是作为一种社团活动的交流工具。因为它不属于任何社会,缺乏生命力。

(2)假设每个人都是某一种语言的 native speaker,这种语言同时也是他(她)获得的第一种语言。这显然是可能的,它既符合乔姆斯基的观点——每个人都有学会某种语言的能力,也与前面所引玛丽·泰伊的观点相符,即从童年开始学习这种语言,而且一直以之为主要交际工具,并达到一定熟练水平。

(3)假设有些人是不止一种语言的 native speaker。阿兰·戴维斯对这个假设持否定态度。他认为,这一假设如果成立,就意味着有人具有将两种或两种以上的语言集于一身的能力(unitary competence)。这涉及到是否存在双语的 native speaker 的问题。阿兰·戴维斯认为,从社会语言学的角度看,两种语言不可能同时均衡发展,结果会是一种语言强于另一种语言,或者两种语言都未达到

native speaker 的水平。所以他主张在应用语言学范畴里用 ambilingual(精通两种语言者)来代替 bilingual(双语者)这个概念。ambilingual 只是某一种语言的 native speaker，但是精通另一种语言。(Alan Davies,1991)

我们基本上同意阿兰·戴维斯的观点。一种语言的使用需要一定的场合，一个人很难同时在同一个场合使用不同的语言丝毫不差地两度表达自己的思想。绝大多数会说两种以上语言的人多半是在不同场合使用不同的语言，因此他(她)的语言就会受到一定的条件限制，在这种场合下使用这种语言，在那种场合使用另一种语言。比如，20 世纪 80 年代以来大量留学海外并留居当地的中国留学生，这些人的子女有的在中国国内出生，有的在当地出生。作为华人华侨，不少父母为了让子女会说汉语，在家中总是用汉语与孩子交谈。这往往形成这些儿童家庭的汉语环境和社会的其他语(如英语、法语、日语等)环境。当这些儿童进入学校学习汉语课程时，我们就会发现，他们会说的汉语语句往往是零散的、不完全的，很多句子把日常口语的表达方式和正式场合的表达方式杂糅在一起。比如下面这两个句子：

  例 1："每个国家有不同的好坏，应该从好的方面学习，从坏的方面了解错误。"

(经与说话人交谈，我们发现说话人想表达的意思是：每个国家都有各自的长处和短处，应该学习别国的长处，了解别国的短处，并加以借鉴。)

  例 2："我还不认识很多汉字来写一张好作文"

(说话人想表达的意思是：我认识的汉字不多，还不足以写一篇好作文。)

这是由于他们把家庭中学到的日常口语表达跟课堂上学到的正式表达混合在一起造成的。以上两个句子都摘自相当于学习汉语 2000 学时以上的华裔美国留学生的作文，可以肯定的是，这两个学生的英语水平会比例子中呈现的汉语水平高得多。因为英语是他们的主体语言,但汉语不是,至多是家庭语言。所以这里面还有一个潜藏的问题有待证明:他们的英语是否跟那些在家庭和社会都说英语的人一样。

(4) 假设有些人永远达不到 native speaker 的标准。阿兰·戴维斯认为这种情况是第三种人的极端发展。它有可能出现在儿童身上,由于儿童生活的语言环境中的语言系统欠缺,使儿童语言能力得不到全面发展。比如,聋哑人子女、外国人子女(如果父母不会说所住国的语言)、家长文化程度较低家庭的儿童等。它可能有两种表现:一种是同时具有几种语言的不完善系统(partial systems);另一种是具有一种不完善的语言系统(inadequate system)。前一种可能在儿童进入主体社会后产生变化,正如第三种假设中的例子。结果是几种语言中的一种完善起来,儿童最终成为该语言的 native speaker。后一种情况也可能在儿童进入主体社会后完善起来。只有极少数的人达不到 native speaker 的水平,比如狼孩。

从以上阿兰·戴维斯讨论的 4 种假设可以看到,掌握一种语言有两个条件,一个是先天的语言能力,一个是后天的语言环境,二者缺一不可。因此,如果二者皆备,就很难否认第二语言学习者不能成为 native speaker。

但是,"关键期"所涉及的语言现象与之形成一个矛盾,即过了这个年龄,即便是第一语言也很难掌握,何况绝大多数第二语言学习都是在这个年龄之后才开始的。菲利克斯(S. W. Felix)1987 年提出一个假设解释这个矛盾。假设人类有两套认知系统,一套是语言学习系统(Language Specific System),另一套是问题解决系统(Problem Solving System)。他认为人在儿童时期,只存在一套认知系统,即语言学习系统,成年以后才形成第二套认知系统。

菲利克斯认为,对成人来说,这两套系统均可用于学习语言。但在语言学习方面,第二套认知系统并不像第一套系统那么有效,甚至并不合适。由于环境因素(environmental factors)会作用于第二套系统,成人倾向于用第二套认知系统。两套认知系统在大脑里互相竞争,只有在第二套系统把学习语言的问题搞糟了,成人才会转而用第一套(S. W. Felix,1987,转引自 Alan Davies,1991)。这一观点跟 2.2 所讨论的"同步双语"和"异步双语"是相呼应的,即幼年开始学习第二语言的人,其第二语言的位置往往在左脑,成年后才开始学习第二语言的人,其第二语言的位置往往在右脑。

菲利克斯的解释指出了第一语言和第二语言在心理学上的差别,但是并不能成为否定第二语言学习者成为 native speaker 的依据。如果真的存在两套认知系统,语言教学就有可能设法通过策略引导成人使用语言学习系统。可以说,第二语言学习如果方法得当,在青春期以后也有可能成为 native speaker。与此相对,在青春期以前,如果语言输入不充分也有可能成不了某种语言的 native speaker。比如前述的那些学汉语的华裔子弟,以及那些从幼儿园就开始学习英语可是到了大学,英语还是总不及格的中国学生。所以,从心理学的角度讲,人们无法否认第二语言学习者成为 native speaker 的这种可能性。

此外,菲利克斯的观点也从一个侧面解释了成人学习语言产生偏误的原因,即两套认知系统竞争的结果。

2.3.2.2　从语言学角度分析 Native Speaker

语言学关注不同语言之间的差别,那么,怎样从语言学的角度判定一个人是不是 native speaker 呢?阿兰·戴维斯提出,从理论上讲,存在着三种语法,一种是每个人自己掌握的语言的语法,一种是某个语言社团的成员所掌握的语言的语法,还有一种是人类所共有的语言的语法。

当我们具体地考察每个人的语言的时候,我们会发现,每个人的语言有区别,它们形成个人的语言风格;每个地区的语言也有区别,从而产生语言的地域变体或者方言;甚至不同的年龄、文化教养和观念也有可能形成语言的差别。阿兰·戴维斯把语法体系相同的个人语言都归为第一种,他称之为**语法 1**(Grammar 1)。

第二种语法属于某个语言社团,它在语法体系上与另一个语言社团持有的语言不同,所以,人们可以从语言社团来区分它们。比如英语、法语、日语、汉语等等。他称之为**语法 2**(Grammar 2)。

第三种语法处在更为抽象的层次上,是一种语言能力,与乔姆斯基的"普遍语法"一致。他称之为**语法 3**(Grammar 3)。三者的关系可以表示如图 2-8:

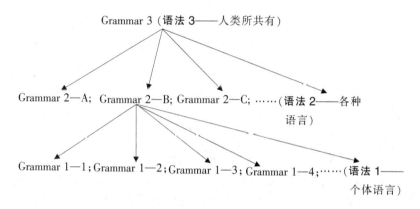

图 2-8

显然,仅仅持有**语法 1**的人不可能作为 native speaker,理由在 2.3.2.1 已经讨论过了。可以看到,**语法 2**是从**语法 3**到**语法 1**这个语言链连续统(continuum)上的节点,从语言学的角度讲,当一个人能操纵**语法 1**,又能与其他使用**语法 2**的人互相理解,他(她)就可以作为某种**语法 2**语言的 native speaker。所以,判定一个人是否 native speaker 主要在这一层次上。

但是,这种观点只能从理论上讨论,缺乏可操作性。问题在于,某个**语法 2**与其他**语法 2**之间的界限无法截然划分开来,特别是印欧语系的各种语言,很难把法语跟英语,或者德语跟英语的语法系统截然区别开来。因此,从语言学角度分析 native speaker 还得寻求其他办法。

有人从语言输入和输出的角度衡量 native speaker。比如,波特(P. A. Porter)1986 年从四个方面对 native speaker 和第二语言学习者接收的语言信息输入进行了对比研究,这四个方面分别是:接收信息的速度(rating)、获取信息的质量(quality)、接收的词汇量(total words)和对输入语言的监控(monitor)。他发现 native speaker 接收信息的速度是第二语言学习者的两倍,接收信息时产生的错误只有第二语言学习者的三分之一,接收的词汇总量多于第二语言学习者,并且善于调整话语使输入向有利于自己的方向发展(转引自 Alan Davies,1991,p.45)。

艾利斯(Rod Ellis)1985 年提出,native speaker 能够从三个方面调整自己的语言输出,即:根据谈话对方的语言水平自然退行到同一意义的简单结构上来表达自己的思想(regression);能够评估谈话对方的语言体系并据此使自己的话语与之匹配(matching);能够简化并弄清谈话对方的语言内容(negotiation)(Rod Ellis,1999,p.137)。

从波特和艾利斯的研究可以看出,如果一个第二语言学习者达到了上述研究所测定的 native speaker 的水平,他(她)完全可以成为一个 native speaker。而且,二者的研究数据主要得自第二语言教学,应当属于应用语言学的研究。据此可以说,在纯粹的语言学领域里很难找到衡量 native speaker 的标准,或者说,这个问题本身就是一个应用语言学的问题。

2.3.2.3 从社会语言学的角度分析 Native Speaker

从社会语言学的角度对 native speaker 的分析可以从两个方面进行:一个是人们对 native language 的判定,确定了 native language,就便于在此基础上确定 native speaker 的标准;另一个方面是从语言的社会功能入手,考察语言交流中 native speaker 和非 native speaker 相互之间的理解程度。

理论语言学研究语言的普遍规律,它的研究较为抽象而宽泛。因而上述的**语法 2** 很难跟应用语言学的 native speaker 具体标准关联起来。社会语言学从社会与文化的角度研究语言,它是否有可能使前面讨论的**语法 2** 具体化呢?鉴于 native speaker 也是一个具有社会语言学特征的概念(它的原义指"说本地语的人"),阿兰·戴维斯主张把语法 2 放在社会语言学的具体框架下,进一步考察 native speaker 在这个领域里的特征。

在社会语言学的范畴里,要讨论谁是 native speaker,谁不是 native speaker,首先要确定哪一种语言是 native language。阿兰·戴维斯分别从语言学、社会语言学、政治、性别、标准语、人口流动的社会等几个方面讨论了有关 native language 的判定问题。

(1) 语言学标准

阿兰·戴维斯指出,当人们拿语言学作为标准来判定某种语言的时候,可以采用历史比较语言学的方法,看两种语言或者几种语言是否有共同发展历史,比如美国英语和英国英语,瑞士德语和德国德语等;也可以采用语言类型学的方法,看两种语言或者几种语言是否同一类型,比如斯堪的纳维亚语言。但是,这两种方法带来的结果常常难以处理,因为有共同发展历史的语言有时很不一样,比如法语和意大利语虽是亲属语言但很不相同(Alan Davies,1991,p.54)。因此语言学标准难以贯彻。

(2) 社会语言学标准

社会语言学的标准主要是看两种或几种语言之间相互交流时理解与否。但事实上,同源语在分化时间长了以后,也会变得很不相同。比如:芬兰语和匈牙利语,它们都属于乌拉尔语系,芬兰乌戈尔语族,但是今天的芬兰人和匈牙利人说话时几乎不能互相理解。它们的分化线路如下:

图 2-9

显然,据此也很难说哪一种语言是 native language,哪一种不是 native language。

(3) 政治标准——语言制度

政治标准指某个国家或者语言社团从政治上制定的语言制度。比如,印度把英语作为当地的通用语,跟它曾经作为英国的殖民地密切相关。有时由于政治需要而共享一种威望,人们会要求共享语言并由此引发冲突。比如加拿大目前形成的英语区和法语区。此外还有一些民族或社团为了共享一种威望或情感而主张共享语言,从而形成一定的语言社团。比如在美国的波兰人和犹太人聚居区。阿兰·戴维斯认为,一定的语言社团的形成跟该社团的成员的态度和倾向有关,也就是说,语言的选择取决于说话人,不是一种客观标准,所以不能以此为据来确定 native language。

(4) 性别标准

近年来的一些研究认为,"性别"也是区分语言的一个因素,因为"性别"既影响语言系统,也影响语言使用。比如斯本德(D. Spender)1980 年在对泰语(Thai)的研究中发现,由于在使用这种语言的社会里以男人为主体,从而确定了泰语中正式的标准语是男人方式的。阿兰·戴维斯认为,这是关于某社会里某一主体语言的确定,不能用于在几种语言之间确定哪一种是 native language。

(5) 社会的标准语

直接使用某种标准语作为 native language,这样,能说标准语的就是 native speaker。阿兰·戴维斯认为,要这样做首先就要确定什么是标准语。但是,绝对的标准语是不存在的。因为标准是人为的。而且,人为确定标准语的结果,是使这种语言存在于人们的实际生活之外。如果使用这种标准语去进行第二语言教学,结果是使学生的语言更像书本里的,而不像生活中人们正在使用的活生生的语言。举个小例子,当我们绝对按照音标去发音的时候,我们会发现发出来的音与实际语音有距离。有些第二语言学习者初学汉语的时候常常发不好"国"字的音,就是因为这个字的实际发音跟拼音有出入。

(6) 人口流动的社会

阿兰·戴维斯还讨论了英语的人口流动社会,他指出有三种语言情况:第一种是移民种群社团(the immigrant ethnic community)的语言。比如移居英语国家的非英语家庭。这种家庭在英语国家所生的孩子是否能成为 native speaker 呢? 阿兰·戴维斯认为,答案是肯定的。这种孩子开始时可能会有问题,类似前面说过的华裔子女,但是，在接触英语社会以后，孩子的语言系统会完善起来。第二种情况是英语里较为突出的，即新英语(New English)。指那些把英语作为官方语言而本来是非英语的语言地区。比如：新加坡、西非、东非、印度、巴基斯坦等地。阿兰·戴维斯认为在这种情况下有两个问题：一个是孩子学习英语同第一种情况一样，孩子在保姆照顾下就缺少社会"交际能力"(communicative competence)，或者在学校里就缺少"家庭成员间的语言"(intimate language)，两方面都不完善；另一个是，要确定这种 native language 是哪一种英语的 native language。由于这些新英语和英国英语的差别不像美国英语和英国英语那么大，不能说是另一种英语，只能说是英语的某一语言社团。第三种是国际英语(international English)。阿兰·戴维斯认为，这种语言是在国际社会中形成的，比标准英语更向标准化进了一步。如果说标准语就是 native language，那么，说国际英语的人就一定是在说 native language。那么，一个能达到国际英语水平的第二语言学习者也就一定能成为 native speaker。第三种情况类似于汉语普通话在国际社会的使用。

在以上 6 种情况中，我们始终很难确定一种语言是否是 native language。

当我们从语言的社会功能来考察 native speaker 和非 native speaker 的时候，我们主要关注二者在语言交流中是否能相互理解。威廉姆斯(Terry Williams)1985 年提出一个二者交流产生误会的例子：一个非洲青年在澳大利亚求职，他跟考官之间产生了误解。下面是二者之间的一段谈话：

    考   官：Erm... this place you now have in Freemantle[①]—this is a permanent address? You're staying there permanently, are you?（你在 Freemantle 的这个住址是永久住址吗？）

---

① 澳大利亚西部的一个海滨小城。

求职者：Yes.（是。）

考　官：And you are over in Australia to stay, or would you like to travel later on?... or...（你到澳大利亚来是定居还是以后要继续旅行?）

求职者：I think I would like to travel.（我想我喜欢旅行）

考　官：You would like to travel. Er, where would you like to go?（你喜欢旅行。嗯,去哪儿旅行?）

求职者：Europe.（欧洲。）

考　官：Europe... mm... Any idea when you would like to go?（欧洲,嗯,什么时候去?）

求职者：Erm... depend on when I get the job, you know.（嗯,这要看我什么时候得到这份工作。）

考　官：Good. O. K.（好啊。）

求职者：After I'm... getting... after I get a job, I think, then earn some money, and then...（在我找到一个工作,挣到一些钱之后……）

考　官：So how long would you like to work for us? If we gave you a job, how long do you think you'd be working for us before you wanted to travel?（那么,你会为我们工作多久呢? 要是我们给你这份工作,你去旅行之前能为我们工作多久?）

求职者：MM. Until enough money to... until enough money to go to travel.（嗯,直到我有足够的钱去旅行。）

考　官：Right. O. K. So that's really why you want the job is to get some money for traveling.（好啊,你找这个工作就是为了挣钱去旅行。）

求职者：Yeah, for traveling. I love traveling.（对,为了旅行,我喜欢旅行。）

显然,上述谈话从第二个回合开始求职者就已经误解了考官的意思，他以为考官只是想找些轻松的话题（威廉姆斯的评论——Alan Davies,1991,p.50～51）。于是，这种误解随着谈话的继续不断加深，可以看得出来，直到最后求职者也没有弄明白考官跟他讨论旅行这个话题的意图。这种误解既是语言水平导致的，也有文化上的因素，即求职者没有把握住在这个国家求职跟考官谈话所应注意的内容细节。

这样的误解在汉语 native speaker 和非汉语 native speaker 之间也不少见。一位美国学者专门研究中国古代陶瓷，学了几年汉语，也颇能看几个汉字，但是当她看到一个中国朋友寄来的贺年片，却怎么也高兴不起来，因为贺年片上写着：祝您二老身体健康。因为这位美国学者和丈夫都还不满六十，她觉得自己无论如何不能算老，却没有体会出这句话里的尊敬之义。这种误会很显然是跨文化交流中产生的。

综上所述，从社会语言学的第一个方面确定一种语言为 native language 是有困难的，既然不能确定何为 native language，确定谁是 native speaker 也就失去了意义。因为既然 native language 是某个语言社团所共有，那么该语言社团的人也就共有一个语言能力（competence），有了这个共有的语言能力，交际才可能实现。第二个方面的研究已经充分证明了这一点。

阿兰·戴维斯对 native speaker 的讨论给了我们几点启示：首先，native speaker 是个相对概念，没有绝对意义上的 native speaker。正如索绪尔（Ferdinand de Saussure）所定义的那样，语言是某个社会的人所共有的，因而他们也共有一样的语言能力。否则他们之间无法互相传递信息。一种语言和另一种语言（比如法语和意大利语）之间没有明显界限，所以语言在人和人之间也没有界限。由于每个人都有自己的语法（阿兰·戴维斯所说的**语法 1**——Grammar 1），每个**语法 1** 也都有各自的缺陷。所以用一个理想化的标准去要求第二语言学习者是不公平的。其次，尽管每个第二语言学习者都想达到 native speaker 的水平，由于各种客观的或者个人自身的原因，多数人都难以达到。如果一味地追求绝对意义上的

native speaker,必然使许多学习者丧失学习的信心。究其实,native speaker 在语言学习上也不是毫无问题。所以,第二语言教学中要重视的是如何帮助学习者达到某个相对实用的目的,而不是盲目地去追求标准。再次,第二语言学习者和 native speaker 的距离实际上是一个知识和熟练程度的问题。当某人为某种目的学习某种语言时,他的问题应该是学习目的和他的水平之间的距离,而不是他的水平和 native speaker 之间的距离。除非他要成为目的语社会的一员,否则这种要求是没有意义的。

所以,语言教学要研究的应当是如何帮助学习者获得第二语言能力的问题。实事求是的做法是,在确定目标前,了解达到某个目标所需的语言知识。

2.4 衡量第二语言水平的标准

要衡量第二语言水平,就必须有一个衡量的标准。2.3.2 从心理学、语言学和社会语言学对 native speaker 的讨论已经表明,简单地把 native speaker 作为第二语言水平的标准有欠妥当,因为这个概念本身并不清晰。因此,我们在确定衡量第二语言水平的标准之前,有必要先从应用语言学的角度分析 native speaker 所具有的基本特征。

2.4.1 Native Speaker 在应用语言学上的特征

2.4.1.1 语言能力与交际能力

在第二语言学习的研究中有两个重要的概念,一个是 Linguistic Competence,另一个是 Communicative Competence,前者是乔姆斯基(Noam Chomsky)1968 年提出来的(Noam Chomsky,1968,p. 4),有人译为"语言能力";后者由戴尔·海姆斯(Dell Hymes)、坎贝尔(R. Campbell)、威尔斯(R. Wales)等人于 1970 年先后提出,有人译为"交际能力"(Alan Davies,1991)。

"语言能力"这个概念的提出极大地推动了认知心理学的发展,

因为乔姆斯基认为在我们所能观察得到的人的"语言行为"之后,潜藏着一个心理机制,是它主要影响了人的语言行为,而不是"环境刺激"。这个主张对当时盛行的行为主义心理学是一个很大的打击。

但是,乔姆斯基的主张主要是针对语言学习的共性特征提出来的,对于先后不同时期学习两种语言会有什么不同,特别是第二语言学习有什么特点,人们尚不能从中得出答案。这是我们在前一节讨论过的。因此,海姆斯等人提出了"交际能力"这个概念,目的是与乔姆斯基的"语言能力"相对应,从而弥补前者的不足。

后者在内涵上更接近这里所要讨论的 native speaker,因为我们力图找到 native speaker 在人类共有的一般语言能力之外不同于第二语言学习者的能力。而第二语言学习者常常会发生交际方面的问题。比如阿兰·戴维斯(Alan Davies)援引的瑞特尔(Rintell)和米歇尔(Mitchell)1989 年摘录的这个例子:一个第二语言学习者向教师请求缓交作业。面对一个 native speaker,特别是老师,学生的表现明显缺乏与 native speaker 交际的文化知识和安全感。以下是这个学生的话语:

> Miss Mary, I am really sorry to say that, <u>but the assignment</u>, I couldn't hand it to you on time, <u>didn't</u>, because <u>there are</u> some problems in my family. I didn't have much time to think about the assignment. So, would you please to give me one more time, and I think I will hand it to you as soon as possible, <u>as soon as I finish it</u>, and I promise this is the first time I will do it and it is also the last time I ask for your favor. (Alan Davies,1991,p. 93)

划线部分标示出了说话人语言的语法错误、中断语句、自我改错等等。可以看得出来,第二语言学习者所说的话语不连贯,不流利,给人以啰嗦的感觉。要是 native speaker 面对这样的事会怎么表现呢,他(她)应该能做到述说自如,因为他(她)具备这样的能力。

"交际能力"是一个与文化有关的社会语言学概念,使用同一种

native language 的人,由于地域的差别,有时也会产生一种亚文化的误解。比如北京人把带汤的面条叫面汤,上海人把洗脸水也叫面汤,北京人在上海可能会发生这样的误会,在旅馆里叫服务员送一碗面汤,可是服务员送来的是一盆洗脸水。而我们并不认为北京话和上海话是两种语言。

在美国,很多英国人也常常不能理解美国人的行为,有些美国人到了周末会对朋友说"周末我会打电话给你(I'll call you in the weekend)",可是一个周末过去了,并没有电话打过来。一些研究者认为这种表现跟美国早期移民生活的流动性有关,人们急于在短时间内交到朋友,所以他们很热情地跟新朋友攀谈,但是"人一走,茶就凉",事后并不重视这份短暂的友情。因为在早期移民时期,人们相遇之后再见面的机会并不多。

"交际能力"含有较之语言能力复杂得多的内涵。获得"交际能力"要比获得"语言能力"难得多。在一定的交际场合,一个 native speaker 可能擅长通过委婉的方式达到自己的目的,但是一个非 native speaker 可能难以做到。比如,许多第二语言学习者常常在课上对教师说"你写这个字",却不会用客气的方式说"请您把这个字写在黑板上",让不少年轻的教师觉得他们没有礼貌。

由此可见,"交际能力"较之"语言能力"具体且涉及广泛。"语言能力"基本不涉及具体内容,可以说是语言学意义上的;"交际能力"则涉及到文化历史等诸多内容,它与应用更为密切。所以,阿兰·戴维斯主张把"交际能力"作为应用语言学领域里衡量 native speaker 和非 native speaker 的一个重要标准。

2.4.1.2 交际能力的四个要素

那么,交际能力可以从哪些方面来测定呢?按照海姆斯的观点,交际能力有两个基准,一个是合乎语法,一个是具有可接受性,要做到这两点就不能忽略四个方面的要素:历史(historical)、实践(practical)、有效(useful)、语境(contextual)。

历史要素涉及到对一种语言及其社会历史文化背景的了解,比如汉语里的许多成语形成的历史背景往往是第二语言学习者所不知晓的。当中国人说到"愿打愿挨"的时候,没听过《三国演义》故事的欧美学生就很难联想到,三国时期周瑜打黄盖,骗取曹操信任的历史故事。中国人说"噤若寒蝉"的时候,越南学生也往往很难理解古代中国知识分子所遭遇到的高压政治,以及古代中国人对蝉只饮露水的误解,因而想不到这个比喻式成语跟越语中的"噤如稻谷"(阮氏芳,2005,p.2)有什么直接关系。

在语言中有很多固定的表达方式不是通过类推就能够掌握的。它们多半是语言的历史遗留。比如现代汉语中的双音词"急于"、"乐于"、"敢于"、"苦于"等等,由于它们都用"于"记录其中的一个语素,第二语言学习者很容易把他们看成是同样结构的双音词,而忽略了双音词内部语素意义的差别。实际上,"苦于"由于两个语素的多义性,它的使用跟"急于"等词很不一样。例如:

他<u>急于</u>见女朋友,一下课就走了/他<u>乐于</u>助人,只要你求他,他都会答应/他<u>敢于</u>路见不平拔刀相助/他<u>苦于</u>找不到理想的工作/……

由例子可见,"苦于"的后面往往是否定的词语。下面是一个第二语言学习者说的句子:

他们和其他人一样,也想做买卖发财,可是他们都<u>苦于</u>做生意。

在上面这个句子里,由于"苦于"的使用偏误而导致上下文意义不相连贯。偏误产生有两个原因,一个是说话人认为"苦"表示"辛苦",这是由于"苦"在汉语里既可以表示"辛苦",也可以表示"苦恼"这种多义性造成的;一个是说话人认为"于"表示"在……方面",而实际上,"于"既可以表示"在……方面",也可以表示"由于……原因"。因为"急于"、"乐于"、"苦于"等是古汉语的短语结构,在现代汉语里凝固成词,其中的"于"在古汉语里作为介词既可以引入动作涉及的方面,也可以引入动作发生的原因。所以"苦"和"于"结合表示"因为……而苦恼",它后面衔接的应该是表示"苦恼"原因的词语。从事理上讲,造成苦恼的原因多半是不如意的事情,所以接在"苦于"后面的词语多半是否定的。

实践要素与使用者的社会实践相关。native speaker 知道某个语句在生活里的具体用途是什么,非 native speaker 可能就不知道。这也是人类和计算机在语言处理上的差别。计算机可能依照人类的语言规则造出这样的句子,This is the boy who saw the girl who saw a cat who...(Alan Davies,1991,p.100),但是我们不知道这个句子在什么条件下使用,因为它跟实际的社会情况不相衔接。

第二语言教学重视举一反三,我们把句式从语言里提炼出来教给学生,好让他们在这个基础上生成更多的句子,但是任何句式的使用都有一定的条件,这就需要不断地实践。如果你对一个第二语言学习者说"下雨了",他(她)很快就会理解,可是如果你说"掉点儿了",他(她)可能就会不知所云。如果你只是简单解释后者的意思,他(她)可能又会把二者等同起来。而实际上,这两个语句意义相近,使用的场合却可以不同,两个已经知道快要下雨并正在赶路的人可能会说"呀,开始掉点儿了",或者说"呀,下上了",而很少会说"呀,开始下雨了"。一个第二语言学习者往往要亲历了这个过程或看到这个场面才能分辨二者的不同。

有效指句子精练而不累赘,同时意义表达又很准确,能引起听话人的注意。在这一点上,native speaker 也要经过训练,第二语言学习者则会有比较多这方面的问题。比如第二语言学习者会说出这样的句子:

> 我现在写文章的时候觉得有点麻烦,我希望能够不觉得这样。(确切的表达应当是:我现在写文章的时候总是有问题,我希望避免这种情况。)

有的中国学生初到伦敦,找不到大英博物馆,就去问路人"Do you know where the British Museum is?"可是却得到这样的回答"Yes,I do",然后路人继续前行。怎么了,原来这个问句意思不清楚,它既可以用于了解别人的知识,也可以用于问路。碰到不热情的人,他就可能跟你开个玩笑,明知你在问路而故作不知。有效的句子应当是:Could you please direct me to ...?

代词是语篇衔接的一个重要手段,但是第二语言学习者常常会在什么时候用代词的问题上感到困惑,有时候他们重复使用代词,比如:

> 我是韩国人,我的名字叫申炳荣。(简明的表达应是:我叫申炳荣,是韩国人)

这里的代词用一次即可。有时候他们把代词放错了地方,比如:

> 希望利用这次课我学到地道的中国人说话方式。(确切的表达应当是:我希望利用这次课学到地道的中国人的说话方式。)

有时候他们想不起来使用代词衔接上下句:

> "阿童木"对环境没有影响,"阿童木"没有颜色,"阿童木"对家具也很安全。①

语境要素和交际最为密切,在交际中起主要作用,如果注意到语境,前面三个问题都可以避免。这个问题也是近几年来对外汉语教学研究中较受重视的一个问题。如"把"字句:

> 他把那个杯子拿起来——他拿起来那个杯子。

在缺少语境的条件下,第二语言学习者常常很难区分上面这两个句子在意义上的不同。必须在后面加上一个句子,"把"的作用才能凸现出来:

> 他把那个杯子拿起来,因为他很渴,想喝水。

加上的词语其作用就是补足语境。

两个人在正式场合见面,中国人要表示礼貌,就会说:您贵姓,而此时汉语第二语言学习者的回答可能令人哭笑不得:我贵姓金。

---

① "阿童木"是一种蟑螂药的牌子。上述句子均来自第二语言学习者作文。

上面的这些例子说明,这四个要素对第二语言学习者达到一定的目的语水平极为重要,它们因此也成为评价 native speaker 的重要指标。不过,在日常的交际中,这四者是混合在一起体现在 native speaker 身上的。因此,我们需要把它们进一步具体化。

2.4.1.3 Native Speaker 的应用语言学特征

结合 2.3 的讨论,在交际能力及其四个要素讨论的基础上,我们可以确定几点跟 native speaker 特征有关的共识:第一,每个人都是某种语言的 native speaker;第二,每个人所认定的 native language 可能只是某种由不同方言整理出来的标准语,比如汉语普通话是在北方众多方言的基础上整理的结果,这说明人们一般能接受从标准语到方言的这种一定范围的差异;第三,标准是一个范畴,它的中心点是这个标准的原型,绝大多数的 native speaker 都只是在这个范畴内,而不一定是这个范畴的原型,比如包括北京人在内的各个方言区说普通话的人不一定都是这个范畴的原型;第四,native speaker 对所说语言有直觉,但是这种直觉是培养出来的,而不是天生的;既然第一语言是在普遍语法的基础上生成的,那么,在这个基础上也一定能生成第二语言。

从上面的四点共识看 native speaker 并不神秘。既然每个人都是某种语言的 native speaker,每个人就都有成为别人学习语言的目标的可能,也就是说,每个人都可能成为第二语言学习的标准之一。人与人之间存在着语言的平等,每个人既可以是 native speaker,也可以是第二语言学习者。既然我们能接受从标准语到方言的这种一定范围的差异,为什么一定要求第二语言学习者没有差异呢。既然绝大多数人都不一定是 native speaker 这个范畴的原型,我们又根据什么以自己为标准去要求第二语言学习者呢。既然直觉不是天生的,那么第二语言学习也可以培养出直觉来。

基于这些共识,我们来讨论 native speaker 的特征。阿兰·戴维斯提出 native speaker 应当具有下面的六个基本特征:

(1) 从童年起获得第一语言。这是绝大多数人第一语言的实际状态。也可以看得出阿兰·戴维斯接受了"关键期假设"和玛丽·泰伊

"从儿童时期开始学习语言"的主张。

（2）对自己个人的语法体系有直觉。这里的"个人的语法体系"指前面在 2.3.2.2 讨论过的**语法 1**（Grammar1）。阿兰·戴维斯认为，在正常交际中，一个 native speaker 应该知道：现在用什么词语说话，明白该说什么、写什么，而且能够用一种松弛的态度对待语言的准则。他认为这里的"准则（norms）"是一种尺度，native speaker 对"准则"有一个基本的认识和感觉，而非 native speaker 则没有。

（3）对语言社团共有的语法体系中有别于个人体系（**语法 1**）的地方有直觉。这里的共有的语法体系指 2.3.2.2 讨论过的**语法 2**（Grammar2）。这一条要求某个 native speaker 能跟另一个 native speaker 相互理解。阿兰·戴维斯举了一个他自己亲历的例子：有一位客人来访，主人在寒暄之后对客人说"I'll just shut the door"（我来把门关好），这时客人说了一句让主人出乎意料的话"Why bother"（干吗那么麻烦）。主人一边在想"...in my room I decide if the door was to open or shut..."（在我自己房间我决定门是开还是关……）"，一边觉得客人粗鲁无理。事后细想起来才发现，客人并无恶意，只是想表示客气。可是在这种情况下说这句话并不恰当。由于客人英语说得极好，主人忽略了他是外国人（Alan Davies,1991, p.102）。这个例子表明，这个客人的英语尽管已经很好，但是他在交际能力方面还有欠缺，还不能称之为 native speaker。

（4）具备主动并流利表达或理解语言的能力。这里的"主动"主要指不需要经过思考或者翻译即可自然地说话并听懂别人的话。

（5）具备能动的读写能力。这一条跟上一条相对应，这一条有关语言的听和说的能力，上一条有关读和写的能力。

（6）能对所用语言加以解释。

从上面的 6 条看，除了第 1 条以外，其他 5 条对第二语言学习者来说都是可以实现的。所以，我们可以在此基础上为第二语言学习者制定一个可以为之努力的期望值。

2.4.2 怎样衡量第二语言水平

2.4.2.1 交际能力与熟练程度

"语言能力"是人类所共有的，因此使用这个概念可以增加第二语言学习者的信心，因为它从理论上证明了任何人都可以掌握任何语言。但是，它又不足以帮助我们说明 native speaker 和非 native speaker 之间的差别，为第二语言学习确定一个可以为之努力的目标。

"交际能力"这个概念的提出在一定程度上解决了问题。"语言能力"的特点是生成，是具备学会语言的潜质。"交际能力"的特点就是学习，通过学习和实践获得一组含有知识在内的技能。这些知识主要是前面谈到的四个要素。native speaker 在使用这些技能的时候可以不加思考，因为他们有足够的实践作基础。而非 native speaker 如果缺乏足够的实践，就不能获得。但是，如果有足够的实践，第二语言学习达到 native speaker 的水平就不是不可能的。这使得 native speaker 不再是一个可望而不可即的标准。

不过，也要看到，第二语言学习是一个过程，在完全达到这个标准之前，还有一段较长的路，在这个过程中，处在不同阶段的学习者有水平高低之分。因此，阿兰·戴维斯主张把"交际能力"分为强弱两种，它们分别处在学习过程的两端。"弱交际能力"表现为能基本正确地使用语言规则，比如，打乒乓球或开车，既知道如何打、如何开（车），也会打、会开（车）。"强交际能力"具备所有和该语言相关的知识和文化背景。这正好跟海姆斯的两个基准相关联。"强"和"弱"的差别，很显然，就是"熟练程度"的不同。

2.4.2.2 关于语言的五种知识

那么，如何用"熟练程度"来衡量第二语言学习者呢，我们不妨用下棋打个比方。如果把下棋的知识分为四层：第一层知识是了解某种棋，可以区别这种棋和其他棋，比如中国象棋和国际象棋的棋盘和棋子都不一样，各有特点，这是最基本的对下棋的了解；第二层知识是知道下棋的规则，比如中国象棋炮打翻山、马走斜日、相飞田，有了这一层知识，就可以走几步棋了；第三层知识是知道什么是好招，什么是败招，这一层知识表明这个人有一定的下棋的水平；第四层知识是自己经常下棋，有较强的下棋技能。

第一层到第三层还基本上处在知识阶段，不一定有足够的实践，如果达到第四层，那就是既有知识，又有实践。所以，前三层相当于"语言能力"和"交际能力"中的"能力(competence)"而加上第四层就有了实践和熟练。

相对于下棋，有关语言的知识可以分为 5 种：

(1) 元语言知识(metalinguistic knowledge)——这是有关语言的一般知识，研究语言和文化及其他因素间的关系，包括哪些该说，哪些不该说等。相当于下棋的第一层知识。它帮助学习者了解两种语言之间的差别。

(2) 辨别语言的知识(discriminating knowledge)——这一类知识包括三方面内容，一是作为 native speaker 应当知道的，哪些属于该语言，哪些不属于；二是知道某些句子或语音属于该语言，但不能确定属于该语言的哪种方言；三是知道未听过的该语言的新词或新的表达法。相当于下棋的第二层知识，即了解某种语言的具体特点。

(3) 对语言的创造能力(language creativity)——说出的句子不一定完全正确，但和非 native speaker 完全不同，具有这种语言的基本特点。

(4) 有关语言交际的知识(communicational knowledge)——会运用语言规则，有能力调节语言及通过语言调节与他人的关系。相当于下棋的第三层知识，但和下棋的第四层知识交叉。

(5) 有关语言技能的知识(skills knowledge)——相当于下棋的第四层知识，自己使用这种语言，并且很熟练。

阿兰·戴维斯认为，语言的熟练表现在 6 个方面：风格(style)、修辞(oratory)、语域(register)、词汇(vocabulary)、口音(accent)、句法结构(structure of sentence)。两个 native speaker 在上述方面一定相同，但两个非 native speaker 在上述方面则一定不同。

2.4.2.3 对第二语言学习者的期望值

基于上述有关语言的 5 种知识,阿兰·戴维斯提出第二语言学习者可为之努力的 7 个期望值:

(1) 语言表达的灵活性(flexibility of expression)——有宽泛的句法、较强的语义选择能力,能变化说话方式,用不同的形式重复同一件事情,并且重复得很清楚。例如:喂,来一下/请你过来一下/能不能麻烦您过来一趟。达到熟练程度的第二语言学习者应当具备这个能力。

(2) 避免"回避"(avoiding avoidance)——不会错过理解或表达,因为理解过程不存在"译码"。如果存在"译码",比如许多初学者要先译为母语才能理解,先用母语想好才能用目的语表达。

(3) 要像 native speaker 之间交流那样没有理解的困难(expecting interaction between NS-NS to be intelligible)——native speaker 在互相交流时没有理解上的困难,第二语言学习者也要达到这一点。

(4) 能主动自然地进行交谈(fluent spontaneous discourse)——在几个 native speaker 的相互交谈中,非 native speaker 要插话是非常困难的。谈话和写文章不同,写文章或读文章,上下文的脉络非常清楚,但是,谈话时,语境在声音上是个空白,不易察觉到。另外,谈话的速度大大快于阅读。所以,能主动自然地加入 native speaker 的谈话中,这对第二语言学习者的要求是比较高的。

(5) 懂得说话的技巧与策略(strategies of performance)——"见什么人说什么话"、"话不投机半句多"具有贬义,不过可以用来要求第二语言学习者,因为非 native speaker 在说话的技巧方面肯定不如 native speaker,所以这一条可以作为对第二语言学习者的要求。

(6) 能适应语言环境的变化(paralinguistics)——这体现出 native speaker 对语言环境的适应性。但是,如果一个 native speaker 长期不生活在母语的环境中,他(她)也会失去三种东西:

① native language 社会正在使用的俚语、新短语、成语等；② 语言生成能力变得迟钝；③ 语句的灵活性降低，表达日趋死板。因此，第二语言学习者就需要获得这三种东西。

（7）不表现出外来者的特点（foreignness）——在 native speaker 看来，非 native speaker 有三方面异常：① 可能使用目的语中不存在的形式；② 可能使用不适合所在情景的形式；③ 可能使用不婉转的形式。

阿兰·戴维斯指出，尽管 native speaker 和非 native speaker 之间有诸多的不同，但在语言的选择能力上他们是一致的。因为人类共有一个普遍语法，所以，语言的区别主要是词汇的。按照乔姆斯基的说法，一个孩子在习得第一语言时有参数排列的问题，那么，对第二语言学习者来说，就是参数再排列的问题。因而，一个第二语言学习者是有可能成为 native speaker 的，必由之路是"熟练"。

回到我们在本节最初所画的两个圆，什么是使两个圆重合的条件呢？很显然，就是"交际能力"和"熟练程度"。交际能力是尚未重合的那部分，而熟练程度则是使未重合的那部分逐渐缩小的过程。native speaker 不是可望而不可即的，但是，也不是必须达到的唯一目标和境界。所以，这个概念包括两个含义：a) native speaker 是一种理想的模式；b) 某个人被视为 native speaker 时，实际上只是上述模式的一个样板。

以往人们在使用这个概念时忽略了三点：第一，没有指出 native speaker 的标准是什么；第二，忽略了每个人都可能成为某种语言的 native speaker 这个事实；第三，否认那些对某种语言极为熟练，而且既具备语言学知识，又有实际交际能力的非 native speaker 的存在。

第3章 语言学与第二语言教学

　　第2章的讨论使我们对人类语言产生的神经生理和心理机制有了一定的了解，对第一语言和第二语言学习的共性和个性也有了一定的认识。这表明，研究语言教学离不开基于心理学的相关研究，也使得我们要把心理学作为语言教学研究的基础理论之一。

　　不过，第2章的讨论也使我们认识到：对于第二语言的习得，我们能从心理学以及神经学和解剖学得到的很有限，因为解剖学所提供的情况并不能直接告知思想及其伴随的内在语言活动，在多数情况下，人们主要还是靠被试的外部表现去分析这种内在的变化。此外，不管语言习得机制是什么样的，语言教学并不能去改变它，而且，所有的语言教学事实上都建立在一个人们已经取得共识的基础上，即，当我们承认语言学习机制的存在时，我们实际上也就接受了这一观点，每个学习者都具有语言学习的机制，所以他们也就都具备学习某种语言的能力。

　　与此相对的是，不论我们在考虑"教什么"、"怎样学"还是"怎样教"的时候，我们对语言性质的认识首先会影响我们对所教内容和教学方法的选择，影响学习者学习特点的认识。而且，由于语言教学不能改变人脑的内部结构，更多地要从外在的语言水平去判断教和学的效果，对语言本身的关注就显得更为重要。

　　据此，我们可以说，语言教学"教什么"、"怎样学"和"怎样教"所涉及的三大基础理论——语言学、心理学、教育学，它们不是在同一个平面上，三者之中有一个是核心。这个核心显然既不能是心理学，也不能是教育学，而应当是语言学。在考虑"怎样教"的时候，我们要考虑某一种具体的语言的教学方法，比如，教英语和教汉语所采用的方法会有所不同；而我们在讨论"怎样学"的时候，也要考虑某种母语的学习者对一定的目标语言的学习过程、学习策略的差异。所以,"怎样学"和"怎样教"这两项基于心理学和教育学的研究是建立在"教什么"的研究之上的。在 1.3.5.1 对语言教学三个出发点讨论的基础上,我们将三者的关系进一步图解如下:

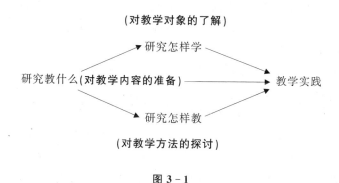

图 3-1

基于图 3-1,我们在本章要着重讨论语言学跟语言教学的关系。语言学跟语言教学的关系主要涉及两个方面的内容,一个是语言理论研究的成果,一个是某种具体的语言本体研究成果。前者给语言教学方法论上的指导,形成语言教学的理念;后者则提供教学内容设计方面的启示。比如,当我们面对英国学生和日本学生的时候,我们所采取的教学策略往往有所不同,因为我们知道,这两种学生的母语——英语和日语历史来源不同,语言类型也不同,所以这两种学生在学习汉语时会有不同的困难和问题,英国学生可能要花更多的时间去掌握中文的读写,而日本学生则可能需要了解汉字所记录的汉语词汇跟日语的差异。我们之所以做出这样的判断,是基于历史比较语言学对人类语言发展历史和语言谱系研究的成果。历史比较语言学的这种影响显然更多地体现在方法论的指导上。其他语言理论亦然,在结构主义语言学的影响下,语言教学更重视语言的系统性和语法结构;而在功能主义语言学的影响下,语言教学更关心对学习者语言交际能力的培养。与此同时,我们在进行教学设计、安排教学内容或者是进行教材编写的时候,我们就需要依据汉语本体研究的成果来确定即将进入教学的语言项目。后者会给我们更多的内容选择上的启示。

作为一本"概要"性质的书,本书不可能把汉语研究的各个方面都囊括进来,这应当是另一本书的任务。而且,从语言学理论和语言本体研究的关系看,一定的理论既是以往某种或某些语言本体研究成果的升华,也是其后语言本体研究的方法论。此外,语言学作为研究人类语言行为的学科,它往往会很自然地借鉴人类所从事的某些学科的研究成果,同时又以其方法影响到人类所从事的其他学科,成为一门领先的科学。所以本章的讨论从两个视角进行,一个是既往的语言学在方法论上对相关学科的影响,另一个是语言学在不同发展阶段跟语言教学的关系。主要讨论三个方面的内容:第一,语言学的科学性及其在历史上多次领先的原因;第二,一些重要的语言学流派及其方法论的影响,主要涉及历史比较语言学、结构主义语言学、乔姆斯基语言学革命和功能主义语言学等;第三,语言教学跟语言学的相互关系。

3.1 作为领先科学的语言学

亚历山德罗·杜让提(Alessandro Duranti)指出,人类与其他生物之别可以从三个方面来考察:一是生物学的角度,二是社会学的角度,三是语言学的角度(Alessandro Duranti,2002,p. 331)。第一个角度考察的是人类的物种进化特征,第二个角度考察的是人类的社会群体生活特征,第三个角度则是考察人类的语言交际活动。

语言是人类独有的,也是人类有别于其他生物最重要的标志之一。通过现存的语言,我们可以了解与人类相关的许多问题,达尔文(Charles Robert Darwin)"要周游世界才能接触到大量物种",继而发现不同物种之间的渊源关系。而威廉·琼斯(William Jones)只到了印度,就发现梵语跟拉丁语之间的亲属关系(伍铁平,1994,p. 2)。因此,人们在对语言的观察和使用中总结出来的研究方法往往凝聚了人类科学研究的智慧,从而影响到人类对其他学科的研究,这就使研究人类语言的科学——语言学在各种相关的学科中往往居于领先的地位。事实上,纵观欧洲学术史,我们会发现,语言学一直是一门领先科学。

3.1.1 为什么说语言学是"科学"

美国语言学家葛林伯格(J. H. Greenberg)在20世纪70年代发表了一篇文章,题为"语言学是一门领先的科学(Linguistics as a Pilot Science)"。他指出,语言学"一直是其他社会科学或人文科学的典范"(葛林伯格,1983)。他历数了历史比较语言学、结构主义语言学、生成语言学的研究方法相继被其他学科借鉴的事实。几乎与此同时,罗马尼亚学者马尔库斯(Solomon Marcus)也发表了一篇同名文章。后者进一步指出20世纪70年代以来语言学在研究方法上对民俗学、人类学、民族学等学科的影响(伍铁平编著,1994,p.107)。中国学者伍铁平则专门著书讨论这个问题。如何认识学者们这种不约而同的断言?

我们认为,要了解为什么语言学是一门领先科学,首先得了解为什么说它是科学。

美国学者罗伯特·霍尔(Robert A. Hall Jr.)在"语言学能作为科学吗(Can Linguistics Be a Science)?"一文中讨论了语言学家应当具备的三个条件:第一,用哲学或神学的观点对语言进行一般的思索;第二,为实用目的对语言进行描写;第三,将科学的方法应用于语言研究(Hall,1987)。

第一个条件"用哲学或神学的观点对语言进行一般的思索",指的是对人类语言共性特征的思考。比如我们在第2章2.1介绍了人们从不同角度对语言本质做出的判断,有人认为语言的本质是它的普遍性,有人则认为语言的本质在于它的创造性,还有人认为语言的系统性是它更为本质的特征,等等。这就是一些对语言性质的一般的思索。再比如,历代以来一直有人致力于了解"为什么只有人类有语言",有人认为是劳动创造了语言,劳动使人直立行走,直立使喉咙至口腔形成较大的共鸣腔,便于发声;劳动的号子、情绪的表达以及对自然界各种声音的模拟形成了语言。还有人致力于了解人类语言区别于动物交际信号的地方是什么,认为是人类语言可以反过来指称和描述人类语言自身,而动物的信号只能表示意义本身①,等等。这种把语言作为人类特有的现象加以研究的活动,也是一种对人类语言现象的一般的思索。再如,人们对语言和思维关系的探讨,提出"二者谁先出现"、"二者是否能分别独立存在"等问题。有人认为思维先于语言出现,也有人认为语言和思维密不可分,不存在谁先谁后的问题;还有人认为语言和思维不是一体,但是相互关系密切,因为对失语症患者的观察发现,语言能力丧失了,但是思维还存在;在对儿童和黑猩猩的生长对比观察中人们还发现,人类的脑重从新生儿到成年要增长5倍,而黑猩猩的脑重却是不变化的(伍铁平,1990),这说明在人类幼儿语言能力的成长过程中伴随着思维能力的成长,等等。

第二个条件"为实用目的对语言进行描写"跟语言研究的目的有关。不同时期的语言学家对语言的研究目的可能不同,比如,18世纪是人类学兴起的时期,那个时期的学者研究语言是为了了解人类本身。也正是在这个目的的推动下,19世纪语言研究进入了历史比较语言学时代,对不同地区和民族的人类语言特点的研究使研究者关注到了人类语言类型的差异。到了20世纪,美国的描写语言学兴起的最直接的原因起于学者们对印第安语言的关注和描写。所有这些研究的共同特点都是注重对材料的分析,因为它们要解决实用的问题。

第三个条件"将科学的方法应用于语言研究",我们可以从一些语言学流派的兴盛和所造成的影响来看。历史比较语言学之所以能够以它的兴起而使语言学独立于人文科学,很大程度上是因为它的方法。它可以不用走遍世界去遍查各种现象,也不一定要遍查所有的古籍,它采用对现存语言语音的分析来了解上古语言的状况,从而

---

① 学者们把这叫做"语言的反射性",把人类语言中可用于描写语言的语言称为"元语言"。

对现存语言的亲属关系做出科学的分析。结构主义语言学之所以能够掀起结构主义思潮,乃至对世界的科学研究产生重大影响;生成语言学之所以能够被称之为"革命",等等这些,与威廉·琼斯(W. Jones)、拉斯克(R. K. Rask)、库尔德内(N. J. Baudouin de Courtenay)、索绪尔(Ferdinand de Saussure)、布龙菲尔德(Leonard Bloomfield)、乔姆斯基(Noam Chomsky)这些语言大师在语言研究中使用科学的方法分不开。

我们认为,最后一个条件既是语言学家应当具备的,同时也正是语言学得以称之为科学的最重要的原因,即语言学研究的方法是科学的。那么,什么是科学的方法呢?

霍尔指出,"科学作为一种方法,它要做出<u>可以容纳矛盾的陈述</u>,它只关注<u>人类可以观察到的</u>或是在观察基础上可加以推断的现象。它被设想为仅存在于<u>假设的基础上</u>,而这些假设又能够在人人都观察得到的过程中经受测试、检验、证实或否定"(Hall,1987,朱志平译)。

我们来分析一下带有下划线的词语,"可以容纳矛盾的陈述"指可以论争。既然是一种方法,那么就有个从哪个角度去看待它,怎么使用它的问题,因此,它就不是绝对的,就应当能够容纳矛盾。当人们从不同角度去认识或者使用某一方法的时候,人们对这种方法的评价是不一致的,科学的方法能够容纳这种不一致的评价。比如,理论语言学界有关任意性和理据性的争论就跟索绪尔对语言符号任意性的陈述密切相关。

"人类可以观察到的现象"说明将要研究的对象一定不是凭空想象出来的,因此它跟宗教有本质的区别,跟其他一切凭想象来叙述的东西都不同。语言学的研究一定要在材料的基础上说话。黎锦熙说"例不十,不立法"[①],意思是说,在有一定的语料作支撑之前,不能妄下断语。王力说"说有易,说无难"[②],也是说,在否定某种语言现象

[①] 语出黎锦熙先生的学生杨庆蕙教授1999年给北京师范大学汉语文化学院研究生的一次讲座。

[②] 语出王力先生20世纪80年代一次讲座。

之前必须做充分的调查研究,轻易不要下定论。

"在假设的基础上"指科学的研究既要经得起证实又要经得起证伪。它要求我们时刻牢记我们所做的研究题目事实上还只是一个假设,要知道这个方法是否科学,或某个判断是否正确,必须要用语言材料去证实它。

语言学的研究应当使用科学的方法。其实,应用语言学也不例外。一般来讲,我们在开始任何一项研究的时候,一定要明确自己采用的是哪种方法,它的优缺点是什么。也就是我们在第1章谈到的"应用哪些"和"怎样应用"的问题。吕叔湘曾经指出,语言学的论文应当有"三新",一是"观点新",要提出不同于其他人的新观点;二是"材料新",应当提出与已有材料不同的新材料来证明自己的观点;三是"方法新",要使用不同于前人的新的方法来进行研究。他认为,一篇好的语言学论文这三者应当居其一[①]。从应用语言学的角度来看吕叔湘的主张,我们可以补充一点,那就是,应用语言学由于要从语言教学的角度应用各种理论,当它从一个新的视角来应用理论、考察语言现象的时候,可能会有新的突破,所以应用语言学的论文可以再加"一新"——角度新。

3.1.2 为什么说语言学是"领先的"

我们说,语言学不但是科学的,而且是领先的。这一点,要从欧洲学术史来把握。语言学始于欧洲,欧洲语言学始于希腊(R. H. Robins,2001)。在语言学的萌芽阶段,它是和艺术、哲学、文学以至自然科学混为一体的。这种情况一直持续到19世纪。

今天,当我们审视当代语言学的各种流派时,不少人都同意把它们"归入形式主义(formalism)和功能主义(functionalism)这两大阵营"(张敏,1998,p.11)。而且,韩礼德(M. A. K. Halliday)还认为,今天的这两大阵营或者说两大流派的形成是有其历史渊源的,这种

[①] 语出吕叔湘先生的一次谈话,由北京师范大学张之强教授记录下来,在研究生课上介绍。

渊源可以一直追溯到古希腊时期。他认为,从那个时代起,人们对语言的研究和讨论就基于两种不同的语言观。一种是以人类学为本的,持这种语言观的人站在人类学的立场上来认识语言,把语言看做是人类学和社会文化的一部分,他们注意语言的不规则现象,注重对语义的解释。它的早期代表是普罗塔哥拉(Protagoras)和柏拉图(Plato)。这种语言观延续到今天跟人类学、社会学关系更密切,表现为注重语言的语义和功能,也即功能主义。另一种是以哲学为本的,持这种语言观的人站在哲学的立场上来认识语言,把语言看做是哲学和逻辑学的一部分。他们关注语言的规则现象,主张对句子进行形式分析。它的早期代表是亚里士多德(Aristotle)。这种语言观在今天跟哲学、逻辑学、心理学更为密切,这就是形式主义。我们不妨把韩礼德所说的两大流派的观点列出来对比一下,考察一下它们的共性和差异。

表 3-1 韩礼德的"两大流派论"[①]

语言观	以人类学为本	以哲学为本
早期代表	普罗塔哥拉、柏拉图	亚里士多德
对语言解释、评价和研究的方式	语言学是人类学的一部分 语法是文化的一部分 语言是谈论事情的手段 语言是一种活动方式 注意语言的不规则现象 语言学是描写的 语言是选择系统 对语篇做语义解释 把可接受性作为理想化标准	语言学是哲学的一部分 语法是逻辑学的一部分 语言是肯定、否定的手段 语言是一种判断方式 注意语言的规则现象 语言学是规范的 语言是规则系统 对句子做形式分析 把合乎语法作为理想化标准
当代的学派	语符学、布拉格学派、伦敦学派	结构主义、转换生成学派、生成语义学派
形成的阵营	功能主义	形式主义

---

① 转写并改写自胡壮麟等《系统功能语法概论》,p.7~8。

分析表 3-1 所列举的两大阵营的学术渊源,我们不难看到,语言学实际上横跨在两个学术思想体系之间。一个是人类学、社会学的,一个是哲学、逻辑学的。这两方面的任何一方都从各自的角度对语言做出解释,这些不同的解释形成了今天不同语言学流派的学术之争。而与此同时,语言学也在各种学科思想精华的营养下成长起来。这是语言学在众学科中得以领先的一个重要原因。

语言学的研究具有这种特点,是和语言的社会功能分不开的。因为思想要通过语言来表述,要知道如何表述最好,首先得知道如何使用好语言。语言和思维关系的论争实际上也是由此而起的。而人们在思考如何使用语言的过程中也很容易将对语言研究形成的方法应用到其他学科的研究中。这也是语言学在众学科中得以领先的一个重要原因。当然我们同时也应当记住,语言学的方法形成过程中还借鉴了许多其他学科的研究成果和研究方法,因为人们也是在用语言去思考和研究这些学科的问题的,他们很可能自觉或不自觉地将这些学科的方法带进语言学的研究领域。

另外,人们之所以对语言学有这样的评价,还跟语言学发展历史上的一些事实有关。有人把历史比较语言学、结构主义语言学和乔姆斯基语言学革命称为语言学史上的"三个里程碑"。因为它们一出现就受到众多学术研究的关注,很快成为引领学术发展的新趋势。

3.2 历史比较语言学与比较研究方法的借鉴

"古希腊的思想家在讨论语言和有关语言的问题时"就已经"开创了我们可以在最广泛的意义上称之为语言学的学科"(R. H. 罗宾斯,1997,p.10)。尽管它在欧洲学术史上一直是哲学的一部分,不过当它 19 世纪上半叶从其他学科中独立出来时,"便跃居人文学科的前列"(伍铁平编著,1994,p.2)。这就是历史比较语言学。

葛林伯格认为,语言学对其他学科的影响主要是方法上的。他指出,"19世纪时历史比较语言学之所以被其他学科仿效,是由于它像进化论的生物学一样有效。大致从1930到1960年间的结构语言学时期,语言学受到其他学科的仿效,是由于同化学分离出基本元素一样,语言学的成绩卓著。最近一个时期,随着生成语法的问世,语言学采用了逻辑学和数学的方法,看来是有成效的"(葛林伯格,1983)。这段话扼要地总结了语言学史上的"三个里程碑"对其他学科影响的具体原因。下面就先来讨论历史比较语言学在方法上的特点及其对其他学科以及语言教学的影响。

3.2.1 语言的历史比较研究与语言学的独立

除了语言的起源之外,人类为什么会说不同的语言?这也是一直困扰着人类的问题。

《圣经》里面有个"巴别塔"的故事,传说人类曾经想要建筑一座直通上天的高塔,这件事情惹恼了上帝。本来人类只说同一种语言,上帝生气以后就让建塔的人说不同的语言,使他们彼此无法沟通,无法协调一致,最终放弃建塔,流离四方①。这个故事表明,人类相信必有一种最原始的共同语言。那么,最早的原始共同语是什么呢?它是怎么变成不同语言的?世界上的语言到底有多少种?它们之间的关系又是什么?

这些问题正是历史比较语言学所致力回答的,而且也是通过对这些问题的回答语言学得以在19世纪独立于学科之林。

18世纪是人类学广受重视的时期,早期资本主义的发展促使人类急于更清楚地了解自我,语言作为人类有别于其他物种的标志之一更加受到重视。我们从赫德尔(J. G. Herder,又译赫尔德)《论语言的起源》一文获奖便可以看到这一点。这篇1772年发表的文章反对亚里士多德(Aristotle)以来的"语言从属于思维和抽象观念"的主张,提出语言和思维是互相依存的,所以二者是同源的(R. H. Robins,2001,p.155~156)。这种主张在当时促使人们更

---

① "巴别"是希伯莱语"变乱"的意思。故事见《圣经》旧约全书,创世纪第十一章。

为迫切地要找到语言和思想的起源。赫德尔甚至对史前语言进行了构拟。罗宾斯(R. H. Robins)肯定了这篇文章的主要结论,但对赫德尔继承"世界一切语言同源"的思想,以及有关语言中动词最先出现的假设不以为然。因为在缺乏根据的情况下,任何构拟都是荒谬可笑的。

此时,历史比较法在语言谱系研究中率先采用从语言亲属关系的角度进行研究,为人们打开了这扇神秘的门,这是历史比较语言学得以跟生物进化论相提并论的最根本的原因。

1786年,印度的英国法院法官威廉·琼斯(William Jones)在加尔各答皇家亚洲学会上宣读了他的论文。在论文中,琼斯论证了梵语和拉丁语、希腊语以及日耳曼诸语言在历史上的亲缘关系。他指出,印度古典语言梵语在动词词根和语法形式上同希腊语、拉丁语极为相似[1],"它们源于某种共同的、可能已经消失的原始语"(R. H. 罗宾斯,1997, p. 164)。这些论断在当时引起了轰动,吸引了众多的语言学家来关注梵语的研究,并以之与欧洲其他语言进行比较。

威廉·琼斯这篇论文的发表也由此被人们作为当代语言学的起点,作为语言学从此独立于学科之林的一个重要标志(R. H. 罗宾斯,1997)。它推动了历史比较语言学研究的全面展开。1808年德国学者施莱格尔(F. Schlegel)出版了《论印度的语言和智慧》一书(同上),主张在德国开展梵语的研究,并首次提出了"比较语法"的概念(伍铁平,1994, p. 29)。他的这些主张在当时担任普鲁士王国公共教育大臣的洪堡特(Karl Wilhelm von Humboldt)的支持下得以实现。创办于1818年的波恩大学当时设置了梵语和历史语言学的讲座,聘请施莱格尔兄弟二人执教。

从1808年起,印度的梵文古典文献开始被翻译成多种欧洲语言。罗宾斯指出,梵文研究对欧洲语言研究的影响是双重的,一方面梵语和欧洲语言的比较促使历史比较语言学研究系统的形成,另一

---

[1] 参见《中国大百科全书·语言文字卷》, p. 256。

方面在梵文古典文献中保存下来的印度语言学传统又给予历史比较语言学许多方法上的启示以及对语言现象的思考(R. H. Robins, 2001, p. 170~172)。比如"波尼尼语法(Panini's Sanskirt Grammar)"已经涉及到了语言共时研究的"语音学"和"语义学"等方面,关注到了词的本义和词义的引申,等等。因而,对梵文和印度语言学的研究被认为是激发 19 世纪比较语言学产生的主要因素。而"比较"则是当时所有研究最基本的方法,也正是"比较"成就了 19 世纪的语言学,并使其因此而得名。

因此,尽管从文艺复兴以来一直到 18 世纪,语言研究并没有中断过,比较的方法也不时有人运用。比如 1748 年法国启蒙思想家查理·路易·孟德斯鸠(Charles de Secondat, Baron de Montesquieu)就在《论法的精神》一书中使用了比较的方法。他的研究被认为是开创了比较法学。不过,语言历史比较研究的新的理论和方法被认为是 19 世纪产生的,而且这种新的理论和方法吸引了大量的人才从事语言的历史比较研究,使语言学进入一个全盛的时期,并从诸多学科中脱颖而出。现代西方哲学家恩斯特·卡席勒尔(Ernst Cassirer,又译:恩斯特·卡西勒尔)甚至认为"这门学科的重要性完全可以跟 17 世纪伽利略改变我们关于物质世界的整个观念的新科学相媲美"(转引自伍铁平,1994,p. 2)。

19 世纪中叶对历史比较语言学做出重要贡献的另一位学者是施莱歇尔(A. Schleicher),他在 19 世纪初的历史比较语言学研究成果的基础上提出了构拟原始印欧语的设想,并提出用树形图来表示。他的构想尽管还不完善,但是这种"谱系树模式"却成为后人在此基础上对语言的谱系进行描写的基础。

今天看来,在历史比较语言学留给我们的遗产中最为宝贵的还是它的研究方法,因为"比较"不但影响了后代的语言学研究,也使语言学成为诸多学科研究效法的对象。

3.2.2 比较研究方法对诸多学科的影响

法国语言学家梅耶(Antoine Meillet)指出,进行比较的工作有两种方式:"一种是从比较中揭示普遍的规律,一种是从比较中找出历史的情况"(胡明扬主编,1999,p.113)。历史比较语言学在19世纪所做的工作尽管是以后者为主,但是,它的成就及其影响则主要是前者。

葛林伯格认为,历史比较语言学在方法上有三个方面的成功使它得以被其他学科效法。"第一是通过动态的演变过程来解释语言间的相似或差异",反对传统的静态观。传统的观点认为,语言之间存在的不同从一开始就是这样。历史比较法则认为,如果A、B、C等语言之间相似,这说明它们是从一个更早的原始语言A'分化而成,当前的不同则是它们各自演变的结果;第二方面继前一方面而来,即,现存语言的许多特点可以历史地解释为演化以后的共同母语的特征;第三方面是通过现存语言的比较有可能构拟假设的原始共同母语(葛林伯格,1983)。

历史比较语言学的这种做法跟达尔文的进化论极为相似,后者是把现存物种的某些特点解释为较古老的原始物种特点的变化的结果,而这种论断后来从化石上得到了证实。历史比较语言学采用这种方法"比生物学约早半个世纪",因此,有的语言学家把自己称为"达尔文以前的达尔文主义者"(语出 Max Müller,转引自葛林伯格)。

历史比较语言学这种通过对不同语言词根和语法结构的比较来确定原始语言的方法,最早影响了神话学、法学等学科的研究。人们认为,既然存在原始的印欧语,那么也必然存在一群说这种语言的人,他们的社会曾有过的政治、宗教、礼仪等等,必然也在今天流传的神话、宗教仪式等方面留下印记,通过比较也可以构拟原始的社会建制,等等。比如,法学家亨利·梅因爵士(Sir Henry Maine)就曾经试图用比较的方法构拟印欧人民最初的法律建制。

借鉴比较方法的结果是产生了"比较神话学"、"比较文学"、"比较解剖学"、"比较植物学"等许多新的学科。有的民俗学研究甚至根据民间故事的地方变体,据此构拟出最原始的民间故事原型(伍铁平编著,1994)。还有人用它来解释哲学、政治经济学中的某些现象。

卡尔·马克思(Karl Marx)曾运用历史比较法来研究政治经济学的一些概念,他在《资本论》中指出,英语中的 mill 这个词兼有"磨、磨坊、工厂"三个意思,这说明最早的工厂是从磨坊开始的,他从语源学对此进行了比较。马克思还指出,英语中存在两类词:一类是日耳曼语词,即英国本民族的词;一类是罗曼语词,是法语借词。前者往往表示具体概念,后者往往表示抽象概念。他进而指出,政治经济学中的"使用价值"用 worth 表示,是具体的,"交换价值"用 value(法语借词)表示,是抽象的。在马克思的研究基础上,恩格斯(Friedrich Engels)进一步指出,work 和 labor(法语借词)也分别表示具体劳动和抽象劳动(伍铁平,1981)。

英语中这种两类词同时存在的现象是历史上法语曾一度成为英国上层社会的主要语言,而民间只说英语造成的。类似的对比还有,pig(猪)— pork(猪肉),cow(牛)—beef(牛肉),hen(母鸡)—chicken(鸡肉),sheep(绵羊)—mutton(羊肉),等等。

上述通过语言词语的对比来进行的研究也再次证明,语言的性质及语言研究方法是语言学领先的一个重要原因。因为任何学科的概念都要用语言来表述。

3.2.3 第二语言教学对比较研究方法的借鉴

历史比较语言学几乎影响了一个世纪的学术研究,它对第二语言教学的影响也是不言而喻的。我们可以从三个方面来认识这种影响:第一个是历史比较语言学对世界语言分类的结果,这是第二语言教学不可忽略的一笔财富;第二个是比较方法应用于第二语言教学研究所产生的一些研究及其理论;第三个是在第二语言教学的实践中"对比"的无时无处不在。

英语在世界上多个国家和地区以及在国际事务中的广泛使用给不少刚刚开始从事汉语第二语言教学的教师一种错觉,好像只要是外国人就一定都是说英语的。在这种错觉引导下,可能产生两个误区:一个是教师在课上主动用英语给学生解答问题,结果不但没有让学生弄明白，还引起一些完全不懂英语的学生反感；还有一个是在英汉对比的基础上进行教学设计，忽略了许多母语为非英语的学习者可能出现的问题。这两个误区都属于第二语言教师应当避免的。仅从这个意义上讲，了解世界语言的类别及其关系就很重要，更何况不同的语言携带的文化不同，说不同语言的学生其生长的文化传统也不同。因此，这有利于我们在了解学生的母语的同时，也了解学生所生长的文化。

世界语言分类的方法主要有三种：类型分类法、区域分类法、谱系分类法。

类型分类法也是在比较的基础上产生的，但它不是从发生学的角度对不同语言加以比较，而是根据词的形态结构来划分语言。采用类型分类法的人一般将世界语言分为三类：分析型语言、粘着型语言、屈折型语言。也有人分为四类，即在前三类的基础上，再加上"多式综合语"。分析型语言的特点是词的变化形态少，语法关系主要靠词序和虚词来表示。汉语是其中的突出代表，非洲有些语言也是这样。粘着型语言的特点是词在使用中需要专门的附加成分表示语法意义。乌拉尔、高加索、阿尔泰、达罗毗荼等语系的许多语言，以及尼日尔-科尔多凡语系的斯瓦希里语等语言是属于粘着型语言的。屈折型语言的特点是用词形的变化表示不同的语法意义。印欧语系和阿非罗-亚细亚语系（闪-含语系）的大部分语言都属于屈折型语言。多式综合语的特点是把主语、宾语等各个语法项目跟动词词干结合在一起。比如，北美印第安语言的爱斯基摩-阿留申等语言。

区域分类法的根据主要是语言使用地区在地理上的关系，地理上接近的就归为一类，比如美洲的印第安语等。

从汉语第二语言教学的视角来看，类型分类法会很清楚地告诉我们，我们的学生主要有两类，分别来自粘着型语言和屈折型语言地区，在教学中这两类学生的学习特点和学习难点会有所不同。但是这个分类比较粗疏，特别是我们根据这个分类无从得知学习者成长的文化背景。所以，这种分类对汉语第二语言教学有一定的意义，但是不能只依靠它。区域分类法对地区语言的研究很有意义,因为不同的语言由于使用区域地理位置上的接近有可能互相影响,形成所谓的"语言联盟"。对汉语第二语言教学来讲,有利于我们了解汉字汉语文化对周边国家的影响。

谱系分类法是在历史比较语言学的研究成果的基础上形成的,也是近代以来使用最为广泛的一种分类。因为这种分类法区分的大多数语言其归属都有科学的依据,特别是印欧语言,由于一百多年来许多学者的研究,印欧语系的分类在各个语系中尤其清晰。从第二语言教学的视角来看,这是一笔可以永远不断应用下去的理论财富。目前世界语言的分类也主要是在谱系分类的基础上由区域分类补充形成的。

表3-2列入了世界语言主要语系、语族和语支。由于这张表的制作目的是为了给这本书的读者提供一些有关世界语言分类的基本线索,以便读者根据自己的需要进一步深入了解第二语言不同学习者的母语,内容的筛选主要从以下三点来考虑:一是语言的使用人口和覆盖区域,我们尽量列入使用人口多、覆盖区域广的语言;二是考虑了近几十年汉语第二语言教学的生源,尽量列入有较多汉语第二语言学习者的地区的语言;三是尽量使表格简单清晰,一目了然。因此,一些使用人口少甚至已消亡的语言,或者仅用于中国境内的少数民族地区的语言就略去了;一些研究结论比较确切的语言明确依次列出其所属语系、语族和语支,有些语言则主要关注其所属语系。

表3-2 世界语言的基本分类[①]

语 系	语 族	语支和语言
汉藏语系	汉语族	汉语
	藏缅语族、苗瑶语族、侗台语族等	泰语、缅语

---

① 表3-2的编制参考了《中国大百科全书·语言文字卷》、黄长著《世界语言纵横谈》和 David Crystal 的 *The Cambridge Encyclopedia of Language*.

续表

印欧语系	日耳曼语族	西支	英语、德语、荷兰语、卢森堡语*等
		北支	瑞典语、丹麦语、挪威语、冰岛语等
	罗曼语族	西支	拉丁语*、意大利语、法语、西班牙语、葡萄牙语等
		东支	罗马尼亚语等
	凯尔特语族	北支	爱尔兰语、苏格兰盖尔语等
		南支	威尔士语等
	波罗地语族		立陶宛语、拉脱维亚语等
	斯拉夫语族	东支	俄语、乌克兰语、白俄罗斯语等
		西支	波兰语、捷克语、斯洛伐克语等
		南支	塞尔维亚-克罗地亚语、斯洛文尼亚语、保加利亚语等
	印度-伊朗语族	印度语支	梵语、印地语、乌尔都语、孟加拉语、旁遮普语、僧加罗语、吉普赛语、尼泊尔语、克什米尔语等
		伊朗语支	波斯语、普什图语、塔吉克语、库尔德语等
	其他语族：希腊语族、阿尔巴尼亚语族、亚美尼亚语族等		
乌拉尔语系	芬兰-乌戈尔语族		芬兰语、匈牙利语、爱沙尼亚语、拉普语、马里语等
高加索语系	南部语族		格鲁吉亚语等
	北部语族		车臣语、印古什语、阿瓦尔语等
阿尔泰语系	突厥语族		土耳其语、乌兹别克语、阿塞拜疆语、鞑靼语、维吾尔语、哈萨克语、土库曼语、吉尔吉斯语等
	蒙古语族		蒙古语、布里亚特语等
	日语、朝鲜语（韩国语）*		
达罗毗荼语系	北部语族		布拉会语、库鲁克语、马尔托语等
	中部语族		泰卢固语、贡迪语等
	南部语族		泰米尔语、坎纳达语等
南亚语系	孟-高棉语族		越南语、高棉（柬埔寨）语等

续表

南岛语系	印度尼西亚语族	印度尼西亚语、爪哇语、马来语、巴厘语、马达加斯加语	
	波利尼西亚语族	毛利语、萨摩亚语、汤加语、夏威夷语等	
	密克尼西亚语族	基里巴斯语、马绍尔语、瑙鲁语等	
	美拉尼西亚语族	斐济语等	
阿非罗-亚细亚语系（闪-含语系）	闪语族	阿拉伯语、希伯来语、马耳他语等	
	乍得语族	豪萨语、恩加拉语等	
	库施特语族	索马里语、盖拉语、席达莫语等	
尼日尔-科尔多凡语系	尼日尔-刚果语族	贝努埃-刚果语支	包括斯瓦希里语等500多种语言
		阿达马瓦-东部语支	包括桑戈语等100多种语言
		西大西洋语支	包括富拉尼语等40多种语言
		古尔语支	包括莫西语等80多种语言
		库阿语支	包括约鲁巴等70多种语言
		曼迪语支	包括门德语等20多种语言
尼罗-撒哈拉语系	沙里-尼罗语族	努比亚语等20多种语言	
	撒哈拉等语族	卡努里语等语言	
科依桑语系	零星分布于非洲南部		
其他语系	澳大利亚本土诸语言，巴布亚诸语言，美洲印第安语		

* 卢森堡语是在德语基础上发展起来的。

* 拉丁语已经死亡，但罗曼语族诸语言都是在拉丁语基础上发展起来的。而且，语言教学最早的教学法也是在拉丁语的教学中产生的，所以上表保留了拉丁语。

* 近年来的一些研究表明，日语、韩国语（朝鲜语）应属阿尔泰语系，但它们属于何种语族、语支尚待进一步研究。

比较方法应用于第二语言教学研究也产生了一些成果。其中，最有影响的是"对比分析理论"。这个理论主张将目的语系统跟学习者的母语系统加以对比，从中找出二者的相同点和不同点，并且认为，不同点是学习者目的语学习的难点所在。这种方法在受到行为主义心理学和结构主义方法论影响的同时，也借鉴了历史比较语言学的比较方法。该理论在20世纪60年代曾产生过较大影响，后来由于过分强调母语和目的语的差异而为后人诟病[1]。不过，尽管这样，在汉语第二语言教学中汉外语言以及汉外文化的对比研究并没有停止过，它们一直是汉语第二语言教学的重要研究领域之一。特别是进入20世纪90年代以后，跨文化交际的研究又从汉外文化的对比研究中脱颖而出，把人们带进一个更新的比较领域，这一点我们在第1章已经谈到。

事实上，第二语言教学始终离不开对比，因为学习者是站在另外一个语言的视角上来认识目的语的，所以，第二语言教师也应当时刻牢记自己是处在一个具有对比性质的场合之中。在进行教学设计的时候，教师应当针对自己的教学对象在对比中进行教学定位，也就是说，根据不同的学习者来确定应当教什么、怎么教。在这个过程中会存在几种对比。可以是一般对比，也可以是具体对比，"一般对比"是就中外差异做一般性的比较，比如，"水向东流"在汉语中喻做"必然规律"，是中国的山川地势使然，长江、黄河两大河流的走势向东，"水向东流"才产生了这样的意思。而在欧洲和北美或是南亚，很多河流是南北向的，来自这些地方的学生就很难理解"水向东流"所含的"必然规律"的意义，教师在教学前就应当想到这是一个对比点。再比如，当我们教某个词的引申义时，我们要关注学习者是否理解汉族人思维方式影响下的词义引申方式，在汉语里表示趋向的补语"下去"，可以引申用于表示从现在到以后时间上的"继续"，可在别的语言里未必是这样。"具体对比"是就某一类学习者的母语特点进行对比。

---

[1] 有关对比分析理论，我们将在第4章详细讨论。

比如,在教日本人学"走马观花"这个成语的时候,我们可以利用其中的"走"还保留着的古义,是"跑"的意思。日语中同形的动词"走る"使用的也是这个古义。由于汉字是形音义三位一体的,古代日本人在借用汉字记录日语的同时,也将汉字所携带的语义引入日语。古今汉语有了变化,但是这些在日语中使用的汉字还保留着古义。此外,第二语言教学中的对比既可以是中外对比,也可以是不同母语背景的学习者之间的对比,后一种对比其实是在不同的文化之间进行,因为语言携带文化,母语不同,文化也会有差异。当我们发现英国学生懂了而法国学生没懂,我们就应当想到这可能跟二者母语的差异有关。对目的语理解的差异既有可能是某个学生个人的问题,也有可能是语言文化的不同造成的。

3.3 结构主义语言学与结构主义思潮

随着时间跨入 20 世纪,历史比较语言学在经历了近百年的辉煌之后,终于满载着比较语法学、语音学和音位学的丰硕成果留在 19 世纪。尽管它的研究成果一直被包括语言学在内的各门学科所利用,它的研究方法也还在语言学及其他学科继续,但是它在语言学领域中的领导地位已经开始逐渐被一股新兴的对语言的共时研究所取代。这就是结构主义语言学。

结构主义语言学在语言学史上没有持续那么长时间,因为 20 世纪 60 年代以后,随着语言理论多元化的趋势,结构主义仅成为"百家争鸣"局面下的一家之言。但是它在 20 世纪所产生的影响并不亚于 19 世纪的历史比较语言学,在 20 世纪上半叶,结构主义语言学不但以其语言观占据着整个语言学领域的研究,也在世界范围内掀起了一股结构主义思潮,它的影响波及许多学科,并一直持续到 20 世纪末。汉语第二语言教学也一直深受这种影响。这种影响主要表现为结构主义的语言观。

3.3.1 结构主义语言观

什么是结构主义的语言观？笼统地说，是把语言看成一个结构完整的系统。这种观点最早始自索绪尔(Ferdinand de Saussure)的《普通语言学教程》。

3.3.1.1 索绪尔的语言观

索绪尔生前著述不多，今天我们看到的《普通语言学教程》是索绪尔的两个学生巴利(C. Bally)和薛施霭(A. Sechehaye)在索绪尔逝世以后根据参加索绪尔三次讲授"普通语言学"这门课的一些学生的课堂笔记加以整理于1916年出版的。后来一些学者根据不同学生的笔记对这本著作进行了核校，认为这个整理出版的本子基本上忠实地再述了索绪尔的思想。不过，由于它毕竟不是原著，而且由于它的内容在20世纪上半叶的巨大影响，时至今日，人们对索绪尔思想的解读和分析一直没有中断。

从语言学史的角度来认识这本著作，索绪尔的观点主要可以分为三个部分：第一，语言研究有两个最基本的方面：一个是共时研究，一个是历时研究；第二，语言研究应当区分言语(Parole)和语言(Langue)，前者指个人的语言能力，后者指实际的语言现象或者语言材料本身，而语言学研究的主要是后者；第三，在共时语言现象中，"语言是一个由词汇、语法和语音中相互联系的成分构成的系统(R. H. 罗宾斯，1997，p.214~215)"。这个系统存在着前后成分的组合关系，和不同成分之间形成的范畴上的聚合关系[①]。而且，这个系统的符号(能指)与所指之间的结合是任意的。

共时研究和历时研究的区分，为语言学研究在历史比较语言学的基础上继续发展开创了一片新的研究天地。索绪尔生活的时代还是历史比较语言学占统治地位的时代，不过，此时的历史比较研究已经获得较大成功，在研究方法上也达到了一定水平，需要新的研究领

---

① 《普通语言学教程》称为"句段关系"和"联想关系"，后人归纳为"组合关系"和"聚合关系"。参见胡明扬主编《西方语言学名著选读》，p.73。

域的开拓和方法的变革。索绪尔敏锐地注意到了这一点,他在给法国语言学家梅耶(A. Meillet)的信中批评当时语言学界一些人仅热衷于流行术语。索绪尔认为,历时研究是对语言在时间过程中的变化进行历史的研究,共时研究则是把语言作为在特定时间内独立的交际系统来研究。索绪尔的这个主张为 20 世纪的语言学开辟了一片新的领域。同时,也提出了一个语言研究的方法论,即,任何科学研究都应当在两条轴线之上标明自己所处的位置,一条是"同时轴线","它涉及同时存在的事物间的关系,一切时间的干预都要从这里排除出去";另一条是"连续轴线","在这轴线上,人们一次只能考虑一样事物,但是第一轴线的一切事物及其变化都位于这条轴线上"。他警告说,如果不区别这两条轴线,"不把从本身考虑的价值的系统(共时语言系统——朱注)和从时间考虑的这同一些价值(历时研究的内容——朱注)区别开来",语言学家就无法严密组织他们的研究(索绪尔,1985,p.118)。所以,在语言研究坐标轴上的历时研究和共时研究,其研究方向和研究任务都是不同的。这一主张在今天仍然警示我们,要关注自己的研究定位。

　　如果说共时和历时的区分是当代"共时语言学"的奠基石的话,那么,索绪尔主张对言语和语言的区分则成为结构主义语言观的理论核心。他指出,言语活动的研究"包含着两部分:一部分是主要的,它以实质上是社会的、不依赖于个人的语言为研究对象,这种研究纯粹是心理的;另一部分是次要的,它以言语活动的个人部分,即言语,其中包括发音,为研究对象,它是心理·物理的(同上,p.41)"。这些主张用一个简单的公式来表达就是:言语活动=语言+言语。言语是人们可以直接观察到的语料,是个人的;语言则是一个语言社团的成员约定俗成的语言符号及其相互关系的系统。只有当人们将语言从琐碎的言语行为中抽象出来,才能对语言的整体有一个完整的认识,语言的系统性才昭然若揭。我们今天对语音、语法、词汇以及语义系统的认识都是建立在这种抽象及其研究的成果之上的。

　　索绪尔把语言看成一个系统,这个思想并不是在《普通语言学教程》中才呈现出来的。早在他的成名作《论印欧语言元音的原始系统》中就已经有所体现。这篇文章受到当时许多学者的赞赏，主要是由于文中有关历史语言比较的内容。今天看来，这篇文章的题目已经预示着他后来在语言学上继往开来的主张，因为在这篇文章中他已经把语言作为一个系统来加以研究。

在对言语和语言、共时和历时区分的基础上，索绪尔把人们带进了结构主义语言学的研究领域。他把语言看成一个系统，一种整个语言社会的成员必须遵守的规范。这个系统由词汇、语法和语音等相互联系的成分构成。这个系统中的前后成分形成组合关系，不同成分则可以跟替换的成分之间形成范畴上的聚合关系。而且，这个系统的符号(能指)与所指之间的结合是任意的。

对于索绪尔第三个部分的主张，人们曾经比较关注的是能指和所指的区分以及语言成分的组合关系和聚合关系。在后一点上，索绪尔的主张跟布龙菲尔德(Leonard Bloomfield)等人的"直接成分分析法"珠联璧合，使结构主义产生了世界性的巨大影响。不过，随着功能主义语言学在20世纪60年代以后的兴起，这三个部分中有关语言符号的"任意性"的主张更多地引起了人们的关注，这主要是有关任意性和理据性的争议。有关索绪尔的符号理论，人们过去关注得都不多，尽管后来的哥本哈根学派代表叶尔姆斯列夫(L. Hjelmslev)因而创立了"语符学"，但是在普通语言学的研究中人们只是把"任意性"作为一个当然的概念接受了下来，较少有人去探究这个概念提出的哲学根源。

今天来看，索绪尔把任意性称做语言的第一原则，有其特定的历史背景。历史比较语言学的主要任务是通过探究语言的词源来判定语言间的亲属关系，从而建立起世界语言的谱系。在这个研究过程中，人们需要通过语言词义的理据判定其来源。这本身无可厚非。不过，当人们要在共时研究的坐标轴上把语言的系统抽象出来加以研究的时候，继续在历史的变化中对词源纠缠不休，就有可能把共时语言的研究引向歧途。所以，索绪尔的任意性主张跟他有关语言结构的系统观是一体的。从整个语言系统的角度看，任意性是普通语言学研究得以展开的基础，不然我们就不能解释，为什么拉丁语用

"arbor"这个符号来表示"树"这个事物,而汉语却要用"shù"来表示同一事物。这样的现象分别存在于整个拉丁语和汉语的语言系统中。而且,上述类似的使用并不是使用这两个语言系统的语言社团中的任何一个人可以自行改动的,因为"一个符号在语言集体中确立以后,个人是不能对它有任何改变的"(同上,p. 104)。

此外,有关任意性的争论主要还跟人们对"任意性"的理解和解释各异有关。张绍杰归纳了四种有关"任意性"的理解和解释。第一种认为,"任意性"指一定的能指和它的所指之间的关系完全是约定俗成的,这两个要素之间的关系已经完全规约化了;第二种认为,"任意性"有两种不同的意义,一种是"约定俗成"的意思,与"自然"相对,另一种是"无理据"的意思,与"有理据"相对;第三种认为,一种规约就是大家都互相了解的任意的、有益的规定;第四种认为,任意性不是指能指和所指结合的内部关系,而是指这种关系的结果(张绍杰,2004,p. 102~103)。限于篇幅和本书的宗旨,我们在这里不打算对上述不同观点进行深入讨论,至于任意性和理据性的问题,由于它涉及语言教学,我们将在 3.3.3 说明我们的观点。

事实上,索绪尔本人并没有直接使用过"结构主义"这个词,在《普通语言学教程》一书中,"结构"这个词也只出现过一次,而且是在讨论构词法的时候作为一个术语提到的,所指跟语言结构并无直接关系[①]。不过,从上述三方面来考察他的观点,他已经把结构主义的方法论建立起来了。

3.3.1.2 布龙菲尔德与美国结构主义语言学

20 世纪 30~60 年代是结构主义语言学的兴盛时期,这种兴盛固然与索绪尔的思想在语言学领域产生的影响有关,也跟美国描写语言学的兴起不无关系。索绪尔之后,结构主义语言学形成三大流派,布拉格学派、哥本哈根学派、美国结构主义语言学。三者之中,尽管前二者直接继承了索绪尔的思想,但还是美国结构主义语言学影响最大,发展最完备(胡明扬主编,1999,p. 173),其中,布龙菲尔德功

---

① 参见索绪尔《普通语言学教程》p. 250。

不可没。

美国语言学在传统上跟欧洲有较为密切的联系,但是又在发展过程中形成了自己的传统和特色,这就是重视对语言的实事求是的描写。这种特色使得美国的结构主义语言学又被称为描写语言学。

赵世开将美国语言学研究的发展过程分为四个时期:鲍阿斯(F. Boas)和萨丕尔(Edward Sapir)时期;布龙菲尔德时期;海里斯(Z. S. Harris,另译为"哈里斯")时期;乔姆斯基(Noam Chomsky)时期。其中,鲍阿斯和萨丕尔时期标志着美国描写语言学的起步阶段;布龙菲尔德时期标志着美国描写语言学的兴盛,美国式结构主义的形成;海里斯时期表明美国式结构主义的进一步完善;乔姆斯基时期则标志着反传统的新理论的兴起。

一般认为,美国描写语言学的研究始于鲍阿斯,不过,在此之前,它的早期代表辉特尼(W. D. Whitney)对语言的研究已经开始显示出美国语言学研究特色。比如,辉特尼主张将语言学归属于人文科学,这与同时代的欧洲学者施莱歇尔(August Schleicher)不同,后者认为语言学当属自然科学。辉特尼的这种主张在今天的美国大学课程分科上仍有体现,许多美国大学的语言学课程是属于人文学科的。辉特尼以研究梵文为主,但是他主张采用归纳法来对语言实际加以描写,这种讲究据实描写的特点已经为美国语言学的研究拉开了序幕。所以他被称为"第一代的美国语言学家"(赵世开,1989)。

进入鲍阿斯和萨丕尔时期以后,美国语言学开始有了比较明显的描写特色。不过,此时的研究还有比较明显的人类学特征。鲍阿斯的语言研究始于他对地理学和人类学的研究,在工作中他自学了语言学,这种学术背景使得他在语言研究方面几乎不受任何传统的影响。在对美洲印第安语言的研究中他形成了自己的语言研究方法——根据语言的实际来描写语言。由他开始形成了不同于欧洲的美国描写语言学的传统。这个传统的特点就是,据实描写所研究的语言。因此,当我们在谈到"美国语言学"这个概念的时候,它包括两种含义,"一种是指它的描写方法,另一种是指它的理论"(同上,p.1)。

鲍阿斯反对用别的语言的模式来描写本地的语言,强调从本地语言的实际出发对所研究语言进行客观描写。他认为,"描写一种语言只能根据它自己的结构,不能也不应该用其他的语言结构来套这种语言"(同上,p.22)。鲍阿斯的语言学主张大部分体现在1911年出版的《美洲印第安语手册》的序言中。此书也是美国描写语言学形成的标志。

严格地讲,鲍阿斯的语言研究还是从人类学角度进行的。萨丕尔则从人类学的角度又向语言学靠近了一步,美国语言学此时开始进入以语言描写为主的时期。萨丕尔在继承鲍阿斯的基础上,对语言的本质提出了独到的见解。萨丕尔有两个基本观点:语言是一个社会共同文化的产物;语言是一套符号系统。在1921年出版的《语言论》中,萨丕尔指出,"语言是纯粹人为的、非本能的,凭借自觉地制造出来的符号系统",是用来"传达观念、情绪和欲望的方法",是一种文化功能而不是一种生物遗传功能(爱德华·萨丕尔,1985,p.7)。他认为,一个初生婴儿如果被隔离在社会之外,就不可能学会说话。所以,"言语是一种非本能性的、获得的、文化的功能"(同上,p.4)。萨丕尔把语言看做是一种文化功能,一套符号系统,前者说明他重视语言的社会性,后者显示出他与索绪尔在语言系统观上的不谋而合。

萨丕尔重视语言的文化和心理基础。他认为"现实世界在很大程度上是不自觉地建立在人们的语言习惯上",而且"语言不仅所指是经验,而且规定经验"(赵世开,1989,p.31)。从这个角度出发,他的学说的继承者沃夫(Benjamin Lee Whorf)提出了"萨丕尔—沃夫假说"(The Sapir-Whorf Hypothesis)。沃夫观察了美国亚利桑那州的霍比印第安语,发现这种语言跟印欧语言明显的差异是没有时态形式,所以他认为使用这种语言的人不能区分过去、现在、将来等不同时态(梁镛主编,1999,p.88~89)。特别是沃夫分析了失火报告的语言,认为,当人们听到接近的是"盛满汽油的油桶"时十分当心,但是听到"空油桶"时却非常大意(其实空油桶由于充满了气体而更具爆炸的危险)。这表明人们对周围世界的观念受到他们语言的影响(赵世开,1989,p.32)。所以他得出结论:世界观是由语言形成的,或者说,人对周围环境的观念受语言概念范畴的影响。这个观点是沃夫提出来的,但思想来源于萨丕尔,所以被称为"萨丕尔—沃夫假说"。

萨丕尔重视语言模式的心理基础,这使得他的观点在行为主义盛行的时期一度受到冷落。"萨丕尔—沃夫假说"也曾经遭到很多人的反对,人们认为这种观点忽略了语言的能动性、生成性和普遍性。但是,近十年来,随着认知语言学的发展,人们对萨丕尔就语言和世界观之间的关系所作的研究重新又重视起来。尽管人们还不完全同意"萨丕尔—沃夫假说",但是,对于词义所反映的并不完全是客观现实这一点人们是认同的(Eve Sweester,2002)。

在语言跟思维及精神关系这个问题上,萨丕尔和沃夫的主张跟之前的洪堡特有相似之处。

布龙菲尔德(1887~1949)生于美国芝加哥,16岁进入哈佛学院(Harvard College),三年后获学士学位,毕业后在威斯康星大学任助教,在此期间他结识了普罗可希(Edward Prokosch),从此立志研究语言学(赵世开,1989)。1913年至1914年他曾到德国莱比锡大学和哥廷根大学进修,在德国期间,他与"新语法学派"有较深的交往,对"新语法学派"的"格里姆定律(Grimm's Law)"有较高评价。回到美国后一直从事德语、日耳曼语文学的教学。他的学术经历使他在接受了美国语言学注重写实的描写传统的同时,又受到欧洲学术传统的影响。他是美国语言学会(Linguistic Society of America)的创始人之一。他主张语言学研究者排除门户之见,为语言科学的发展作贡献。

布龙菲尔德的代表性著作《语言论》出版于1933年,比索绪尔的《普通语言学教程》晚了近20年,尽管学术界一般把布龙菲尔德看成是与索绪尔同时代的学者。不过,布龙菲尔德自己还是认为索绪尔"为我们打下了人类言语科学的理论基础"(转引自胡明扬主编,1999第二版,p.75)。

布龙菲尔德的主张主要体现在《语言论》这部著作中。他在这本书中提出的研究语言的基本原则和描写语言结构的总体框架,成为美国结构主义语言学研究的基本原则和总体框架。在语言理论方面他与索绪尔有一致之处。布龙菲尔德也主张区分语言的共时研究和历时研究,把语言看做一个符号系统。他同意区分语言和言语,并且认为语言学研究应当只关注语言。这些都成为美国结构主义语言学研究遵循的原则。

布龙菲尔德反对传统的"心灵主义"对语言心理基础的分析,接受了行为主义心理学的刺激—反应学说,这是他跟萨丕尔的不同之处,也使他的语言观建立在行为主义心理学的基础上。他认为语言是一套由刺激反应而产生的交际系统,语言可以在一个人受到刺激时让另一个人去做出反应。比如,琪儿看见苹果——她说自己饿了——她的朋友听到了她的话——上树去摘苹果给她吃……,这一系列的活动,可以用"S→r→s→ R"这样一个公式来表示,其中 S 表示苹果对琪儿食物需求的实际刺激,R 表示琪儿的朋友所做出的实际反应,r 和 s 则是指语言替代性反应和语言替代性刺激(布龙菲尔德,1985,p.25~28)。

对行为主义心理学"机械主义"的吸纳进一步强化了布龙菲尔德语言学主张的机械主义特征,他认为科学的语言研究必须满足四个条件:A. 观察并研究当时当地每个人都能感受到的现象;B. 必须研究处于一定时间、地点、坐标上的现象;C. 只能采用可用于实际操作的说明和预测;D. 只能采用跟物理现象有关的常用术语中加以严格定义的术语(胡明扬,1999,p.177)。

布龙菲尔德对美国结构主义语言学的贡献还在于制定了描写语言结构的总体框架。突出表现在两个原则上,一个是"语素(morpheme)分布的识别",另一个是"直接成分(immediate constituent)的分析"。他主张对语言单位的描写应当具体到音位,他认为,语言由词汇和语法组成,词汇是语素的总和,语素又是由音位构成的,所以,语言结构的描写要从音位开始,在音位的基础上对语素加以识别。比如 am 和 are 在英语中是交替出现的,应当归为一个语素。这与传统上将它们分析成两个语素不同。然而,仅仅将语素分辨出来还不能确定它们在语言结构中的次序和层次,所以要通过相邻成分之间的关系的分析才能解决这个问题。直接成分就是指直接组成某个结构的两个或几个成分中的一个。通过对直接成分的分析,呈线性的语句的结构层次和次序就显示出来了。这些观点与索绪尔是相当一致的。

布龙菲尔德的这些主张将鲍阿斯和萨丕尔对语言结构描写的原则进一步具体化了,从而从方法论的角度对美国结构主义语言学"做出了奠基性的贡献"(赵世开,1989,p.48)。而他以后的另两位重要人物——海里斯和霍凯特(C. F. Hockett)又进一步对这些原则进行了阐释,使美国结构主义语言学进入成熟阶段。不过,20世纪50年代后期,结构主义"一统天下"的局面发生了变化,主要是乔姆斯基生成语言学的崛起,和在欧洲发展起来的伦敦学派所形成的功能语言学,分别从心理学和社会学的角度给语言学注入了新鲜空气,也改变了结构主义一统天下的局面。

3.3.2 结构主义研究方法与结构主义思潮

尽管索绪尔在《普通语言学教程》一书中只提到过"结构"这个词一次,但是把语言作为一个具有组合关系和聚合关系的完整系统,并从具体的言语材料中抽象出来加以研究的这种方法很快引起了众多学科的关注。在哲学、社会学、心理学、精神分析学等领域掀起了一场结构主义思潮。所以罗宾斯说"人们把《普通语言学教程》的出版比作语言学领域的哥白尼革命(The publication of the Cours has been likened to a Copernican revolution in the subject)"(R. H. Robins,2001,p.224)。

葛林伯格(J. H. Greenberg)认为,结构主义语言学从两个方面对结构主义思潮的形成作出了贡献。一个是具有全局作用的结构概念,还有一个"在于发展了描写语言的精确技术",从而使得任何语言的语音系统都可以被分析成极其有限的基本单位。而自然界的万物也可以被看做是"数量有限的基本化学元素以不同方式组成"的,等等(葛林伯格,1983)。他说的"具有全局作用的结构概念"就是索绪尔所说的"系统",而这种"精确技术"正是美国结构主义语言学的"直接成分分析法"。

程曾厚认为,索绪尔的思想能对西方学术界产生这样大的影响首先归功于法国人类学家莱维·斯特罗斯(C. Levi Strauss,另一译名为列维·斯特劳斯),他结识了雅可布逊(Roman Jakobsen,又译"雅柯布森",布拉格学派的代表)以后,开始将布拉格学派音位学的原理用于人类社会亲属关系系统的研究,出版了《语言学和人类学的结构分析》(胡明扬主编,1999),从而引起学术界对结构主义的广泛重视。他指出,语言学中结构主义的兴起对人文学科的意义就好像"牛顿学说出现在物理学中引起的革命"(葛林伯格,傅怀存译,1983)。

从时间上讲,结构主义思潮的兴起比结构主义语言学要晚一些。20世纪30年代到60年代是结构主义语言学的兴盛时期,但是在50年代以前结构主义的影响主要在语言学的研究领域内,50年代以后开始影响到其他学科,60年代形成一股社会思潮。比如,在60年代中期的法国,结构主义替代了当时的存在主义,成为哲学思潮的主流。哲学家福柯(M. Foucault)主张把索绪尔提出的语言(Langue)和言语(Parole)等区分方法用到哲学中,区分抽象和具体。他认为,语言和言语、能指和所指、语言学的共时性和历时性等等之间的对立关系都是从包罗广泛的符号学中引出的概念(J. M. 布洛克曼,1980,p. 13)。精神分析学家拉康(J. Lacan)则运用结构主义方法研究"精神分析学",他发现,无意识活动具有地地道道的语言结构,从而指出"精神分析学"所做的"梦境分析",分析的不是"梦"而是"言语"。在文学批评领域,学者们也提出,文学是一个符号系统,主张把文学看成是"没有信息的代码",而不是"没有代码的信息"(胡明扬主编,1999,p. 77)。此外,诸如社会心理学家莱温(Kurt Lewin)的"网结构",社会学家帕森斯(Talcott Parsons)的"平衡理论"、"社会作用"(个人服从整体),以及经济学的"平衡和周期的动力学"等等,都运用了结构主义的方法。

比利时哲学家布洛克曼(J. M. Broekman)指出,结构主义有两个哲学特征,一个是系列,一个是秩序。"系列"存在于认识对象的不同层级上,它们可以被加以替换并分析。"系列"说明结构主义的理论在观点、方法上都注意研究对象的系统性。"秩序"强调事物组成的有序性,它指出在结构主义所研究的对象的系统内部,各部分之间的关系是有序的,相互关联的,而不是毫无关联的。(J. M. 布洛克曼,1987,p. 132~138)当人们把研究对象看成一个具有系统性的整体时,系列和秩序就成为人们对这个系统内部加以分析的最主要依据。从这些分析可以看出,结构主义思潮所使用的"结构"概念,就是索绪尔所说的"系统"。

应当看到,结构主义并不是无源之水,而是其他哲学思想影响的结果。也就是说,结构主义的形成有其历史的渊源。李幼蒸指出,20世纪有三大哲学思潮影响着结构主义:实用主义哲学、分析哲学、现象学(J. M. 布洛克曼《结构主义》译后记)。其中现象学对结构主义的影响最大。现象学强调"在一切纯粹现象中去发现隐在的本质",而结构主义则主张"在一切事物之中发现制约这些事物规律的基本结构"(同上)。此外,洪堡特(Wilhelm von Humboldt)的一些主张也跟索绪尔的共时语言系统性等观点类似(姚小平,1993)。语言是人类认识世界的重要工具,哲学是人类对世界认识的总结,因此,索绪尔对语言系统的认识以及西方哲学对其研究方法的吸纳使得结构主义成为20世纪学术研究的重要方法论之一。它的影响始自语言学,逐渐扩展到其他人文科学,乃至自然科学。

所以,正如瑞士心理学家皮亚杰(Jean Piaget)所指出的:"一切社会的研究都必然要导致结构主义。因为社会只能作为整体来研究;是转换的中枢;还有各种常模或规范,是自身调整的方向或结果……"(皮亚杰,1984,译者前言,p. 7~8)。皮亚杰的"发生科学认识论"也是在结构主义理论的基础上提出来的。他认为,人类从出生开始进入结构的构造和调整,最终形成需要十几年的时间。人类的认知结构(智力)既不是天赋的,也不是直接源自外界,而是在先天和后天的"双重"作用下"结构"起来的。"只有在儿童具有了最低限度的同化吸收工具时"才有可能"进行教育传授的可能"(皮亚杰,1984,p. 43)。

因此，从哲学的角度来认识结构主义，首先应当看到，结构主义是一种方法论，它有两个特点：A. 一个研究领域里要找出能够不向外寻求解释说明的规律，并建立起自己说明自己的规律来，这就是布洛克曼所说的"系列"，这一点在索绪尔的理论中体现得很清楚。例如，区分语言的共时研究与历时研究，把共时语言看成一个系统；区分能指和所指，把能指作为一个符号系统来研究，等等。B. 实际找出来的结构要能够形式化，作为公式而作演绎法的应用（皮亚杰，1984，译者前言，p.2）。这也就是布洛克曼所说的"秩序"。索绪尔的"组合关系"、"聚合关系"，布龙菲尔德的"语素识别"和"直接成分"都体现了这个特点。作为一种方法论，结构主义没有排他性，"它倾向于把一切科学研究整合进来，在互反性和相互作用的方式上作研究"（同上，p.11）。

由于要关注"系列"，结构主义的研究就要把研究对象看成一个整体；要作为一个有"秩序"的系列，这个整体就要具有内部的转换规律，而且这种规律是按照一定法则来运转的。所以，结构具有三个要素，整体性、具有转换规律或法则、自身调整性。由此，我们可以给"结构"和"结构主义"下一个定义：由具有整体性的若干转换规律组成的一个有自身调整性质的图式体系。那么，就整体、系统、全部集合来从事的研究，都称为结构主义研究（同上，p.2）。

这个定义给我们的启示是，作为20世纪人类智慧的结晶，结构主义并没有过时。因为它留给我们的用系统的眼光去看待研究对象的方法不会过时，我们可以继续用它衡量研究的科学性。当我们说研究语言不能只关注结构，要重视语义，并不意味着我们已经放弃了结构主义的基本方法，我们只不过是在结构主义给我们铺垫的基础上继续向前发展而已。正像我们不主张研究共时语言就完全放弃历时语言一样，我们也不主张强调语义就完全放弃结构。

3.3.3 结构主义语言学与汉语第二语言教学

在第1章我们已经谈及，20世纪上半叶结构主义兴起之时，也正是中国语文现代化运动轰轰烈烈展开之际，而结构主义语言学对共时语言系统研究的主张正好切合当时中国提倡白话文、反对文言文的需要。从1898年《马氏文通》的出版到1942年《中国文法要略》的发表,现代汉语的研究体系基本形成。20世纪50年代美国描写语言学理论的影响,特别是结构主义语言学发展到后期对语言结构的极端重视和对语言意义的极其忽略,进一步强化了现代汉语研究中对语言结构的重视和对意义的忽略。而与此同时发展起来的"对外汉语教学"几乎全盘接受了现代汉语研究的理论和方法。这使得汉语第二语言教学的研究在开始阶段一直比较注重语言结构的教学,忽略第二语言学习中对意义的理解。而20世纪六七十年代以后,由于功能语言学的影响,第二语言教学又有滑向只关注语言的交际功能而忽略语言结构的趋势,这种趋势在80年代以后也同样影响了汉语第二语言教学。事实上无论偏向哪一端都有可能导致语言教学失败。

一方面,我们应该看到,语言的系统性和语言系统中各个要素及成分呈现出的结构关系是客观存在的事实,比如,我们说话时的确可以用不同的结构去表达不同的语义或语气。如:

A 明早儿起床叫我一声,行吗?
B 明天早上你能叫我起床吗?

A句和B句句法结构不同,所表达的意思和语气也不一样,前者比较随便,后者比较客气,它们可以分别用在跟说话人关系远近亲疏不同的听话人身上。再比如:

C 被救助的孩子都感激救助人。
D 被救助的孩子没有一个不感激救助人的。

C句跟D句句法结构也不一样,同样都说明"感激",但D句所表达的感激之情要比C句强烈得多。

而且,由于汉字的掩盖,句法结构在表面上的细微差异,往往使人忽略表达的语义的差别。比如:

E 小叶跟着熟人去天津找活儿干。

F 小叶跟熟人去天津找活儿干。

E 句和 F 句只一字之差，意义却很不一样，E 句重在说明"小叶"是被熟人"带到"城里去的，F 句则只说明"小叶"和熟人"一起"到城里去。尽管 E 句的"跟"与 F 句的"跟"词性不同，在字面上却难以分辨。

不过，从另一方面，我们也应该看到，结构不是语言的全部，特别是在汉语里，由于形态不发达，句法结构松散，语义往往处在突出的地位。只关注结构，就会产生语义表达和理解的问题。

G 甲：在这么短的时间内完成了一幅这么出色的画，你真了不起。

乙：哪里哪里，我毕竟还需要练习，这幅画画得实在不太好。

G 句是一个第二语言学习者说出来的病句，划线部分本来空着，要求学生用"毕竟"这个副词补充完整，但是，第二语言学习者补充的部分尽管语法正确，意思上却跟上下文不相关联。

所以，结合前面对结构主义的分析，我们认为，对结构主义语言学应当从两方面看：一方面要把结构主义作为一个方法论来看，在语言教学中贯彻这种理念；另一方面又要把结构主义语言学的一些研究成果跟语言教学的实际需要结合起来。

结构主义语言学有几点值得我们关注。第一个是把所教的语言作为一个完整的系统来看待，在这个系统内部具有自身的调节规律。这种特点不仅体现在语法上，也体现在语音、词汇等各个方面。比如，汉语语法中状语和补语在表义上是有分工的，由于许多语言没有这样的分别，这往往成为第二语言学习者难以掌握的地方。第二语言学习者常常会说出这样的句子"昨天晚上我不能睡觉，因为我的房间外面太吵了"，他们往往不能理解教师将句子改成"昨天晚上我睡不着，……"。"不能睡觉"在汉语里一般只能用于表达某个条件或某个要求对"睡觉"这个行为的限制。比如"工作还没做完，现在不能睡觉"、"如果你干不完这些活儿，你就不能睡觉"，等等。因此，教师在教学中对于类似"能愿动词"和"可能补语"在汉语系统中的分工应当有一个全局的认识。

第二个是关注共时语言现象的语用特征。20世纪70年代以来,纯结构的教学在语言教学中已经被证明是不理想的,因为它忽略交际能力的培养。但是从汉语的特点来看,汉语缺乏形态,词与词之间的关系比较松散,句型教学可以起到"举一反三"的作用。如何把语言结构的教学和交际能力的培养结合起来?我们认为就是要关注共时条件下语言结构的语用特征。比如,简单疑问句"……是……吗",这个结构的使用频率比较高,但是一些研究表明它的难度也比较大(潘晨婧,2006)。其实,仔细观察我们就会发现,"……是……吗"有两个语义功能,一个可以用于确认某人或某人的身份,一个则用于对某人或某人身份的质疑,比如"你是老师吗"和"你是老师吗",带有下划线的句子显然是后一种,而且难度也大于前者,那么,我们在教学设计中为什么不把它们分开,作为两个句型来教学呢?(朱志平等,2007)

第三个是关注共时与历时的交集。在索绪尔所说的"连续轴线"和"同时轴线"交叉点上,语言的历时变化会在共时状态下同现。第二语言教学作为应用语言学,它主要关注语言的共时状态,但是,对于汉语第二语言教学来说,由于汉字将历时语言在意义上的演变携入共时语言系统,必要时语言教学也要关注同一汉字掩盖下意义的差异和变化。比如有这样一段课文:"去年'六一'儿童节前夕,电视台播出动物园认养动物的消息,……"①,由于学习者事先已经掌握了"除夕"、"夕阳"这样的词语,这时一些学习者会想当然地认为"六一儿童节前夕"即指六月一日的前一天傍晚或晚上,实际上不是这样。"夕"《说文》"莫(暮)也",本义指"日暮"、"傍晚","夕阳"指傍晚的太阳,引申表示晚上,"除夕"表示新年的前一天晚上。"前夕"则有两个意思,一个指"前一天的晚上",另一个喻指事情即将发生的时刻。这么多的意思掩盖在同一个字下,如果不追溯本义及其语义引

---

① 《汉语精读课本》二年级上册第四课,李炜东编著,中国社会科学出版社,2006年。

申过程,就很难解释清楚。

另外,在实际的教学中,结构主义语言学的一些成果我们依然可以继续利用,而且,由于汉语第二语言教学的学术基础和人才基础(参见1.3.1),今天的汉语第二语言教学语法的体系就是这些研究的成果之一。今天的汉语教学实际上是在这些成果的基础上进行的,它们渗透在汉语第二语言教学的各个方面。比如一些教材至今使用的"替换"、"扩展"一类的练习就是在"组合关系"、"聚合关系"以及"直接成分分析法"影响下形成的。

传统是不可抛弃的,正像美国语言学家霍凯特所指出的,这会使得我们"割断了学术研究的继承性",使"青年语言学家对前几代研究者的得失一无所知",而"忽略了前人的工作就不免重蹈覆辙"(霍凯特《现代语言学教程》中译本序,1986)。但是,我们可以对传统的不足加以完善和补充,比如结构主义语言学后期对意义的忽略是我们今天要避免的,但并不意味着我们要把它在结构上的成功都否定掉。从汉语的特点看,注重句型教学无疑是第二语言教学的有效手段。正如上述,汉语词语间的关系较为松散,而第二语言学习者又以成人居多,有较强的逻辑思维能力,对句型比较敏感,我们就要利用这一点,比如"他对这本书很感兴趣"这句话里,单独教"感兴趣",就不如采用"对……感兴趣"这种句型的方式教给学生来得更方便。尤其是在初级汉语水平阶段,句型教学应当成为教学设计的主要内容。而与此相对的是,在中高级水平阶段,随着学习者掌握的词汇和汉字数量上升,词汇教学则逐渐成为教学重点。

3.4 乔姆斯基语言学与语言教学

在美国语言学的四个发展时期中,第三个时期的代表海里斯(Z. S. Harris)一直致力于完善布龙菲尔德所建立起来的语言结构描写分析的原则,被称做"后布龙菲尔德时期语言学(Post-Bloomfieldian Linguistics)",他的《结构语言学的方法》(1951年出版)一书被认为是美国结构主义语言学成熟的标志。海里斯在书中提出采用"切分"和"归类"的方法来分析话语中的语言单位,用"分布"来确定某个成分是否一个语言单位,建立起了一套"精密的分析手续",也使语言结构的分析达到了"高度的形式化"(赵世开,1989,p.116)。与此同时,他认为"分布"不同,意义也不同,因此也就完全抛弃了语言分析中的意义,从而使结构主义语言学向忽略意义的极端发展。随着人们对语言现象的深入观察,传统的结构主义描写方法也日益暴露出它的局限性。正是在这种情况下,乔姆斯基的主张引起了人们的关注。

3.4.1 乔姆斯基语言学革命及其对各种学科的影响

3.4.1.1 乔姆斯基的语言观及其语言理论简述

乔姆斯基(Avram Noam Chomsky)生于1928年,父亲是希伯来语学者,这对他无疑有一定的影响。不过,早年的乔姆斯基曾一度对中东政治感兴趣,有志于投身政治,后来是在海里斯的影响下开始研究语言学的(约翰·莱昂斯,1996,p.15~17)。1949年他毕业于宾夕法尼亚大学,然后继续攻读硕士学位和博士学位,先后完成了硕士论文《现代希伯来语语素音位学》和博士论文《转换分析》。

乔姆斯基最初是用结构主义的方法研究希伯来语的,从他的硕博士论文题目就可以略见海里斯的影响。海里斯的研究前后主要有两个阶段,前一时期重视对形态和语音的结构分析,后一时期注重句法分析。"转换分析"这个术语是海里斯提出来的,不过海里斯的"转换分析"指的是表层结构之间的转换,跟乔姆斯基后来提出的从深层结构到表层结构的转换在概念上不同。不过,从这里我们还是依稀可见一种承前启后的关系。

在研究中,乔姆斯基感到了传统方法对语言分析的局限,这使他力图寻找新的方法。从学术发展史的角度来看,乔姆斯基的语言观在哲学基础、心理学基础以及自然科学发展的社会背景方面都跟之前的结构主义有所不同。结构主义主要建立在经验主义哲学的基础上,美国描写语言学的哲学基础就是逻辑实证主义,这也是萨丕尔(Edward Sapir)理论中有关社会文化心理的部分在当时不受重视的原因。不过,从20世纪50年代开始,哲学思想中的理性主义在欧美再次兴起。乔姆斯基就自称理性主义者,而且公开推崇笛卡尔(Descarte)的唯理主义哲学。20世纪上半叶兴起的结构主义跟当时自然科学中物理学和化学对原子和分子的深入分析,以及"格式塔(Gestalt)"完形心理学的发展都互相呼应、互相渗透,从而形成一股结构主义思潮。进入20世纪50年代以后,计算机研究、信息论、数理逻辑以及心理学向关注认知的方向发展,这些无疑都对乔姆斯基语言观的形成产生了影响。"生成(generate)"一词就借自逻辑学。美国结构主义语言学的心理学基础是行为主义心理学,而行为主义心理学的观点正是乔姆斯基强烈反对的。在此基础之上,乔姆斯基提出了他的理论,转换生成语法(Transformational-Generative Grammar),简称TG理论。

语言学界一般把乔姆斯基TG理论的发展分为四个阶段:古典理论(classical theory,1957~1965)、标准理论(standard theory,1965~1971)、扩展的标准理论(extended standard theory,1972~1979)、管辖和约束理论(the theory of government and binding,1981~)。下面简要介绍。

(1) 古典理论时期

1957年出版的《句法结构》是"古典理论"时期的代表作,也是乔姆斯基TG理论的宣言书,被认为是"乔姆斯基革命"的代表作。在《句法结构》中,乔姆斯基首次提出转换生成语法理论及方法,反对结构主义对语言结构静态描写的方法,主张探索人对语言不同结构的生成和转换(R.H.罗宾斯,1997,p.214~215)。

乔姆斯基认为语言学研究可以从假设出发,通过推演达到形式化,这个观点无疑是对结构主义主张从经验出发据实描写的一种反叛。更重要的是他发展了洪堡特(Humboldt)的观点,提出"语言是以有限的手段作无限的运用"(Noam Chomsky,1968,p.17),主张语法的生成能力,又一次将语言学研究从具体的言语材料的分析中抽象出来。从方法论看,他在这一点上跟索绪尔颇为相似。

在这个阶段,乔姆斯基提出一套语法分析的规则,包括三个方面:短语结构规则、转换规则和语素音位规则。他认为,传统的从左至右的分析语句的方法是有限的,称之为"有限状态语法",这种分析方法不能适应英语中的所有句子,比如句子"That man has brought us some bread.(那个人带给我们一些面包)"可以用"有限状态语法"分析,但是像"Anyone who says that is lying.(那样说是在撒谎)"这样的句子就不行了。因此,他提出将"有限状态语法分析"发展至"短语结构语法分析"。

"短语结构语法"由不同层次的短语结构组成,在语法分析中不受限制。比如句子"The man hit the ball.(那个人踢了球)"形式化以后可以用数学公式表示成:S ＝ NP ＋ VP ＝ (T＋N)＋(V＋NP)。在这个公式中,NP 和 VP 是 S 底下的"语符列",而(T＋N)和(V＋NP)则是 NP 和 VP 底下的"语符列"(其中 T＝The, N＝man, V＝hit...),运用短语结构这样进行语法分析,这种分析就可以不断进行下去。上述过程由公式到句子的推导如下:

(1) Sentence
(2) NP＋VP
(3) T＋N＋VP
(4) the＋N＋Verb＋NP
(5) the＋man＋Verb＋NP
(6) the＋man＋hit＋NP
(7) the＋man＋hit＋T＋N
(8) the＋man＋hit＋the＋N
(9) the＋man＋hit＋the＋ball

图 3－1

这种推导式也可以用树形图表示如下:

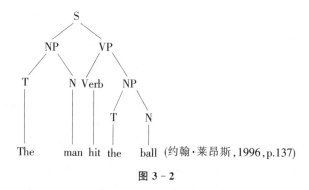

图 3-2

"转换规则"涉及语符在位置上的变化,主要是"移位"、"删略"、"添加"三种,用于解决重写符号变化的问题。因为短语结构规则的基本形式是 X→Y,也就是说,每次重写只涉及一个符号。但有时会出现 XY→YX(移位),XY→X(删略)和 XY→YXZ(添加)等,这时就需要使用转换规则。引入转换规则就可以分析英语里诸如"takes"、"has+taken"、"will+take"、"has + been + taken"、"is+ being + taken"之类的时态变化。"语素音位规则"则用于把实际的句子说出来。所以,这个阶段乔姆斯基对其理论的说明可以图示如下:

* 起始成分→短语结构部分→转换部分→语素音位部分→句子的语音表现形式

图 3-3 古典理论时期 TG 理论图示

根据图 3-3,像"The+man+present+have+en+open+the+door"这样一些底层语符列就可以形成句子"The man may have opened the door.(那个人可能开了门)"和"The door may have been opened by the man.(门可能被那个人打开了)"(同上,p.152)

在上述三方面的规则中,"短语结构规则"和"语素音位规则"都在一定程度上继承了结构主义语言学的直接成分分析和语素音位分析。"转换规则"则是一个创新,它使语法分析具有更强的解释力。乔姆斯基主张语法不仅要描写,也要解释。"转换规则"实现了这个主张。只是这里的转换规则显得凌乱,名目繁多。这个时期乔姆斯基也强调语法的独立性,主张语法分析不依赖于语义,他用

"Colorless green ideas sleep furiously（无色的绿色的思想睡觉愤怒地）"这个例子来说明一个句子可能合乎英语语法，但却没有任何意义。

(2)标准理论时期

1965年出版的《句法理论的若干问题》(*Aspects of the theory of syntax*，又译"语法理论要略")是这一时期的代表作。

在《句法结构》中提出来的"短语结构语法"尽管比"有限状态语法"更具有说服力和解释力，但是其中的转换过程还比较复杂。所以，在《句法理论的若干问题》中，乔姆斯基修改了转换规则。人们把乔姆斯基这个时期提出来的理论称为"标准理论"。

这个阶段的理论包括四部分规则，基础、转换、语义、语音。其中"基础"和"转换"这两部分的规则是语法规则，"语义"和"语音"的规则是解释性规则。四者关系可以图示如下：

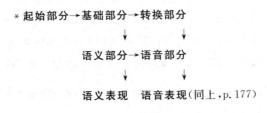

图 3-4　标准理论时期 TG 理论图示

对比图 3-3 和图 3-4，可见"标准理论"对"古典理论"所作的修正，主要是纳入了语义规则。在《句法结构》以后，乔姆斯基发现语义是不可剔除的，而且语义也可以用形式表现出来。于是，他开始主张把语法看做一种将语音和语义连接起来的规则。

在这期间乔姆斯基也提出了"表层结构"和"深层结构"的概念，图 3-4 的"基础部分"依靠"短语结构规则"生成无限多的底层短语标记，它们组成句子的"深层结构"。同时，这些底层短语标记通过转换规则转换成派生的短语标记，它们组成句子的"表层结构"，并通过语音规则表现出来①。

此外,在《句法理论的若干问题》中,乔姆斯基还提出了区分语言能力和语言运用,提出了语言的普遍现象、歧义性问题、语言习得问题等。这些内容在 1968 年出版的《语言与心理》中讨论得更为详细,我们下面将会涉及。由于用"表层结构"和"深层结构"相协调,并把转换规则解释成一系列的步骤;同时又由于"表层结构"和"深层结构"与"语言能力"相关,由此引起了心理学家的关注,启发心理学去思考"人是怎样学会语言的"。

(3) 扩展的标准理论时期

这一时期的代表作主要是《深层结构、表层结构和语义解释》(1972 年出版)和《关于形式和解释的论文集》(1977 年出版)。

这一时期乔姆斯基的主张可以归纳为两点,一是对"标准理论"中有关语义规则的作用的修改,一是提出了"虚迹理论"。在《句法理论的若干问题》中,乔姆斯基认为语义主要是在深层结构中起作用,语言中的歧义问题就是深层的语义结构跟表层的句子结构不一致造成的。不过,在"扩展的标准理论时期"他则提出将语义解释规则移至表层结构,这个时期的 TG 理论可以图示如下:

起始
↓(基础规则)
深层结构
↓(转换规则)
表层结构
(语音规则)　↓　　↓　(语义规则)
语音表现　逻辑形式表现(胡明扬,1999,p.279)

图 3-5　扩展的标准理论时期 TG 理论图示

图 3-5 所示的 TG 理论比前两个时期都更加完整、清晰,不过也可以看到,乔姆斯基的理论在不断向高度形式化发展,他把语义

---

① 这期间的转换规则是 4 个步骤,比先前简化了,参见 3.4.3。

解释规则推到表层结构的同时,也将语义的解释跟逻辑形式的表现联系在一起。这是韩礼德(M. A. K. Halliday)将他归入形式主义语言学阵营的重要原因。

这一时期乔姆斯基还对先前的转换规则做了一些改动,主要体现在"虚迹(trace)"理论上。他认为某个成分在转换以后在原来的位置上留下了"虚迹"。比如,"他被老张看见了 *"是个被动句,在由主动转为被动时,"他"移位到了句首,划线部分则是"他"留下的"虚迹"。有关"移位"现象,学者们认为汉语中存在不少,这方面也有不少研究。比如:

  他买了衣服——衣服他买了。

  我吃这种饭吃了三天——这种饭我吃了三天。(沈阳,1994)

(4)管辖与约束理论时期

这个时期乔姆斯基的代表作是《管辖与约束讲演集》(1981年出版)。在原有的规则系统基础上,乔姆斯基提出了一个原则系统来限定各个规则部分。这个系统包括六个部分:主位理论(θ-theory)、格理论(case theory)、约束理论(binding theory)、界限理论(bounding theory)、控制理论(control theory)、管辖理论(governing theory)。

主位理论是一些有关主题的原则。在句子中具有主题作用的成分,比如施事、受事,它们所处的位置叫主位。比如"John seems to be sad(约翰看起来很伤心)"里的"John"处于主位。格理论是有关给某些成分指定格的原则。比如介词、及物动词的宾语等,受动词支配的宾语就具有"宾格";由前后环境决定的具有"结构格",等等。比如"John gave Bill a book(约翰给比尔一本书)"中的"Bill"受"gave"和"a book"影响就具有结构格,而如果句子改写成"John gave a book to Bill(约翰把一本书给了比尔)",那么,"a book"和"Bill"就都是结构格状态。约束理论用于处理照应成分(anaphors)、代词成分(pronominals)跟它们的先行成分之间的关系,它用于表层结构这一层。界限理论规定移位的条件。控制理论是为代词选择先行成分的原则,也即确定代词所代为何。管辖理论包括了"虚范畴(empty category)"原则,规定每一个"虚迹"所受的支配。主要用在"逻辑形式表现"方面。

在这些原则中,管辖理论起最主要的作用,而其中的"虚范畴"则代表这一阶段的新进展,它也是前面谈到的"虚迹"理论的进一步发展。另外,这个时期还提出了两个跟第二语言教学有关的重要概念与"普遍语法(Universal Grammar)"相对,这就是"核心语法(Core Grammar)"和"边缘语法(Peripheral Grammar)"。他认为普遍语法是一种知识系统,而核心语法则是人类根据普遍语法对自然语言分析的结果,核心语法具有人类语言的共性特征。边缘语法则是跟个人或社会历史有关的其他语言变量。这个观点被第二语言学习理论中的"语言共性理论"所吸收。

在"管辖与约束理论"之后,乔姆斯基还提出了"最小限度论(Minimalist Program)"等理论。

总之,从上面简要的介绍可以看到,从第一个时期到第四个时期,乔姆斯基的理论在不断地发展,并逐步系统化,对语法的解释力也在不断增强,对语义的关注从忽略到重视,然后又逐渐弱化。

3.4.1.2 乔姆斯基语言学所产生的影响

赵世开总结了从 20 世纪 60 年代《句法结构》问世以后到 90 年代乔姆斯基理论与美国结构主义的相异之处,他认为乔姆斯基理论有八个方面不同于美国结构主义(赵世开,1989)。我们认为也正是这些不同使得乔姆斯基语言理论对当代语言学及其他学科产生了巨大的影响。在哲学上,乔姆斯基奉行理性主义,跟结构主义的经验主义不同;在人类语言来源上,他主张先天论,一反行为主义的观点;在语言学习上,他主张区分语言能力和语言行为;在研究方法上,他采用演绎法,与结构主义传统的归纳法不同;他不满足于对语言的描写,提倡语法研究对语言的解释力;他重视语言学研究高度的形式化;他不但强调语法的生成能力,同时也主张重视语言的共性;等等。

从这些主张我们可以看出，乔姆斯基的理论跟几个学科关系极为密切。一个是哲学，哲学是人类观察世界的方法论，也是任何研究不可或缺的；第二个当然是语言学，因为这些主张都是在语言学研究中提出来的；第三个是心理学，因为乔姆斯基关注语言产生的心理机制。事实上，乔姆斯基的语言理论被称为"革命"，主要是它动摇了当时美国哲学界逻辑实证主义和心理学界行为主义的统治地位，因而形成了物理学界对实证主义解释的批评（葛林伯格，傅怀存译，1983）。约翰·莱昂斯（John Lyons）评价说，乔姆斯基语言学促成了语言学、心理学、哲学的汇合——"目前语言学家、心理学家和哲学家们所感兴趣的问题有明显的汇合之势。……正是语言学（尤其是乔姆斯基理论）促成了这三门学科之间的联合"（约翰·莱昂斯，1996，p.39）。因为语言作为人类心智的表现，它和思想之间的关系一直是哲学家和心理学家争论的焦点。

那么，哪些学科的发展得益于乔姆斯基语言理论的影响呢？当然首先是语言学，乔姆斯基语言学完全改变了美国语言学的发展方向，也改变了美国语言学的研究方法，使得语言研究从描写走向形式推演，直接成分分析的图式也被"树形图"所取代。它的影响也不止于美国国内，许多国家的学者也开始运用乔姆斯基语言理论研究自己的语言。比如"空范畴"理论就被用来研究汉语中的隐含和省略现象（沈阳，1994）。

同时，它推动了认知心理学的形成和发展。乔姆斯基提出的对"语言能力"和"语言运用"的区分，受到人们的广泛关注，引起人们对语言能力的研究，脑科学的研究从而日益受到重视。失语症的研究也因此有了很大的发展。他的"树形图"被心理学研究者认为是心理活动的结构状态，称之为"心理森林（mental forest）"。他提出的"表层结构"和"深层结构"这两个术语在认知心理学中发展为"短时记忆（表层结构）"和"长时记忆（深层结构）"等新的概念。

此外，它还推动了计算机领域"语言的机器翻译"的研究。马尔库斯认为，语言学之所以能够领先主要在于它对语言概念的模式化研究(伍铁平编著,1994,p.108)①。乔姆斯基的理论更具有这一特点,并因此推动了计算语言学的发展。J. E. 霍普克罗夫特(J. E. Hopcroft)和 J. D. 厄尔曼(J. D. Ullman)所写的《形式语言及其与自动机的关系》这本书几乎一半以上的内容涉及乔姆斯基的理论。

乔姆斯基的理论还影响到许多其他的学科,民俗学、神话学、文艺理论等都在不同程度上借鉴了转换生成理论(同上)。

语言研究自人类意识到自身的存在就开始了,并一直持续到现在,而且将一直持续下去,可以说它是人类文明史上永恒的主题。语言作为人类思维和交际的重要手段,语言研究影响到相关的各类学科也是必然的。但是,我们不应当忘记,语言学之所以领先是不断吸取各种学科和研究成果的结果,比如乔姆斯基就吸收了数学、计算机、物理、系统论等学科的研究方法,这是他的理论广受关注的重要原因。

对语言教学来说,乔姆斯基语言学更值得我们关注还在于它对心理学,特别是语言学习理论的影响。乔姆斯基曾多次论证,"决定诸如英语、土耳其语或汉语等这些特定语言的语法规则形式的一般原则,在相当大的程度上,为人类一切语言所共有"。(约翰·莱昂斯,1996,p.25)从这句话可以看出,乔姆斯基语言学研究的初衷就是普遍语法。这个概念实际上横跨了两个学科,一个是语言学,一个是心理学。因此,我们只了解它语言学的一面是不够的,还应当了解心理学的一面。有关心理学这一面的内容主要体现在乔姆斯基1968年出版的《语言与心理》(*Language and Mind*)一书中。下面摘其要加以介绍。

3.4.2 从心理学角度看乔姆斯基的语言观

近半个世纪以来,人们从语言学的角度对乔姆斯基的关注更多地集中在他的四个时期的理论上,特别是《句法结构》和《句法理论的若干问题》这两本书先后被称作是乔氏理论的两个里程碑。

那么,乔姆斯基的学说为什么会对心理学产生巨大的影响,还需要从他理论创建的初衷去了解。

---

① 这篇文章由北京师范大学文学院易敏教授翻译。

乔姆斯基语言理论创建的初衷到底是什么？约翰·莱昂斯认为，"乔姆斯基创建转换语法体系是为了对语言的某些最显著的特征做出具有数学精确性的描述"，而其目的在于了解为什么"儿童具有这样一种能力：他们从父母及周围的人的话语中习得本族语结构的规律，亦即其语法规则，然后应用这些规则创造出他们从前从未听到过的话语"（约翰·莱昂斯，1996，p.25）。

这一初衷显然与语言学习密切相关。为此，我们介绍他在20世纪60～70年代所写的系列文章组成的论文集《语言与心理》。这里着重介绍第一、二篇"语言学过去对心理学的贡献（Linguistic Contributions to the Study of Mind, past）"和"语言学现在对心理学的贡献（Linguistic Contributions to the Study of Mind, present）"，分别简称"过去篇"和"现在篇"。

有人说，结构主义从外部研究语言，把语言看做一个实体，生成语言学则是要探讨语言的共性，把语言看做人类共有的一种能力。在"过去篇"和"现在篇"中，我们可以追溯到生成语言学产生的源泉，或者说是乔姆斯基所声称的他的理论产生的源泉。

3.4.2.1 唯理主义哲学与乔姆斯基语言学研究的目的

在"过去篇"里，乔姆斯基提出了"语言能力"这个概念，并致力于将"语言能力"跟"语言运用"[①]区分开来。他认为"语言能力"构成"语言行为"的基础，却又不是以简单的方式和语言行为相联系[②]，不应采用结构主义的分类法去描述。而"语言能力"才是语言研究的最终目的。他批评结构主义以往的注意力只在"语言运用"上，从而忽略了对"语言能力"的研究。

在他看来，结构主义发展到后期形成一种僵化的教条，成为束缚人们思想的桎梏。他说："当我还是一个大学生的时候，我就对下述事实感到不安。那就是：似乎语言学领域里的基本问题都已解决，剩下的只是提高和改进那些已被人们理解得相当透彻的语言分析方

---

① 这里的"语言运用"与"交际能力"不直接相关，主要指结构主义的研究范畴。
② 即不是"刺激"与"反应"这么简单的关系。

法,并把这些方法运用到广泛的语言材料中去。"①(Noam Chomsky, 1968,p.2)

同时,乔姆斯基也批评了结构主义的心理学基础——行为主义心理学。20世纪40~50年代的美国心理学界是行为主义心理学居主导地位,斯金纳(B. F. Skinner)的《语言行为》(*Verbal Behavior*)是行为主义心理学的代表作。乔姆斯基指出,人们相信斯金纳的行为主义框架"适合解释语言运用的所有问题",甚至包括布龙菲尔德(Leonard Bloomfield)、罗素(Bertrand Russell)这些大家也相信"刺激—反应"理论"能对人类最神秘的能力做出令人满意的解释"。乔姆斯基把行为主义者称为"最激进的人士",说他们为了对人类能力做出符合行为主义的解释,"假定大脑里没有什么可以直接观察到的、同实际的刺激和反应相对应的语言的刺激反应"(同上,p.3)。

乔姆斯基指出,语言学和心理学现有的理论作为一种桎梏,已经成为知识环境的一部分,为人们所熟悉,以至人们几乎感觉不到它的存在。所以他呼吁人们把科学的想象力从这种桎梏中解放出来。从这个角度出发,乔姆斯基详细地阐述了以笛卡尔(Descarte)为代表的17世纪唯理主义哲学思想及其指导下的产物"唯理语法"对心理研究的重要性。

乔姆斯基说:"如果我们真要理解语言是怎样被使用或被学得的,那么,我们必须抽象出一个认知系统,一个知识和认识的系统,以便进行单独的研究。这个系统在儿童早期就已经开始形成了,而且与许多其他的因素互相影响,从而决定我们观察到的各种行为。如果采用一个专门的术语——语言能力——的话,那就是说,我们必须把这种语言能力的系统独立出来并加以研究。这种语言能力构成(语言)行为的基础,但不是以任何直接的或简单的方式就可以在行为中了解到的。……那些曾用来描述简单的、直接可观察到的现象的各种理论与模式,不能囊括真正的语言能力系统。"(同上,p.6)在这段话里,他提出了"语言能力"这个术语。他认为,语言能力的基础

---

① 《语言与心理》的引文由朱志平翻译,北京师范大学文学院伍铁平教授审校。

是一套人类特有的认知系统。它不可能通过人类的语言行为直接观察到,也不能用结构主义的方法去描写。

不过,乔姆斯基指出,上述观点不是他首创的,早在17世纪——他称之为"天才的世纪"就已经出现,但这种观点在当时也备受鄙视。以笛卡尔为代表的17世纪唯理主义哲学流派认为,"人除本身的'物质本体'——人体以外,还有一个'精神实体'与人体共存,这个实体就是人类的智能。它表现为人类能以规范的方式使用语言,而人类以外的其他动物是绝对办不到的"。"这第二个实体的本质是思维的,与身体并列"(同上,p.9)。身体的各种表现是"它的延伸和运动"(同上)。乔姆斯基认为,唯理主义所说的这种实体最清楚地表现为"语言运用的创造性方面,因而在上述思想基础上,有可能产生一种心理科学"(同上,p.10)。这可以说是他对当时新兴的认知心理学进行的描述。近40年来,认知心理学和心理语言学的研究应该说主要是建立在这个理论基础上的。

乔姆斯基把笛卡尔与牛顿(Newton)并列,他认为,牛顿在《自然哲学的数学原理》这本书里最初阐述"引力"原理时,人们也认为那种超乎现实生活之外的力量过于神秘。他认为,笛卡尔对现代思想最大的贡献"就是他否定了经院哲学关于实体形态和真实特性的概念"(同上,p.11),从而使运动物理学和研究心理特质的心理学得以登上学术研究的舞台。可惜的是,新物理学的研究得到了发扬光大,而对心理特点、心理机制的研究却被过早地放弃了。他还指出,这种方法与那些先验地假设某些机制,并把这些机制作为所有知识和认识获得的基础的另一种方法截然不同。

在上述乔姆斯基的有关论述中,我们可以比较清晰地看到,乔姆斯基的理性主义哲学观基本上承自17世纪的唯理主义哲学。而且,他把语言学看成是认知心理学的一个分支,这在一定程度上是对语言学正统地位的一种否定。因此,在这方面,乔姆斯基一度受到批评,人们认为"转换生成语法的哲学基础是笛卡尔的唯心主义先验论,乔姆斯基关于人有天生的语言机制的观点来源于笛卡尔的天赋观念,乔姆斯基把语法归结为产生句子的机制,实际上是用心理学取代了语言学"(伍铁平,1994,p.10)。

不过,我们也可以看到,正是这些主张,在结构主义后期的纯语言结构描写中注入了一股新鲜的空气,开启了另一扇通向崭新的研究领域的大门。20世纪60年代以来,脑科学的研究,认知心理学的研究使得语言学习的研究进入一个全新的时期。这种发展无疑与乔姆斯基区分"语言能力"跟"语言运用"在方法论上的影响分不开,这种影响对语言的认知研究来说,不亚于索绪尔对"共时语言研究"和"历时语言研究"的区分对语言学研究的影响。此外,从上面的引述可见,乔姆斯基并不认为自己的理论是先验的,因为他力主抛弃"先验地假设某些机制"的做法。

3.4.2.2 乔姆斯基所推崇的"智力"分析

在"过去篇"中,乔姆斯基介绍了西班牙医生胡安·乌阿尔特(Juan Huarte,另译"璜·胡奥特")对"智力"的分析,并将这种分析跟唯理主义哲学的语言观联系起来。

西班牙医生胡安·乌阿尔特(Juan Huarte)通过对语源的研究提出了对人类智能的看法。他发现,在拉丁语中"智力"(ingenio)这个词和"产生"、"生成"等词有同样的词根,他从这个角度论证,认为人类身上有两种生成能力,一种和动植物共有,另一种是人类独有的,后者就是人类的智能。乔姆斯基对这种有关语源的研究方法并不感兴趣,也不认为它是科学的。但是,他很重视乌阿尔特的这个结论。

通过研究,乌阿尔特把"智能"分为三层:最低一层是"驯良智能",它一般地表现为刺激—反应能力;中间一层是"一般智能",表现为人类的一般语言能力,它可以用于区别人与兽;最高一层是"人对语言的创造能力",表现为一个人能够说出或听懂从未听到过的话语。三者关系叫图示如下:

高层智能:人对语言的创造能力——表现为说出或听懂从未听过的话
中层智能:一般智能——表现为人类的一般语言能力,区别人与兽
低层智能:驯良智能——表现为刺激—反应能力

图 3-6

乌阿尔特的研究初衷是要解决因智能受到损伤而丧失语言能力这种病症，也就是我们前面提到过的"失语症"。不过，乔姆斯基关注他的研究的另一方面，即，语言被作为人类智能的标志。乔姆斯基指出，笛卡尔在这方面和乌阿尔特的观点是一致的，笛卡尔认为人身上有一种基本要素，这种要素使人类区别于动植物和机器。这个要素就表现为人对语言的创造性使用。

17世纪是人类学即将兴起的前夜，人们对于跟人类有关的各种现象极为感兴趣。乔姆斯基认为，笛卡尔学派不但注意到了人类语言的智能特征，同时也在探索语言的本质属性，即语言的创造性。这种创造性表现在三个方面：第一，语言使用的创新能力——"在正常的语言使用过程中，我们所说的许多话完全是新的，而不是我们以前听到的任何话的重复，甚至在模式上与我们过去所听到的句子或话语也不相似"；第二，语言使用在范围上的无限性——"正常的语言使用不仅是创新的，在范围上是潜在无限的，而且不受可察觉的刺激的影响，不论是外在刺激还是内部刺激。正因为语言有这种摆脱刺激控制的能力，所以语言能，而且现在已经在不仅为有特殊天才的人，而且事实上为每个正常人充当思维和自我表现的工具"；第三，语言使用的连贯性和对环境的适应性——"适应性和连贯性究竟指的是什么，我们不能用任何清楚或明确的方法讲出来，但是，……我们能够把语言的正常使用同疯子的胡言乱语或计算机带有随机因素的输出区分开来"（Noam Chomsky, 1968, p. 11~12）。

这里的"疯子的胡言乱语"和"计算机带有随机因素的输出"也许可以用下面两个例子来说明。明清小说《水浒传》中有一回说到宋江发配江州以后，一日喝醉了酒，在酒馆墙上写下一首诗，抒发心中的愤懑。不巧这首诗被一个姓黄的通判读了，认定是一首反诗，怂恿江州太守将宋江捉拿归案。宋江的好友戴宗事先得知此事，情急之下，让宋江用装疯来躲过这一劫。起初宋江的胡言乱语的确让太守信以为真了，但是黄通判却认为宋江说的疯话跟酒馆墙上的诗很不一致，认定宋江是装疯，最后通过用刑迫使宋江招供。这个故事表明，一个思维正常的人所说的"疯话"跟真正的疯子语言是有差别的。再比如，当人们把一定的指令输入计算机的时候，计算机也许会给出一些合乎句法但是却毫无意义的句子。比如"Mary is little and pretty and clever and..."，而一个正常人却不会说出这种毫无意义的句子来。

乔姆斯基认为，笛卡尔观点的前两个方面还没超出机械论的解释范围，而第三个方面则可以体现人类智能的特性。他认为，最遗憾的是时隔300年人们依然不能对此做出解释。

语言使用的连贯性和语言对环境的适应性究竟指什么，乔姆斯基没有给出答案。综观全书，在本书的其他篇目中，我们也没有看到乔姆斯基对这个问题的进一步研究和论述，倒是此后的功能语言学的研究对这方面有所贡献。关于功能语言学的贡献，我们将在3.5讨论。

3.4.2.3 唯理语法与语言能力研究的相关性

乔姆斯基指出，在17世纪语言哲学的影响下，产生了一套有关语言结构的理论，这种理论后来被称之为"唯理语法"。这套理论的代表作是《波尔·罗瓦雅尔语法》(*The Port-Royal Grammar*)，作者安托尼·阿尔诺（Antoine Arnauld）和克洛德·朗斯洛（Claude Lancelot）[①]，该书于1660年出版。

波尔·罗瓦雅尔曾经是一座修道院的名字，位于法国塞纳-瓦兹的乡下，始建于13世纪初。17世纪时，这个修道院逐渐成为基督教新教让森派的一个活动中心，一些对教育、学术感兴趣的宗教人士经常出入其间，并在附近一带讲辩论学，逐渐形成一个史称"波尔·罗瓦雅尔学派"的宗教学术派别，《波尔·罗瓦雅尔语法》的两个作者均为这个学派的成员。1653年，当时的教皇英诺森十世（Innocent X）公开谴责让森派，让森派自此受到罗马教会的迫害，人员遭遣散，"波尔·罗瓦雅尔学派"的人也四散流离，他们的聚会场所波尔·罗瓦雅尔的修道院也于1710年被拆毁。这本书取名《波尔·罗瓦雅尔语法》，颇有纪念意味。

安托尼·阿尔诺出身名门，父亲是巴黎的著名律师，以抨击当时

[①] 该书又名 *La Grammaire generale et raisonnee*，汉译本名为《普遍唯理语法》，张学斌译。这里依照乔姆斯基《语言与心理》称《波尔·罗瓦雅尔语法》。

维护教皇统治、镇压新教的耶稣会名噪一时(胡明扬,1999)。作为巴黎大学的神学教授,阿尔诺在当时也以善于思辩著称,与笛卡尔、莱布尼茨(Gottfriend Wilhelm Leibniz)等人有过论争,为伏尔泰(Voltaire)所称许。克洛德·朗斯洛是位语言教师,不以哲学思辩见长,属于隐士型人物。但是他擅长语法研究,他所著《拉丁语入门便捷新法》和《希腊语入门便捷新法》都多次再版(安托尼·阿尔诺和克洛德·朗斯洛,2001,姚小平"《普遍唯理语法》校后")。

乔姆斯基指出,《波尔·罗瓦雅尔语法》用法文写成,目的在于研究法语语法,是当时以本国语取代拉丁语运动的产物,不过后世学者对它的评价并不属实,即便布龙菲尔德这样的学者,居然也在《语言论》中把唯理语法歪曲成是"建立在拉丁语模式上的"(Noam Chomsky,1968,p.14)。乔姆斯基认为,这本书流传到今天的版本并不多,也没有人将它译成更多的语言,致使后世对此书不了解。不过,由于乔姆斯基的推崇,这本书在20世纪60年代以后迅速得到学术界的重视,如今已有了包括汉译本在内的多种译本。

今天看这本书,我们发现,它的确有许多超前的观点。比如它的符号学观点,它认为说话就是用符号来解释自己的思想,而且指出,语言符号中包含两种事实——声音和意义。在这一点上,我们可以看到《普通语言学教程》跟它的相似之处。

"唯理语法"在研究上的特点是,"不主张语法学家的任务只是记录及组织现有的语言材料。它主张把现有的语言现象和语言材料看做是深藏在人类心智中的有机规律的表层现象"(朱志平,1990,p.360)。《波尔·罗瓦雅尔语法》提出,一个短语可以不断切分,直至切分到词,但是这样得出的结果只能和语音切分一致,只触及到了语言的物质部分。应该就表层的语音信号对相应的思想内容进行分析。乔姆斯基认为,前一部分研究的方法正是直接成分分析的方法,而后一部分的研究被当代结构主义语言学抛弃了。比如:

Invisible God created the visible world
(看不见的上帝创造了看得见的世界)

如果将这个句子两次切分,只得到句子的表层语音结构。如果对这个句子进行相应的心理分析,这个句子和三个命题相关:第一个命题——上帝是看不见的,第二个命题——上帝创造了世界,第三个命题——世界是看得见的。

乔姆斯基认为,这种分析和他的转换生成语法在方法上是一致的。前者是他的"表层结构",后者是他的"深层结构"。他认为深层的命题尽管没有随着语言信号表现出来,但它们已经在表达前存在于人脑的复杂念头之中。乔姆斯基认为《波尔·罗瓦雅尔语法》有关深层结构和表层结构的理论属于心理学,它试图阐述乌阿尔特所说的正常人类的智能。又如:

A wise man is honest.
(一个聪明人是诚实的)

这个句子在表达前已经有两个命题作为念头存在于大脑中:

一个人是聪明的
一个人是诚实的

乔姆斯基认为,深层与表层的连接手段就是"语法转换",《波尔·罗瓦雅尔语法》的作者认为这是一种心理操作。乔姆斯基指出,如果对比《波尔·罗瓦雅尔语法》和后来的结构主义语言学,可以明显看到,后者的研究仅限于前者的"表层结构",限于用切分和分类的方法通过表面的信号确定短语及单位。在此,他转述了索绪尔的观点:

> 语言分析唯一合适的方法是切分与分类。运用这些方法,语言学家就能确定经过如此分析后的单位可进入的模式,这些模式要么是组合的,即,在语流中语音连续出现的模式;要么是聚合的,即,在语流中占据相同位置的诸单位之间的各种关系。他认为,当所有这样的分析都完成之后,语言的结构必然就被完全揭示出来了,语言科学也就完满地实现了自己的任务。
> (Noam Chomsky,1968,p.19)

乔姆斯基指出,索绪尔所说的"语言分析唯一合适的方法是切分和分类"以及"当所有这些分析都完成之后,语言的结构必然就被完全揭示出来了",至此语言科学也就完成了自己的任务。这种说法显然限制了语言研究,也完全没有关注《波尔·罗瓦雅尔语法》理论的精髓。因为这种分类学的分析没有给唯理语法的深层结构留下立足之地。"看不见的上帝创造了看得见的世界"深层的三个命题是不能通过切分和切分出来的单位的分类从这个句子中获得的,而且,将深层结构和表层结构相连的转换操作也不能用聚合结构和组合结构来表达。可是,当代结构主义语言学却信守着这些限制,并认为这些限制是必要的。他认为,结构主义在区别历时研究与共时研究以及描写方面是成功的、有开拓性的,但它的问题在于没有认识到自身本质上的局限与不足。乔姆斯基认为,如果我们能把结构主义的不厌其详地收集材料和唯理语法的热衷于抽象概括结合起来,就能使我们对人类语言的研究跨进一个新的时代。

乔姆斯基说,读一部著作,"不仅要确定他在书中说了些什么,而且更重要的是要确定他的意思是什么"(同上,p.18)。这段话给我们的启示是,要注意避免片面地继承前人的学术遗产;注意避免极端地强调某种思想或方法,以致形成一种教条主义或经验主义,限制我们在语言研究上的成就。结构主义语言学对"共时"与"历时"的区分,乔姆斯基对"语言能力"和"语言运用"的区分都体现了这一点。

3.4.3 乔姆斯基从心理学角度对语言的讨论

"现在篇"的核心思想是要通过对特殊语法的研究了解人类的普遍语法。可以看成是乔姆斯基在阐述自己的语言学理论,而且这种阐述是心理学角度的。

"现在篇"里,乔姆斯基主要讨论几个内容:介绍语法转换规则,说明深层结构与表层结构在语义上的差异,以及转换过程中语音的变化,等等。乔氏的讨论是以英语为例,其中一些内容,比如语音等跟汉语第二语言教学关系不大,这里就略去了。以下着重介绍三个方面的内容:语法转换规则、语言中产生歧义的原因、代词的依层次转换。

3.4.3.1 内在规则系统和语法转换

乔姆斯基以物理学物体运动轨道和万有引力为比,他指出,万有引力是人们习焉不察的,心理现象人们同样难以察觉得到,而表现心理的途径——语言也同样会如此。他说:"我们往往听不到自己说的词语",他又引维特根斯坦(Ludwig Wittgenstein)的话"一个人往往很难注意到一些就在眼前的事情"(Noam Chomsky,1968,p.25)来说明这一点。他认为结构主义与行为主义在语言和心理研究中的根本弱点就在于轻信心理在结构上比其他器官简单,而不经讨论或证实就认为语言是一种"行为结构(habit structure)",因而认定语言知识必定是通过反复训练逐渐发展形成的。

乔姆斯基认为,如果要把对人类语言和人类认识能力的研究向前推进,首先要建立一条连接语言和心理的通道。在获得通向潜在机制的通行证以前,即便是最常见的现象也应该做出解释。因为获得某种语言知识的人拥有一套内在化了的规则系统,这个规则系统以特殊的方式与语音和语义相连接,而构筑某语言语法的学者事实上则是在试图提出有关这种内在化系统的假设。他通过说出的话语来进行推测,因而,他的假设只可能反映语言机制的某些方面,而不是全部。而且既然已有的语法结构是推测出来的,人们也可以通过话语做更为深入的推测。

由此,乔姆斯基提出"普遍语法"(Universal Grammar)这个概念来代表这种内在化了的机制,使之与学者们根据话语研究[①]假设的某种语言的语法(Particular Grammar)有所区别。前者要解释人类心智能力的性质,这种性质使人具备一种潜在的人类语言,它使人在特定的语言环境中能获得某种特定的语言。比如:法国人的孩子在汉语环境里可能会说汉语,而中国人的孩子在英语环境中可能只会说英语,等等。

---

① 指"话语分析",是海里斯时期较为重视的研究方法。

乔姆斯基认为,在话语研究中,研究者们见到或听到的材料是既包括普遍语法,又包括特殊语法的。因而,人们有关某种语言语法的系统阐述实际上也已经包含了对普遍语法的一定程度的推论和阐述。从这个角度说,某种特定语法的描写过程或特定语言系统的构筑过程同时也就是人类智能一般性质的认识过程。由此可以说,语言学研究是解决心理学问题的基础。

从这一点看,第二语言教学对第二语言学习者中介语的研究尤其具备了乔姆斯基所说的"对普遍语法的一定程度的推论和阐述"的特点。因为这种研究本身就是探讨个体之间的共性和差异。日本人和韩国人的中介语不同,美国人和德国人的中介语也不同,日本人和越南人的中介语还有可能不同。学习者个人特点的相同之处必然表现出人类语言或使用某一语言的社团的共性。带有共性的东西在教学中就可以采取一般的方法,反之则需要个别处理。

乔姆斯基指出,如果从人类心理产生语言的角度出发,一个句子首先以主题方式形成于心理层次,即"深层结构";当句子以语音形式表达出来,就形成一种物理信号,进入语言的表达层次,即"表层结构";这两个结构的联结方式就是"语法转换"。它们之间的关系可以图示如下:

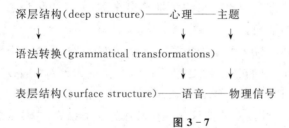

图 3-7

例如,"A wise man is honest."这个句子,它的深层结构和表层结构可以分别用树形图表示,如图 3-8 和图 3-9。

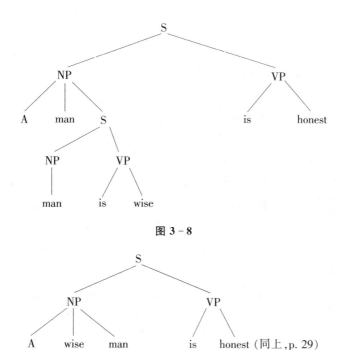

图 3-8

图 3-9

深层结构的语法功能在确定句子的意义方面具有核心作用,而表层结构则仅与句子的语音形式相连接。一种语言的知识则包括了把深层结构与表层结构指派给无限多句子的这种能力。那么,深层结构与表层结构是怎样连接起来的呢?乔姆斯基认为需要通过转换,转换过程有 4 个步骤:

A. 以疑问代词标志核心部分——wh——NP
B. 以 who 置换 NP
C. 删除 who is
D. 调换 man 和 wise 的位置

图 3-10

乔姆斯基认为,一个懂得某种语言的人一定具有控制这种语言语法的能力,运用这种语法"生成"(generate)无限套潜在的深层结构,并使之与表层结构相联系,通过语音勾画出某个特定的句子来。而且,一般说来,深层结构决定语义,表层结构决定语音表达,这是二者的基本分工。有时表层也能涉及语义,但一般情况下表层结构几乎不提示句义,这是语言结构表现出歧义的一个重要原因。

3.4.3.2 语言中的歧义与语言的生成

基于对深层结构和表层结构的区分,乔姆斯基指出,歧义句产生的原因就在于深层结构不一样,也就是说,某个具有歧义的句子一般具有两个以上的深层结构。比如"I disapprove of John's drinking.（我不赞成约翰喝酒）"这个句子,实际上有两个深层结构,一个是"I disapprove of John's drinking the beer.（我不赞成约翰喝这瓶酒）",另一个是"I disapprove of John's excessive drinking.（我不赞成约翰酗酒）"。很明显,这个句子产生歧义的原因在于它有两个深层结构,只有调整表层结构以后,歧义才得以消除。

这样的例子在汉语中也同样存在,现代汉语研究中有个常用的例子是"鸡不吃了",按照乔姆斯基的说法,这个句子有两个深层结构,一个是"鸡不吃米了",一个是"这只鸡我不吃了"。再比如"咬死了猎人的狗",可以是"这只狗咬死了猎人",也可以是"(那只狼)咬死了这个猎人的狗",等等。

乔姆斯基认为,表层结构中一些成分的省略往往是造成歧义的一个重要原因。比如"I know a taller man than Bill."这个句子,省略了"Bill"后面的成分,如果将这个成分补出,人们就得考虑,这个缺失的成分是"does"还是"is"。因此,分别补足不同成分以后就形成两个意思不同的句子:

——I know a taller man than Bill does.（我认识一个高个儿比比尔认识的那个高个儿高）

——I know a taller man than Bill is.（我认识一个高个儿比比尔个子高）

也就是说,完全不同的两个深层结构在省略了一定成分以后就可能共用一个表层结构。尽管汉语中不会有跟上面这些句子同样的歧义现象，但比较句后面的动词结构也可以省略，这往往是第二语言学习者不知所措的地方。比如：

A 我希望自己写的文章能像中国人一样。（我希望自己写的文章能像中国人写的一样）

B 我希望我写中文信能像英文信一样。（我希望我写中文信能像写英文信一样快/一样好。）①

A、B 两个句子都有成分缺失，这种缺失跟学习者对汉语比较句省略的原则——哪些是可以省略的，哪些是不能省略的掌握得不好有关系。

乔姆斯基指出，表层结构会迷惑人，如"John was persuaded to leave（约翰被劝告离开）"这个句子，它的深层结构包含着两个命题：命题 1 John leave（主谓）和命题 2 NP persuaded John（动宾）。命题 1 的主语是命题 2 的宾语（汉语中的兼语）。这种关系只有对深层结构进行分析时才能看到。如果用其他词置换 persuade，比如用 hire（雇）、expect（期望）、tire（疲劳）等，就会发现语义有了变化②。由此，乔姆斯基提出，语义对语法有牵制作用。

这一点人们今天已经充分意识到了，但在 30 年以前，特别是在结构主义语言观盛行的时代，应当说是非常宝贵的。在汉语中，词与词的搭配关系尤为重要，比如"别＋动词＋了"作为一个句型教给第二语言学习者，看起来没什么问题，可是一旦进入使用就会产生问题，可以说"别睡了"，但是不能说"别醒了"。再比如，像"我的闹钟今天不工作"、"农民们在田地里工作"等这样的句子就让人觉得别扭，因为"闹钟、农民"一般不和"工作"搭配。

3.4.3.3 代词的依层次置换

基于歧义的问题，乔姆斯基进一步提出了代词的依层次置换这一原则。这个原则涉及英语中疑问代词或关系代词跟所代名词短语

---

① 括号中的划线部分是笔者依据上下文补出的。
② "tire"不能用，要改为 too tired。

之间的关系。比如：

> John learned that he had won.（约翰得知他赢了）

应当指出的是，这个句子实际上也有两个深层结构，一个是"John learned that John had won（约翰得知约翰赢了）"，另一个是"John learned that Bill had won（约翰得知比尔赢了）"。不过，乔姆斯基在这里讨论前一种深层结构进入表层时用代词置换名词的问题，他指出，如果用 X 表示原名词短语，用 Y 表示代词，就可以得到如下的公式：

$$[\cdots\cdots X\cdots\cdots(\cdots\cdots Y\cdots\cdots)]$$

这个公式不能改做$[\cdots\cdots Y\cdots\cdots(\cdots\cdots X\cdots\cdots)]$，因为改了以后的句子写出来就是，He learned that John had won（他得知约翰赢了），在语义上，这是另一个句子。也就是说，**如果一个句子内紧接的两个层次上都出现了同样的名词短语（x 与 y），代词只能首先置换处于最核心层次上的那个名词短语（y）。**

这当然是就英语而论，疑问代词或关系代词与所代替的名词短语之间的关系，在英语和汉语中不完全一样。不过，汉语也有类似的问题，在主谓短语做宾语的情况下，代词只能替代语序靠后的那个词，比如"小张说他今天没空儿"和"他说小张今天没空儿"，这两个句子在意义上是完全不同的。当我们把"他（小张）今天没空"作为整个句子包孕的一个结构时，从深层结构和表层结构的视角来看，乔姆斯基的上述原则也适用于汉语的这类句子。

乔姆斯基认为，代词依层次或语序置换的原则有可能是一种"决定人类语言知识形式的规律性原则"（Noam Chomsky, 1968, p.48）。由此他主张，普遍语法的发现要在特殊语法研究的基础上进行。

从第二语言教学的角度看，代词应该是个有共性的语言特征，在汉语第二语言学习中代词的使用也是难点之一。尽管每种语言代词使用的特点未必相同，但是代词在第二语言教学中是值得重视的。在汉语第二语言教学中，通过代词的使用往往能看出学生对目的语的掌握程度。比如：

在学习过程中,(我)认真刻苦,学法灵活,当时我在班级成绩优秀。

括号中的"我"是笔者加上的,在这个句子中,第一个代词不能省略,第二个代词却可以不用,研究句群理论的人把这种省略叫做"零形回指",即在上下文话题一致的前提下"省略"共同主语或话题。但是第二语言学习者正好将它们反过来了。

可以这样说,教会学习者使用代词,实际上是一个探讨学习者母语与目的语异同或者是学习者中介语系统乃至普遍语法的过程。从这个角度可以看到,语言教学和语言学理论是紧密相关的。

除了上述的歧义、代词等问题,乔姆斯基还在表层结构和深层结构的框架下讨论了语法转换中的名词短语跟疑问代词的关系。比如在英语中要就"John expects Bill to meet ToM.(约翰期望比尔见汤姆)"这样一个句子中的任何一个名词短语进行提问时,根据转换规则,先要指定疑问代词 wh-,然后把要提问的名词短语提至句首,比如:Wh-Bill John expects to...,但是在像"For him to understand this lecture is difficult.(对他来说,要理解这个讲座的内容是很难的)"这样的句子中,"this lecture"就不能按照转换规则提至句首,因为它被包含在另一个结构中。所以,英语中通行的转换规则不能用在这样的结构之中。这种情况乔姆斯基称为"A—over—A(A 盖 A)"原理。由于这种情况汉语中并不存在,这里就不再深入讨论。

3.4.4 乔姆斯基语言学对语言教学的意义

乔姆斯基指出,语言学中最有挑战性的理论问题是普遍语法原理的发现,而普遍语法是与能够为种种任意的、无秩序的现象提供解释的特别语法交织在一起的(朱志平,1990,p.367)。而"一种语法如果要描写说话人或听话人全部的语言能力的特点,它就必须包含语义解释规则,但在这方面我们几乎还一无所知"(Noam Chomsky,1968,p.59)。他一再强调,"一部完整的语法必须包含所有复杂的语义解释规则,这些解释——至少部分地——能解开我们所研究语言的完全特定的词汇项的性质和形式结构(同上,p. 60)"。再比如,人们可以说"John has lived in Princeton.(约翰住在普林斯顿)",却不可以说"Einstein has lived in Princeton.(爱因斯坦住在普林斯顿)",而要说"Einstein lived in Princeton.(爱因斯坦在普林斯顿住过)"。这种差别无法靠结构来分辨,只能靠语义。类似的例子在汉语中也不罕见,比如"为……而……"这个结构,用在"她为失去朋友而悲哀"和"他为养家糊口而努力工作"中语义不同,前者表达原因,后者表达目的。

普遍语法可以说是乔姆斯基语言研究最主要的出发点,也是他这场"革命"的影响力之所在。其影响主要表现在两个方面,一个是对心理研究的推动,另一个是对结构主义发展到后期只关注结构忽略语义的警示。这两方面的影响对语言教学都有意义。

在心理学方面,乔姆斯基语言学对心理学的影响使语言教学在两个层面上受益,一个层面是动摇了行为主义在美国心理学研究领域的主导地位,推动了认知心理学的发展,特别是心理语言学的发展。比如,在深层结构与表层结构的理论的推动下,很多心理学家都就此进行实验,对这一理论加以验证。

萨克斯(J. S. Sacks)的实验结果表明,语言的深层意义在记忆中保存的时间较长,而语言的表层形式在记忆中保存的时间较短。乔姆斯基与美国心理学家米勒(G. A. Miller)根据这类实验进一步提出,认为人类有两种记忆:短时记忆和长时记忆,前者记忆表层结构,后者记忆深层结构(伍铁平,1994,p.9)。在日常教学中,如果我们要学习者在听了一段话以后复述这段话的内容,他(她)一般不能重复原话,而且,间隔时间越长,所说的内容就越模糊。这种现象在一定程度上证实了上述结论(朱志平,2001)。这一类的研究和结论对语言学习的研究不无助益,第二语言学习与习得研究正是在这些研究的基础上建立起来的,这也是第二语言教学必须了解乔姆斯基语言学思想的首要理由。

乔姆斯基语言学对心理学的影响使语言教学受益的另一个层面是认知心理学反过来推动了语言研究,下面将要谈及的认知语言学就在很多方面吸收了20世纪70年代以来语言认知研究的最新成果。这些成果同样可为语言教学所应用。尽管认知语言学的不少学者对乔姆斯基的理论持有不同观点,但从认知心理学整体的发展来看,乔姆斯基语言学思想是功不可没的。

从《语言与心理》的主要内容我们可以看出乔姆斯基对语义研究的重视,这对于当时美国的结构主义——描写语言学发展到后期极端强调语言形式研究的现状显然是非常有益的。从语言教学讲,语言的沟通无疑是第一位的,重视语义有助于当时的语言教学从枯燥的纯结构的机械训练中解放出来。

乔姆斯基所提出的"深层结构"和"表层结构"理论对于语言教学认识语言结构和语义的关系也不无启发作用。它提示我们,语言结构的教学如果不限语义关联起来,就无助于第二语言学习者掌握目的语,最终只能导致语言教学的失败。这是乔姆斯基语言学在语言学方面对语言教学的意义。

不过,乔姆斯基后期的研究并没有在语义方面走得更远,包括有关"深层结构"和"表层结构"在语义和结构上的分工,在他的 TG 语法中并没有保持下去。随着乔姆斯基对自己理论的不断修正,在"扩展的标准理论"和"管辖与约束理论"阶段,他已经将语义移至表层结构,从而使他的理论更加形式化。这大概是系统功能语法的创始人韩礼德(M. A. K. Halliday)最终把他归入形式主义语言学阵营的重要原因。韩礼德认为,"乔姆斯基引入深层结构的理论只是为了填补结构主义理论在语义学上的空白"(胡壮麟等,1989,p.8)。乔姆斯基的一些学生,比如珀斯托(Postal)、卡茨(Kartz)等则又向语义进了一步,建立起生成语义学。不过,相对于 20 世纪 70 年代以后的功能语言学和认知语言学,生成语义学的研究还是显得比较保守。

语言学从历史比较语言学开始独立于其他学科,到结构主义语言学进入一个鼎盛时期,不过,从乔姆斯基开始,语言学又进入一个新的与其他学科结合的时期。我们不难看到,乔姆斯基语言学的成功是他从心理学角度认识语言的结果,而下面将要谈到的功能主义语言学则是吸收了社会语言学等其他学科的精华。

3.5 功能主义语言学与语言教学

进入20世纪60年代以后,语言学研究领域出现了一种纷繁的局面,某一种语言学理论占主导地位的局面不再继续,代之而起的是不同语言学流派的百家争鸣。这就是我们第1章已经谈到的"语言理论的多元化"局面,它是推动应用语言学迅速发展的一个重要原因。在乔姆斯基的生成语言学迅速崛起的同时,欧洲伦敦学派的传人韩礼德(Michael Aleuander Kirkwood Halliday)所建立的系统功能语法也成为功能语言学中最具影响的学说之一。紧随其后,又出现了受认知心理学启发而产生的认知语言学,以及将语言学跟社会学结合起来的拉波夫的(William Labov)社会语言学,等等。

根据不同语言学流派对语言解释、评价以及研究的方式和特征,人们一般将它们分为两大类,形式主义(Formalism)和功能主义(Functionalism)。一般来讲,"形式主义"的语言学研究把研究重点放在对语言形式结构和特征的刻画上,比较注重理想化的语料,主张用抽象化的公式来表述语言形式;与之相对的是,"功能主义"则比较注重语言构造中的功能因素,注重自然语料,注重语义、语用分析,注重形式的非形式化解释。具有形式主义特征的语言学流派,如,转换生成语法(TG)、普遍短语结构语法(Generalized Phrase Structure Grammar)、关系语法(Relational Grammar)、接口语法(Interface Grammar)、蒙太古语法(Montague Grammar)、中心语驱动的短语结构语法(Head-driven Phrase Structure Grammar)、词汇功能语法(Lexical Functional Grammar)等;具有功能主义特征的流派:系统功能语法(Systemic Functional Grammar)、语言类型学(Language Typology)、话语语法(Discourse Grammar)、现出语法(Emergent Grammar)、角色和指称语法(Role and Reference Grammar)、功能语法(Functional Grammar),等等(张敏,1998)。

从语言教学的角度看形式主义和功能主义的特点,功能主义因其注重语言构造中的功能因素而更接近语言教学,因为注重语义和语用分析,以及形式的非形式化解释往往是第二语言的课堂教学必不可少的。而在诸多的功能主义流派中,有两个流派尤其值得我们关注,一个是系统功能语法,另一个是认知语言学。

3.5.1 功能语言学

进入这部分的讨论之前,有两个问题先要弄清楚,一个是从事"功能语言学"研究的人多将自己的理论称为"功能语法",比如韩礼德的"系统功能语法"和迪克(Dik)的"功能语法"。实际上,他们所说的"功能语法"并不是我们传统概念中所称的某种语言的一套"语法",而是一种研究语言的方法。所以这里的"语法"是广义的,可以将它们理解成"语言学"。另一个是具有功能主义特征的语言学流派有的又称自己的理论是"认知语法(Cognitive Grammar)"。那么,功能语法和认知语法有什么不同呢? 一般来讲,他们都以语义为主要研究内容,以语用为研究目的。区别在于,功能语法比较着重从语言的社会功能去描写语言,认知语法着重从语言心理认知的角度去研究语言。按照"形式主义"和"功能主义"特点的划分,二者又都可以称之为"功能主义语言学"。但为了从概念上使二者有所区分,本节将它们分别称为"功能语言学"和"认知语言学",以便讨论。

从事"功能语言学"的研究者很多,并没有形成一个统一的流派。这里着重介绍以韩礼德为代表的"系统功能语法"学说。主要原因是:第一,该理论的源流以及传承关系较为清楚,从伦敦学派到集大成者韩礼德,其理论发展脉络清楚;第二,韩礼德的学说具有一定的系统性和学术继承性,可以明显看到他对既往语言理论精华的吸纳,比如,他的"系统语法"就吸收了结构主义的系统观;第三,韩礼德理论中有关"语境"的学说跟语言教学关系密切;第四,中国国内有不少学者已经对韩礼德的学说作了较为系统详尽的介绍,读者很容易结合本章的简要介绍对其理论进行深入的探讨。

3.5.1.1 伦敦学派与韩礼德

伦敦学派(London School)对语言功能的研究可以追溯到马利

诺夫斯基(B. Malinowski,另译"马林诺夫斯基")。马利诺夫斯基祖籍波兰,是人类学家。他在太平洋岛屿特罗布里恩群岛(Trobriand Islands)进行人类学的调查时研究了这些岛上的土著语言。马利诺夫斯基认为,这些岛上的语言有三种功能,实用的(pragmatic)、巫术的(magical)、寒暄的(phatic communion)(胡壮麟,1990)。这种研究是从人种学和社会语言学的角度做出的,马利诺夫斯基认为,"一种语言基本上植根于说该语言的民族的文化、社会生活和习俗。不参照这些广泛的语境便难以正确理解语言"(胡壮麟等,1989,p. 17)。这可以说是最早的"语境理论"——理解话语及其成分的意思,离不开使用话语的情景。马利诺夫斯基的有关语境的观点被伦敦学派所吸收(R. H. 罗宾斯,1997)。

弗思(John Rupert Firth,又译作"弗斯")是伦敦学派的创始人。从1944年到1956年,弗思一直在伦敦大学教授普通语言学,并成为英国获得普通语言学教授头衔的第一人。跟美国描写语言学的许多学者一样,弗思也吸收并利用了人类学家的调查及研究成果,主要是马利诺夫斯基有关语境的理论。弗思的研究兴趣主要是语音学,他提出的韵律分析理论成为他语境理论的一部分。弗思也关注语义学,他对马利诺夫斯基的研究做了进一步阐释,认为"语言描写都是语义的描写","语义就是情景中的语言","描述格形式,就是描述它在各种语法环境中的功能"(同上,p. 238~239)。所以,弗思的观点基本上可以归纳为两点,一是主张用一套新方法来描写语言"节律",一是主张根据言语背景和上下文来寻求语言的意义(《中国大百科全书·语言文字卷》p. 83~84)。罗宾斯(R. H. Robins)认为,弗思对语言学最大的贡献就在于把原来在索绪尔(Ferdinand de Saussure)时代认为的语义是词语的"所指"发展至今天的理解为"功能",这是语言学史上一个可贵的进步。不过,弗思未能将他的主张付诸著作加以出版,这个工作最终是由他的学生韩礼德完成的。

韩礼德1925年生于英格兰,青年时在伦敦大学学习中国语言文学,1947~1950年曾在中国留学,先后师从罗常培与王力两位语言学大师。1955年韩礼德在弗思指导下完成了博士论文《"元朝秘史"汉译本的语言》,对《元朝秘史》进行语言学分析,并获剑桥大学哲学博士学位。毕业后他先后在剑桥大学、爱丁堡大学、伦敦大学任教,并在美国、肯尼亚等地讲学,1975年韩礼德移居澳大利亚,在悉尼大学任教,直至1987年退休(胡壮麟等,1989)。

韩礼德主张把语言看成一个由语义层、词汇语法层和音系层组成的三层次体系,在这个体系中,语音和词汇语法都是为语义服务的。在这个问题上,他接受了哥本哈根学派叶尔姆斯列夫(Louis Hjelmslev)的观点,在结构主义语言学的两层次观点基础上增加了语义层。韩礼德认为,"语言的性质与人们对它的要求和它应当完成的功能有密切关系"(胡壮麟,1995,p.66)。他曾经观察了一名叫奈杰尔(Nigel)的婴儿,从婴儿出生开始记录其每一个有意义的表达方式。他发现儿童在6个月时开始使用较为一致的表意方式,但此时表意方式尚不固定,到9个月以后逐步固定下来。从9个月到18个月,儿童逐步发展自己的语言系统,这个语言系统包含两个层次:意义和表达,因为每一个表达都是由一个意义和一个声音组成的,所以很难用词汇和语法来解释,只能用功能解释。韩礼德将儿童的语言功能的形成过程归纳为三个阶段,共七个功能。这些功能及其特点可以列表如下。

表3-3

幼儿语言功能发展阶段	幼儿语言功能	幼儿用于表达的语义内容
第一阶段 (9~10个月)	工具功能	满足物质需要,获取物品和服务
	控制功能	控制他人行为
	交流功能	与周围的人进行交际
	个体功能	表达感情、兴趣、厌恶,发展个性
第二阶段 (10~18个月)	启发功能	探索周围环境、认识世界
	想象功能	创造自己的环境
第三阶段 (18~22个月)	告知功能	向他人提供信息

显然，这种研究的视角更接近社会语言学。和乔姆斯基(Noam Chomsky)不同，韩礼德倾向于把语言学说成是社会学的一部分。乔姆斯基则主张语言是心理学的一部分。韩礼德认为，这两种观点一种是着眼于生物体之间，一种是着眼于生物体内部(胡壮麟等，1989，p.9)。从语言教学的角度看，两种理论是可以互补的。

作为伦敦学派的传人，韩礼德发展了弗思的理论，并且建立起系统功能语法的研究框架，使弗思的理论体系得到进一步完善(R. H. 罗宾斯，1997)。从1961年起，他发表了一系列的论文，把自己的主张称为"新弗思语言学(Neo-Firthian Linguistics)"。并由此逐步完善他的研究体系，成为"系统功能语法"的创始人。

3.5.1.2 韩礼德的系统功能语法

"系统功能语法"包含了"系统语法"和"功能语法"两部分。这里的"系统语法"和"功能语法"不是指两种语法，而是从系统和功能这两个角度来说明语言的特点：前者要说明，语言是一个系统网络(System Network)，由若干子系统组成，每个子系统都与意义相关联，是一些可供选择的潜在意义，供使用者选择，称之为"意义潜势(meaning potential)"；后者要说明，语言是一个社会交际的工具，在社会的语言实践中语言表现为不同的语义功能。简言之，这里的"系统"指语义系统，"功能"指语义表达。

"系统功能语法"的基本观点可以概括为三个方面：第一，语言是一个选择系统，它的内部存在着若干与语义相关的可供人们选择的"子系统"；第二，语言系统的形成取决于人们交往中所需的语义功能，即人们在语言表达时对意义的选择；第三，语言的系统网络主要由三个元功能(metafunction)组成，它们是，概念功能(ideational function)、人际功能(interpersonal function)和语篇功能(textual function)。

"概念功能"是人类语言反映客观世界和主观世界的内容，是人表达意念时的一些概念。韩礼德认为"语言是对存在于主客观世界的过程和事物的反映"(胡壮麟等，2005，p.11)，这是一种"经验功能"，同时，语言中还存在一种"逻辑功能"以表现各种概念结构之间的逻辑关系。"经验功能"和"逻辑功能"反映说话人的内心世界及其对外部世界的认识,它们组成语言的"概念功能"。比如,在"她喜欢这块布料,于是就买了下来"这个句子中,"她"、"喜欢"、"这块布料"、"买下来"等等表达了一些与内容相关的概念,"于是"则表达了前后两个分句之间的逻辑关系。

"人际功能"则反映人与人之间的关系,包括疑问、说话的轮次、对可能性的判断以及地位的亲疏,等等。根据韩礼德的观点,"语言是社会人的有意义的活动,是做事的手段,是动作,因此它的功能之一必然是反映人与人之间的关系",人们要对说话轮次(turn-taking)的选择做出规定,或者要对事物的可能性和出现频率做出判断,或者要表示说话人和听话人之间的社会地位和关系亲疏(同上,p. 12)。比如:

　　A:"张林是小学教师吗?"
　　B:"他可能不是小学教师,可能是中学教师。"
　　C:"太好了,我正在找一位中学教师。"

在上面谈话中的这些句子里,A句的疑问语气,B句的情态和C句的感叹语调,等等,都属于人际功能的范畴。

"语篇功能"指语言和语境发生的联系,它使说话人生成与情景一致的、相称的语篇。在实际的语言使用中,语言的基本单位很难直接拿词或者句子来衡量,不论是概念功能,还是人际功能,它们都需要说话人根据语境的需要组织起来,才能成为一个完整的语篇。比如,"火"单独使用时之所以能够表达"起火了"、"借个火"等不同的意思,是因为它处在一定的语境条件下。这时,它既不是一个词,也很难简单地说是一个句子,它是一个语篇。

概念功能、人际功能和语篇功能从三个方面共同完成一个语言的表达。比如,在"那扇窗子被他们打破啦"这样一个句子里,"那扇窗子"、"被他们"、"打破"分别表达了不同的概念,具有概念功能;语气词"啦"表达出一定的语气,属于人际功能;整个句子的陈述是围绕"那扇窗子"展开的,"那扇窗子"作为主位和已知信息,"被他们打破啦"作为述位和新信息,等等,则属于句子的语篇功能。

韩礼德认为,这三个元功能是三位一体的,它们共同组成语言的整个功能系统。同时,这三个元功能各自又包括若干个子系统,比如"概念功能"下有"及物性[①]"、"语态"、"归一度"等子系统,而"过程"、"参与者"和"环境"又构成"及物性"的子系统,等等。三大功能和各子系统之间的关系可以简单列表如下:

表 3-4

元功能	语言功能系统		语言功能子系统
概念功能	及物性		过程:物质、心理、关系、行为、言语、存在
			参与者:动作者、目标、范围
			环境成分:时间、空间、方式、程度、比较、因果等
	语态		中动语态、非中动语态(主动、被动)
	归一度		肯定、否定
人际功能	语气		直陈语气:陈述语气、疑问语气
			祈使语气
	情态		情态、意态
	语调		
语篇功能	主位		
	信息		已知信息
			新信息
	衔接		语法衔接:照应、省略、替代、连接
			词汇衔接:重复、同义(反义)、上下义、搭配

可以看得出来,"系统功能语法"的这些概念和术语基本上都属于语义分析的范畴。如果用"The boy kicked the ball forcefully(那个男孩儿使劲儿地踢那个球)"来做一个对比分析,"系统功能语法"

[①] 根据屈承熹的解释,"及物性"有三个含义:第一个跟传统的语言研究对动词加以分类的方法有关,比如,人们把英语动词分为"及物动词"和"不及物动词",这个含义今天已经很少使用;第二个是韩礼德等人的功能语法用来指称语言的功能系统,特别是界定名词和动词之间的关系;第三个是 80 年代以后一些功能语言学家用来指称有关句子及物性程度的理论(屈承熹,1998)。

的这些概念跟传统语法的概念可以对比如下:

系统：The boy / kicked/ the ball/ forcefully（胡壮麟等,2005,p.68）
及物性：动作者/ 过程/ 目标/ 环境
语气：语气成分/ 剩余成分
主位：主位/ 述位
信息：已知信息/ 新信息
传统语法：主语/ 谓语动词/ 宾语/ 状语

图 3-11

由此可见,"系统功能语法"在性质上就是一套对语言进行语义分析的方法,跟结构主义语言学的语法分析相比,它属于语义学;跟下面将要谈到的"认知语言学"相比,它更接近社会语言学。

从"系统功能语法"的研究方法看,韩礼德的理论事实上分别继承了形式主义语言学和功能主义语言学这两大流派的精华,一方面,他分别吸收了人类学家马利诺夫斯基和布拉格学派学者布勒（Karl Bühler）的功能理论,建立起他自己的功能学说。比如,"系统功能语法"的"概念功能"相当于马利诺夫斯基的"实用功能"和"巫术功能",也相当于布勒的"表达功能";"系统功能语法"的"人际功能"则相当于马利诺夫斯基的"寒暄功能"和布勒的"表情功能"、"意欲功能"。另一方面,他又吸收了索绪尔有关"系统"的思想,把人类语言的语义表达功能看成是一个系统,同时,应用索绪尔的组合（syntagmatic）与聚合（paradigmatic）观点,形成自己的"系统语法",把结构的组合、聚合与功能部分联系起来（黄国文,2000）。此外,他还在一定程度上对乔姆斯基的理论进行了改造,他不同意"深层结构"和"表层结构"的划分,他认为,表层也能进行语义分析（胡壮麟等,2005,p.18）。不过,他的"系统语法"却是在"深层语法"的基础上提出来的（同上,p.38）。

应当看到,韩礼德的理论并不仅止于吸收他人的主张,而是有所创新。这种创新表现在两个方面,一个是建立起一套相对完整的对语义进行形式化描写的方法,这不仅弥补了形式主义语言学在语义描写方面的缺欠,同时也使得语义描写具有可操作性;另一方面是对语篇理论的建树,从语言教学的角度看,后者尤为可贵。因为在"系统功能语法"的三个元功能中,概念功能和人际功能与传统的词汇语法分析尚能对应起来,人们可以看到它们只是由原来的结构分析转向了语义分析,而语篇功能则向学术界展示了一个全新的研究领域,它在以往的结构主义研究中几乎没有被关注到,这是其一;其二,由于语篇功能涉及语言内容在一定语境条件下的表达,它处在语言的社会符号层上,语言的语义层、词汇层、句法层和音系层则分别作为它的底层范畴(胡壮麟,1994,p. 225),因而语篇的研究可以将语言其他功能的研究纳入自己的范围;其三,跟第二语言教学最为密切的是,学习者目的语交际能力的培养在很大程度上有赖于他们对目的语语篇的熟悉程度。这一点,我们在下面进一步讨论。

3.5.1.3 语篇理论与第二语言教学

语篇(text)指"任何不完全受句子语法约束的在一定语境下表示完整语义的自然语言"(胡壮麟,1994,p. 1)。根据韩礼德的观点,元功能(即概念功能、人际功能、语篇功能)所形成的语义系统网络只提供意义潜势,它们要通过语篇才能实现,成为语义选择的过程。这里的"语篇"不是"文本"一类的实体,而是一个社会符号学的概念(胡壮麟等,2005,p. 46)。

在概念上,"语篇"跟"话语(discourse)"和"篇章(text)[①]"还有一些瓜葛,主要是由于不同历史时期和不同地域的学者在术语使用上的差异造成的。"篇章"在文体学的研究中曾经占有一席之地,它主要指大于句子的单位。"话语"这个术语的使用最早由于海里斯(Z. S. Harris)的"话语分析"在美国广受关注,由于这个原因,有的美国学者更倾向于使用"话语"来代替"语篇"。不过,当我们把语篇定义为表达"完整语义的自然语言"时,"话语"跟"篇章"就都囊括其中了。

[①] text 在英语文体学研究中曾用于指"篇章",韩礼德则用它指"语篇",汉语用"篇章"和"语篇"来翻译,以示区别。

作为一种元功能,语篇功能主要通过"主位结构"、"信息结构"和"衔接"这三种方式来体现。功能语言学家一般把句子所包含的概念划分成两个部分:主位和述位。"主位"部分往往由复杂的结构组成,所以又称为"主位结构"。"信息"指的是"发话人传递给受话人的音信(message)的内容"(胡壮麟等,2005),这个概念始于信息理论的研究,在通讯工程中广为运用。布拉格学派最早将信息理论应用于语言研究,韩礼德则将它进一步用于语篇理论。信息分为许多单位(information unit),它们组成信息结构,主要可以分两类,一类是已知信息,一类是新信息。

主位结构和信息结构是从不同角度来说明语篇的功能,它们都以一定的形式出现,都与信息传递相关,所不同在于,主位跟述位相对,它是语句描写的焦点,一般先于述位出现,多半处在语句前端,和述位在形式上具有线性排列的特征;信息结构跟语调相关,新信息出现往往以语调变化为标志,而且新信息不能省略,主位和述位必要时都可能省略。在一般情况下,主位对应于已知信息,因为说话人往往要根据上文已知的信息确定下文的主位和述位,但这不是绝对的。比如在"Who saw the play yesterday(昨天谁去看这个话剧了)"这个句子中,"who"是新信息,对应的却是主位。

主位结构和信息结构都是语义的结构形式,但"衔接"(cohesion)不是,它是一种语篇形成的手段,它要利用照应、省略、替代、连接、词汇意义等手段把语篇的各个成分连成一体,把它们之间的语义关系显现出来。所以,当"语篇中一个成分的含义依赖于另一个成分的解释时"(胡壮麟等,2005,p.179)衔接就形成了。在韩礼德的语篇理论中,衔接理论是核心,也是语篇研究的一个突破点。在韩礼德之前,布拉格学派的创始人马泰休斯(V. Mathesius)就已经对主位结构和信息结构做出过研究,但没有进一步深入。韩礼德不仅提出了衔接理论,并对衔接的框架进行了阐述。

韩礼德把衔接分为两种,语法衔接(grammatical cohesion)和词汇衔接(lexical cohesion)。语法衔接有四种,照应(reference)、省略(ellipsis)、替代(substitution)、连接(conjunction);词汇衔接也有四

种,重复(repetition)、同义/反义(synonymy/antonymy)、上下义/局部——整体关系(hyponymy/meronymy)、搭配(collocation)。

"照应"指语篇中一个成分作为另一个成分的参照,比如,在"王小娶了个老婆,可是又没钱养活她"这个句子中,"老婆"和"她"相互照应;"省略"是把语篇中某个成分略去,比如,"谁拿走了那本书?——小张(拿走了那本书)",括号中的部分被省略了;"替代"是使用某个词替代另一个词,比如"他丢了一块手表,又买了一块新的","新的"替代"手表",在上下文中,代词更多地用于替代;"连接"是用一些词语或者用意合的方式来体现语篇中的逻辑关系,连接的词语如"因为"、"所以"、"如此一来"、"那么"等等,意合连接如"他遇到了一只熊,被抓伤了"。

"重复"指某个词语在语篇中多次出现,比如"他遇到了一只熊,熊把他抓伤了";"同义/反义"指语篇中用意义相近或者意义相反的词语来表示上下文的同一关系或差别,比如"外面没有动静,什么声音也听不到"里的"动静"和"声音","他睡着了,又被惊醒了"中的"睡着"和"惊醒";"上下义/局部——整体关系"指某个词的意义是另一个词的下位概念,比如"颜色"和"红色","身体"和"手"等等这类关系,同为下位概念的一组词有可能在语篇中形成衔接,比如"太阳落下去了,云朵由白色变成了红色,树木成了紫色的,山谷则是黑的了";"搭配"指同时出现在语篇中的词语之间在意义上的关联,比如"冰"和"冷","火"和"热"等等。

从上面的简要说明可见,语篇衔接在某些方面已经接近传统意义的修辞,所以,语篇的研究不仅打破了句子的局限,也将语法和修辞连接起来。从语义的角度看,上面这些衔接手段都跟语言在意义上的前后连贯紧密相关。由于这一点,我们在讨论语篇衔接的时候,就不能不谈到另一个与"衔接"相关的概念——连贯(coherence)。连贯既是衔接的目的,也是语篇衔接最终得以成功的保证。不过,二者在语篇形成中的作用略有不同,从上述有关语篇衔接的两种方式可以看到,"衔接"主要是形式上的,比较容易通过某些词语的隐现来把握;"连贯"则要靠语境(context)来完成,跟语义理解更为密切。

一般认为语境主要有三种,上下文(linguistic context)、情景(situational context)、文化(cultural context)(胡壮麟,1994)。

从汉语第二语言教学的角度看,"衔接"与"连贯"是两个更为重要的语篇形成因素,它们与第二语言学习的成功紧密相连。比如,一个学了三年汉语的学习者在一篇广告习作中写了这样一段话:

> 马龙尔笔(Malonger)由最高品质的材料制成,马龙尔笔的设计来自高级电脑和实验室的研究,马龙尔笔对顾客来说既可靠又实用,马龙尔笔还带有一个美丽的包装盒,……

读者感到最不舒服的可能是这不断重复出现的"马龙尔笔",因为作者完全没有使用最基本的语篇衔接手段,比如照应、替代等。

语篇衔接的问题在第二语言学习者的作业中并不少见。比如,金善熙调查了200多名中级水平韩国学生在回答8种测试题时所产生的偏误情况(金善熙,2006),其中有两种测试题的偏误率是最高的。将近一半或一半以上的句子都产生了偏误。它们是"以词完句"(给出上文或者下文,要求学习者用所给的词语完成下文或者上文)和"以词答问"(给出对话的问句或者答句,要求学习者用所给的词语完成答句或者问句)。这两种题都跟语篇的衔接与连贯紧密相关。比如下面这个例子:

> A:在这么短的时间内完成了一幅这么出色的画,你真了不起。
> B:哪里哪里,……,这幅画画得实在不太好。

这是一个兼有"以词完句"和"以词答问"特点的测试题,要求学习者用句含"毕竟"的语句补出空缺的部分。我们得到了三种回答:

> B1:哪里哪里,<u>毕竟谁也不愿意买</u>,这幅画画得实在不太好。
> B2:哪里哪里,<u>你毕竟是离远了看</u>,这幅画画得实在不

　　　　太好。①
　　　B3：哪里哪里,<u>我毕竟还需要练习</u>,这幅画画得实在不太好。

　　我们很难在上面的3个答句中找出语法的错误,但补出部分与给出的上下文在语义上并不连贯(朱志平、金善熙,2006)。

　　对于语言教学,语篇理论的应用价值有两层。一层是通过语言的本体研究受益。语篇理论的创建,改变了"句子是表达完整意义的独立单位"这一原有认识,使得对语言的研究从句法的羁绊中解脱出来,研究领域豁然开朗。人们开始把一些语法项目的研究扩展到句子以外,比如对"把"字句的解释从原先的局限于句子之内,扩展到句群范围(张旺熹,1999)。这些成果有助于语言教师向学生解释"她把杯子拿起来"和"她拿起杯子来"这两种句子之间的差别。另一层则直接指导语言教学的实践,它提示我们在课堂上教师对词语的讲解必须和使用联系起来。学生学习目的语的词语,主要有三个途径,词典、教材、教师。前二者往往不包含语境。比如,笔者曾经分别问过美国学生和波兰学生,在中国遇到危险怎么办,他们都异口同声地回答道:"说'帮助'"。因为在英语和波兰语中"救命"直接用"help"或"Pomoc"表达,而这两个词在词典中均译为"帮助",可见,在英语、波语中可以形成语篇的词语,在汉语中就不一定行。所以,教师的课堂讲解必须把语境因素包括进去。

　　汉语是一种缺乏形态的语言,词与词在句子中的关系相对松散,完整的意义表达更多地是靠词义相互之间的关联,词汇及其语义在语篇的衔接与连贯方面就起着更为重要的作用。这在中级阶段以上尤其重要。在第二语言学习的初级阶段,由于学习者掌握的词汇还有限,只能在掌握基本句法的基础上进行简单的表达和交际,所以此时语篇的问题尚不突出。在进入中级阶段以后,随着学习者所接触的语言材料日益丰富,目的语表达能力不断增强,语篇的衔接与连贯

---

① 这句话原文缺"你",为了突出偏误所在,我们对句子做了微调。

就上升为语言学习的重要方面。

第二语言学习者以成年人居多,对语言形式比较敏感。通过初级阶段的句法学习,他们已经养成了关注语言形式的学习习惯。因此,掌握语篇衔接相对要容易一些。教师可以通过训练不断地提高他们对语篇衔接形式的注意度。比如代词、连词以及具有连接作用的副词,等等。语篇连贯要求在一定语境条件下实现上下文词语意义的相互关联。由于它主要跟语义相关,还涉及到对词汇的掌握程度和对文化的熟悉程度,难度较大。从第二语言学习的角度来看前述的三种语境,上下文语境跟语言的词汇以及词汇的语义关系密切,要求一定词汇量的支撑,以及学习者对语言上下文语义脉络的熟练掌握;情景语境跟语言使用的场合关系密切,它既考量学习者第二语言词汇的熟悉程度,也要求使用者有第二语言交际的经验;文化语境要求学习者对目的语的文化和社会有一定的了解。较之语篇衔接,语篇连贯更不容易掌握。

功能语法在过去的十几年里对语言教学有较大影响,风行一时的"交际教学法"就是以它为理论基础的。韩礼德则是功能语法研究的集大成者,特别是由于一些中国学者的介绍,他的研究在我国英语教学界有较大影响。在他之外,欧洲和美国还有很多研究功能语法的人,其中有不少人用功能语法的方法研究汉语。但是由于功能语法与认知语法在学术观点上有很多类似之处,后者又往往被归入"认知语言学"。

3.5.2 认知语言学

认知语言学是过去 20 多年里发展起来的一个新兴的理论语言学流派。它主要建立在语言类型学和功能语言学研究成果的基础上,在研究方法上吸纳了认知心理学的一些研究成果,从人认识世界的角度来了解并解释人类语言。从这一点我们大致可以看到认知语言学跟功能语言学的同与异:二者之同,在于它们都关注语言的语义;二者之异在于功能语言学的视角主要是社会的,认知语言学的视角还包括心理的,并努力把社会和心理关联起来。所以,从某种程度上讲,这里要介绍的认知语言学可以作为功能语言学的一个分支。

需要说明的是,在语言的认知研究方面,乔姆斯基语言学革命曾经起了极其重要的启发和推动作用,对认知心理学的兴起和发展有相当大的影响。不过,采用心理认知的视角对语言加以研究的学者很多,他们的观点和方法也有较大分歧。有的甚至分属于形式主义和功能主义两大阵营。这是需要我们注意分辨的。

比较明显的是,在"认知语言学"这面旗帜下有两个不同的学派,一个以生成语言学为研究框架,一个以功能语言学为研究框架。前者并不被后者认可,而且被作为对立面归入形式主义语言学。下面将要介绍的"认知语言学"主要来自后者。它的代表人物有三个来源,一是因学术观点不同从原来的生成语言学分裂出来的一些学者,比如兰格克(R. Langacker)、菲尔默(Fillmore)、莱可夫(G. Lakoff)等;二是一些注重语言功能、语言共性和语言类型研究的学者;三是其他一些关注语言认知研究并采用类似方法进行研究的哲学家、心理学家等(张敏,1998)。本书选择这些人的理论加以介绍,其理由也很简单,语言教学要考虑的是"应用哪些"与"怎样应用",而后一种"认知语言学"流派对语义的一些研究成果有助于第二语言教学,而且,其中还有一些研究是以汉语为研究对象的,他们对汉语的一些解释对语言教学实践有指导作用,可资汉语第二语言教学应用。

3.5.2.1 认知语言学的研究范围

什么是认知语言学?张敏的定义是:"认知语言学是一个以我们对世界的经验以及我们感知这个世界并将其概念化的方法、策略作为基础和依据进行语言研究的语言学学派。"(同上,p.3)

认知语言学主张把自然语言看成是人类心智的产物,同时也是观察人类心智的窗口。因此,它认为自然语言是一种概念化的现实的符号表达,句法结构的形成要受到人的认知、语言的社会功能、语用条件等句法之外因素的制约,语义结构也并不直接等同于客观世界,它包括了人与客观现实互动过程中所获得的经验、认知策略以及社会文化规约等内容。这些观点使得认知语言学在像功能语言学一样关注语言的语义表达和社会功能的同时,还关注语言反映人类对客观世界的认知过程。

由于把自己的研究称为"认知语言学"的学者很多,有的学者归纳出了一系列划分这个研究领域的基本观点,以便说明该学派的研究范围(同上,p.5~6)。这些原则也有利于我们了解认知语言学。现在简述如下:

第一,自然语言的结构和功能反映人类认知客观世界的结果,语言能力是普通认知能力的一部分,认知能力不是天赋的。从这个观点可以看出,认知语言学反对语言天赋说。

第二,句法直接对应于语义结构,而不是转换生成。这个观点来自莱可夫等人的主张(同上,p.8),它跟韩礼德"系统功能语法"的观点比较接近。韩礼德也反对表层结构和深层结构的划分,认为语义结构可以直接在句法结构的表层加以分析。

第三,语义对应于非客观的投射世界(projected world),而不是客观世界。也就是说,语义是人类认知世界的结果,而不一定完全直接地反映客观世界。这是认知语言学的一个重要观点,认知语言学的几个重要理论都跟这个观点紧密关联。因为认知语言学就是从认知的投射世界这个视角来研究人类语言的。

第四,语义并不限于语言系统内部,它产生于人类与世界互动的过程中形成的物质经验,以及说话人的知识、信仰,因此语义跟语用密切关联。语言的基本功能是传达语义,语言形式服务于语义和语用。这个观点跟绝大多数功能主义语言学研究者是完全一致的。

第五,语言的共性或普遍规律体现为一种趋势,而不是绝对规则。而且,语言的这种共性规则应在语义、表达功能、认知能力中去探求,而不是对语言规律形式化的解释。这个观点既是语言类型学的主要观点,也是针对形式主义语言学提出来的。

第六,语法格式跟词汇项目一样,都是由形式和意义配对组成的,而不是由某种生成规则或者普遍语法操作所产生的。基于这个观点,认知语言学有两点主张,一点是不绝对区分语法和词汇,一点是把语法跟词汇都视作一种形式——意义结合的符号。事实上,从认知语言学的研究内容来看,到目前为止,它的研究兴趣主要还是集中在语法方面。即从认知的角度来观察人类语言的语法系统(同上,p.4)。所以,有时候人们又把这一派的研究称为"认知语法"。

从上述观点可以看出,认知语言学一方面在努力地与生成语言学划清界限,另一方面是在功能语言学的基础上结合语言的类型研究和语言的认知研究形成自己的研究特色。它对语言性质的认识主要还是社会的。语言类型学的研究特点是综合研究世界的各种语言,找出它们的共性和差异。认知心理学不是一套由某个心理学家提出来的理论,而是在很多学者研究的基础上形成的,所以,一方面它的兴起深受乔姆斯基语言学革命的影响,另一方面它也继承了早期心理学,比如"格式塔心理学(Gestalt Psychology)"在知觉、学习、思维等方面的一些观点。因此,语言类型学的关注语言共性和认知心理学的关注人的认知能力的共性特征在认知语言学的领域里合流了。

3.5.2.2 认知语言学的基本理论

跟认知心理学类似,认知语言学也不是由某个学者提出的一套完整的理论,它的理论来自不同学者,甚至是不同研究领域的学者的研究成果,比如,"范畴化理论"和"隐喻理论"主要来自莱可夫等人的研究,"意象图式理论"主要由兰格克(R. Langacker)等人提出,而戴浩一等人又主要集中研究了汉语句法的象似性[①]问题。从汉语第二语言教学的角度出发,在这一小节里我们着重介绍"范畴化"和"隐喻"理论,下一小节则集中介绍有关汉语句法的象似性的一些研究。

(1) 范畴化理论

认知语言学认为"范畴化(categorization)"是人类的一种认知活动,是人类对客观现实存在的千差万别的事物加以概括并且将它们

---

① 这里直接采用张敏对术语的翻译。

概念化的过程和能力。在人类语言里,范畴化表现为人类用语言将世界万物分类的过程和结果。因此,语义可以看成是范畴化的结果。

"范畴化"并非一个全新概念,亚里士多德(Aristotle)就已经关注过这一现象。不过,认知语言学对传统的"范畴化"有一定修正,比如,传统认为范畴化需要由充分必要条件来决定,范畴有明确的边界,范畴内所有成员地位相等。但是认知语言学认为,范畴化不完全是由充分必要条件决定的,范畴有中心和边缘,没有明确的界限,范畴内的成员由于跟处于中心位置的原型不等距因而地位不相等,等等。

认知语言学对传统范畴化研究的修正主要受语言类型学对颜色词研究结果的启发。人们发现,世界各种语言使用的颜色词对不同颜色的涵盖基本一致,但不完全相同。而且,每种语言的颜色词所指的"焦点色(focal color)",即颜色中心很清楚,但边界不甚明了。这说明,说不同语言的人对客观现实的颜色进行范畴化的过程受不同因素影响。有三方面的因素可能影响语言中颜色的范畴化,一是人类的神经生理机制,涉及到人的眼部构造以及眼睛和大脑的联系;二是人类的一般认知机制,涉及到人脑对外界刺激的处理和认知;三是某种文化对认知结果所作的选择。第三个因素可以解释为什么人类有着共同的神经生理机制和认知机制,但是不同语言的颜色词所指的具体颜色却有差异。比如,说到黄色的时候,持不同语言的人大脑里呈现的颜色可能会不一样,反映在语言里,就会有用词的差异,英语说"yellow(黄色)"和"orange(橘色)",汉语说"黄色"和"橘黄"或"橘红",这表明在说英语的人看来"yellow"和"orange"差别较大,而在说汉语的人看来它们只是一种颜色的不同程度。这是说汉语和说英语的人所处的文化社会对自然颜色的认知加以选择的结果。再比如,很多中国人到了欧洲的一些城市往往会闹出站在某个广场上向别人打听这个广场的位置的笑话,这是因为"广场"这个词,在一些中国人的概念里往往是跟"天安门广场"的宏大联系在一起的。

基于这种认识,通过进一步的研究,认知语言学提出了"范畴化的原型理论"。这个理论有两个重要观点:第一,人类对个体范畴化的依据是个体的属性(attributes),而不是其基本特征(essential features)。属性跟人的认知有关,基本特征则是客观存在的。比如,西红柿在汉语里被称为"蔬菜",而在韩国语里则更多地归为"水果",这是说这两种语言的人认知的结果,跟西红柿的基本特征无关。第二,范畴有中心和边缘,处在中心的成员具有较高的原型性,具有同类成员的共同属性。范畴的边缘是模糊的[①]。比如,鸟的属性是:生蛋、有喙、有双翼、有羽毛、会飞、会唱歌等等,但不是所有的鸟类都具有上述全部属性,比如鸵鸟、企鹅就不会飞,因此,具有更多这些属性的鸟就更接近原型,甚至具有原型性,比如知更鸟。

世界的范畴有两类:人工类、自然类。属于自然类的比如,鸟、鱼、马等,属于人工类的比如,桌子、椅子、床等等。

由于范畴化的结果主要是语义的,而且范畴化的过程在语言中要受到特定文化的影响,那么,学习第二语言就意味着对另一种语言的范畴化及其结果的了解和认同。"范畴化理论"有时可以帮助我们解答学习者提出的疑问。比如,汉语中量词的使用常常让第二语言学习者迷惑不解,家具和纸张相去甚远,而在汉语里"桌子"、"床"跟"纸"为何却用同样的量词"张"。如果用"范畴化理论"来解释,我们可以说,"桌子"、"床"、"纸"有一个共同属性——二维空间形成的一个平面,当人们把弓张开拉满时也形成这样一个平面,这正是"张"作为动词的本义,"张"在这个意义上引申作量词。认知语言学认为,"量词与名词的选择性共现关系实际上是它对名词代表的概念进行范畴化的反映"(张敏,1998,p. 71)。因此,以"张"为"桌子"、"床"、"纸"的量词,是说汉语的人对"桌子"、"床"、"纸"这些概念范畴化的结果。

(2)隐喻理论

隐喻理论来自认知语言学对传统"隐喻修辞观"的改造。传统研究中人们一般把"隐喻"看成修辞手段,认知语言学则把隐喻看做是一种认知方式、一种普遍的语言表达手段,它形成于人们对客观世界

---

① 屈承熹将这种边缘模糊现象称为语言的"连绵性"(屈承熹,1998)。

范畴化的过程中。当人们对客观世界的事物进行范畴化的时候往往要依据人对事物的感知或者事物的功能、特性,这种感知往往会跟先前的经验联系起来,反映在范畴化的结果——语义中,就是某个概念的意义是另一概念的隐喻。比如,人们往往把金钱和时间联系在一起,中国有句老话"一寸光阴一寸金,寸金难买寸光阴",实际的语言交际中人们常常会说"再给我几分钟,我马上就讲完"、"你在浪费我的时间"、"时间快用完了,问题还没解决"等等,而"时间"显然是不能"给予"、"浪费"或者"(使)用"的,这无疑是把时间喻做了金钱。

认知语言学认为,隐喻有三个特点,第一个是隐喻的概念性。由于隐喻本身就是用某个概念去建构另一个概念,所以,隐喻不仅仅指某个语言形式本身,还指体现在语言表达中的隐喻概念(metaphorical concept),或称为"概念隐喻(conceptual metaphor)"。比如,"时间就是金钱"这个隐喻,不仅指把时间概念喻作金钱,还指在思考问题和说话时用计算金钱的方式来计算时间。所以才会有"花时间"这样的表达。所以,隐喻不仅是语言表达的问题,也是一种思维方式。认知语言学所研究的隐喻更多的是后者。

第二个特点是隐喻的系统性,即隐喻之间相互联系,形成隐喻群。这个特点可以从两方面来看,一个是语言中存在着复合隐喻,即某个隐喻形成于另一个隐喻之上,比如,像"我说的话你一点也不放在脑子里"这样一个句子,根据"导管隐喻","我说的话"会像物品一样通过"导管"传递,而把别人的话"放在脑子里"就意味着又把大脑喻为一个容器,这就是另一个隐喻,因此,在这个句子里有两个隐喻复合在一起表达思想。另一个方面是指同一个概念可能有不同隐喻,比如,在"你的意思我不明白"、"他什么意思我看不透"、"老师说的中心意思我抓不住"这三个句子里,"意思"分别隐喻为"用于大脑理解的"、"用眼睛可以看得见的"、"用手可以抓拿的"不同东西。

第三个特点是隐喻的普遍性,即隐喻无处不在,比如上述的这种"时间就是金钱"的隐喻,再比如,人们把词语、语句、文章等喻作容器,因而会有"这句话充满了感情"、"这篇文章里没什么有意义的主张"等等——语言交际的过程好像使用容器传递物品的过程。根据莱可夫等人的研究，英语中大约有70%的表达方式是隐喻性的（同上，p.90）。

　　从第二语言教学的视角来看隐喻的第三个特点，我们可以说，不同民族的语言也都存在着隐喻，这也是隐喻的一种普遍性。当说英语的人说"Time is money"的时候，中国人也说"一寸光阴一寸金"。所以，这是第二语言教学可以利用的一种资源。笔者曾经做过这样的试验，即便是初学者，当他们被告知"山脚"的"脚"就是"腿脚"的"脚"时，第二语言学习者会很快地说出"山腰"、"山顶"等词。很显然，学习者对于这种隐喻并不陌生。

　　此外，我们认为，隐喻还有第四个特点，这就是隐喻的民族性——隐喻的过程及其方向受一个民族认知方式的影响。对比英语中"up"和"down"的概念隐喻跟汉语相关的趋向补语引申用法，我们会看到，在英语里"up"和"down"的概念隐喻之一是：Conscious is up, unconscious is down（有意识是向上，无意识是向下）（John I. Saeed, 2000），如："wake up"；但是，在汉语里有意识是过来，无意识是过去，如："昏过去"、"醒过来"、"明白过来"等等。这个例子说明，英语中将意识的变化隐喻为"由上而下"或"由下而上"的纵向空间，但在汉语里则隐喻为"由此及彼"或"由彼及此"的横向空间，英汉两种语言在将空间位置的移动隐喻于表达意识时移动方向是不同的。它说明在这个表达上说英汉两种语言的人对抽象空间的认知是不一样的（朱志平，2005）。所以，当人们对第二语言趋向补语习得顺序进行调查时就发现，以英语为母语的第二语言学习者掌握"复合趋向补语"的本义用法正确率均在90%以上，但是对"复合趋向补语"引申义用法的掌握正确率却都只有70%（杨德峰，2001）。

　　事实上，对于隐喻这个现象，历代的汉语研究者并不陌生，正如东汉许慎所说："古者……，观鸟兽之文与地之宜，近取诸身，远取诸物；……"（许慎《说文解字·序》）。古代的中国人用"泉"来指称"钱"，其中就暗含着"钱像泉水一样流布四方"这样的隐喻。因此，第二语言教学中一方面要引导学习者了解汉语中的隐喻现象，另一方面又要注意学习者的母语跟目的语在隐喻上的差别。

　　一般来讲，认知语言学的兴趣主要在概念隐喻方面，而把像"山脚"这样的隐喻称为"死隐喻"。不过,从以上的例子可以看出,两种隐喻都是第二语言教学应当关注的。另外,从汉语来讲,由于形态不发达,在教学中碰到的词汇隐喻会比句法隐喻更多。

3.5.2.3 认知语言学对汉语句法象似性的研究

语言的"象似性(iconicity)"指人感知到的现实的形式与语言成分及结构之间具有相似性(张敏,1998,p.139),它要说明语言的形式与内容之间有着非任意的、有理据的、可论证的一面。这个问题并非起自认知语言学,最早可以追溯到古希腊哲学家有关现实生活中的"事物"与指称它们的"词语"二者关系的讨论,也可以追溯到中国古代哲学家有关"名实"问题之争。

在语言学史上,语言的任意性和理据性是以柏拉图(Plato)为代表的"以人类学为本"和以亚里士多德为代表的"以哲学为本"的语言学两大流派的分歧点之一。过去几十年里,由于人们将索绪尔(Ferdinand de Saussure)任意性原则的影响无限扩大,对象似性的研究一直不够深入。语言的象似性只是在符号学的领域里受到一些关注。比如美国符号学家皮尔士(C. S. Peirce)曾经提出,语言的句法里存在着"合乎逻辑的象似符"(同上,p.143),他最早提出了"象似性"这个概念。这种情况随着功能语言学的崛起而有所改观,特别是20世纪80年代以后,认知语言学开始将"语言的象似性"作为一个重要课题加以研究,其中不少研究是跟汉语有关的。比如研究者们认为,汉语量词"条"、"根"、"支"的使用,反映了中国人对细长物品分类的认知,"条"源自条子、柳条儿,指软而长的东西,从而有"一条鱼"、"一条裤子"、"一条路"等用法;"根"源自树根,指长而硬的东西,从而有"一根火柴"、"一根针"、"一根草";"支"源自树枝,指长而圆的东西,从而有"一支笔"、"一支香"、"一支牙膏",等等(屈承熹,1998)。

张敏认为,语言象似性的产生有不同的动因,比如"范畴化象似动因"、"复杂性象似动因"、"独立性象似动因"、"对称象似动因"、"次序象似动因"、"重叠象似动因"、"距离象似动因",等等(张敏,1998)。

"范畴化象似动因"主要指形式范畴跟意义范畴之间的对应性,最典型的例子就是词类,比如名词、动词、形容词都表明了各自的词类的共同特征。"复杂性动因"指复杂的概念在语言中往往用复杂的结构表达,简单的概念则反之。"独立性象似动因"指语言形式的个体化和概念的个体化相对应,比如"读书"在"我在图书馆系读书"和"我在图书馆读书"中分别做复合词和短语,前者的"书"在概念上不具有独立性,因此它在形式上也不能从复合词中分离出来作为焦点,不能被强调;与之相对,后者的"书"则概念和形式都独立,可以说"我在图书馆读一本书",也可以说"书我在图书馆读了",还可以说"我在图书馆读的是书"等等。"对称象似动因"指对称的概念和对称的语言形式相对应。比如"小张和小李互相帮助"等于"小张帮助小李,小李也帮助小张",再比如"人不犯我,我不犯人"等等。

在这些象似动因中,"次序象似动因"、"重叠象似动因"和"距离象似动因"与汉语第二语言教学关系较为密切。

"次序象似动因"一般指语言结构的顺序与时间一致。戴浩一曾经提出一条"时间顺序原则",他指出,汉语的语序和时间具有极强的象似性,比如汉语中的"连动式","他到图书馆拿书"和"他拿书到图书馆"表示的意思有所不同,这个不同主要体现在时间顺序上。需要引起汉语第二语言教学注意的是,并不是所有的语言都具有同样的"时间顺序原则",比如:"We went from Beijing to Shanghai"跟"We went to Shanghai from Beijing"在英语里意思是完全相同的,但是汉语只能说"我们从北京到上海去"或者"我们从北京去上海","北京"跟"上海"在时间上有先后,所以在汉语里不能颠倒(屈承熹,1998)。

在进行第二语言教学的时候,关注汉语的这一特点显然很有帮助。对于许多第二语言学习者来说,汉语的补语是个难点。主要因为许多语言中没有补语,而且状语的位置又往往不定,在谓语动词前后都可出现。"时间顺序原则"就能说明汉语中状语和补语的差别,由于状语要说明主语在某个事件中的意志、心态,是影响到行动的因素,所以必须出现在动词之前;而补语往往表示"行动发生之后的结果,所以必须出现在动词之后"(同上,p.35)。比如在"别着急,慢慢说"和"他说得很慢,仿佛有什么卡住了喉咙"这两个句子中,"慢"的位置跟动作的已然和未然有关。在"这次我们得好好干一场"和"这件事你们都干得很好"中,"好"的位置也跟时间有关。再比如"他趴在桌子上写字"和"他把字写在桌子上了"尽管都用了同一个介词结构"在桌子上",但是做状语跟做补语是有时间上的先后的。

"重叠象似动因"最早也是由戴浩一基于对汉语的观察提出来的。它指"语言表达形式的重叠(重复)对应于概念领域的重叠(重复)"(张敏,1998,p.178)。比如动词的重叠具有量的特点,"他跑啊,跑啊,跑啊"表示量大,"跑跑步"表示量小。根据认知语言学的观点,汉语里可以重叠的动词主要是表达的动作可以延续并反复,或者不能延续但可以反复的这类动词,比如"吃吃"、"看看"、"碰碰"、"摔摔"等;那些表达既不能延续又不能在短时间内重复的动作的动词就不可以重叠使用,比如"死"、"毕业"、"结婚"等。这些说法对于教学中解释动词重叠现象也许不无用处。

"距离象似动因"指"语言成分之间的距离反映了所表达的概念的成分之间的距离"(同上,p.222)。也就是说,在功能、概念或者认知方面更接近的实体,它们在语言的形式中也相距很近。这个动因在汉语中主要跟"的"字的使用关系密切,当然也就跟第二语言教学关系密切了。因为第二语言学习者常常不清楚何时用"的",何时不用。问题主要集中在两个方面,一个是名词短语中"的"字的隐现,比如"我妈妈"和"我的妈妈"差别在哪儿;另一个是多项定语(递加定语)语序的规律,比如"他的那把小瓷茶壶"。

对于"的"与名词短语的关系,认知语言学主要从语义来考察。张敏认为,"的"字的隐现所形成的结构形式与相应的概念距离平行,因此,"的"字的隐现规律以及汉语名词短语的基本结构规律是由"距离象似动因"促动。在汉语里,"的"字的隐现主要表现为语言结构的紧密或松弛,根据"距离象似动因",它实际上体现了概念之间联系的松紧程度。依据这一点,认知语言学确定了一个"距离"与认知的关系原则:持久、稳定、较本质的关系是在认知上较早建立起来的关系,也是认识得比较充分的关系,它们是紧密的;临时的、不稳定的、非本质的关系是在认知上较晚建立起来的关系,也是认识得不太充分的关系,它们是松散的。

在这个原则基础上再来看名词短语中的"的"字,有些现象就可以得到解释了。比如"我的妈妈"和"我妈妈"在语义上是有差别的,前者要强调"妈妈是我的(不是别人的)",后者则只表达"我"和"妈妈"这两个概念的本质关系。在多项定语中,表示属性的词语(如:新旧、形体、颜色、质料、功能)比表示情状的词语距离中心语更近,比如"他的那副黑色的小墨镜"。也是由于这个特点,区别词作定语往往不带"的",比如"高等数学"、"罐装啤酒"、"彩色电视"、"金首饰"、"女教师"等等。再比如,单音节形容词作定语之所以往往不带"的",是因为它们多半表示事物的属性,比如"蓝墨水"、"绿绸子"等等。

限于篇幅和本书的宗旨,这里不能深入讨论"的",但是从上面的介绍可以看到,从认知和语义的角度在一定程度上能够解释单纯从结构无法解释的问题,这是认知语言学能为语言教学所应用的一个重要原因。因为语言教学的目标要通过师生的理解与互动来实现,而理解和互动必须建立在意义的基础上。事实上,自20世纪60年代以来,定中结构是否能插入"的"成为判定复合词的一个重要原则,其原因就是有"的"与否意义不同(陆志韦,1957)。

应当看到,认知语言学由于它在语言解释方面关注人文特点和社会因素而有利于第二语言学习者理解目的语,但同时也由于这种非客观主义态度使得语言教学对它的成果的应用必须谨慎,防止过于主观而形成臆造。当然,对语言教学来说,无论是形式主义语言学还是功能主义语言学,我们的目的只有一个,就是运用它们的研究成果来解决教学中的实际问题。

皮亚杰(Piaget)在《结构主义》这本书中谈到了心理结构和功能的关系,他说"结构是与功能起作用以及在生物学含义上的功能不可分的","在把自身调整或自身调节作用包括在结构的定义里面时,我们已经超越了全部的必要条件了"。(皮亚杰,1984,p.48)同样,在语言教学中,形式主义和功能主义在一定条件下也是不可分的,它们都可能有利于语言教学实践,关键在于教学中"应用哪些"和"怎样应用"。比如,在进行汉语基础语法教学的时候,结构主义的成果可能是最佳的选择;进行词语的偏误分析的时候,认知语言学可能成为主要的理论基础;在研究如何培养交际能力的时候,功能语言学可能又会给我们提供一些理论依据;在研究学习对象及其学习策略的时候,生成语言学则帮助我们将语言研究和心理研究关联起来,使我们得以在此基础上关注语言学习过程。

总之,从历史语言学的研究成果中,我们可以借鉴到的是人类语言的谱系分类。根据谱系分类的研究结果,汉语第二语言教学可以考虑的是用怎样的策略教母语属于不同语系、语族甚至语支的学习者,如何制定对他们教学的大纲;从结构主义研究成果我们可以借鉴到,语言是一个系统,语言教学的任务就是帮助学习者掌握目的语的系统;根据上述两种研究,我们还可以确定,共时语言中的有些现象是历时语言积淀的结果。教学策略就要依据语言成分的不同性质特点来确定。此外,从功能语言学和认知语言学我们还可以借鉴到,语言的意义跟它的使用条件有关,所以教学内容要跟使用条件相关联;语言内容反映人的认知特点,教学要把汉民族的认知特点告知学生,等等。

3.6 语言教学与语言学的互动

3.6.1 语言理论对语言教学的影响

语言理论深深地影响着语言教学,这似乎是毋庸置疑的事。在本章的开头我们也已经论证,我们不论在考虑"教什么"、"怎样教",还是"怎样学"的时候,对语言性质的认识会影响我们对所教内容和教学方法的选择,及对学生学习特点的认识。因为应用语言学是对语言理论的应用,语言教学当然也不例外。这是大多数从事语言应用活动的人已经达成的共识。

那么,理论语言学家们也这样认为吗?其实不然。比如韩礼德(M. A. K. Halliday)就认为,"使用语言学理论来描写语言,其本身并不能算作是语言学的应用。如果仅仅是为了进一步了解语言或某一种特定语言而对语言或其话语进行描写,这只是对语言理论的使用,而不是对于语言学的应用。"(转引自 S. 皮特·科德,1983, p. 131)

乔姆斯基(Noam Chomsky)和索恩(J. P. Thorne)也指出,理论语言学没有什么可借鉴的。乔姆斯基认为,"坦白地说,我们在语言学和心理学方面所取得的这类见地和认识对语言教学究竟有什么意义,我是很怀疑的。……很难相信,语言学或心理学现在达到的水平已足以使语言教学成为一门'技术'了(同上, p. 129)"。索恩也认为:"作为一个理论语言学家,我看是没有什么可借鉴的——至少没有直接的借鉴。一切科学进步总是会产生一些……有用的副产品,但是……,从事这方面工作的人是不可能发现这种副产品的。(同上, p. 130)"

由上面三位学者的话我们可以分析出两点:第一,理论语言学家们认为用理论研究的成果对语言进行描写不能算应用。对于这个问题我们从两个角度提出我们的看法,一是明确何为"应用",何为"使用"。不妨打个比方,当我们说到"应用数学"的时候,一般是指用数学的理论和方法解决其他学科的问题,比如物理学、计算机研究等。同样,当我们把语言理论或者语言研究结论用于解决语言教学的问题,性质是一样的。事实上,语言教学根本不可能只是在课堂上给学生介绍理论语言学的成果或研究结论,语言教学需要将语言学的成果内化在语言教学内容的设计中,体现在教材中,贯穿在教学中。这种内化、体现和贯穿的过程就是一种应用过程。二是语言教学对语言所进行的描写往往是语言学家尚未涉及的。比如,教学语法体系的建立,教学语法所涉及的内容并不一定被专家学者的研究完全覆盖。第二语言学习者常常不能理解,汉语为什么既说"十多斤",又说"两斤多",表示概述的词"多"有时在量词前,有时在量词后。这种问题常常不为理论大家所关注,但它却是汉语教师必须回答的。正像科德（S. Pit Corder）所说，"语言学家事实上并没有为发展语言科学而对语言进行'全面的'描写"（S. 皮特·科德，1983，p. 131）。其"不全面"之处正是需要语言教学研究者自己去完成的地方。

第二，语言学研究成果是否可资借鉴也不是理论语言学家们关心的问题。从学术研究的社会分工来讲，理论语言学家要将精力集中在从理论上对语言做出描写或解释，他们的主要目标是追求语言研究的科学性、理论性和学术性。因此，语言学家的任务在进入应用领域之前就已经完成了，语言教学实在没有理由去苛求学者们关注语言理论以外的领域。可以说，如何认识语言理论对语言教学的影响是应用语言学的任务，而不是理论语言学家们的任务。事实上，一些理论语言学家也认为："这类问题应该由应用语言学家来回答，而不应由理论语言学家来回答"（转引自 S. 皮特·科德，1983，p. 130）。

我们认为，语言教学对语言理论的应用主要是方法论上的。在第 4、5 章中我们将会看到，在语言学独立于学科之林以前，语言教学的方法是极其落后的，在认知心理学兴起以前，语言教学几乎完全不关注教学的主体——学习者，语言学习理论也是极其粗浅的。而且，每一个时期的语言学理论都会在语言学习理论和语言教学法理论中留下它们的印记。

历史比较语言学似乎离我们已经非常久远，早在 20 世纪初它在理论界就已经被结构主义语言学所取代，但是，我们不难看到，20 世纪 50 年代盛极一时的"对比分析理论"和它依旧有着千丝万缕的联系。时至今日，我们在教学中仍然不得不时时关注学习者的母语背景所处的语系、语族和语支。同样，当语言教学认同结构主义时，就强调在教学中把结构作为重点跟核心；当语言教学接受了功能主义的思想时，教学中就强调语言交际能力的培养。所以，我们不得不说，听说法跟结构主义语言学密切相关，交际法则脱离不开功能语言学的指导。此外，要对第二语言学习者的学习行为进行研究我们就必须知道，这个领域研究的原动力来自于乔姆斯基有关"语言能力"

的论述,而"交际能力"又是针对"语言能力"提出来的。这就是语言理论对语言教学的影响。

由于理论研究并不一定能覆盖语言教学所需的全部领域,语言教学还要进行一定的应用研究。科德认为,为应用目的所做的研究和为理论目的所做的研究没有本质的区别。我们同意这个观点,为应用目的所做的研究和为理论目的所做的研究二者的区别可能仅仅是形式上的。比如:汉语里有两类词,一类是基本词汇,一类是一般词汇。这是汉语本体研究得出的结论。对语言教学来说,前者是语言教学的核心,它的"普遍性、稳固性、能产性"决定了它在使用中的复现率是最高的;一般词汇就不能作为重点,特别是其中的新词新语。语言教学重视词语的时效性,在编写教材时,基础教材主要安排基本词汇,一般词汇则要根据需要安排。特别是新词语,由于有时效性,进入教材就要慎重。比如"泡妞、晕菜、歇菜、三陪、面的"这些词,在20世纪80~90年代曾经极为风行,可是现在它们中有的已经退出使用了。以上两种研究对语言的描写没有本质上的区别,只有研究目的和形式的差别。

不过,应用研究和理论研究还是有一定的差别,主要体现在二者的研究目的、范围、层面不同。语言教学对语言的研究是要解决教学中产生的问题,在第二语言教学中它往往会关注说母语者习焉不察的语言现象。比如,"两"和"二"的差别。所以,语言教学的研究往往在两个层面上进行。一个是那些可以举一反三的现象,带有规律性的语言特点,把它们总结出来,以便学习者掌握;另一个是具有特殊性的现象,由于具有目的语的特殊性,不易为第二语言学习者所把握,语言教学要通过研究把它们列举出来,作为特例讲解。

总之,语言理论对语言教学的影响有两个特点。一个是它的一般性,它要通过人才基础和学术基础来影响语言教学。另一个是它的间接性,语言教学在考虑"教什么"的时候要根据自身的需要对语言理论加以选择和分析,要考虑"应用哪些"和"怎样应用",在考虑"怎样学"和"怎样教"的时候往往通过语言学习理论和语言教学法间接吸收语言理论的观点。

理论研究的目的不是应用,也就是说,理论研究不是为语言教学而作,所以它的研究带有普遍性的特点。比如"专家语法"、"教学语法"和"客观语法"三者之间是有差别的。这就提醒我们,在对已有理论进行应用时要有所选择、分析和论证,决定哪些是我们需要的,怎么应用最适合于语言教学的需要。就像乔姆斯基所说的"心理学和语言学的原则,以及对这两门学科的研究,有可能,甚至非常有可能,为教师提供一些有用的见解,但是这种见解必须是经过论证的,而不应该是想当然的。某个具体的建议究竟应该采用还是应该拒绝,必须由教师自己来决定。"(同上,p.130)

正因为理论研究不是为应用而作,所以它对应用的影响是间接的。它通过应用的过程来影响语言教学。也正是这种间接性使得语言教学不能仅仅是"使用"语言理论,而要在应用的领域里继续发展、充实语言理论。比如,吕必松指出:从1983年到1996年,对外汉语教学的专书中有13部是涉及本体研究的,其中又有9部是研究语法的。1982年到1997年有7部工具书出版,基本上是词典。(刘坚主编,1998)这些研究跟汉语本体研究的最大区别就是它们是直接为了应用的目的而作的,它们是应汉语第二语言教学的需要而产生的,同时又是在汉语本体研究的基础上发展起来的。这也就是为什么语言教学要把语言理论作为基础理论的原因。

3.6.2 语言教学检验语言理论,并为语言理论提出新的课题

那么,语言教学作为应用语言学,仅仅是被动地接受语言学的影响吗?当然不是。从应用与被应用的关系看,语言教学会跟语言理论产生互动,这种互动表现在两个方面:一方面,语言教学在对理论的应用过程中要对理论加以验证;另一方面,在验证的基础上,语言教学会向理论提出挑战,推动理论的发展。

由于语言理论对语言教学的影响具有一般性和间接性,这就决定了应用研究的必要性。语言理论不一定能提供给语言教学可以直接使用的成果,语言教学需要在语言理论的指导下根据教学的需要、

学习者的特点做进一步的研究。比如,对外汉语教学从 20 世纪 50 年代到 70 年代末基本完成了对"教学语法系统的构拟和语法项目的切分与选择"(程棠,2006,p.47),这些工作既是建立在现代汉语本体研究的基础上的,又不是现代汉语本体研究成果的照搬现抄,它经历了将近 30 年的教学的反复验证,经过了《汉语教科书》、《基础汉语课本》等教材对语法项目、词汇等要素的选择过程。如果没有这 30 年的应用研究作铺垫,80 年代以后的许多精品教材和有关语言要素的水平大纲等成果是不可能展现在人们面前的。所以,语言教学只有从应用的需要出发才能找到可用的理论和怎么用的方法。

应用研究又具有实证性质,它要检验理论是否科学、合理。语言教学对理论的应用过程,也是一个对理论进行验证的过程,它检验理论的科学性与合理性,引起理论语言学家对以往结论的反思。从这个意义上说,它就能向语言理论研究者提出新的研究课题。比如,陆俭明给 36 个日本学生做了一个是非问句的测试之后发现,16 道测试题中只有两道有关肯定是非问句的题,全体学生都答对了;其余 14 道否定是非问句的题,学生们都有不同程度的错误。出错的原因主要是学生没有掌握回答这类句子时用"不"和"是"的规律,而且也未见到过有任何语言理论著作对这个问题做过明白无误的解释(陆俭明、郭锐,1998,p.5)。类似的问题在汉语第二语言教学中屡见不鲜,再比如,当"水中有许多动物游来游去"这样的句子出现在学习者的作文里,教师当如何修改。如果我们要把"动物"改成"鱼",我们就需要回答学习者提出的下一个问题"为什么"。这无疑是对汉语本体研究成果的实用性的一个挑战。无怪乎人们把对外汉语教学称作是"汉语本体研究的试金石"(陆俭明,2000、2005),认为它"对汉语本体研究起着挑战和促进的作用"(张德鑫,2000)。

我们在第 1 章曾经指出,对外汉语教学研究有两个特点,应用性、对比性。前一个跟所有语言教学共有,后一个是第二语言教学特有。实际上,第二语言学习者始终在用目的语跟母语对比,只是他们不自觉罢了,而作为教师则必须自觉认识到这一点。因为只有在对比中才能发现中国人习焉不察的语言现象和特点。比如,据调查,最近 50

年,国内外有关"把"字句的研究大约有 500 项,其中 300 项集中在 80 年代以后,占总数的 60%。学者们认为这跟对外汉语教学的推动有关(陆俭明、郭锐,1998)。因为"把"字句之所以引起应用研究和本体研究的共同关注,就在于通过第二语言学习者母语跟汉语的对比,人们发现它不存在于大多数学习者的母语之中,学习者很难掌握它。

正是这种对比凸显出的问题,成了许多理论语言学家理论问题研究的新起点。无怪乎越来越多的语言学家开始对这个领域感兴趣,因为这里有"取之不尽的研究课题"[①]。可见,语言教学不是消极地接受语言理论的影响,它一方面吸收理论研究的营养,一方面又要冲破原有的框架。

3.6.3 语言教学对语言理论的应用过程

语言教学对语言理论的应用过程主要体现在两个方面,一方面是语言理论通过语言学习理论、语言教学法等将语言研究的方法和语言教学的理念渗透到语言教学的实践活动中;另一方面是语言理论通过对语言本体研究的影响,影响语言教学对"教什么"的思考,影响语言教学内容的设计。前一个方面是语言理论在宏观上对语言教学的影响,我们力图通过本书在框架上的设计去表现它,读者可以通过本章的图 3-1 和第 5 章的图 5-1 以及本书章节的编排方式去体会;后一个方面是语言理论在微观上对语言教学的影响,也是我们在这里要重点讨论的——语言教学应用语言理论和语言本体研究的成果对教学进行设计、安排的过程。

科德主张将语言教学对语言理论的应用过程分为三个阶段:语言项目的描写阶段、教学大纲的设计阶段、教学大纲的编写阶段(S.皮特·科德,1983,p.132~143)。科德认为,第一阶段是要对所要教的语言做一个描写,把即将进入教学的语言项目罗列出来,做一个清单。可以看得出来,这第一个阶段实质上属于对目的语本体的描写,这种描写当然是从应用的角度做出的,但是它要以目的语本体研究

[①] 摘自胡明扬教授 2000 年 10 月 14 在对外汉语教学学会北京分会年会上的发言。

的成果为基础,当目的语本体研究不能满足需要时,语言教学要自己来补足这种欠缺,比如对外汉语教学在过去几十年里所做的许多研究都跟满足教学需求有关,这些研究成为20世纪90年代若干《大纲》的编制基础。这个阶段主要解决"教什么"的问题。

第二个阶段则要把清单中可用于教学的东西选择出来,这个阶段的工作是比较性的,要做三种比较:一种是目的语跟方言的比较,要在语言内部的各方言中确定标准语用于教学,比如北京话虽然接近普通话,但作为语料进入教学也不合适,像"顺马路奔南,到了西单东拐。"这样的句子不宜进入初级汉语教学;第二种是语际比较,要对目的语和学习者的母语加以比较,比如相对于英语为母语的学生,日本学生学习"是"字句就有一定难度,在对后者的汉语教学中就要关注"是"字句的教学;第三种是用学习者的中介语与目的语比较,这种比较要以偏误分析为基础,在了解了学习者的问题以后,确定教学重点。比如,尽管对英美学生不必把一般"是"字句作为教学重点,但是却要把"是……的"结构作为教学重点,因为"是……的"多半用于表示已经过去的行为,但又与助词"过"有不同的语法分工,习惯于时态表达系统比较清楚的以英语为母语的学习者很难分辨。此外,学习对象、学习目的、学习者的背景文化等也都应当有所区别,成人和儿童不同,短期速成跟长期进修不同,本科跟预科也不一样,等等。这个阶段还跟"教什么"相关,但同时"怎样学"和"怎样教"此时都要考虑进来,所以它是综合语言理论、语言学习理论和语言教学法,并将它们整合在一起的阶段。这个阶段的研究具有更为鲜明的应用性质。这也是一个检验理论并能对理论提出挑战的阶段。

第三个阶段进入教学大纲的编写。教学大纲跟语言教学的实践密切相关,但并不是直接相连,它是语言理论、语言学习理论和语言教学原则的共同产物。但是,它还停留在一定的理论层面上,它要通过课程设置和教材编写对语言教学实践进行指导。反过来说,课程的确定与教材的编写也需要在一定的教学大纲的基础上进行。所以,这个阶段又可以分为三层:大纲——课程——教材。

第4章 第二语言学习与习得理论

本章的核心任务是讨论有关第二语言学习与习得研究的主要问题、各种理论及其研究方法。主要是从理论的角度关注语言学习、习得与语言教学的关系，而不是语言学习、习得现象本身的研究或有关现象的原理分析。"语言学习"这个概念，我们在第2章已有所涉及，主要是"广义"上的，它和本章将要谈到的与语言"习得"相对的语言"学习"不同。

在第2章我们讨论了语言的本质、第一语言获得的研究对第二语言获得研究的启示、第二语言学习的最终目的，以及衡量第二语言学习的标准等问题。基于心理学和神经生理学研究成果，我们得以了解第一语言发展的神经生理机制，并对第二语言学习有了一定的认识。我们认识到，语言学习的神经生理机制和心理机制有助于我们了解第二语言学习的性质，是研究语言教学的理论基础，但是，相对于语言教学的目的，第二语言学习目标的确定和学习水平的衡量更为重要。

由于第二语言教学的目的是帮助学习者掌握目的语，所以语言教学的研究最终要把语言学作为基础理论的核心。语言学曾以其方法的科学性和学科研究的领先作用带动了许多其他学科的发展。特别是乔姆斯基语言学对认知心理科学的影响，使语言学跟心理学更加紧密地结合起来。也正是在这个基础上，产生了本章所要讨论的内容——第二语言学习与习得理论。由此可见，这些理论本身就是应用研究的成果。不过，对语言教学实践来说，它们依旧属于理论范畴，它们将通过教学法指导教学实践。

我们在第2章曾经指出，第二语言的学习涉及三个问题：第一，第一语言在第二语言的学习过程中起什么作用？第二，第二语言的学习者是儿童还是成人？第三，第二语言是否能达到跟第一语言同样的水平？其中，第二个问题涉及几个方面：① 儿童学习第一语言和第二语言是否相同？② 儿童学习第一语言和成人学习第二语言是否相同？③ 儿童学习第二语言和成人学习第二语言是否相同？④ 儿童和成人学习第二语言是否遵循同样的发展路线？本章主要讨论第一个问题和第二个问题的第三、四个方面。

在这里我们继续遵循第 2 章有关"第一语言（First Language）"相当于或等于"母语（Mother Tongue）"，"第二语言（Second Language）"相当于或等于"目的语（Target Language）"的约定。讨论中我们主要使用"第一语言"和"第二语言"这两个术语，必要时涉及"目的语"和"母语"。

4.1 第二语言学习与习得研究的性质

4.1.1 第二语言学习与习得研究产生的社会背景

"语言学习与习得研究"来自于人们对"怎样学"的认识。在语言教学研究的三个出发点（教什么、怎样学、怎样教）中，"怎样学"是一个不可忽视的因素，由于它的可变性，它在研究中也最不容易把握。随着学习者不同语言教学也必须做相应的调整，从这个角度讲，它是一个自变量，语言教学的其他内容则是因变量，要因学习者的需要而改变。不过，这样一个重要的研究领域却曾经被忽略了很长时间。这与语言学理论的研究状态、语言学习心理研究的水平以及语言教学本身的发展水平都有关系。20 世纪初期到 30 年代，是当代语言学的起步阶段，结构主义刚刚兴起，语言理论多元化的局面尚未形成，也谈不到与心理学的互动。而心理学自身，对语言学习的关注还主要在外部条件对语言学习的作用，对语言学习的心理过程及其过程的变化关注很少。语言教学研究本身则处在直接法和语法翻译法的对抗阶段，教学法是当时语言教学研究的焦点。

对第二语言学习与习得的研究，可以追溯到 20 世纪 40 年代后期。第二次世界大战使多数国家饱尝战争之痛,战后,世界各国力图摆脱战争的阴影,努力发展经济,增强与其他国家的文化交流和贸易往来。人们相信战争是由于经济发展的不平衡和不同民族文化之间的隔阂引起的。这种努力为语言教学的发展提供了良好的土壤。只是当时语言学和心理学分别由结构主义和行为主义主导,语言被看做是一个结构系统,学习过程被看做是一种习惯的培养过程,语言学习则被认为是通过行为习惯的培养来掌握语言结构的一种活动。在这种教学理念的支配下,语言学习就是一个因变量,而不是一个自变量,它要因学习内容和教师要求的不同而变化。这从20世纪60年代曾风靡一时的语言学习理论——对比分析理论可以看出。因此,那时的语言教学是以教师为中心的,一本书、一张嘴,就是一堂课,完全没有把学习的主体——学生——考虑进去。

20世纪50年代美国外语教育的失败引起了人们对语言学习的主体——学生的关注。这警醒了当时美国的教育工作者和主管教育的政府官员,在美国首先举起了"语言教育改革"的大旗。语言教学的改革在北美首先吸收了"儿童为中心"的教育理念,提出了从"以教师为中心"(teacher-centered)向"以学生为中心"(student-centered)转变的口号(Krashen Stephen,1995)。对语言学习主体——学习者语言学习与习得的研究正是在这种社会背景下形成的。

此外,美国的语言教育改革还跟美国的教育传统有密切关系。美国的教育传统渗透着美国的共和文化——民主、自由、平等,以及美国人的生活哲学——实用主义。前者表现在学校教育由各级地方政府分权管理,并在家长的共同参与下实现,后者则表现为学校课程的社会实用性。20世纪美国实用主义哲学的代表人物是杜威(John Dewey),他主张教育即生长,学校即社会(顾明远主编,1998)。至于家长们,当然也希望孩子们学以致用。因此,这也应当视为美国外语教育改革的一个重要动因。

推动这项研究的语言学、心理学理论基础则是50年代末60年代初乔姆斯基(Noam Chomsky)掀起的语言学革命及其对心理学的巨大影响。"转换生成"理论促使心理学放弃了多年来一直居主导地位的行为主义理念,转而开始研究人学习语言的心理过程以及影响这一过程的条件,这无疑为第二语言学习与习得研究奠定了重要的理论基础。

需要指出的是,从这项研究中受益最多的不是美国的外语教学,而是美国的"对外英语教学",English as a second language (ESL),这样说有两点理由。

第一,从美国第二语言学习与习得研究的内容来看,绝大多数研究的实验对象是英语作为第二语言的学习者。比如美国费城坦普尔大学(Temple University, Philadelphia)的应用语言学教授罗德·艾利斯(Rod Ellis),在他的第二语言习得专著 *Understanding Second Language Acquisition*(上海外语教育出版社,1999)中所讨论的有关内容绝大部分都来自英语或其他语言作为第二语言习得的研究成果。

第二,从美国不同时期对外语教学的呼吁来看,在 1958 年的《国防教育法》之后,美国政府又多次将外语教育的危机提上议事日程,比如 1978 年卡特(James Earl Carter)总统颁布行政命令,责成"总统的外语和国际研究专门委员会"对"美国外语能力"进行"鉴定",该委员会主席詹姆斯·A. 珀金斯(James A. Perkins)在 1979 年向美国总统呈递的报告中指出,"正当日益危机的国防军事、政治和经济环境对美国的资源、智能和公众敏感性提出空前高的要求的时候,我国的语言水平和研究能力却严重地退化了"(《国外外语教学》,1981,第 1 期,p.3);到了 20 世纪末,美国的布什(George W. Bush)总统再次呼吁,要让美国的儿童都喜欢学习(王义高,1998);同时,美国还发布了 21 世纪外语学习标准(*The Standards for Foreign Language: Preparing for the 21st Century*),对中小学的外语学习提出明确的要求和标准。这表明,尽管美国在第二语言学习与习得研究方面取得了相当重要的成果,美国的外语教学从这些研究成果中受益却不多。这里面的原因固然很多,比如英语的国际性和第二语言学习的动机等,但这一现象已经在一定程度上证明了前面的论断。

由于上述原因,下面将要讨论的大多数理论其研究对象和数据来源跟对外汉语教学具有不少相似点,比如,多数教学对象是成年以后才开始学习英语的;不少人是初到美国,有的为了求学,有的为了谋生;多数人学习英语的目的是进入英语社会的交际圈子,等等。提到这些,并不是要比较两种学习者之间的异同,而是要指出本章讨论的这些语言学习与习得理论的研究基础跟汉语第二语言教学相似,所以这些研究的成果对汉语第二语言教学具有一定的可应用性。

4.1.2 第二语言学习与习得研究的学术基础

当我们把语言学、心理学和教育学看成语言教学研究的基础理论时,我们把语言学习与习得研究看成是心理学和语言学互动的结果,而且,这种互动是以语言教学为导向的。所以,它在宏观上也受到教育学一定程度的影响。

伯瑞·麦克劳夫林(Barry McLaughlin,又译"麦克劳克林")把"语言学习与习得研究"称之为"应用语言学的次级研究领域(subfield of applied linguistics①)"(1987),因为这个领域衍生于语言学与心理学的结合,却和语言教学密切相关。在学科归属上,它既难于归入理论语言学或是心理语言学,又不直接等同于语言教学。不过,当我们从语言教学对理论应用的角度来看它的时候,它不但应用了语言教学的基础理论——语言学和心理学,同时又直接为语言教学服务。它的研究目的是了解"怎样学",研究成果则解决"怎样教"的问题。从这个角度看,它不但不是应用语言学的"次级研究领域",而应该是应用语言学在对语言学、心理学应用的基础上产生的自身的研究领域之一。在这个意义上,我们甚至可以将它称之为第二语言教学的"本体理论"。

---

① 在麦克劳夫林看来,狭义的应用语言学即语言教学,这也是西方语言学的主流观点。

不过，在20世纪60年代以前，人们对语言教学对象的心理活动并不关注。随着乔姆斯基语言理论在方法论上的突破，心理学对人获得语言的研究开始有了突飞猛进的发展，特别是在语言理论多元化的条件下，社会语言学也迅速发展起来。人们不再用静止的、机械的、片面的眼光去看待语言学习，而是把它看成是心理机制、认知行为、社会环境、文化历史等多种因素综合作用的过程。

正像教学法是"怎样教"的理论一样，语言学习与习得研究是"怎样学"的理论，二者的研究成果直接应用于教学实践。不过，跟教学法的研究相比，第二语言学习与习得研究的理论性要强于实践性，而且，教学法的研究往往要应用学习与习得研究的成果，所以，学习与习得研究对语言教学的指导往往也具有方法论性质。从应用语言学的理论体系看，它处于从基础理论到教学法这个连续统的中间环节，一种教学法的产生往往跟它有密不可分的关系。

4.2 第二语言学习与习得理论的研究内容

第二语言学习与习得理论始于心理学对语言获得及获得过程的研究，是心理学和语言学理论互动的产物，随着历史的演进和学术的发展，它的研究过程既受到不同时期语言学或心理学的影响，也受到不同流派语言学和心理学的影响。

因此，在它的理论中夹杂着不同时期人们对第二语言获得的认识，这些认识在它的不少术语中也有所反映，特别是当这些术语译自其他语言的第二语言教学时，往往会产生观念上的混淆。在将它们应用到汉语第二语言教学之前，我们最好先对这些术语的内涵和外延及其来龙去脉有一个明确的认识，以免我们在应用相关理论时犯主观性的错误。

4.2.1 第二语言学习与习得研究的一些基本概念

第二语言学习与习得研究的术语很多，这里着重讨论几个该领域特有的、比较重要且又可能产生混淆的概念。

这些术语在排序上的先后不是依据它们产生时间的先后,而是根据已经形成的第二语言学习与习得研究领域中各种理论的逻辑关系。比如,"学习"和"习得"是这个领域中最基本的概念,如果不弄清楚就无法深入讨论这个领域的其他问题,所以放在最前面。至于这些术语产生的先后,读者通过本章 4.3 有关理论流派的介绍就可以了解。

4.2.1.1 学习与习得

"学习"与"习得"作为第二语言学习与习得理论的术语,它们的出现有先后,20 世纪 70 年代以前的研究多用前者,70 年代以后的研究多用后者。把二者对立起来讨论始于美国学者克拉申(Stephen D. Krashen)。

这里把"学习"和"习得"拿出来重点讨论,主要出于两点考虑:一是这两个术语近几年常常出现在"对外汉语教学"的理论研究中,但不同的文章在使用这两个术语的时候往往所指概念不一。作为一本介绍第二语言教学理论的书,本书有责任帮助读者弄清楚这对重要概念及其关系。二是在本章的讨论中,我们会较多地涉及这两个概念。如果不弄清楚二者的同与异,也很难使用它们进行讨论。

从人们目前对于这两个术语的使用看,主要有如下几种理解差异:(1)认为学习是成人的行为,习得是儿童的行为;(2)学习产生于课堂教学,在课堂里只有学习;(3)习得必定在自然条件下,在课堂里没有习得;(4)学习是有意识的,习得是无意识的,在有意识状态下不存在习得,等等。产生这些不同理解是由于对这两个概念还缺乏一个统一的认识和界定。要正本还得清源,我们不妨从这两个术语的来源开始分析。

在汉语第二语言教学研究的领域里,这两个概念应该说都是"舶来品"。所以我们不妨先分析一下这两个词的英文原义。"学习"译自"to learn","to learn"是主动地去学。中国学生在学习英语的时候往往分不清"to learn"和"to study",很多老师往往通过强调"to learn"的这个特点来帮助学生分辨,如"向雷锋同志学习"这个口号,要翻译成"Learn from Lei Feng",而不是"Study Lei Feng"。"习得"则译自"to acquire"、"acquired"或者"acquisition"。所以二者的基本语义区别在于,前者是"主动地去学",后者是"学有所获"。

最早将"学习"和"习得"这两个概念对立起来讨论的人是克拉申,要弄清楚这两个术语在第二语言教学方面的学术含义,还需要了解克拉申最初对这两个概念所作的解释。在1983年首次出版,并于1988年、1995年再版的《自然法》(*The Natural Approach*)一书中,克拉申在对他的"习得—学习(Acquisition and Learning)"理论进行阐释的时候对"语言习得(Language Acquisition)"和"语言学习(Language Learning)"进行了专门的讨论。

原文翻译如下:"简言之,**习得**一种语言就好像'把什么东西(顺手)捡起来',也就是说,是通过在交际条件下自然地使用一种语言来发展该语言的使用能力。儿童**习得**他们的第一语言,很可能也习得第二语言。……成年人也能**习得**,尽管他们通常做得不像儿童那么好,但是语言**习得**是核心,是成人获得语言技能最重要的手段。"

"语言**学习**跟**习得**不同,语言**学习**是'知道规则',有意识地掌握语法知识。根据近年来的研究,正规的语言**学习**并不像我们先前所想的那样对发展第二语言交际能力那么有帮助,许多研究者现在都相信,语言**习得**有助于第二语言理解能力和口语交际能力的提高,而语言**学习**只是在编辑语言材料的时候才有用,我们称之为'监控器'。当我们开始用第二语言去说一个句子的时候,我们使用的是**习得**,只有当我们事后思考或对所说加以选择和更正的时候,我们才会用到**学习**"(Krashen,1995,p.18,朱志平译)。

从上面这两段译文我们不难归纳出克拉申对这两个术语的界定:(1)学习是一种有意识的行为,习得则是下意识的;(2)学习是了解有关语言规则的知识,这些知识仅能帮助学习者检查自己话语的对错;(3)习得是在交际条件下自然地使用第二语言;(4)习得是儿童获得第一语言的方式,很可能也是他们获得第二语言的方式;(5)成人也能够通过习得掌握第二语言。依照克拉申的解释,这两个术语跟英语原义并不冲突。所以它们的汉译也就不难区分了。

显然,前面说的几种理解跟使用者只摘取了克拉申有关"习得—学习"理论阐述的某一方面有关系。或者说人们只关注了克拉申对这两个概念的区分,而没有去体会二者的关联。当人们只注意他所说的儿童习得第一语言,也可能包括第二语言的时候,没有关注他所说的成人也能习得语言;当人们只注意他所说的习得是在交际条件下自然地使用一种语言的时候,便片面地认为课堂里一定不存在这样的条件,等等。事实上,如果我们结合克拉申的"情感过滤"假设来理解他的"自然法",我们就会看到,他强调区分学习的"有意识"和习得的"下意识",其目的在于指出语言的获得和学生个人的情感状态有密切关系。当学生精神放松或是在亢奋状态下的时候,学习效率就会大大提高,反之则降低。他真正要强调的是,如果教师要让学生真正提高目的语水平,就应当把教学的关注点放在营造自然习得的条件、帮助学生习得的方面。

基于上面的分析,我们进一步明确几点。第一,不论成人还是儿童,学习第二语言都存在习得;第二,不论是在课堂外还是在课堂内,习得都有可能发生,前提在于是否有自然的交际活动;第三,我们认为,既然学习和习得都有可能出现在课堂条件下,那么有意识的学习就有可能通过教学活动转化为习得。为了方便本章的讨论,我们根据这两个概念的中文意思进一步规定,"学习"指<u>主动获取知识的行为及其过程</u>;"习得"则指<u>知识内在化的过程及其已经内在化的那部分知识</u>。两个词的词义所描写的情况在"过程"这一点上是相交的,但角度有所不同,具有一定的互补性。

需要注意的是,以上界定的前提条件是:这两个术语对立起来使用,并用在第二语言教学的研究领域中。离开了这两个条件,"学习"这个词就不是舶来品,它是汉语自有的,它的意义覆盖范围不可能被限制在上述界定之内。

另外,从学术发展的角度看,这两个术语的使用还跟第二语言研究的时代和研究者选取的角度有关系。相对于 20 世纪 60 年代以前的语言教学研究,"习得"是一个比较新的概念,它是随着认知心理学的发展,从心理学角度提出来的术语。在此前的研究中,这个概念很少用到。可以说,"学习—习得"的对立体现了学术界对语言学习在认识上的发展,人们不再简单地从外部活动去认识语言学习,越来越关注语言学习的内在机制。这也是本章的标题选择"学习"与"习得"并列的主要原因。

由于"学习"这个概念在传统的、早期的研究中,涵盖了学习活动的所有方面,我们在参阅早期理论以及今天的各种研究时,首先应当注意作者所说的"学习"所指为何,因为有些研究者可能直接沿用早期的"学习"概念。而在涉及"习得"概念的文章中,也要注意其概念的内涵是泛指学习这项活动,还是与"学习"相对而言。

4.2.1.2 错误与偏误

"错误"和"偏误"先后作为第二语言学习与习得研究的重要概念,它们分别译自英语的"mistake"和"error",用来表达研究者对第二语言学习与习得现象的认识转变。在20世纪90年代以前的中文文献中,一般将error也译为"错误",此后多译为"偏误"。不过,在英文文献中,这种观念的转变在70年代就开始了。

在第二语言教学中,人们对学习者所说的第二语言经历了一个认识过程。传统的主张一般认为,教学中应当"有错必纠",因为人们把第二语言不同于目的语的地方看成是不该产生的错误,是没有掌握或者掌握了不正确的目的语规则造成的。在行为主义心理学居主导地位的时期,这种观点进一步被强化了。行为主义把学习看成是某种行为习惯的建立,而且认为已有的习惯会阻碍新的习惯的建立,语言学习也不例外。也就是说,已经建立起来的第一语言作为一种习惯会"干扰(interference)"第二语言习惯的建立。行为主义心理学把促使干扰产生的因素叫做"前摄抑制(proactive inhibition)",认为已经掌握的知识会对新学的知识产生抑制作用。所以,当学习者使用第二语言时就会因第一语言的干扰而出错。而且这种错误是必须避免的,因此,在语言教学中必须及时纠正学习者第二语言中的"错误"。在这个阶段,研究者并不把mistake和error作为术语加以对立并区分。

随着认知心理学对第二语言学习心理过程的深入研究,人们开始认识到,这种"错误"是第二语言学习过程中的必然现象,这一现象有着较为复杂的产生原因,应当视为学习者语言偏离了目的语规律的偏误,而不应当视为一种错误。"错误"是指"在使用语言时的胡猜乱想和口误,是没有正确使用已知的语言系统所致,任何人在使用本族语或外语时都会发生错误"(王建勤主编,1997,p.52)。所以,科德(S. Pit Corder)指出,第二语言的偏误和第一语言的错误其差别在于,说第一语言的人能感到自己错在哪儿,也知道如何改正;而说第二语言的人往往不会意识到自己说错了,而且即便别人向他(她)指出这种错儿,他(她)也不一定能改过来,甚至于可能在改正的同时又出现别的错儿(S. 皮特·科德,1983)。此外,根据科德的主张,我们也可以把第二语言的偏误语料分成两种,一种是没有规律的、因学习者口误而产生的偏误语料,一种是有规律的值得研究的偏误语料。

20世纪80年代以后,随着人们对第二语言学习者语言研究的深入,"偏误"逐渐被作为观察学习者语言认知心理过程的重要窗口,"偏误"也就逐渐成为第二语言习得研究的一个基本概念。因此,在第二语言学习与习得的研究中应当注意区别这两个概念。

4.2.1.3 中介语

中介语(Interlanguage)既是一个研究第二语言的术语,也是一种研究第二语言的理论。

偏误分析的研究加深了人们对第二语言的理解。有人提出,这是一种既不同于第一语言,也不同于第二语言的语言系统;有人认为它只是第二语言的不完善形式,不具备语言的系统性;还有人认为它不是一种自然语言。

在研究过程中,人们曾经使用不同术语来指称学习者的这种语言。比如,科德曾将它们称为"过渡能力(Transitional Competence)",即指这是一种还处在过渡阶段的语言能力。耐姆塞(William Nemser)则称之为"近似系统(Approximate System)",认为它是一种近似于目的语的语言系统。而赛林克(Larry Selinker)则主张称之为"中介语(Interlanguage)",他在1969年到1972年的研究中反复使用了这个术语(Rod Ellis, 1999)。最终"中介语"被接受下来。从此,人们把第二语言学习者所使用的这种不完善的目的语称为"中介语"。

目前,学术界对中介语的定义一般可以概括如下:中介语是第二语言学习者所使用(掌握)的既不同于第二语言,也不同于第一语言的一种语言系统,或者说它是学习者在某一时间、某一水平的第二语言状态。

中介语给人的首要印象是说话人的口音,其次是不符合目的语的语法特点。由于这个原因,在很长一段时间内,人们对中介语的研究一直主要局限在语音和语法上,特别受到关注的是语法(Rod Ellis,1999)。这跟以结构主义语言学为基础的语法研究有一定关系。这种情况一直到20世纪80年代以后才有所改变。

事实上,中介语形成的原因是极为复杂的,它跟学习者的母语背景、文化背景、学习目的语的条件、目的语的上下文、说话时的场合等等都有关系。本章4.3.2还要讨论中介语理论的研究。

4.2.1.4 正迁移与负迁移

"迁移(Transfer)"这个概念始于行为主义心理学指导下的语言学习理论。行为主义学习理论认为,人们已经掌握的知识会形成一种行为习惯,这种习惯会"迁移"到新知识的学习中去,并对新知识的学习产生影响(Alan Davies,2005)。因此,在语言学习方面,学习者第二语言不符合目的语规律的地方(即"偏误")是第一语言向第二语言迁移所致,也叫"语言迁移(Language Transfer)"。表现为第二语言中所包含的第一语言的特点。

20世纪60年代,这个术语曾经产生极为广泛的影响。当时人们相信,当第一语言跟第二语言一致时,学习者会很快掌握第二语言,因为这时产生的迁移是积极的,有利于第二语言的掌握,称之为"正迁移(Positive Transfer)"。这种情况下,第一语言会推动第二语言的学习。相反,在第一语言跟第二语言不一致的地方,就会产生"负迁移(Negative Transfer)",这时第一语言有碍于第二语言的掌握。因此,语言教学要对比学习者母语和目的语的异同,把二者相异的地方作为教学的重点,通过反复的操练来强化,直至学习者掌握为止。

但是,随着对第二语言研究的深入,人们发现,第一语言跟第二语言完全不一致的地方倒不一定产生"负迁移",而是在两种语言似是而非的地方往往会有"负迁移"产生,因此,人们开始对"迁移"理论产生质疑。特别是 20 世纪 70 年代以后,随着认知心理学的发展和心理学界对行为主义的批判,"正迁移"和"负迁移"这两个术语逐渐遭到冷落,有人甚至要彻底否定"迁移"现象的存在。不过,大量的实验和调查研究表明,"迁移"现象确实存在,这两个术语仍然有实用的价值。只是这种现象在行为主义时期被过度夸大了。所以,完全抛弃它们也会使第二语言学习与习得的研究走上另一个极端,过与不及都是不可取的。

本章 4.2.2.1 和 4.3.1 还要深入讨论跟这两个术语关系密切的理论以及相关研究。

4.2.1.5 输入与摄入

作为第二语言学习与习得研究的术语,"输入(Input)"与"输出(Output)"相对,前者指向第二语言学习者提供的语言材料以及提供这些材料的过程,后者指学习者用第二语言表达的内容和过程。心理学把人的心理喻作"电脑",故采用计算机数据输入与输出来隐喻语言学习的过程。但是,人脑毕竟不是计算机,在第二语言教学中,输入和输出总是不对等的。

这里我们要读者关注的是另一个概念——"摄入(Intake)",并且将它跟"输入"区别开来。"摄入"指第二语言学习者摄取目的语并将其内化的过程,它跟课堂教学关系密切。人们曾经认为,教师或语言环境向学习者输入多少语言材料,学习者就掌握了多少语言材料。不少教师常常有一种错觉,就是,某个语言点既然已经教过了,学习者就一定会知道,而且一定会使用。我们常常会在教室里听到这样的对话,学生问某个问题,教师却回答"这个昨天刚讲过,你怎么忘了"。

随着第二语言习得研究的不断深入,人们逐渐认识到,教师或语言环境向学习者输入多少语料,学习者并不一定就已经掌握了这些语料,这要看学习者对输入的语料摄取了多少,所以,第二语言习得研究要关注"摄入"语言的质与量。"输入"与"输出"不等同,其关键在"摄入"。教师不能因为教过了就断定学生一定掌握了。

4.2.2 第二语言学习与习得研究所关注的基本问题

熟悉了第二语言学习与习得研究的主要术语之后,我们来集中讨论这个领域的几个基本问题。第二语言学习与习得研究所关注的问题很多,但归纳起来,有三个是最基本的:第一个是第一语言跟第二语言的关系,这个问题直接关系到人们怎么认识第二语言;第二个是语言能力跟交际能力哪一个更重要,这个问题跟人们对语言能力来源的认识有关;第三个问题是第二语言获得过程中会有哪些因素参与进来,在不同阶段,人们对有哪些因素以及各个因素的作用的认识是不一样的。集中讨论这三个基本问题,会使我们对这个领域的研究概况有一个大致了解。

4.2.2.1 第一语言与第二语言的关系

有关第一语言和第二语言的关系,为了方便讨论,我们这里继续采用第 2 章的原则,即假定第一语言相当于母语,第二语言相当于目的语。尽管这两对概念实际上是有差异的。

第一语言和第二语言的关系是第二语言学习与习得研究所关注的最基本的问题,这主要有两方面的原因。一是有关第一语言是否影响了第二语言学习或习得,也就是第一语言在第二语言学习或习得过程中扮演什么角色。二是跟第二语言的研究基础有关。

第一语言和第二语言关系密切,这一般人也能感觉到,因为第二语言学习者的口音首先给人们这种印象,电视剧里常常用改变声调的办法来模仿外国人说中国话。不过,在第二次世界大战之前,语言教学对学习者母语和目的语之间有什么关系并不关注,因为那时人们的注意力在"怎样教"上,所以人们只关注目的语教学中是否借助母语。但这已经为日后二者关系的讨论埋下了伏笔,因为在直接法跟语法翻译法的对抗中,核心的问题就是第一语言要不要进入教学。

从第二次世界大战以后直至 20 世纪 60 年代,在行为主义学习理论的影响下,语言教学界逐渐形成了一种认识,认为第二语言学习面临的主要困难是来自第二语言学习者母语的干扰。行为主义学习理论的基础理论是刺激—反应学说,根据行为主义的学习观,人们已经掌握的知识会形成一种习惯,这种习惯会对新知识的学习产生影响。第二语言对学习者来说也是一种新知识,在学习过程中,学习者已经掌握的第一语言必然会对第二语言的学习过程造成影响,学习者需要通过不断的努力去克服第一语言的影响,才能达到最终掌握第二语言的目的。人们相信,"在学习者身上,两种语言的对抗在整个学习过程中会一直存在"(Rod Ellis,1999,p.19)。所以,第一语言在这个时期被看成是第二语言学习中的消极因素,第一语言和第二语言的关系是一种对抗关系。

在行为主义学习理论和结构主义语言理论的共同影响下,产生了"对比分析理论",人们主张将学习者的第一语言和第二语言加以对比,两种语言相近或相同的地方将有助于第二语言的学习,两种语言相异的地方则成为第二语言学习的难点所在,也就是需要重点操练的教学内容。

不过,随着语言教学研究的展开与深入,问题也逐渐暴露出来。人们发现,第一语言和第二语言不一致的地方并不总是成为第二语言学习的难点。比如,西班牙语的形容词往往在所修饰的名词之后,这一点跟英语不同,英语说"bad singer(糟糕的歌手)",西班牙语则说"cantante mal(歌手糟糕的)",而以西班牙语为母语的学习者并不因为母语的这个特点而难于掌握英语(Rod Ellis,1999)。而两种语言相近或者似是而非的地方倒往往成为学习者学习的难点所在,比如日语有句末助词,但是日本学生学习汉语的"了"反而困难(朱志平,1999)。

在乔姆斯基(Noam Chomsky)语言理论的影响下,许多研究者接受了人类语言天赋说,相信婴儿天生就具备一套语言习得的机制(Language Acquisition Device,简称LAD),他(她)会根据所在的语言环境调整大脑中的语言参数,在普遍语法(Universal Grammar)的基础上建立起某种语言的特殊语法,从而掌握语言。根据这一观点,第二语言习得的过程就是一个参数再调整的过程,特别是在"创造性结构(Creative Construction)"的研究中,一些研究者指出,第二语言习得遵循跟第一语言习得基本相同的自然路线。这样一来,第一语言和第二语言就只有发展先后之分,而没有别的不同了。同时,这类观点也用由于第二语言水平不足求助于第一语言来解释"偏误"的产生(Krashen,1995)。

当然,上述研究对中介语的长期存在还是缺乏一定的解释力。在吸收了认知语言学、社会语言学、功能语言学等各种研究成果的基础上,人们提出一种相对客观的看法:在接受第一语言具有一定程度负面影响的同时,也肯定它在第二语言学习中的积极作用,它能在学习者第二语言水平不足的情况下,帮助学习者增进第二语言输入。人们在儿童与成人第二语言学习过程中发现,尽管成人学习第二语言难以克服口音、语法泛化和化石化等问题,但同时他们也能利用第一语言的知识,使他们学习第二语言的速度快于儿童。此外,由于成人具有第一语言的社会经验和文化背景,他们对第二语言的理解力也强于儿童。儿童则由于缺少文化、社会以及第一语言干扰等负担,在语音习得方面优于成人,最终能较快达到母语者(native speaker)[①]的水平,等等。

从学术渊源看,第二语言学习与习得研究是奠基在第一语言研究之上的,这个领域的许多研究不但借鉴了第一语言研究的许多术语,也直接利用了第一语言研究的不少成果。比如,"自然路线说"基本上是在第一语言实验结果的基础上进一步实验以后提出来的。另外,第二语言学习与习得研究的大量术语也源于对二者关系的研究,比如"正迁移"、"负迁移"等等。因此,第一语言跟第二语言的关系是研究第二语言学习与习得不能回避的一个基本问题。

4.2.2.2 重视语言能力还是交际能力

在第二语言学习与习得方面,是重视语言能力还是重视语言实

[①] 由于本章不需要跟 native language 对比讨论,我们遵从一般的译法,将 native speaker 译为"说母语者",下仿此。

践,这是该领域所关注的另一个基本问题。这个问题的产生跟人类对语言性质的认识和语言能力来源的认识有关。所以,它们是语言理论问题在应用领域里的延续。

"语言能力"这个概念作为第二语言学习与习得的术语,最早由乔姆斯基提出,它是相对于结构主义对"语言运用"所产生的语料的关注提出来的。乔姆斯基认为,儿童之所以能够从父母及周围人的话语中习得本族语结构的规律,从而创造出他们从前从未听到过的话语,是因为儿童脑中有一套语言习得机制,这套机制含有一组参数,可以形成人类语言的普遍语法,当儿童处在某个特定的语言环境中时,他(她)就会根据所处语言的特点调整参数,最终生成所在环境的语言。所以,语言学家的任务不能仅仅停留在描写人们说出来的语言上,而是要解释人类的语言能力。乔姆斯基这个术语提出的初衷,是要努力使语言研究摆脱当时结构主义只关注对语言运用过程中所产生的语言材料的描写,并对这些材料所包含的语言结构作进一步的抽象和研究的局面。而与它相对的"语言运用"也有其特殊的含义,跟语言教学所讨论的语言交际过程中对语言的运用不同。

尽管"语言能力"这个术语在语言学界并未产生更大影响,它却激活了认知心理学对人类语言学习机制的关注和研究,并且由于第一语言和第二语言的关系被引入第二语言学习与习得研究的领域。接受乔姆斯基观点的人们相信,第二语言的获得过程就是语言习得机制参数重建的过程。在这种思想指导下,形成了一系列的观点和理论,比如,习得和学习的划分,第二语言习得的"自然路线"说,等等。显然,坚持这类观点的人比较重视第二语言习得的内部因素。

不过,随着其他一些语言理论进入第二语言学习与习得研究领域,比如,功能语言学、社会语言学,等等,人们对语言学习和习得又有了不同认识。在这些理论影响下,影响第二语言学习与习得的外部因素,比如,语境、环境、社会、文化等受到更多重视。倾向于外部因素的人认为,在语言教学中培养学习者在一定条件下恰当地使用语言的能力更为重要,相对于"语言能力",海姆斯(Dell Hymes)提出了"交际能力"这个概念。交际能力强调四个要素,分别涉及跟目的语有关的历史知识、目的语实践的经验、目的语使用的有效性和对语境的利用等。显然,交际能力是就语言学习与习得的外部因素而言的。在后者的影响下,这个领域又形成了另一些观点和理论,比如,语言学习的社会距离和心理距离,语言学习过程中的变量,等等。同时,是重视语言能力的发展还是重视交际能力的培养,也成为第二语言教学实践中一个重要的论争。这种论争也在一定程度上推动了人们对影响第二语言习得因素的认识。随着第二语言研究的深入,人们认识到,很多因素都有可能影响第二语言的最终获得。从而又形成了我们下面将要介绍的第三个基本问题。

4.2.2.3 影响第二语言学习与习得的因素

随着人们从不同角度对第二语言学习与习得研究的不断深入,影响第二语言学习与习得的因素也得以梳理出来,形成这个领域研究所关注的基本因素。总起来讲,这些因素可以分成三类:第一类跟学习者个人有关,比如学习者的年龄、性别、个性等;第二类涉及语言学习的外部环境,比如语言环境、学习气氛、学习者的文化背景等;第三类是语言的媒介作用,比如目的语输入、中介语输出的情况,等等。下面分别讨论。

(1) 跟学习者个人有关的因素

在语言教学中我们会发现,同时开始学习某种语言,经过一段时间,有的人表现出明显进步,有的人进步则不那么明显。因此,学习的成功率首先跟学习者的个人差异联系在一起,学习者的年龄、性别、个性、学能、情绪以及个人采用的第二语言学习策略等等都成为研究者们关注的内容。

年龄引起人们关注的最初原因是儿童往往能达到说母语者的水平,而成人很难,因此,人们用关键期假设来解释成人难以达到说母语者水平的原因。随着研究的深入,人们还发现,年龄的差异也表现在目的语水平提高的速度上。一般来讲,尽管成人最终难以达到说母语者的水平,但成人在一定阶段内目的语水平提高速度比儿童快,因为成人有较强的语言交际目的驱动力,这种交际驱动力会使得成人设法采用不同策略去达到语言交际的目的,从而促进语言的输入,最终较快提高水平。

性别也曾经引起人们的关注,因为有的研究者发现,女性模仿目的语发音的能力比男性强,而男性对语言内容的理解和表述能力比女性好。不过,进一步的研究则不断发现,这种差别并不是绝对的,也没有大到影响第二语言最终水平的程度。

个性也是人们关注的一个问题。研究者发现,性格外向的学习者目的语的水平上升比较快,性格内向者则差一些,主要是因为前者敢于在各种场合使用目的语,结果是不断增进输入并提高表达的流利性,语言水平自然就不断上升。

学能是一个心理学概念,指人们学习某种知识的能力,有些国家还设有"语言学能测试(Language Aptitude Test)",用以测试一个人语言学习的能力。

不过,更多的研究也表明,以上这些因素都属于客观存在,学习者自身难以克服,语言教学也往往无补于事。因此,从语言教学的角度人们更为关注的是下面两个因素:学习者的情绪和学习者在学习过程中所采用的策略。

人们发现,学习者的情绪对第二语言的习得有较大影响,当学习者对第二语言学习抱有积极的态度时,第二语言进步就快;反之,进步就慢。因此,教师在课堂上有可能通过努力不断提高学习者的学习积极性,推动他们的目的语习得。

学习者个人采用的第二语言学习策略也是一个日益受到关注的因素,这不单因为它使学习者之间产生目的语水平的差异,更重要的是,当人们通过研究将它们归纳并总结出来时,它们就可能不再是某些学习者个人的"专利",而有可能为更多的学习者所共享,并上升为教学策略,从而提高语言教学的整体水平。

(2)语言学习的外部环境因素

当我们把学习者个人因素看成语言学习的个体变量时,语言学习的外部环境因素就是语言学习的条件变量。它们包括语言环境、学习气氛、学习者的文化背景等。

语言环境因素可以从几个方面看,一是语言的上下文形成的语境,这在第 3 章讨论过;二是语言使用的条件,学习者有较多的机会接触和使用目的语时,语言学习进步就快,反之则进步慢,所以语言教学要努力提供更多的目的语使用条件;三是语言学习的社会背景,学习者是否生活在目的语使用的社会环境中,对学习者的进步会有更大的影响,因为目的语社会不但提供更多的使用条件,也让学习者更多地了解目的语文化。

学习气氛一方面跟课堂教学的营造有关,另一方面跟第二语言学习者个人的情绪有关,不过,当学习者处在一个较好的学习气氛中时,他(她)的个人情绪会受到整体学习气氛的感染,从而提高学习积极性,最终推动目的语习得。

学习者的文化背景跟目的语文化的差异也被看成是影响第二语言习得的因素。这个因素跟学习者个人有关,但更多地涉及学习者母语文化和目的语文化之间的文化冲突,所以,它主要还是一个外部因素。当学习者的文化背景跟目的语文化差异较大时,第二语言的习得就较为困难,反之,则较为容易。比如,在汉语第二语言教学中,汉字圈与非汉字圈学习者的差异一直是个重要论题。另外,当同一班级的学习者来自不同文化时,不同学习者母语文化之间的冲突也是第二语言学习与习得研究关注的一个因素。

(3) 语言输入与输出的关系

在 4.2.1.5 有关术语的解释中我们已经指出,目的语的输入与学习者中介语的输出是不等同的,因此,语言教学要关注学习者摄入了多少。然而,人的大脑是个黑箱,目的语摄入的多少并不能从外部观察到,因此,第二语言学习与习得研究要通过学习者对目的语的输出情况来了解他(她)摄入的情况,同时又依据这些数据向语言教学提供信息,以便将输入调整到最佳状态。比如,观察第二语言的平均句长,了解学习者对某些语法项目的习得情况,等等,都是有关语言输入与输出关系的研究。

4.3 第二语言学习与习得理论流派

第二语言学习与习得的研究是一个新的领域。一个研究领域，往往是由某个或某些学者先提出一些设想，众多研究者通过各自的研究，逐渐证实这些设想，从而逐步形成的。比如结构主义的形成，在《普通语言学教程》中，索绪尔几乎没有使用"结构"这个术语，但是，由于他对语言系统性的认识在许多社会科学和自然科学中都具有一定的共性，最终形成了一个时代的研究方法。乔姆斯基的观点在语言学界、心理学界和计算机语言处理研究中形成的影响也是如此。

但也不是所有的研究领域的形成都遵循这个规律，有些研究领域是一星半点、不同角度研究积累的结果。在这样的领域中，研究框架的形成就往往是研究领域成熟的标志，而不是开始。尽管从研究模式讲，研究角度的选取可以是研究对象的某个侧面，也可以是整个研究对象。但对于整个领域而言，任何研究角度都可能只是涉及到了一个侧面。因此，在领域形成的最初阶段，研究者所提出的几个理论之间可能看上去毫不相干。但随着研究的深入，不同理论之间会建立起联系，逐步成为一个理论体系。这时可以看到，原先各个"不相干"的理论事实上反映了整个体系的一个侧面。第二语言学习与习得研究领域的形成尤其具有这个特点，众多的研究促成了一种理论的成熟，不同理论聚在一起就使得这个领域的研究具有了体系性。

麦克劳夫林(Barry McLaughlin)指出，在第二语言学习与习得研究开始的最初阶段，我们也许可以看到 A 理论和 B 理论之间存在着某种关联，或者 C 理论和 D 理论之间也存在某种关联，但是我们可能看不到 A-B 和 C-D 之间的关联。但是，随着研究向纵深发展，我们不但可以看到 A-B 和 C-D 之间的关联，甚至还可以看到 A-B-C-D 和 E-F 之间的关联。因此，他把第二语言习得研究体系的形成过程分为三个阶段(Barry McLaughlin,1987)：

第一阶段：A-B　　　C-D　　　E-F
第二阶段：A-B——C-D　　　E-F
第三阶段：A-B——C-D——E-F

在第一阶段，几个理论之间的关联并不明显，进入第二阶段，我们看到一些理论之间的关联，第二语言学习与习得理论开始显示出一定的体系性；到了第三阶段，各个理论之间的关联都显现出来，这时第二语言学习与习得理论的研究体系就进入完善阶段。

20世纪70年代到90年代是第二语言学习与习得理论蓬勃发展的时期，人们从不同角度对第二语言学习与习得现象进行研究，形成了一系列的不同理论，这些理论形成了麦克劳夫林上述的体系框架。今天的研究基本上就是在这个框架下进行的。

下面主要讨论第二语言学习与习得研究的六个流派。本书采用了"流派"这个词，主要是为了叙述上的方便，因为将要介绍的理论有的的确由某个人最早提出，在一定时期内引起学术界的共鸣，比如"对比分析理论"、"监控模式理论"，有的则是由不同学者研究逐步形成，比如"文化融合与语言混合化理论"，等等。另外，研究第二语言学习与习得的理论流派实际上可能也不止六个，特别是80年代以后，从心理学的角度对语言习得进行研究的理论很多，比如，语言调节理论（Accommodation Theory）、话语理论（Discourse Theory）等，但是这些理论往往又跟另一个较为全面完整的理论有关或可以包括在其中，比如"话语理论"也可以归属于"中介语研究"的后期发展结果。所以，从研究体系的完整性和汉语第二语言教学的角度来衡量，我们选择了六个既能代表不同方面的研究，相互间又有一定的继承关系的流派，以便于汉语第二语言教学借鉴。

在这些流派中，对比分析理论是源头，监控模式理论可以说是集大成者。

对比分析理论产生于20世纪50年代末60年代初，进入70年代以后逐渐被中介语理论所取代。二者之间有一定的继承关系。中介语的诸多研究在一定程度上吸收了对比分析理论的合理内核。而且继续沿用了对比分析理论提出的许多术语,诸如"迁移"、"干扰"等。事实上,这些术语一直沿用至今。尽管80年代以后出版的西方第二语言学习与习得研究著作已经很少提到它,但我们认为在学术传统形成的舞台上,它仍是一个不可缺少的角色,没有它,很多术语、说法,甚至争论就成了无源之水。

在对比分析理论时期以及在中介语研究的初期,人们主要还是从语言学的视角去看"怎样学"这个问题,因此第二语言学习或习得的研究主要还是从语言学的角度进行的,这个时期的理论多半称为"语言学习理论",研究者也很少采用"习得"这个术语。随着认知心理学的发展,这个领域开始较多地受到心理学的关注,"习得"这个概念逐渐受到人们的青睐。从20世纪70年代到80年代,第二语言学习与习得研究出现了纷繁的局面,人们从不同角度关注这个领域,产生了语言共性理论、认知理论、文化融合与语言混合化理论,以及监控模式理论等。这些理论总体上侧重从心理学角度展开研究,比如,语言共性理论主要吸收了乔姆斯基等人有关共同语法的主张,认知理论主要从认知心理学视角加以研究,文化融合与语言混合化理论则在一定程度上吸收了社会心理学的研究成果,等等。因此这个时期的理论多半称为"第二语言习得理论",简称"二语习得理论"。

监控模式理论的出发点虽然主要是心理学的,但是它吸收了中介语理论、语言共性理论等研究成果,使得不同理论的观点在它的框架中得到一定程度的体现,而且它还自觉地将习得理论跟教学实践挂起钩来,起到了承前启后的作用。我们通过它已经可以初步看到第二语言学习与习得研究体系性的特征。因此可以说,它标志着第二语言学习与习得研究领域的成熟。

4.3.1 对比分析理论

4.3.1.1 对比分析理论的基本观点和研究方法

对比分析理论(Contrastive Analysis)是一种关注第二语言学习的理论,它以第二语言教学为研究导向。

作为一种研究方法,"对比分析"由来已久,它曾经是历史比较语言学研究的主要方法。在历史比较语言学时期,对比分析的目的是通过对同一语言的不同发展阶段或对有亲属关系的两种或两种以上语言的对比和分析来构拟原始共同语。正是历史比较语言学的对比研究使得我们对世界上众多语言的语系、语族、语支有了较为清晰的认识,也使语言学得以在19世纪初成为一门独立的学科。在20世纪的共时语言研究中,"对比分析"也是不同语言语际研究的最佳手段。所以,从方法论讲,语言学对对比分析理论具有宏观上的影响。

拉多(Robert Lado)最早在1957年出版的《跨文化语言学》对"对比分析理论"以及第二语言教学研究中"对比分析"的方法作了较为系统的阐述。在这本书的首页,拉多引述美国语言学家弗里斯(Charles C. Fries)的话来说明在跨文化的语言教学中对第一语言和第二语言系统及文化加以对比的必要性,"(教给学生的)最有效的语料是那些经过科学地描写并细致地与学习者母语进行过比较的材料(Robert Lado,1957,p.1)"。拉多认为,这种对比对于语言教学的意义表现在几个方面。第一是它能解决为什么学习者会觉得目的语有些方面很容易而有些方面却很难,"那些跟学习者目的语相似的语言要素会很容易,跟学习者目的语不同的语言要素会很难"(同上,p.2)。如果语言教师对学习者母语和目的语作一个比较研究,他(她)就能够预测学习者的困难所在。第二是它能对已经编写出来的教材内容进行测评。第三是对将要编写的语言教材内容的设计起到指导作用。第四是可以依据对比研究对教材加以补充。第五是帮助教师在教学中随时确定学生的学习难点并很快解决教学问题。因此,语言教学中最重要的就是将学习者的母语跟目的语进行对比。此外,拉多还分别从语音系统、语法系统、书写系统和语言文化四个方面讨论了具体的对比分析的方法。

对比分析理论曾经是20世纪60年代最有影响的第二语言学习理论,它代表了当时美国应用语言学界对语言学习的主要看法。它的理论基础是美国结构主义语言学和行为主义心理学。

共时语言的对比研究是美国描写语言学的传统,这种研究方法同样也深深地影响了语言学习的研究,成为对比分析理论的基本方法。基于这种研究方法,对比分析理论认为,既然第一语言对第二语言学习的干扰往往出现在两种语言结构的不同之处,那么语言教学的研究就是要对比学习者的母语和目的语,找到二者之间存在的不同点,对可能出现的偏误加以预测。这些不同点,既是学习第二语言的难点,也是第二语言教学的重点,要通过教学的努力来避免偏误产生。拉多认为,"那些在教学中将目的语跟学习者的母语加以对比的教师会对学习者真正的困难了解得更清楚从而能教得更好"(转引自 Rod Ellis, 1985, p.23)。他提出,对两种语言的对比分析主要有四个步骤:第一,描写两种语言;第二,选择可用于对比的项目;第三,对所选择的项目加以对比,以确定两种语言的共同点和不同点;第四,根据对比结果对可能发生的偏误加以预测。

直至 20 世纪 60 年代末,语言学习研究的心理学基础主要是行为主义心理学。行为主义通过对刺激—反应的观察来解释行为,他们认为学习是一种行为"习惯(habits)",而习惯是刺激反应的结果。先后有两位重要的行为主义心理学家对"刺激—反应"做出不同的解释。华生(John Broadus Watson)的经典行为主义认为,刺激会唤起反应,当刺激的频率加快到一定的程度时,反应就会变成自动的;斯金纳(B. F. Skinner)的新行为主义则不那么重视刺激的作用,认为这种自动化是学习者自身行为不断强化的结果。

在这个时期,人们相信儿童是通过模仿成人语言,并且在成人不断纠正他们"错误"的条件下建立起第一语言的"习惯"。第二语言"习惯"的建立与第一语言相仿。但是由于这时学习者已经建立起第一语言的"习惯",当人们要学习第二语言时,已经形成的旧有习惯就会阻碍新的语言习惯的建立,形成"前摄抑制(Proactive Inhibition)",干扰第二语言学习。行为主义学习理论认为,这种干扰是两种语言的行为习惯不相同造成的。因此,在两种语言相同之处不存在干扰,不同之处就产生干扰。学习者必须不断克服这种干扰才能最终掌握第二语言。而且,这种干扰表现在第二语言的使用中就是偏误。偏误是第一语言的习惯干扰第二语言的结果,所以,偏误应当避免,也应当在教学中立即纠正。

对比分析理论把第一语言对第二语言的影响和干扰称之为"迁移(Transfer)",认为两种语言的共同点在第二语言学习中表现为正迁移(Positive Transfer),也就是说,这种影响是积极的,有助于第二语言的掌握;两种语言的不同点则表现为负迁移(Negative Transfer),这种影响是消极的,是一种干扰,要设法避免。反映在教学上,对比分析理论主张通过反复的训练来培养新的语言习惯,克服第一语言的干扰。

对比分析理论在发展中出现过两种倾向,一种是强势,一种是弱势。强势倾向认为第二语言所有的偏误都有可能通过第二语言与学习者第一语言的对比预测到。这种观点坚信,第二语言学习的困难和偏误产生的唯一原因是学习者母语与目的语的差异。在一些研究证实并非所有偏误都来自母语干扰以前,这种看法曾一度十分普遍。弱势倾向则仅认为偏误可以用来"诊断"是否存在来自母语的干扰。它主张先在学习者所说的第二语言中找到偏误,然后就偏误所在将学习者母语和目的语加以对比。这种观点实际上已经暗示,并非所有偏误都来自第一语言的干扰。艾利斯(Rod Ellis)认为,不论是"强势观"还是"弱势观"都存在不足,前者失之绝对;后者则仅限于确定偏误,缺少更进一步的研究(Rod Ellis,1999,p.24)。不过,我们可以看到,弱势观暗含着对第二语言"偏误"的关注,预示着人们对第二语言学习认识的转变。

4.3.1.2 有关对比分析理论的评价

20世纪70年代后,理论上对结构主义语言学和行为主义心理学的批判,动摇了对比分析理论的语言学和心理学基础,它也开始遭到批评。

行为主义心理学所受到的质疑首先来自乔姆斯基(Noam Chomsky)等人对斯金纳《口语行为》(Verbal Behavior)的批判。他们认为在实验室条件下对动物行为做出的推测不能说明人对语言使用的创造性。语言是儿童生就的一种能力,而不是模仿的结果,因为父母很少对孩子所说的话语结构加以纠正,孩子们说的话也都是创新的,而不是大人话语的重复。这些对第一语言学习理论的攻击也波及到第二语言学习的研究。

人们开始怀疑第一语言干扰第二语言学习的说法。一系列的心理实验结果使人们开始关注非干扰偏误。比如,布鲁克斯(N. Brooks)提出第二语言学习有4种致误因素:(1)学习者不了解目的语的规则,根据自己的猜测来表达;(2)正确规则训练的不充分;(3)学习者母语导致的对目的语的误用;(4)目的语的某种规则的泛化。除了第三种情况以外,其他几种情况都跟第一语言没有直接关系。在对以西班牙语为母语学习英语的儿童的研究中,杜雷(H. Dulay)和伯特(M. Burt)发现第一语言的干扰只占3%,而类似第一语言发展过程的偏误却占到了85%,还有一些偏误既不能归为第一语言的干扰,也不属于类第一语言发展偏误。菲利克斯(S. Felix)则提出,类(似)第一语言发展偏误跟干扰偏误很难区分开来。

同时,在理论上人们对把"不同——困难——偏误"等同起来的说法也产生了怀疑,因为"不同"是从语言学的角度对两种语言间的差别加以描写;"困难"则是从心理学的角度对学习者的感受进行推测,二者很难等同起来。事实上,两种语言的对比可能产生的结果并不仅仅是"相同"和"相异"那么简单,一些研究表明,两种语言的对比可能至少有6种结果:(1)二者没有差异;(2)在第一语言中是两点,在第二语言中为一点,比如,英语的"to borrow"和"to lend"在汉语中只用"借"一个词表示;(3)在第一语言中是一点,在第二语言中为两点,或者更多,比如,英语的"and",在汉语中有时要用"和"表示,有时要用"而且"表示;(4)第一语言有的,第二语言没有,比如英语第三人称单数要在词尾加"s",但是汉语没有这种表达;(5)某个语言现象在第一语言和在第二语言的分布区域不同,难以形成对比,比如,汉语的"了"虽然可以用于表示完成,但是它跟英语的完成时态难以加以对比;(6)第一语言跟第二语言完全没有相似点,不具有可比性,等等(Rod Ellis,1985,p.26)。

80年代以后,心理学和语言学在实验和理论上的研究成果和新的思考使对比分析理论受到了重创,特别是随着中介语理论日益受到重视,对比分析理论逐渐被很多人遗弃并淡忘了。

实事求是地说,对比分析理论的缺陷在今天看来也是明显的,由于它过于强调语言行为习惯的培养,在教学中主张机械训练(Mechanical Drill),忽略了人学习语言的主观能动作用和人对语言的创造能力。在母语跟目的语的对比研究上,它的主张也过于绝对。研究证实,两种语言的不同之处不一定是"负迁移"产生的地方,而两种语言的近似之处往往才是"负迁移"产生的地方。比如,日语动词在句末,宾语提前,但是日本学生学习汉语的时候"动~宾"问题并不突出。相对于此,那些两种语言似是而非的地方倒常常引起学习者的偏误。朱志平对日本学习者和欧美学习者对"了"的使用进行了调查,结果发现,500 句日本学生的中介语语料中,"了"的使用率为 74%,但是出错率达 65%;与之相对的是,500 句欧美学生的中介语语料中,"了"的使用率仅为 32%,出错率达 77%(朱志平,1999)。这个调查结果在一定程度上说明:日本学习者对"了"的使用率高,是因为"了"常常出现在句末,结构位置近似于日语的句末助词,日本学习者显然是在这种位置相近的表象下"上了当"。欧美学习者对"了"的使用率低,说明他们难以把"了"跟他们母语中的相应形式对应起来,从而采取了回避策略。所以,我们很难简单地拿"相同点"或"不同点"断言学习者难点所在。难点的确定是一项十分复杂的工作,需要多方面的研究来证实。

对比分析理论这种强调语言结构的对比,把语言异同和语言获得绝对对应的做法说明了早期第二语言学习研究所受到的结构主义影响,以及在研究上的不成熟。不过,从学术传统的角度,我们并不能因为这些就抹煞对比分析理论在语言教学研究史上的功绩。无论是从后来的中介语理论还是今天的汉语第二语言教学研究我们都不难看到对比分析理论的影子。对比分析理论的贡献在于,它从第一语言对第二语言影响的角度来研究第二语言的习得过程,充分认识到第一语言的作用。正是它早期的这种强调使得有关第一语言和第二语言的关系时至今日都是第二语言教学的主要论题之一。对比分析理论提出了"迁移说",其中的"正迁移"和"负迁移"成为今天第二语言教学研究不可或缺的一对专业术语。应当说,重视母语对第二语言学习的影响,这是对比分析理论的功劳。尽管在"负迁移"的程度上,后来的研究者做出了不同的回答,我们还是能看到"负迁移"的存在。我们不妨来看看艾利斯搜集的 7 位研究者的调查结果。

表 4-1 负迁移比例调查对比表(Rod Ellis,1985,p.29)

研究者(发表时间)	"负迁移"百分比(%)	学习者第一语言/年龄/水平
Grauberg (1971)	36%	德语/成人/高级水平
Geoge (1972)	(约)33%	混合第一语言/成人/研究生
Dulay 和 Burt (1973)	3%	西班牙语/儿童/混合水平
Tran-Chi-Chau (1974)	51%	汉语/成人/混合水平
Mukattash (1977)	23%	阿拉伯语/成人
Flick (1980)	31%	西班牙语/成人/混合水平
Lott (1983)	(约)50%	意大利语/成人/大学生

从上面这张表格可以看到的是:第一,从 20 世纪 70 年代初到 80 年代,有关第一语言对第二语言的干扰,也就是"负迁移"的研究一直在继续,说明这一直是个吸引研究者的论题;第二,尽管研究对象的母语不一,但是都存在一定程度的"负迁移",成人的"负迁移"较明显,大都在 20%~50%,平均 37%;第三,儿童与成人在"负迁移"方面有较大差异。这说明,当学习者是儿童的时候,"负迁移"的问题也许可以忽略,但是在大多数情况下,第二语言教学中的"负迁移"不可避免,母语对语言学习的影响是不可忽视的。当然,我们还应该看到的是,母语对目的语学习的影响不仅仅在语言的各个要素上,还涉及文化、学习心理、学习策略和教学策略等多方面的因素。

此外,从对比分析理论的研究特点看,它主要关注语言材料的输入,对学习者语言输出的关注则仅限于为输入材料的遴选和教学上的纠错提供参考,对于学习者大脑的内在语言加工机制和加工过程,也就是内在的习得过程则几乎不加关注。下面将要讨论的中介语理论则从关注语言学习的外部因素走向关注语言学习的内部因素,对语言习得的过程关注得更多。

4.3.2 中介语理论

如前所述,"中介语"既是个术语,又是个理论。作为术语,"中介语"指第二语言学习者所使用(掌握)的一种语言系统,或者是学习者在某一时间的第二语言状态。由于很多人针对这种语言进行研究,从而也形成了一系列围绕"中介语"这一语言现象的理论,统称为中介语理论(Interlanguage Theory)。

中介语理论的形成过程使得它具有两个特点:一个是它的理论体系形成于不同研究者的研究成果,要了解中介语理论,就需要了解这个体系中不同历史阶段不同方面的研究;另一个是它的研究方法,绝大多数中介语研究者采用的是归纳法,他们从第二语言学习者输出的目的语中截取语料加以研究,在此基础上形成对中介语的观点和评价。

中介语的研究始于20世纪60年代末70年代初,整个理论成熟于80年代。根据中介语理论发展过程可以将它分为两个阶段。前一阶段的研究主要有两个方面,一是有关中介语性质的探讨,二是对中介语的描写。后一阶段的研究主要有三个方面,一是中介语的可渗透性、可变性与系统性的关系,这方面的研究可以看成是70年代中介语性质研究的延续;二是中介语的习得过程;三是第一语言在中介语习得过程中的角色,它们表明中介语研究在性质和描写基础上的进一步深化(Barry McLaughlin, 1987)。

4.3.2.1 有关中介语性质的探讨

(1) 有关中介语性质的理论模式

有关中介语的性质,20世纪70年代主要有三个不同观点,形成三种理论模式。分别由塞林克(L. Selinker)、艾杰敏(C. Adjemian)和塔容(E. Tarone)提出。

在中介语研究方面,塞林克具有开创之功。他从20世纪60年代末到70年代初对中介语现象进行了一系列的观察与研究。他认为中介语是学习过程中一些认知因素的产物。因此,中介语跟学习策略关系密切。根据塞林克的观察,导致中介语不同于目的语主要有5个方面的因素:(1)语言的迁移。主要是来自学习者母语的影响,学习者将母语的一些结构和表达方法带入目的语。比如,波兰学生在看到"鱼香肉丝"这个词的拼音"yú xiāng ròu sī"时,会将其读成"yu xiang grous"。这是由于在波兰语中存在"g"和"r"辅音连读。(2)语言训练的迁移。在课堂教学中,为了让学习者理解或掌握某个语言点,教师有时候采用一些训练方法,比如用甲词说明乙词,在这个过程中有的学习者会误以为甲词等于乙词,从而在当用甲词的地方用乙词。(3)第二语言学习策略的影响。任何一个学习者都必然要采用一定的策略来学习目的语,比如,通过词典查找某个词的意思,这个词在目的语里和在学习者母语里使用条件并不一致,学习者在使用时就会产生偏误,形成中介语。比如这样一个句子"道德不是一个容易标准的东西","标准"是名词,用成了动词。(4)交际策略的影响。第二语言学习者要跟说母语者交流,但是他们尚未完全掌握目的语,这时他们会努力用他们已知的语言材料来表达自己的意思,比如在"看见穷孩子,我心里不太好(受)"、"他说的内容(他的话)是(在)讽刺我"这样的句子中①,"好受"这个词学习者尚未掌握,"他的话"这种表达学习者也还不了解。(5)语言规则的泛化。学习者在语言训练中掌握了目的语在一定条件下的一些表达方式,就将它们作为目的语的固定用法,往往在不必使用或不宜使用的场合也加以使用。比如,不少跟外国人打交道的中国人会发现,第二语言学习者打招呼的汉语往往很单一,有时他们用"你好"代替一切招呼语,有时用"怎么样"代替一切问候语,这有两种可能,一是由于他们还没有了解到汉语的其他招呼语和问候语,一是由于他们最先学习了"你好"和"怎么样",形成一种先入为主印象。再比如,学习者受汉语可能补语的影响,将不能分开使用的"感动"一词,说成"感不动"(你感不动她——你感动不了她),把汉语中某些词语的"离合"现象看成一种通则,把"帮助你"说成"帮你的助"。

塞林克进一步指出,上面这些因素所造成的中介语特殊现象有可能长期存在,它们使得中介语最终难以达到目的语的水平。形成"化石化(fossilization)"现象。比如,有些高年级的汉语学习者依然会说出"见面你"、"结婚他"之类的话来。

---

① 括号中词语由笔者补入。

塞林克和他的同事们还对 20 个以英语为母语的学法语的 7 岁儿童进行了纵向调查,他们将这些儿童的法语学习过程控制在课堂环境中,结果发现,学习者的中介语在第一语言迁移、泛化等方面均呈现出一定的规律性、系统性,说明中介语是具有系统性的(Barry McLaughlin,1987,p. 62)。

据此,塞林克提出,中介语是一种非自然的语言系统,它由学习策略影响而形成,它处在第一语言和第二语言之间,是另外一个语言系统。

20 世纪 70 年代中期,艾杰敏接受了科德(S. Pit Corder)的观点,强调中介语的过渡性质。并在此基础上进一步指出,中介语是一种自然语言,有一套有组织的规则系统,这套规则系统遵从普遍语法的规则,处在向目的语的过渡阶段。但是在这个过程中它要受到第一语言的影响。

20 世纪 70 年代末,塔容提出,中介语是一种自然语言,但处在不断的变化中,具有过渡性质,它是由一组不断变化的语言风格所影响的语言系统。塔容认为中介语是系统的,不过它的系统性要基于两点来考虑:一是中介语使用者说话的上下文语境,即语言使用的条件;一是中介语语料采集的条件,研究者在什么情况下采集了哪些语料。此外,塔容认为中介语是不受第一语言影响的。

可以看出,塞林克主要是从认知心理学的角度提出他的观点,不过他在一定程度上接受了"对比分析理论"有关"负迁移"的说法,将第一语言迁移列为影响中介语形成的首要因素。艾杰敏则主要基于乔姆斯基普遍语法观,不过,他承认第一语言的影响。塔容更多地考虑到了跟中介语有关的语言使用外部因素。从三人的观点大致可以看到 20 世纪 70 年代的 10 年中人们对中介语性质的认识所发生的变化——在认知观的引导下由较多地接受结构主义语言观到较多地接受功能主义语言观,即从关注中介语语言本身到关注中介语的使用条件。

基于上述观点,我们可以将上述三种对中介语性质的理论模式总结如下。

表4-2　有关中介语性质的理论模式

中介语的性质		
中介语是否是一种自然语言	是:塔容、艾杰敏	否:塞林克
中介语是否受学习者第一语言影响	是:艾杰敏、塞林克	否:塔容
中介语是否是一种过渡语言	是:艾杰敏、塔容	否:塞林克

(2) 中介语的可渗透性、可变性、系统性

由表4-2可见,人们对中介语性质的认识集中在中介语是否是一种自然语言,是否受到第一语言的影响,是否具有一定的稳定性,而这些问题又涉及到中介语是否具有系统性的问题。随着研究的不断深入,20世纪80年代以后,人们对中介语的关注逐渐集中到中介语在性质上的三个特点,可渗透性(permeable)、可变性(dynamic)和系统性(systematic),以及这三个特点之间的关系。

一般来讲,自然语言都具有可渗透性,随着语言间的相互接触,某种自然语言会吸收其他一些语言的特点,比如在乔叟(Geoffrey Chaucer,公元1340~1400)时代的古英语中,否定词not要放在主要动词之后,而现代英语中否定词not是处在助动词和主要动词之间,也即移到了主要动词之前。与此相同的是,一些以德语和挪威语为第一语言的学习者在学习英语时也要经过类似的发展阶段(Rod Ellis,1999,p.50)。由此人们认识到,中介语具有一切自然语言所具有的一个特点,可渗透性。这表明,中介语有可能在与目的语不断的接触中受到目的语的影响而最终与目的语一致,因而第二语言学习者最终也就有可能达到目的语水平。这个结论跟2.3.1.1戴维斯(Alan Davies)的观点是一致的。戴维斯认为熟练程度是第二语言学习者不能达到目的语水平一个重要因素。我们也可以说是中介语可渗透性的程度与一般自然语言的差异。艾杰敏认为,化石化可能是降低中介语可渗透性的一个重要原因。

中介语的可变性与可渗透性是一致的。可变性说的是中介语处在一个不断变化的状态中,这种变化跟目的语的不断输入有密切关系,随着正确的表达方式不断输入,第二语言学习者就会改变中介语

中原有的表达方式。比如英语疑问句"What do you want（你要什么）"，很多学习者在最初的阶段都会说成"What you want"，随着学习的深入会调整过来。可能补语是汉语第二语言学习的难点，许多学习者在初、中级阶段都倾向于说"老师，对不起，我生病了，今天不能来上课"，而不倾向于说"老师，对不起，我生病了，今天上不了课"。但是到了高级阶段，他们也会开始倾向于使用后者。

在中介语的研究中人们还注意到，第二语言学习者并不是随意地从自己已有的中介语存储中抽取词语来表达思想，进行交际，而是根据他（她）所认定的目的语的正确的表达方式来使用中介语规则，尽管实际上这些规则有些可能是从第一语言迁移过来的，有的是学习者对目的语的误解。因此，我们所说的"偏误"实际上是用目的语的标准来衡量中介语的结果，从第二语言学习者本身来讲，他（她）并不认为这是偏误。当我们这样看待中介语的时候，中介语本身依旧是具有系统性的。

那么，如何看待中介语的可渗透性、可变性和它的系统性之间的关系呢？安德森（R. Anderson）等人提出，中介语的可渗透性和可变性是寓于系统性之中的。事实上，随着学习的不断推进，学习者在不断地调整中介语的系统，使之更接近目的语的系统。侯伯纳尔（T. Huebner）就英语第二语言学习者的中介语系统中冠词的发展做了一项纵向调查，他把整个一年的学习过程分为四个阶段，随着每一个阶段的演进，学习者使用冠词的正确率也在不断上升（Barry McLaughlin, 1987）。艾利斯指出，中介语的系统性具有阶段性，在第二语言学习的初级阶段，系统性是不稳定的（Rod Ellis, 1999），因为这个时期中介语的系统还没有完全形成，这可以从偏误的规律与否来确定，不过，随着学习者水平的不断提高中介语的系统就逐渐趋向稳定。麦克劳夫林也主张在中介语研究中将相关变量分为两类，一类是系统性的变量，另一类是非系统性的变量，前者是学习者水平的正确反映，后者则往往是一些临时因素造成的。中介语研究应当关注前者，而不是后者（Barry McLaughlin, 1987）。

4.3.2.2 对中介语的描写

20世纪70年代开始,人们在讨论中介语性质的同时,也从另一个视角来关注中介语,即中介语的习得过程和偏误在中介语中的作用。这种研究主要是通过对中介语的描写来进行的。有关中介语的描写,归纳起来有两类,偏误分析(Error Analysis)、语素研究(The Morpheme Studies)。

(1) 偏误分析

史瑞德尔(S. Sridhar)认为,偏误分析有着悠久的传统。不过,艾利斯认为,早先的偏误分析主要是教学研究性质的(Rod Ellis, 1999),也就是说,它局限在教师对教学法进行研究的范围内。

作为中介语描写的一个方面,偏误分析始于20世纪70年代,盛于80年代。偏误分析作为一种研究,它的开始标志着人们对第二语言学习者语言中不同于目的语的现象的重新认识,也标志着人们对第一语言角色的重新认识。

70年代的偏误分析集中于两个目的,一个是希望通过偏误分析建立中介语系统;另一个是希望通过偏误分析找到第二语言学习的症结。在70年代的偏误分析研究中,人们发现,偏误不一定都来自第一语言的干扰,比如,杜雷(H. C. Dulay)和伯特(M. K. Burt)就提出,第二语言儿童的偏误跟第一语言儿童一样,主要是一种发展偏误。即便是少数不同于第一语言发展的偏误,他们也认为是属于一种第二语言学习者使用目的语语言点的泛化(Barry McLaughlin, 1987, p.67)。

80年代后,布朗(R. Brown)提出把偏误(error)和错误(mistake)分开,他认为前者是中介语和目的语的差距,后者是使用语言的失误。科德(S. Pit Corder)则进一步指出,通过偏误可以观察习得情况和过程,对语言教学多有助益。

科德对偏误分析的步骤作了较为细致的说明,他认为应当有五个步骤:第一,选择语料,这包括对研究样本大小的确定,以及同质因素的提取,比如学习者的年龄、母语背景和学习水平等;第二,确定语料中的偏误,科德认为应当将没有掌握目的语产生的偏差与偏误区别开来,也应当把显性偏误和隐性偏误区别开来;第三,将偏误分类,包括指定对偏误的描写方法;第四,解释偏误,在这个步骤,应当从心理学的角度对偏误做出解释;第五,评价偏误,在这个步骤应当将偏误分档,区别它们跟教学关系的远近。当然,如果只限于第二语言习得的研究,到第四步即可。

偏误分析向中介语研究提供了两种信息,一种是展示学习者目的语发展的过程,使人们得以了解偏误在语言学上的特点,从而了解中介语的特点和性质,正是基于这种信息,下述的语素研究才得以进行,不过,由于这是一个对偏误的共时描写,它有可能只反映一时的情况;另一种信息是从心理学的角度提示学习过程,提示学习者第二语言的学习策略,使得偏误的角色不再是负面的。

(2) 语素研究

语素研究始于 20 世纪 70 年代,它是由不同学者所进行的一系列的实验研究形成的。它的研究动因是,人们假设学习者习得英语语素可能有一致的顺序。比如,布朗对英语儿童的第一语言发展过程进行了调查,结果发现,第一语言的不同儿童在习得英语的 14 个语素过程中存在着相似顺序。

在第二语言方面,有几项研究值得一提。

杜雷和伯特进行了儿童学习第二语言的实验,他们对三组处于不同城市的 151 名母语为西班牙语的儿童进行了调查,他们发现,这些儿童尽管接触目的语的条件不同,但是他们对英语一些语素的习得顺序是相同的,比如:名词的数与格、动词的时态、人称、冠词等。不过,跟布朗的研究结果相比,第一语言儿童和第二语言儿童的语素习得顺序尽管大致相同,还是有些细微的区别。杜雷和伯特认为这是两类儿童处在不同的语言发展阶段所致(Barry McLaughlin, 1987)。

此后,杜雷和伯特又分别研究了 60 个西班牙语儿童和 55 个汉语儿童学习英语的情况,并加以对比,结果显示,两组学习者在 11 个语素的习得顺序上是基本相同的。因此他们提出,不同母语的儿童习得英语的语素顺序相同。正是由于这个结论,人们开始相信,第一语言不干扰第二语言的习得过程。

根据杜雷和伯特的研究,这些语素的习得过程主要分为四个阶段,在每个阶段中有几个语素几乎同时习得。研究结果可列表如下。

表 4-3 英语语素习得顺序(Rod Ellis,1999,p.56)

习得阶段	习得语素
第一阶段	主格、宾格,词序
第二阶段	系动词单数 is、复数 are,助动词单数 is;进行体-ing
第三阶段	动词过去时不规则形式,所有格-'s,第三人称单数-s,would,名词长复数形式 es
第四阶段	动词 have,完成时词尾-en

有关成人英语语素习得顺序的研究首见于拜利(N. Baily)、麦登(C. Madden)和克拉申(Stephen D. Krashen)的成果。他们研究了 73 个 17 岁到 55 岁的成人学习英语的过程,将被试分成两组,一组以西班牙语为母语,另一组以非西班牙语为母语。调查并对比的结果发现,两组学习者英语语素习得顺序极为接近。他们对比了布朗和杜雷等人的研究结果提出,成人在第二语言的英语语素习得顺序方面跟第二语言的儿童学习者是基本一致的。不过,与第一语言的儿童有所不同。

此外,拉尔森-弗里门(Diane Larsen-Freeman)研究了 24 名母语分别为阿拉伯语、日语、波斯语和西班牙语的成人学习者。她指出,尽管有些数据由于实验任务的不同与杜雷和伯特的结果稍有差异,但其他数据基本是一致的。她认为第一语言的影响很小。

最后发表的研究结果来自克拉申等 4 人 1978 年的研究,他们研究了 70 名来自 4 种语言背景的成人被试,并且是在学习者专注于交际的情况下搜集资料,以求语料的真实性。结果发现,这项研究的结果与拜利等人的研究结果是一致的。

根据上述研究,人们得出如下结论:第一,不同母语的人学习英语语素有共同的习得顺序;第二,习得顺序不受年龄的影响;第三,中介语是一个不依赖于第一语言和第二语言相互关系的独立结构。

语素研究体现人们对普遍语法观(Universal Grammar)的接受,

所以有人把语素研究称为"创造性结构"(Creative Construction)(靳洪刚,1997)。但它也有局限性,主要表现在,它彻底否定了母语在第二语言学习中的作用,有走极端之嫌,因其绝大多数研究是在实验条件下进行的,得出的结论有待进一步证实。从研究方法上讲,语素研究主要采用了横向研究(cross-sectional research)的方法,从第二语言学习者不同时期的语料中提取所需数据。这就需要纵向研究(longitudinal research)来加以验证。此外,在研究中语素研究还忽略了学习者可能使用的"回避策略",即当学习者不熟悉或者不能确知自己是否会用目的语的某个表达方式时,他(她)可能会回避使用这个表达方式,这样一来,横向的整体的调查中就显示不出所需数据,数据也就缺乏真实性。比如,赛克特(J. Schacter)1974年对母语是阿拉伯语、波斯语、日语、汉语的四种学生进行测试,结果发现,说日语、汉语的学生采取了回避方式。

最重要的是,迄今为止,语素研究基本上还仅限于英语的语素,缺乏其他语言证实。比较值得关注的是,1998年施家炜就汉语22类句式进行了习得顺序的调查研究,就研究结果对汉语22类句式进行了排序(施家炜,1998)。不过,朱志平1999年在对中级水平欧美学生和日本学生进行对比研究时发现,这两类学生对汉语一般"是"字句的习得情况不同,前者优于后者(朱志平,1999)。由此可见,母语对习得顺序并非没有影响。

4.3.2.3 中介语的习得过程与第一语言在中介语习得过程中的作用

在中介语的后期研究中,中介语的习得过程和第一语言的角色是人们关注的两个问题。其主要目的是想了解中介语是怎样发展的。

(1) 中介语的习得过程

对中介语的习得过程的研究主要从两个方面进行,一个是从功能的角度考察中介语,一个是通过对话分析考察中介语,这些研究分别运用了功能分析(Functional Approach)和话语理论(Discourse Theory)。这个时期的不少研究对象是前往欧洲和北美一些国家的外来务工者,研究者从与他们的谈话中截取语料,同时,也由于吸收了功能语言学的主张,研究开始注重描写中介语形式与功能之间的关系。人们发现,第二语言学习者在交际时对语言形式的选择基于他们所要表达的功能。因为在与第二语言学习者的交谈中研究者发现许多"即兴"的表达,这些表达从语法上讲是错误的,但是表意清楚,比如,当被问到"What did you do yesterday?(昨天你干什么了)",第二语言学习者会不假思索地回答"Yesterday, I play ball(昨天,我打球)"(Barry McLaughlin,1987,p.75)。

研究者们还发现,通过与第二语言学习者的对话以及对这些谈话内容的分析,不仅可以有意识地导向某些话题,了解学习者对某些语言要点掌握的情况,还可以了解学习者对目的语表达方式的习得情况,比如,如何进行谈话,等等。

对话语过程加以分析始于美国描写语言学,美国描写语言学后期的代表人物海里斯(Z. S. Harris)主张对话语语料进行分析。可以看到,中介语后期研究所采用的话语理论不仅吸收了海里斯的方法,也吸收了功能语言学的方法,因为它关注语境条件下的第二语言习得过程,不是孤立静止地看待中介语,在方法上超越了语素研究和偏误分析。关注习得过程也使得中介语研究比之过去的偏误分析和语素研究只关注习得的结果更进了一步。

(2) 第一语言的角色

随着对中介语研究的深入,人们对第一语言在第二语言习得中所起的作用也产生了不同的看法。人们发现关注中介语的习得过程要比论证第一语言跟第二语言之间的关系更有意义。于是人们开始注意区分哪些偏误源起于第一语言,哪些不是。最值得一提的是,人们将第二语言习得过程跟第一语言的迁移联系起来。人们关注第一语言迁移跟习得过程的关系,一方面认识到某个形式共现于中介语和第一语言中并不等于学习者对这个形式的加工过程也受到了第一语言的迁移,另一方面认识到第一语言跟第二语言不同,学习者对目的语的加工过程可能不同。比如,佐伯(H. Zobl)在他的研究中发现,第一语言为汉语和第一语言为西班牙语的儿童习得英语冠词

the(a)的过程有所不同,由于汉语无冠词用法,第一语言为汉语的儿童往往直接使用指示代词,比如:this airplane;由于西班牙语有冠词用法,第一语言为西班牙语的儿童此时就直接使用冠词,如:the airplane。或者说,由于第一语言跟第二语言的不同,某些学习者会需要长一些的时间习得某个语言点。比如,舒曼(J. Schumann)就指出,西班牙语为第一语言的英语学习者需要比较长的时间才能消除中介语中"no + verb"这种形式(Barry McLaughlin,1987,p. 77)。4.3.2.2讨论过的同一水平欧美学习者和日本学习者在"是"字句的习得方面的不平衡也说明了这一点。

　　人们继而又对第一语言的迁移从特点上进行了分类。比如,麦克劳夫林介绍了第一语言迁移的五种类型,第一种是语言类型的迁移,他认为两种语言在语言类型上的相似性往往是导致具体的某个第一语言形式迁移的前提,因此,迁移要提高到两种语言类型关系上来看;第二种是回避,由于学习者母语中不存在某个形式,学习者往往采用回避的策略,不去使用目的语的这个形式,这也应当视为第一语言的迁移;第三种是过度使用某个语言形式,因为这个形式在学习者母语中用得比较多;第四种,母语提供了便利,当母语的某些形式跟目的语一致时,学习者就会学得很快,欧美学习者习得汉语"是"字句快于日本学习者就是母语带来的便利;第五,学习者对目的语特点的推测也会形成一种迁移,这个推测往往是依据母语做出的,是一种宏观上的影响。

　　此外,人们还认识到第一语言跟第二语言意义表达的差异也会影响到中介语的发展过程,比如"他打破了玻璃窗"就比"他打破了一项纪录"更容易理解。因为第二句里的"打破"更为抽象。

　　这些对第一语言的认识更新了对比分析理论的观点,因此,从中介语后期的研究中可见,对比分析理论的合理部分被继承下来,并加以修正,在这个基础上我们可以看到,第二语言学习与习得理论的第一个"理论块(A-B)"建立起来了。

4.3.3 语言共性理论

在第二语言习得的研究中,有两个问题一直受到研究者的关注。一个是学习者在多大程度上受到内在的,诸如认知和语言加工机制等因素影响;另一个是语言输入等外在因素在多大程度上影响习得。语言共性理论(Linguistic Universals)的研究重点主要是前者,尤其是第二语言习得的内在语言加工机制,并致力于将内外因素关联起来。该理论的主张基于一个基本认识——承认人类语言的共性和人类普遍语言能力的存在。

语言共性理论形成过程主要受到两种理论的影响,一种是葛林伯格(Joseph H. Greenberg)等人主张的语言类型学(Language Typology),另一种影响是乔姆斯基的普遍语法观。可以说,作为语言学和心理学互动的产物,语言共性理论的语言学基础是语言类型学,心理学基础则是在乔姆斯基语言学影响下产生的认知心理学。

4.3.3.1 语言类型学、标记理论与普遍语法观

语言类型学家们相信人类"共同语言(language universal)"的存在,他们认为当今世界语言的不同是由于各种语言在历史上发展变异的结果,所以,语言研究的任务主要在于找到世界各种语言的结构与普遍规则之间存在多大程度的差异。因此,"语言类型学"的任务就是找到不同语言中共存的形式,发现它们之间存在的变异,并加以描写。比如,有的学者调查"主语—动词—宾语"这种词序存在于哪些语言中,不存在于哪些语言中,然后根据调查结果将世界一些语言划分成不同类型。

语言共性理论吸纳了语言类型学的方法。它的基本观点是,第二语言中带有人类语言共性的形式都易于习得,反之则不易习得。比如苏珊·盖斯(Susan Gass)就不同母语背景的学习者习得英语关系从句做了一系列的实验。她设置了三个作业,语法判断、合并句子和自由写作,并在4个月里先后6次布置这三个作业,结果发现,无论学习者的母语是什么,他们使用主语从句(如:the child that was hit by him)均优于直接宾语从句(如:the child that he hit)(Barry

McLaughlin,1987,p.86)。

语言共性理论也吸收了"标记理论(Markedness Theory)"的观点,提出"标记差异假设(The Markedness Differential Hypothesis)"。"标记"这个概念首见于"布拉格学派(Prague School)"的著作,特鲁别茨科伊(N. S. Trubetzkoy)曾用"有标记"和"无标记"来说明音位互补现象,雅可布逊(R. Jakobson 又译"雅柯布森")则将它们用于说明形态学中的屈折现象,后来语言类型学者和乔姆斯基等人也使用它。语言类型学的标记理论认为,一切语言的形式都存在于从有标记(Marked)到无标记(Unmarked)的序列中,无标记的形式是最自然的,最接近人类语言共性的形式。有标记形式则接近特殊语言的个性。越接近少标记或无标记,就离人类语言共性越近。在这个基础上,语言共性理论进一步提出,在第二语言习得过程中,目的语中有标记的形式不易习得,无标记的形式易于习得。比如,母语为法语的学习者总是把英语句子"How many oranges do you want(你要多少橙子)",说成"How many do you want oranges",这是因为在法语中画线部分"oranges"既可以在句末,也可以在"How many"之后。研究者将法语的这个特点看成是无标记的。

据此,语言共性理论主张将目的语的语言点按照有标记或无标记依次排列,标记性越强的形式其难度也就越高,这样就形成一个由易到难的等级序列,并主张依此进行教学设计。

埃克门(F. R. Eckman)对"标记差异假设"的内容作了三点解释:(1)凡是目的语中标记性强而又不同于学习者母语的形式难于习得;(2)凡是目的语中标记性强的形式其相应的习得难度也高;(3)目的语中标记性不强的形式或无标记形式即使与学习者母语相应形式不同也不难习得(同上,p.89)。

"标记差异假设"在一定程度上接受了第一语言迁移说,在这个基础上,语言共性理论提出一系列具体的标记与第一语言迁移相关性预测指标:

(1) 当第二语言的形式标记性较强时学习者会将第一语言的无标记形式迁移至第二语言中;
(2) 当第二语言的形式标记性很强时,第一语言的影响将会很强而且能够被观察到;
(3) 一般情况下,特别是当第一语言既含有有标记形式,也含有无标记形式时,有标记形式不会迁移至中介语中;
(4) 在第二语言学习的初期阶段,第一语言的有标记形式有可能会迁移至第二语言中;
(5) 第一语言中跟普遍语法一致的形式如果提早出现在中介语里就会加速第二语言习得,反之,则延缓第二语言习得。
(同上,p. 103)

语言共性理论还接受了乔姆斯基的普遍语法观。乔姆斯基认为,语言特别是第一语言不是学得的,而是婴儿天生具备人类共同语法规则和一套参数,婴儿根据他(她)所处的某种特殊语言的特点进行参数定值(parameter setting)。按照乔姆斯基的理论,在学习第二语言时要进行参数重建或者参数调整。语言环境或经验的作用在于帮助学习者确定参数值。乔姆斯基还认为,一种语言的语法可以分为两部分,一部分是"核心语法(Core Grammar)",另一部分是"边缘语法(Peripheral Grammar)",前者为人类所共有,受普遍语法支配,后者是某种语言所特有,不受普遍语法支配。基于此,语言共性理论提出,核心语法易于习得,边缘语法难于习得。

事实上,在语言共性理论中"共同语言"说、"标记差异假设"和"核心—边缘语法"三者已经整合在一起,人们将第二语言中带有人类语言共性的形式归为无标记形式或者标记性较弱的形式,认为这些形式都属于核心语法;相应地,将第二语言中带有该语言个性的形式归为有标记形式或者标记性较强的形式,认为这些形式都属于边缘语法。

4.3.3.2 对语言共性理论的评价

对语言共性理论的评价要跟它的理论基础和研究方法以及其他

语言学习与习得理论联系起来。语言共性理论的大部分研究主要始于20世纪70年代中后期。这个时期语言理论多元化的局面已经形成，认知心理学也进入成熟稳定发展阶段，因此，尽管它所应用的理论主要是语言类型学跟普遍语法观，但是也间接地受到同时代其他理论的影响，比如对"标记理论"的借鉴，对语料的观察不仅限于结构，等等。同时，由于此时语言学习与习得研究已经有了一定积累，也使得它可以借鉴此前对比分析理论和中介语的一些研究成果，并在此基础上向前发展。

总起来讲，语言共性理论做了几点较为成功的尝试，一是将语言学的共同语言观与心理学的普遍语法观整合起来，从而使第二语言研究得以对语言学习与习得做出相对完整的解释。语言类型学关注人类共同语言，这个观点跟乔姆斯基的普遍语法观有一定的相关性。由于语言共性理论的努力，我们得以看到二者之间清晰的关联。

语言共性研究的目的是要测知第二语言习得中不同结构的难易，并解释其原因。在这项研究中，语言类型学无标记成分特征与乔姆斯基的核语法理论极为相似。由于这两种理论的合流，或者说乔姆斯基在一定程度上接受了语言类型学的观点，使得乔姆斯基的理论变得容易解释了。葛林伯格和乔姆斯基的理论在研究方法上也正好互补，前者是归纳法，后者是演绎法，但研究目的一致。

从理论本源上讲，普遍语法理论本身并不关心第二语言学习与习得，只是由于第二语言研究者的应用才使得普遍语法理论在这个领域中产生了较大的影响。因此，这个时期不少研究者开始认为"学习(learning)"这个词不足以描写人类掌握语言的过程，所以在包括语言共性理论的此后许多理论中人们开始倾向于使用"习得"。克拉申(Stephen D. Krashen)在他的理论中提出区分"学习"与"习得"，跟这一趋势密切相关。普遍语法理论之所以在第二语言学习与习得领域产生这样大的影响，究其根本，麦克劳夫林认为有四个原因：第一，传统的语言学研究可以提供给第二语言习得应用研究的成果并不充分，而普遍语法理论为语言学习现象提供了相对合理的解释；第二，人们日益认识到第二语言学习者面临的处理目的语语料的难度，菲利克斯(S. Felix)认为有三个困难,一是目的语的有些形式很少见,学习者很难有足够的机会获得足够输入(比如,像"离家不到一年,财没发成,倒把个老婆跑了"这句话中"把"的用法),二是学习者对目的语的不正确假设很难在日常交际中获得恰当反馈(只要理解了对方的话,说母语者一般不会刻意给学习者纠错),三是抽象的目的语语法结构很难直接反映目的语功能。而普遍语法理论的讨论指出,决不是仅仅只研究输入材料就可以解决上述问题;第三,普遍语法理论用参数发展说为人类语言,包括学习者第一语言和第二语言诸多的可变性提供了一个理论上的解释;第四,普遍语法理论缩小了第一语言和第二语言学习之间的差别(Barry McLaughlin,1987)。

语言共性理论的第二点成功尝试,是把语言学习的外部因素和内在因素关联起来,使得语言输入材料的设计可以具有更强的目的性。与前面已经介绍的两个理论相比,对比分析理论关心的是语言学习的外在因素——输入的语料,及其与第二语言学习者母语的关系;中介语理论关注学习者输出的语料,由此来了解内在的习得过程;语言共性理论则同时关注两者,力图将输入、摄入和输出关联起来。

语言共性理论的第三点成功尝试,是对先前的语言学习理论做了进一步的修正,使语言学习与习得理论这个领域的研究进一步完善。我们可以看到语言共性理论在很多方面跟对比分析理论和中介语理论有相关性:首先是它对目的语的形式进行排序,对学习难度进行预测,这一点跟对比分析理论相同;其次是它对第一语言迁移的态度,比如,它认为当某个形式在目的语中为有标记,而在学习者母语中为无标记时,学习者就会倾向于使用无标记形式,这时就造成第一语言向第二语言的迁移。从这一点上讲,它接受了迁移理论。不过,它主张对目的语形式依据标记排序,标记性的强弱决定目的语形式的难易,这一点又与对比分析理论有所不同,因为它认为目的语的无标记形式即使不同于学习者母语也不难习得。比如,汉语要依靠声调确定不同的词语,英语则不然,依据对比分析理论,说汉语的人学习英语语音一定很难,而依据语言共性理论则不难,因为汉语的声调被视作一种标记性强的语言特点。此外,它还大量地利用偏误分析来解释语言共性理论的观点。

语言共性理论的第四点成功尝试,是在研究方法上有一定的突破。对比分析理论和中介语理论主要采用归纳法,从语言材料出发,根据材料统计结果提出理论观点。语言共性理论则是以演绎法为主,用一定的中介语语料来证明事先提出的某个理论观点。

不过,由于它的理论基础和研究方法,语言共性理论的缺点也是明显的。麦克劳夫林认为语言共性理论在理论上可行,实践起来会有一定困难。因为目前世界上的语言约有 4000 种,在纷繁复杂的语言中完成共同形式的提取和变异的对比无疑是一项繁重的工作,难以在短时间内完成(Barry McLaughlin,1987)。艾利斯也认为标记的距离难以确定,哪些是标记也难以确定。比如,1983 年怀特(L. White)发现一条无标记规则,可是同年海墨斯(N. Hyams)却指出这条规则是有标记规则。孰是孰非,难以判定(Rod Ellis,1999)。这种研究结论的难以验证有可能使它陷入一种循环论证,我们可以说,无标记形式较早习得,也可以说,较早习得的形式是无标记的。反之亦然。总之,有标记和无标记的确定,标记性强与标记性弱的确定都是一个难题。

此外,也有人批评乔姆斯基的理论是"语言能力问题论"(the learnability problem)和"刺激贫乏论"(the poverty of the stimulus)。乔姆斯基认为仅靠外部刺激并不足以使儿童获得语言,所以他轻视"儿童语言学习能力"的作用。批评者认为,不是儿童调整参数,而是父母和保姆可以调整他们的语言,使其适于孩子理解。比如,进行适当的交谈;绘图示意;把语言的整体内容拆零表达等等。所以孩子接触的语言是慢速的、简单的,与实物相关的,较为具体而不抽象,是当时当地的事,词汇有限,等等。而且人们并不总是用否定的方式纠正儿童。比如,当孩子说"Read me a book",妈妈会用提问的方式否定,说"What",这时孩子就会理解自己原先说的句子不对,就会改口说"Read a book to me(给我读本书)"(Barry McLaughlin,1987)。

乔姆斯基强调语言能力,但是人们认为,把语言能力和对语言的运用截然分开,过于强调前者是不恰当的。艾利斯也认为,学习者可以通过积极的输入否定自己对语言不正确的假设,也即根据输入调整自己的语言(Rod Ellis,1999)。人们认为,在影响语言习得的内部因素中,认知因素与普遍语法共同起作用。在第二语言习得中,内外因素均起作用,不过,哪些因素起哪种作用还是一个有待揭开的谜。

语言共性理论在语言习得方面提出了很多有益的设想,正因为是设想,它离第二语言习得的实际还有一定的距离,需要人们继续从其他方面探讨。同时,语言共性理论的研究基础是不同语言的对比,它的"标记差异假设"也跟迁移理论相关。所以,在这里我们可以看到第二语言学习与习得理论块中 A – B 与 C 的关联。

4.3.4 认知理论

语言共性理论关注"语言共性"在第二语言习得中的作用,认知理论(Cognitive Theory)则关注认知能力在第二语言习得中的作用。它们都关注语言习得的内在因素,只是所应用的理论不同。认知理论的基本观点是,学习是一种认知过程,认知是一种技能。第二语言学习的过程则是一种复杂的认知技能的习得过程。从理论基础看,认知理论的理论基础主要是心理学的。

4.3.4.1 认知理论的心理学原理

认知理论的基本观点是把包括语言学习在内的一切学习都看做是一种心理的认知过程。这个观点认为,第二语言的习得过程是目的语的内化过程,在这个过程中,学习者必须对目的语的词汇、语法和语用规则进行选择并加以组织,因此需要两种技能。一种是将输入的目的语语料规则化的技能,这就是"自动化(Automaticity)";另一种是将已经获得的语言信息组织起来并输出的技能,称之为"重组(Restructuring)"。

"自动化"的含义是,人类是能量有限的信息加工者,在完成任何一项交际任务的时候,都需要大量的、不同的技能对感知到的、认知到的或者是社会关系方面的信息进行评估和整理,因此需要信息加工过程的高度自动化,才能减少能量的消耗。

认知理论认为，记忆是一个由若干节点（node）组成的汇集（collection），这些节点多半处在不活跃状态下，只有少数受到外部刺激时活跃起来，也就是被激活（be activated）了。这些不活跃的节点汇集形成长时记忆，活跃的节点形成短时记忆。记忆激活的方式有两个，一个是"自动信息加工（automatic information processing）"，另一个是"控制信息加工（controlled information processing）"。前者是通过训练而充分掌握了的一种反应，已经自动化了，能很快进入运作，而且一旦形成很难改变，它与长时记忆相关联；后者不是通过学习和训练而掌握的一种反应，是受学习者注意力控制的一种反应，它与一组被激活的节点，也就是短时记忆相关联，控制信息加工能量有限，很容易建立起来，当注意力转移时，它又很容易被改变。人在学习的时候，后者不断把信息规则化，传递给前者，前者将规则化了的信息流纳入自动化程序。知识由此从短时记忆流向长时记忆。这就是认知过程的自动化。

史夫林和施耐德（R. M. Shiffrin & W. Schneider）把学习过程比喻成搭建阶梯，他们认为，控制的信息加工是在铺垫每一块阶石，好让自动信息加工得以拾级而上，随着学习者不断转向难度更高的认知活动。所以，学习过程被看成是一个知识结构的搭建过程（Barry McLaughlin, 1987）。

认知理论还认为，语言的认知是一个复杂的过程，仅有"自动化"的技能还不够。在认知过程中，学习者还需要将已经习得的信息加以组织并重新构建，这就是重组。

卡米洛夫-史密斯（A. Karmiloff-Smith）提出，无论儿童还是成人，在处理认知问题时都要经过三个阶段。第一阶段是数据处理（data-driven），此时主要在环境刺激下感受信息，接触具体数据，不作总体的组织处理；第二阶段则进入组织导向（organization-oriented）的加工过程，这是由于学习者在努力简化、合并以及加强对习得数据控制的结果；第三个阶段则将第一阶段的加工和第二阶段的加工整合起来。重组技能在第二阶段开始进入工作（同上）。

有关自动化与重组的关系，心理学界有不同观点，有人认为自动化和重组是学习过程中使用的不同技能,也有人认为它们是一个学习过程的两个阶段,还有人认为语言学习过程所用的技能还不止这两个,等等。总之,认知理论主要是在上述两个概念的基础上构建起来的。

按照认知理论,学习第二语言跟掌握其他复杂的认知技能一样,在这个过程中要对次级技能进行整合,并从控制加工过渡到自动加工。这样,最初的学习阶段不但包括缓慢的技能发展,也包括偏误的逐渐消除过程,而在稍后的阶段则随着学习者转向内部表达而进入重组过程。持续地重组则使第二语言知识不断内化。

4.3.4.2 认知理论对第二语言习得的研究

基于上述观点,在第二语言习得方面人们做了许多实验性的研究,这些研究的主要目的是证明自动化和重组这两种技能的存在,以及它们跟第二语言学习的关系。比如,塔容(E. Tarone)做了一项有关母语干扰的实验,结果发现,在第二语言学习者尚未进入自动化认知阶段的时候,如果多给一些时间,学习者回答问题就会答得更好。

在词语认知自动化方面,有一些研究是关于词跟词义之间关联的,被试得在规定时间内确定目标刺激跟启动信号之间是否一致。结果表明,在进入自动化阶段以前,完成这项作业是不可能的。人们发现,被试对词跟词义之间关联的认知主要是依据意义。佛里奥(M. Faveau)对比研究了平衡双语者(balanced bilingual)和不平衡双语者(dominant bilingual)[①],发现前者的阅读速度快于后者主要是基于对意义的理解,这表明第一语言和第二语言的差异主要是熟练,因为前者两种语言的水平都接近第一语言。此外,人们也就熟练的和不熟练的第二语言学习者做了同样研究,结果发现前者善于利用义群(semantic cluster),使不同词汇之间意义融会贯通,而后者却做不到。

在句法的自动化加工方面,对非母语者和母语者的对比实验研

[①] 这里的所谓"平衡双语者"指说话人所持两种语言水平相当,"不平衡双语者"则指说话人所持两种语言水平不一样,其中一种语言水平更高。

究表明,非母语者在阅读中既关注虚词也关注实词,而说母语者一般只关注有具体意义的实词,这样一来,后者的阅读速度当然要快于前者,也说明后者的句法熟练程度高于前者,因为他们对句法的加工已经自动化了。在有关句法加工和语义加工的对比研究中,人们发现,当要求被试复述一段话时,他们往往很容易复述语义,但很难复述这段话里所用的句式和语法点。这些研究说明了两点,一点是语言交际以意义为中心,另一点是,认知的自动化加工程度跟熟练程度成正比。

这样一来,认知理论的自动化加工就和语言水平的高低、语言技能的熟练程度关联起来了,也就是说,当认知进入自动化加工时,学习者对所加工语言内容的掌握已经达到熟练程度。反过来说,当学习者的第二语言达到熟练程度时,他(她)对语言的认知加工也就进入自动化。而这个境界对任何人都是一样的。因此,从理论上讲,第二语言学习者完全有可能达到说母语者的水平。

一般来讲,自动化较多发生在认知的早期阶段,重组则多发生在认知的后期。因此,研究自动化的学者也多于研究重组的学者。对于重组的研究有一些是从中介语中的系统变量和非系统变量开始的,人们认为,这两种变量的并存是由于有一些输入学习者大脑的语言项目尚未进入学习者的形式—功能系统(form-function system),它们游离于系统外,成为一种变量。而重组所起的作用就是不断将它们纳入学习者的形式—功能系统。

这样一来,重组就跟学习者的学习策略产生了密切联系。重组的过程就是学习者不断地使用策略使自己的中介语接近目的语的过程。艾利斯(Rod Ellis)认为,重组加工涉及到第二语言学习的三种策略,学习策略(learning strategies)、产出策略(production strategies)和交际策略(communication strategies)。这三种策略又分成若干次级策略,它们之间的关系如下:

学习策略——对目的语的简化(simplification);泛化、迁移
——推理(inferencing);基于语内因素的推理、基于语

外因素的推理
　　　　——假设验证(hypothesis-testing)
　　　　——实践(practice)
产出策略——计划(planning)：语义简化、语言学简化
　　　　——更正(correcting)
交际策略——缩减(reduction)：形式减缩、功能减缩
　　　　——完成(achievement)：补充、修复

学习策略与习得过程相关联，它主要在学习的初期阶段使用；产出策略和交际策略与语言使用相关联，更多地在学习的后期阶段使用(Rod Ellis, 1999)。

4.3.4.3　对认知理论的评价

认知理论把语言系统的习得看成一种复杂的认知技能的习得。它认为无论是第一语言还是第二语言的发展都遵循认知发展的自身规律。所以，语言加工策略可以使学习者顺着可预知的步骤迈向目的语能力的掌握。这使得第二语言的获得对于学习者来说不再是可望而不可即的事情。这是认知理论的第一个优点。

认知理论的第二个优点是客观地指出学习的阶段性。认知理论的自动化跟语言技能的熟练相关，重组则跟语言学习的策略相关，在这个理论指导下，第二语言的习得过程就不再神秘，第二语言的水平则随着学习的不断深入和学习策略的调整从一个阶段迈向另一个阶段，日渐接近目的语。

认知理论的第三个优点，就是使第二语言学习者看到希望。当我们把语言看做一种技能，把语言的学习过程分为不同阶段，第二语言学习者要想达到说母语者的水平就不是不可能的。

此外，我们也能看到，在认知理论中包含着语言共性理论的合理部分，这就是人类共有获得语言的能力。尽管认知理论把语言习得看成一种技能获得，语言共性理论把语言习得看成内在机制的成熟，但二者都认为任何人都能获得第二语言，所以它们在缩小第一语言和第二语言学习差别方面具有一致性。这里我们看到了第二语言学

习与习得理论研究框架中 A-B 与 C-D 的关联。同时，比较起来，语言共性理论更多地还是理论上的讨论，认知理论则由于跟学习策略相关联使得语言习得研究可以通过对学习策略的观察来进行，具有一定的可操作性。

尽管认知理论比语言共性理论在可操作性方面进步了许多，更接近语言教学，但实事求是地说，它尚有不尽如人意处，主要表现在它对第二语言习得的研究仅限于验证自动化过程的存在，以及指出重组跟语言学习策略的关系，而对语言教学的进一步指导还有待语言学习策略的深入研究。这一点，认知理论尚未做到。另外，需要明确的是，尽管在"认知"这一点上，认知理论与教学法中的"认知法"相关联，但在具体的教学原则上，认知理论与"认知法"之间没有明确的指导与被指导、应用与被应用的关系，这一点跟监控模式理论与自然法的关系不同。有关这个问题，我们在第 5 章还会论及。

4.3.5　文化融合与语言混合化理论

不论是语言共性理论还是认知理论，它们都主要关注语言习得的内部因素，文化融合与语言混合化理论（Acculturation/Pidginization Theory）则主要关注语言习得的外部因素，它采用社会语言学的视角、研究方法和术语来研究第二语言现象。英语的"acculturation"这个词本义指原始的文化与发达社会的文化接触后发生变化、被后者同化的过程。20 世纪 60 年代林顿（E. Linton）最早使用"acculturation"描写印第安部落被欧洲移民同化的过程，他认为这种同化过程包括个人态度、知识、行为等的改变，人们会在研究对象身上逐渐看到新文化因素的形成和旧文化因素的消失。

因此，"acculturation"准确的翻译应当是"文化同化"。不过，由于这个词的原义容易让人联想到文化不平等，研究第二语言习得的人一般不采用直译，而是从第二语言学习过程中不断接受目的语文化的角度出发，将它意译成"文化合流"、"文化适应"等，本书采用了"文化融合"这个翻译。

"Pidgin"一般译为"皮钦语"，在英语中原指不同语言的民族杂居区域人们在交际中形成的语言混杂、混合化现象。这种现象最早在中美洲被注意到,又称为"Creole",译为"克里奥尔语"。在中国则由于最早在上海出现称之为"洋泾浜语"。"Pidginization(皮钦化)"或者"Creolization(克里奥尔化)"指语言状态向"皮钦语"或者"克里奥尔语"发展。

在第二语言学习与习得研究中人们发现,第二语言习得是一个接受目的语文化,并使之与自身母语文化融合的过程,在这个过程中,学习者的中介语会呈现出类似"皮钦语"或"克里奥尔语"的一些特点,因此采用这些术语来加以描述并研究。

4.3.5.1 几种有关文化融合与语言混合化理论的主张

跟中介语理论的形成类似,文化融合与语言混合化理论的形成也来自不同学者的研究,主要有来自四个方面的研究和观点:舒曼(J. Schumann)提出的第二语言学习者与目的语的社会、心理距离;安德森(J. Andersen)提出的有关第二语言的"本土化"与"适应化"过程;海德堡"皮钦德语"项目的研究(Heidelberg Research Project for Pidgin German);梅塞(J. Meisel)的第二语言学习的"隔离态度"和"融入态度"。下面分别介绍。

(1) 第二语言学习的社会距离与心理距离

舒曼1978年提出,第二语言学习的过程和社会语言学的文化同化、语言混合化有相似之处。他指出"语言习得是文化同化的一种表现。第二语言学习者被目的语文化同化的程度会控制第二语言习得的程度"(转引并译自 Barry McLaughlin,1987,p. 112)。而这种同化的速度取决于两方面的因素,一个是第二语言学习者与目的语的社会距离(social distance),一个是第二语言学习者与目的语的心理距离(psychological distance)。这种距离的远近跟学习者内在习得机制对目的语输入的开放程度密切相关,当距离较近时,学习者对目的语学习持积极态度,习得速度就快;当距离较远时,学习者对目的语持否定态度,这时习得速度就慢。舒曼分别列举了跟社会距离和心理距离有关的若干因素。

表4-4 扩大或者缩小学习者跟目的语的社会距离的因素

正面因素	负面因素
第二语言社团和目的语社团之间社会平等	第二语言社团和目的语社团之间社会不平等
两个语言社团都期望文化融合	两个语言社团都不期望文化融合
第二语言社团很小而且松散	第二语言社团很大而且紧密
第二语言社团的文化与目的语社团相适应	第二语言社团的文化与目的语社团不相适应
两个语言社团彼此间持积极的态度	两个语言社团彼此间持不积极的态度
两个语言社团都期望第二语言社团能够分享目的语社会资源	两个语言社团没有分享资源的期望
第二语言社团希望长期呆在目的语地区	第二语言社团不希望长期呆在目的语地区

表4-5 扩大或者缩小学习者跟目的语的心理距离的因素

正面因素	负面因素
无语言休克	语言休克
无文化休克	文化休克
学习动机强	学习动机不强
少自我封闭	多自我封闭

(转引并译自 Barry McLaughlin,1987,p.111)

舒曼认为,上述表现多半出现在目的语学习水平的初级阶段,他的研究基于一个个案追踪的调查。舒曼用9个月的时间调查了一个叫阿尔伯特(Alberto)的哥斯达黎加(Costa Rica)移民。阿尔伯特33岁,从事体力劳动,大部分时间上夜班,他只有很少几个说西班牙语的朋友,几乎不与说英语的人群来往,也从未考虑过买一台电视以扩大自己的目的语输入量,表现出与目的语社会有较大的社会距离和心理距离。在将近9个月的英语学习中,阿尔伯特的进步很慢,他的英语中介语具有"皮钦化"的特点。舒曼认为,如果学习者不努力使自己的语言向目的语发展的话,这种"皮钦化"最终将导致"化石化"。阿尔伯特的语言表现不是因为缺乏皮亚杰(Piaget)理论中的适应性智力,而这种适应性智力的缺乏正是由于几乎不接受目的语文化的结果。

(2) 第二语言的"本土化"与"非本土化"

安德森延展了舒曼的理论框架,从学习者内在加工机制发展程度来讨论这个现象。他于1983年提出,第二语言的习得过程中存在着两种认知加工,它们类似于皮亚杰(Piaget)理论中的"相似化(assimilation)"和"适应化(accommodation)"。安德森将它们分别称为"本土化(nativization)"与"非本土化(denativization)"。

"本土化"指学习者的目的语被第一语言同化,输入变得有限,中介语变成"四不像"语言,语言混合化程度较高;"非本土化"指学习者适应了目的语学习,输入适度,中介语混合程度不断降低,第二语言水平日趋接近目的语。

安德森这两个概念的提出,实际上是把学习者构建中介语的过程比喻成一个两端分别为第一语言和第二语言的连续统。这样,中介语的构建就有两个方向,一个朝向第一语言,一个朝向目的语。在这里,我们可以看到认知理论与对比分析理论的"迁移说"已经被整合在安德森的理论中,成为他理论框架的一部分。由此可以说,文化融合与语言混合化理论与先前的几个理论在这里关联起来了。

(3) 海德堡"皮钦德语"项目的研究

海德堡"皮钦德语"项目的研究者们调查了48个到德国的意大利和西班牙移民,这些人未受过正式的第二语言教学训练。研究者们设立了若干影响第二语言的社会因素作为调查中的参数,比如闲暇时是否交德国朋友、进入德国的年龄、工作中跟德国人是否有接触、受教育程度、母语、性别,等等。调查结果表明,母语和性别这两项参数跟第二语言学习进步的快慢关系不大,其他几项参数均有很大关系。年龄跟进步成反比,也就是说,年龄越大,进步越慢。"闲暇时是否交德国朋友"这一项关系最为密切,被认为是进步快慢的关键因素。

研究者们认为,闲暇时交德国朋友的这些人进步最快,他们一般有德语学友,跟德国人的交往使他们有更多的机会接受来自目的语的输入。同时,与德国人的交往也提高了这些人作为非母语者在德语社会的社会声望,这进一步提供给他们机会以接触更多的德国人,当然也就有了更多的德语输入的机会。不交德国朋友的那些被试只在公共场合与德国人有一些问候一类的交往和简单的交谈,在这种情况下他们与德国社会的社会距离和心理距离当然就很大。比如,被试中有两个在当时的西德已经住了 5 年,但是他们的德语水平依旧停留在基础阶段(同上,p. 113~114)。

(4) 第二语言学习的"隔离态度"和"融入态度"

"Zweitspracherwerb italienischer und spanisher Arbeiter"也是一个针对德语第二语言习得的研究项目,简称"ZISA"。该项目研究了第一语言为意大利语和西班牙语的学习者学习德语的情况。研究者们根据研究数据提出,第二语言习得的途径不是单一的,而是多向的。因此,他们主张用两个尺度来衡量第二语言习得,一个是学习者的语言发展阶段(developmental stage),另一个是学习者的社会心理导向(social-psychological orientation)。不同的语言发展阶段可以根据语言学的指标来衡量,而在每一个阶段之内学习者之间出现的不同则是由于社会心理导向作用的结果。

在"ZISA"的研究中,梅塞提出了一个值得注意的观点,他指出,第二语言学习者对目的语的态度处在一个连续统上,这个连续统的一端是与目的语隔离(Segregative),另一端是融入(Integrative)目的语的社会。学习者这种朝向"隔离"或朝向"融入"的态度其变化方向取决于说母语者怎样看待他们。采取"隔离态度"的学习者目的语水平会停留在某个阶段上,形成"化石化";而采取"融入态度"的学习者则不断进步,接近目的语。另外,学习水平的停滞与进步跟二者的学习策略也有关系,他们都采用简化策略,但前者是限制性简化,后者是规则性简化,即前者在说目的语时会丢失许多语言要素,比如词尾什么的,后者则根据他(她)对目的语的猜测应用一些规则。这种情况也可能出现在同一个学习者的整个学习过程,早期阶段多发生限制性简化,后期阶段多发生规则性简化。

4.3.5.2 文化融合与语言混合化理论的评价

文化融合与语言混合化理论自产生后就受到来自不同方面的批评,归结起来,主要是两种意见。一种是反对把第二语言学习跟文化同化、语言混合化等同起来,这种意见主要来自这个研究领域之外。反对者认为,首先,使用"acculturation(同化)"这个词来描写第二语言学习这种做法本身就是不恰当的,因为这个词的词义带有对被同化文化的歧视,使用这个词来描写第二语言学习也使得这个理论本身有歧视第二语言学习者的嫌疑;其次,文化融合与语言混合化是一种社会现象,而第二语言学习的现象更多地存在于学习者个体,后者是一种随学习阶段不同而不断发生变化的过程,而不是一种相对稳定的语言的社会状态;第三,有人甚至认为,这种现象其实就是第一语言迁移的结果,直接从迁移的角度来加以研究即可,不必多此一举。

另一种意见则来自这个理论研究领域的内部,主要是对术语的使用有不同意见。比如,梅塞尽管也从事这个方面的研究,但是他反对"海德堡项目"的研究者们把德语第二语言中介语称为"皮钦德语",他认为,"皮钦"这个词所指是一种社会性的语言状态,这个状态相对稳定;而第二语言的类似状态一般只出现在某个人的身上,而且往往不是稳定的,它会随着学习的进步发生变化,因此,二者不具有可比性。

舒曼则主张区分"Pidgin(皮钦)"和"Pidginization(皮钦化)",他认为,一种皮钦语言的形成过程存在着皮钦化的过程,而第二语言学习的过程也存在着皮钦化的过程,二者只是过程相似,性质并不相同,结果也并不相同。换句话说,pidginization 这个词的使用只是一种比喻,而不是将二者归为同一范畴。

有关第二语言学习跟皮钦化的对比最早是由比克顿(D. Bickton)做出的。比克顿研究了 24 名说英语皮钦语的夏威夷本地人,他发现这些人说英语有共同特点,比如,依赖词序而不是语法规则,两种语言的词序相混杂,等等。所以,他指出"皮钦化就是输入有限的第二语言学习"(Barry McLaughlin,1987,p. 117)。

此外,比克顿还认为,"皮钦化"跟"克里奥尔化"也不同,"皮钦化"是第二语言输入不足造成的,而"克里奥尔化"则是第一语言输入不足的结果,也就是说,"克里奥尔化"是在混合语的社会里,儿童把混合语作为第一语言习得。他对比了二者的不同点:(1)前者由个人习得,后者由一批人习得;(2)前者目的明确,后者无明确目的;(3)前者以成人为主,后者以儿童为主;(4)前者产生第二语言,后者产生第一语言;(5)前一种情况的学习者已经有一个语言背景,后一种情况的学习者往往尚无任何语言背景。

麦克劳夫林也认为,"皮钦化"和"克里奥尔化"这两个术语的使用很混乱,一是它们有两指,既指第二语言学习现象,又指一种社会的语言混杂现象;二是它们在第二语言学习的现象中跟"非皮钦化(depidginization)"、"非克里奥尔化(decreolization)"形成的反义也跟在社会语言学中不同。"非皮钦化"和"非克里奥尔化"在第二语言习得研究中指的是一种过程,而在社会语言学领域里指一种语言状态(Barry McLaughlin,1987)。

综上所述,我们认为,这个理论之所以存在一系列的争议,根源还在于研究者对一系列社会语言学概念的借用。如果肯定所有的反对意见,就意味着这个理论没有立足之地。所以我们需要在目前的基础上明确两点,一是把这些术语的使用看成一种比喻,二是把"语言融合"、"皮钦化"、"克里奥尔化"等仅看成一种语言学习过程,由此将它们与语言的社会混合现象区别开来。

同时,我们也需要客观地认识这个理论的价值:

第一,该理论与社会语言学相关联,使得人们对第二语言学习的现象有了更为全面的认识,因为语言是一种社会现象,中介语也是如此。完全抛开语言产生和形成的社会因素,很难从纯粹的心理过程分析和中介语语料分析中找到第二语言学习的症结。这是该理论的难能可贵之处。

第二,结合我们在第 2 章对衡量第二语言学习标准的讨论,我们不难看到,这个理论,特别是舒曼有关社会、心理距离的研究在一定程度上补充说明了戴维斯(Alan Davies)所讨论的第二语言学习者难以达到 native speaker(说母语者)水平的原因。这一点,不是只讨论"迁移"或者认知加工过程能够代替的。这是该理论对语言学习与习得研究的贡献。

第三,由于前面介绍过的"对比分析理论"、"中介语理论"、"语言共性理论"、"认知理论"都主要是关注目的语输入、中介语语言和第二语言学习的内在过程,该理论将语言学习跟社会、文化联系起来,从第二语言学习理论的框架上看,它就与其他理论形成互补,使得整个理论框架完善起来,使我们看到了 A - B——C - D 与 E 的关联。同时,当我们把它作为整个语言学习与习得理论框架的一部分时,这个理论的一些缺憾也就得到了补充。

此外,从以上的争议也可以看到,这个理论还有待完善,主要是有关造成社会、心理距离的因素的进一步挖掘。事实上,第二语言习得过程由于文化差异给教师和学习者带来的困境决不仅只舒曼所讨论到的这些,舒曼仅仅只在对阿尔伯特的个案观察中就得出了这些结论,如果我们将观察的视角拓宽,比如,学习者不是从发展中国家到发达国家的移民,学习者的目的也不仅仅是为了能在目的语国家获得生存和工作的机会,等等,我们就有可能从社会文化的角度对类似现象做出更为深入的研究。

4.3.6 监控模式理论

监控模式理论(The Monitor Model)包含五个假设与一些相关分析,由克拉申(Stephen D. Krashen)在 1977～1985 年之间陆续提出,后来又在此基础上形成了"自然法(the Natural Approach)"。所以,麦克劳夫林说它是"有关第二语言学习理论中最雄心勃勃的"一个(Barry McLaughlin 1987,p. 19)。克拉申自己也认为,该理论是从第二语言习得角度向语言教学提供的最具有普遍意义的理论(Stephen D. Krashen and Tracy D. Terrell,1995)。

我们将它放在最后介绍,主要是出于几点考虑:一个是监控模式理论吸收了前面五种理论的不少观点和研究成果;二是它在理论框架上相对完整,在五个假设的基础上进一步分析语言习得的相关因素;三是它在语言学习理论的框架下提出了相应的教学法,与第 5 章将要讨论的自然法直接关联。

4.3.6.1 有关第二语言学习的"五个假设"

克拉申的五个假设有一个基本顺序,也就是说,下一个假设往往建立在上一个假设的基础上,这五个假设分别是:习得—学习假设(the Acquisition-Learning Hypothesis);自然顺序假设(the Natural Order Hypothesis);监控器假设(the Monitor Hypothesis);输入假设(the Input Hypothesis);情感过滤假设(Affective Filter Hypothesis)。下面一一介绍。

(1) 习得—学习假设

克拉申认为,第二语言教学的研究首先需要对"习得"和"学习"这两个概念加以区分。他指出,成人有两种完全不同的发展第二语言的途径,一种是通过真实的语言交际获得第二语言能力,这就是"语言习得(language acquisition)";另一种是"语言学习(language learning)"。他认为,"习得"是语言获得的天然途径,是一个下意识的过程,因为习得某种语言的人有一种直觉,能立刻判断对错,但不一定能指出错的原因。"学习"是有意识地去获取语言知识,它要详细地了解语言的规则。前者是儿童获得第一语言的途径,后者为更多成人第二语言学习者所使用。事实上,尽管自然习得语言是儿童获得第一语言的途径,同样可以用于第二语言成人学习者,因为这种习得方式在青春期以后并未消失。而语言教学对二者的影响是不同的,当语言教学热衷于语法讲解、规则解释或者纠正学习者的偏误,那么它只是在向"语言学习"提供帮助,而无助于"语言习得"。因此,语言教学要设法为习得提供条件。为了使二者的这种区分更为清楚,克拉申分别列出了二者之间的不同。

表 4-6 "学习"与"习得"的差别(同上,p.27)

习得	学习
类似于第一语言习得	具有关于语言的正规知识
"自然地学会"某种语言	"知道"某种语言
下意识地获得语言	有意识地获得语言
头脑中的语言知识是不清晰的	头脑中的语言知识是清晰的
规则教学不能帮助习得	规则教学可以帮助学习

有关习得和学习的关系,克拉申的观点有几个方面值得注意,首先,他否认学习有可能转变为习得,这说明他同时也否认习得和学习

有关联;其次,由于他认为成人跟儿童一样可以习得语言,这就意味着他一方面接受了乔姆斯基有关语言习得机制(LAD)的理论,同时又将该理论扩展至成人,并扩展至"下意识"范畴,因为乔姆斯基的语言习得机制最初仅用于儿童,且没有谈及习得是有意识还是下意识;第三,克拉申只说明了习得和学习这两种心理加工过程在成人身上并存,并未具体说明语言的哪些方面属于习得,哪些属于学习。

(2)自然顺序假设

在区分"习得"和"学习"的基础上,克拉申提出,第二语言语法结构的习得有一个可以预测的顺序。不同的学习者之间在习得顺序上有相似性。他认为,这一假设的成立要排除几种情况:第一,不是每一个人的习得顺序都毫无差别地完全相同;第二,没有绝对不变的顺序;第三,有时一些语法结构是成组地习得的。

为了说明上述几种情况,克拉申用图表对可能因人而异或者可能成组习得的语素进行了排列。

图4-1 英语语素自然习得顺序

比如,在第一个方框中的三项语言点的排序可能会因学习者不同而变化,有的人可能先习得"系动词",然后再习得动词"进行体";或者对许多学习者来说,这三个语法项目的习得顺序都不完全一致,或者还有可能同时习得,但是,每一个方框与下一个方框之间的顺序是基本不变的。克拉申特别强调,"自然顺序"的考察应该在自然状态下。不过,由于克拉申在这个假设中列举的依旧只有英语语素,我们可以认为,他的"自然顺序假设"所说的"第二语言语法结构习得的顺序",还是仅限于英语语素的习得。

(3) 监控器假设

基于对"习得"与"学习"的区分,克拉申提出了"监控器假设"。他指出,有意识地学习对获得第二语言作用极其有限,只相当于一个监控器,或者是一个编辑器。因为第二语言的表达产生自习得的语言系统,而有意识地学习到的知识会迟于习得系统起作用,所以它只是帮助学习者对将要表达的内容进行修正。克拉申认为,从第二语言习得的全过程看,监控器的作用极其有限。语言表达的流利来自习得,此时,学习者对将要表达的内容的修正是下意识的。在实际的交际环境中,监控器一般处于休眠状态。相反,当我们听到不自然的表达或者看到学生用笔从容地写下来的不自然的句子时,此时是由于监控器在起作用。

克拉申认为,监控器的成功使用取决于三个条件:第一个是使用者有足够的时间去思考;第二个是说话人必须把精力集中在语法形式上,而不是说话的内容上;第三个是说话人必须懂得语法规则,也就是说,说话人必须接受过正规的教学训练才有可能做到这一点。

如果用图表示,在第二语言学习者的语言表达中,监控器与习得的能力、学得的能力以及输出之间的关系如下:

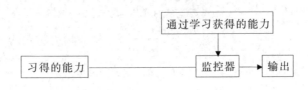

图 4-2 第二语言表达模式

(4) 输入假设

克拉申认为,习得的前提是理解,所以语言习得要通过可理解的输入。这个假设的提出基于习得—学习假设和自然顺序假设,克拉申提出,输入的语言材料要遵循两个原则,一个是输入的材料要略微超出学习者的当前水平,而且要具有阶梯性,这样可以将学习者由一个水平阶段引向另一个水平阶段;另一个原则是输入材料的选择要遵循自然顺序,这样既可以避免浪费时间和精力,又可以跟可理解输入相关联。同时,由于习得要通过可理解的输入,所以语言教学要把重点放在听力和阅读能力的培养上,这样,在一定阶段和一定数量的输入之后,学习者有了足够的积累,流利的说和写就自然会产生。

在这个基础上,克拉申进一步提出他的主张,他认为流利表达不是教出来的,而是一定数量的可理解输入的结果。由于强调可理解,输入的材料或者教学的内容应该是"i+1"模式,其中"i"指学习者已经掌握的语言知识和信息,"1"是学习者尚未掌握的语言知识和信息。学习者需要依靠教材提供的上下文、相关文化知识、生活经验等提供的信息获得"1",因此这里的"1"并不需要准确,而是粗略的。也就是说,教材的水平应当粗略地高于学习者的当前水平(roughly-tuned input)。

克拉申从几个方面对"输入假设"做了论证。一个是儿向语言(caretaker speech)。他认为,儿向语言就是一种"i+1"模式的输入材料。由于说话的目的是交际,父母会根据儿童的年龄和理解水平来调整话语内容的难易程度,使用最简单的结构,而且说话是在一定时间和一定的空间范围内进行的。比如,母亲可能会在门口对孩子说:你去拿那件大衣,粉的,上街穿的……,这种语言随着儿童的成长不断从一个语阶移向下一个语阶。

另一个是跟外国人的谈话(foreigner talk)的特点。克拉申认为跟外国人的谈话也是经过调整的,因为说话人知道对方听不懂,就要迁就对方的水平,减慢速度,重复同一语句,选择简单的词语和结构,比如,把"Where are you going(你到哪儿去)"改成"Are you going home(你回家吗)"等等。这种语言表现在第二语言教学课堂里就类似于教师语言(teacher talk)。输入材料也应该做如此调整。

第三个是第二语言学习的"沉默期(the Silent Period)"。克拉申指出,语言学习有一个"沉默期",人们在对第二语言儿童的观察中发现,学习者要在接触目的语一段时间之后才输出,儿童由于不像成人有明确的交际目的和愿望尤其明显。克拉申认为,这是建立语言能力的必然阶段,"沉默期"一般要几个星期到几个月不等,因人而异。这个观点印证了乔姆斯基所说的"参数重建"。阿舍尔(J. Asher)的"全身反应法"在实验中证明"沉默期"的存在,在两组学习者中,一组最初 10 小时只听指令不说话,在 32 小时的训练之后发现,这些学习者的成绩好于已经训练 150 小时的另一组学习者。

据此,克拉申归纳出输入假设的几个要点:第一,该假设与习得相关联,而不是与学习相关联;第二,人们理解略微超出自己当前水平的语言靠的是上下文;第三,流利地说话是逐渐出现的,而不是马上教会的;第四,儿向语言之所以奏效是因为输入的内容处在 $i+1$ 水平,输入的语法结构是习得者已经具备的。

(5) 情感过滤假设

克拉申指出,情感过滤是与第二语言习得成功相关联的态度变量(attitudinal variables),这种情感方面的变量直接跟下意识的习得关联。具有积极的学习动机和自我感觉良好的学习者在习得方面要优于其他人,这是因为他们一方面寻求并增进输入,同时又提供较低的过滤。所以,学习者的情感焦虑跟习得效果成反比,当焦虑降低时就意味着大脑中的习得装置向输入开放,而当焦虑上升时,习得装置就抵制输入,尽管此时学习者可能明白看到的和听到的,但是这些输入不会进入习得装置。因此,在课堂教学中,教师必须为降低学习者的情感焦虑创造条件,而最好的条件就是营造日常交际的气氛。

情感过滤与输入和习得装置之间的关系如下:

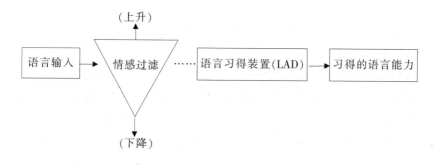

图 4-3

麦克劳夫林认为有两个与情感过滤假设相关的问题是值得注意的,一个是情感过滤与习得的关系,一个是情感过滤与学习者个体变量的关系(Barry McLaughlin,1987,p.52~55)。情感过滤最早由杜雷和伯特提出,作为第二语言习得过程中的干扰因素之一。人们认为,情感过滤有四个作用:(1)决定学习者选择的语言模式;(2)决定语言的哪个部分最先被注意到;(3)决定语言习得何时终止;(4)决定学习者的习得速度。由此可见,情感过滤跟学习者对目的语的摄入关系密切。有关学习者个体的变量,主要有两个方面,一个是性格,一个是年龄,个性外向的人有可能情感过滤较低,儿童则因为较少关注自我形象而情感过滤较低。对这两个方面,克拉申并没有做出更为细致的说明,只是在有关影响第二语言习得因素的讨论中部分地涉及到了年龄问题。

4.3.6.2 实现第二语言习得所应关注的问题

在五个假设的基础上,特别是基于对学习与习得的区分,克拉申认为,要想实现第二语言习得,一些跟习得相关的问题必须加以考虑,以下五个方面的问题是值得关注的(Stephen D. Krashen,1995)。

第一个是要区分学习能力(aptitude)和学习态度(attitude)。这里的学习能力指第二语言的学能(Second Language Aptitude)。有研究表明,在语言学能测试(Language Aptitude Tests)中取得良好成绩的学生,外语也学得好,因此学能测试成绩在很多教学机构成为衡量一个学习者第二语言能力的标准。克拉申认为,学能是一种学习的才能,不是"习得"意义上的语言能力。具有较高学能的人在对所学的语言感兴趣时,对这种语言的习得也会很好。不过,当人们只强调学能的时候,就会忽略一批对第二语言学习抱有积极态度的学习者,当这些人感觉到被忽略的时候,他们的学习积极性就会下降,相应地,其情感过滤也就上升了,结果对第二语言教学的推进当然没有好处。所以,克拉申认为,不但应当区分二者,而且,应当认为,后者比前者更重要。

显然,这个问题跟克拉申的两个观点相关联,一个是人皆有之的语言能力以及语言习得机制;另一个是情感过滤假设。从这里我们可以看到,克拉申反对从学习能力的角度把学习者分为不同层次,主张语言教师将注意力集中在提高每一个学生在课堂教学中的参与程度上,因为任何一个人在情感过滤降低的时候都有可能提高习得目的语的效率。

第二个是如何看待第一语言的作用,克拉申反对第一语言干扰说。按照克拉申的说法,偏误是由于缺乏目的语的规则,"落回"(falling back)到第一语言,也就是求助于第一语言的结果。而且,他认为,偏误是有意识地学习造成的结果,是由于在没学会之前强迫学习者表达或者学习者自己勉力表达所致。所以,对于第一语言的作用,克拉申持积极态度,他认为,对于学习者来说,第一语言有两个好处:一个是"正迁移",当学习者的第一语言与第二语言一致的时候,这个条件会促进第二语言的掌握,这是一个"白捡的"好处;另一个好处是促进输入,当学习者的第二语言水平不足以表达思想时,他(她)求助于第一语言,使用带有第一语言特点也即偏误的方式进行第二语言的交流,在交流中自然会增加输入。

由此可见,克拉申部分地接受了迁移理论,但是又从他的角度对这个理论进行了改造,否定了第一语言的负面影响。

第三个是怎么看待规则和句型(routines and patterns)在第二语言习得中的作用。克拉申认为,规则和句型属于整个记忆或部分记忆的句子。很多人是在一些跟旅游有关的小册子中学到的。这些小册子以单句形式介绍规则和句型,致使很多学习者也只会单句地使用目的语。掌握这些东西既不算学习也不算习得,因为它们既不是系统地介绍给学习者,学习者也没有用它们生成第二语言的其他句子,只有当学习者把它们用于生成新的句子时,这些规则和句型才进入习得,成为第二语言习得的一部分。因此,规则和句型的作用只有一个:用于交际时,可以获得可理解的输入,从而促进习得。

第四个问题跟个人因素(individual variation)有关,克拉申认为,每个人的习得途径和习得机制都是相同的,习得的自然顺序也是一样的,监控器的作用也是人人相同,因此,人和人不同之处主要反映在三个方面:输入量、情感过滤、监控器的用法。这三方面的差别,导致不同学习者习得速度和发展程度不同。输入跟学习者所处的环境有关,当环境完全一样时,比如说,在同一个课堂里,这时输入量的大小就跟情感过滤的高低有关。在这三个方面中,克拉申认为,监控器的用法最突出地反映学习者之间存在的个体差别。他认为存在着三种监控器使用者,一种是监控器的过度使用者(monitor over-user),这种人往往缺乏自信,不断地检查自己要说的话或者已经说出口的话,在表达上犹豫不决;一种是较差的监控器使用者(monitor under-user),这种人完全凭感觉说话,根本不考虑自己说的是对还是错;还有一种是理想的监控器使用者(the optimal monitor user),他们会选择合适的时机,把监控器作为习得的补充。这是最理想的情况,所以,语言教学应当努力将学习者培养成为理想的监控器使用者。

第五个问题有关年龄差异(age difference)。克拉申认为,尽管儿童情感过滤较低,他们的习得机制对第二语言的开放程度优于成人,所以他们最终达到的第二语言水平较成人好。但是从监控器的使用讲,儿童却不是监控器的最佳使用者,在克拉申所列出的三种监控器使用者中,他们往往属于第二种,即"较差的监控器使用者"。而且他们有时学得快也忘得快。所以从扩大输入的角度讲,成人也有成人的优势:一是善于在交际中调整自己的谈话以增进输入;二是合理使用监控器,从而提前打破沉默期;三是利用社会经验提供的文化背景扩大可理解输入的范围。

4.3.6.3 对监控模式理论的评价

自克拉申的理论发表以来,褒扬者有之,批判者有之。克拉申的五个假设,以及在此基础上提出的自然法曾一度大受欢迎,特别是在美国,他的理论"广受第二语言教师的欢迎(Barry McLaughlin, 1987, p.19,朱志平译)"不过,在理论界,批评的声音则大于褒扬,他的每一个假设都被质疑。有人认为,他的"习得—学习"假设是建立在乔姆斯基普遍语法假设的基础上的,而普遍语法理论本身就是无源之水,尚有待验证;至于他的"自然顺序假设"则主要是奠基在语素研究的基础上的,而且只涉及到了词尾形式,并未提供更新的研究成果;而"监控器假设"作为这个理论的总称,其作用又是那么微乎其微,根据克拉申的观点,仅仅在此处起作用的"学习"也只作为提供习得便利的条件之一(同上,p.56);人们还认为,"输入假设"也并无新颖之处,因为早在十年前欧洲就已经有人提到了,他只不过是加了几个新名词而已(蒋祖康,1999);另外,人们还认为克拉申对于"情感过滤假设"的解释也破绽百出,主要是没有把情感过滤跟个体语言学习的差异很好地联系起来,比如,一方面认为儿童情感过滤低,一方面又认为成人善于扩大输入,那么,成人的情感过滤是高还是低呢,克拉申却没有作出解释,等等。

客观地分析监控模式理论,我们不难看到这个理论的许多问题和缺点。总起来讲存在三个方面的问题,一是缺乏与语言学的互动,二是对理论和术语的解释过于绝对化,三是理论研究不成熟。

第二语言学习与习得研究本身是心理学和语言学互动的产物,由于语言学习的心理机制无法从外部直接观察到,就需要通过对目的语输入和中介语输出的语料分析来验证从心理学上所做出的假设,这时就需要应用语言理论和相应的目的语语言本体的研究成果。而监控模式理论之失就在于它在理论和实践上都与语言学互动不足,它的确提出了不少跟教学实践关系密切的假设性原则,但却没有通过进一步的语料研究去证实或者证伪它们,特别是对语言社会性的忽略,使得该理论只能停留在心理学的范畴里。比如,"习得"与

"学习"的区分,我们认为它在这方面的缺憾主要在于过分绝对地将二者分开,完全否定学习与习得的相关性,且又没有足够的研究来支撑这种分别,根据这个理论,人们既无法确定第二语言学习者何时在习得,何时在学习,也不能确定他们的中介语里哪些内容是习得的,哪些是学习到的,结果使这个假设缺乏说服力,并且将"习得"神秘化了。

由于从心理学提出的许多观点还仅限于假设阶段,有待进一步证实,这时就切忌绝对化,而监控模式理论恰恰在这个问题上不够谨慎。除了"习得"与"学习"的绝对划分以外,"自然顺序假设"也存在同样问题,它实际上并没有在中介语理论的语素研究基础上走得更远,但是却被无端放大,作为"语法结构的习得有一个可以预测的顺序"这样一个带有结论性质的假设放置在监控模式理论中,因而让人颇感牵强。究其实,即便只是英语语素的习得顺序,我们也可以看到克拉申与其他人的研究结论还是有明显出入的。作为语素研究参加者之一,克拉申和其他一些研究者分别于1974年和1978年对成人第二语言学习者英语语素的习得进行了研究,并认为成人和儿童英语语素的习得顺序具有一致性。不过,如果仔细对比4.3.2.2表4-3杜雷(H.C.Dulay)、伯特(M.K.Burt)的结论和4.3.6.1图4-1克拉申的结论,我们还是会发现其中存在着不小差异。

表4-7

习得阶段	克拉申	杜雷和伯特
第一阶段	进行体-ing 名词复数 系动词 to be	主格 宾格 词序
第二阶段	助词 冠词 a, the	系动词单数 is 系动词复数 are 助动词单数 is 进行体(-ing)

续表

		不规则过去时
		所有格-'s
第三阶段	不规则过去时	第三人称单数-s
		would 的用法
		名词长复数形式-es
	规则过去时	
第四阶段	第三人称单数-s	have 的用法
	所有格-s	完成时词尾-en 的用法

从表4-7可见，三者第一、四阶段所列的习得语素完全不同，第二、三阶段也只有一项相同。这样一来，我们就很难说这项研究已经完全成熟并成定论，更无法由它代表所有的语法项目习得情况。不过，应当指出的是，这种研究的不成熟在"语素研究"阶段已经存在，监控模式理论的不当仅在于将它无端放大并加以确定。

我们接下来要讨论的第三个问题是监控模式理论在研究上的不成熟。这种不成熟首先是由于缺少同语言学的互动带来的，比如"输入假设"所提出的观点实际上跟语言教学传统上的"循序渐进"原则是一致的，但是由于缺少语料数据的支撑，它所说的"i＋1"和"roughly-tuned input（经过大致调整的输入）"原则就变得难于把握。"情感过滤"假设也存在同样问题，由于缺乏具体数据，教师就很难在课堂上应用它。监控模式理论的不成熟也表现在它的绝对化，在"习得"与"学习"的关系问题上由于绝对地摒弃传统上可以从外部把握的"学习"，而对"习得"又缺乏深入研究，而整个理论又是围绕"习得"构建的，结果让人觉得这个理论虚无缥缈，捉摸不定。此外，监控模式理论的不成熟还表现在它仅限于实验的范围，许多假设都是在实验的基础上提出的，缺乏更多的教学研究的支撑。

不过，应当看到的是，这种不成熟其实也是许多第二语言学习与习得理论都存在的。从本章介绍的前五个理论可以看到，它们都有这样或者那样的不足："对比分析理论"只关心目的语的输入等外部因素，把第一语言和第二语言的不同与学习的困难绝对地等同起来；

"中介语理论"在偏误分析方面比"对比分析理论"进了一步,但是它的语素分析依然是不成熟的;"语言共性理论"和"认知理论"虽然都关心第二语言习得的心理机制,但是也都缺乏更充分的语料研究;"文化融合与语言混合化理论"则主要关心第二语言学习的社会文化因素,等等。由此看来,我们实在没有理由过多地指责克拉申及其监控模式理论。

如果我们要对"监控模式理论"做出公正全面的评价,就应当从第二语言学习与习得理论研究的性质和这个领域的整个理论体系的角度出发来考察。

不可否认,克拉申所强调的"习得"理论基本上是建立在乔姆斯基所倡导的语言能力和语言习得机制的基础上的,他本人并不讳言这一点,而且明确地围绕"习得"来讨论所有的问题。如果说,其他第二语言学习与习得理论由于还不能完全排除与"习得"相对而言的"学习"而必须称之为"第二语言学习与习得理论"的话,克拉申的理论可以说是一个相对完整的"第二语言习得理论",因为他力图将每一个假设都建立在"习得"的基础上,而且他所有的讨论也都是围绕习得进行的。所以,从主观上讲,克拉申的这种努力,在性质上有点类似于库尔德内(Baudouin de Courtenay)、索绪尔(Ferdinand de Saussure)、乔姆斯基等人提出的区分理论语言学与应用语言学、区分语言的共时研究与历时研究、区分语言运用与语言能力等主张。克拉申也力图建立一个相对完整的第二语言习得理论框架。要建立一个理论框架,总要有所创新,所以他致力于将"习得"和"学习"区分开来。立于这一点来看监控模式理论,它在拓展第二语言学习与习得理论研究方面的功绩是不可抹杀的。主要可以从两方面来看。

一方面是对以前的学习与习得理论的总结。五个假设事实上是对对比分析理论以来的诸理论的一个总结,并在此基础上加入了克拉申自己的观点。"学习"与"习得"的划分尽管还不能让人信服,但实际上今天的所谓"二语习得"理论体系的形成,以及有些研究者将"对比分析理论"排除在这个体系之外(Barry McLaughlin,1987),正是这种区分的结果。所以,从客观上讲,克拉申这种努力与 20 世纪 70 年代以来许多人在研究中强调"二语习得"这个术语,并致力于建立起"二语习得"理论体系的努力并无二致。在第一语言的作用这个问题上,他部分地接受了对比分析理论的"迁移说",并将它加以改造;而自然顺序假设并不是克拉申首创,作为中介语理论的一部分——语素研究的结论,它始自杜雷和伯特对第二语言儿童的调查,克拉申只是这方面研究的参与者之一;输入假设当然就更不是克拉申首创,人们早就讨论过这个问题(蒋祖康,1999),而且,其中的"语言的流利表达要靠语言能力逐步建立以后自然形成"这种观点无疑也跟认知理论的自动化说有异曲同工之妙。从研究理念上讲,监控模式理论与语言共性理论是一致的,它们都以人类共有相同的语言能力为前提,所以,如果说乔姆斯基语言能力说是无源之水的话,语言共性理论也同样难以立足。至于"情感过滤假设",我们从中也不难看到它从另一个角度对舒曼"社会心理距离"所做出的补充,等等。更重要的是,克拉申在努力区分"习得"和"学习"的基础上,围绕习得将这一系列的主张搭建成一个相对完整的框架,这一点,前面所讨论过的理论都没有做到。所以说,监控模式理论集中体现了许多其他第二语言学习与习得理论的研究成果,它在一定程度上具有第二语言学习与习得理论的集大成者的特点。从监控模式理论我们不难看到 A—B—C—D—E 与 F 的相关性,以及它们所构建起来的第二语言学习与习得理论的整体框架。

另一方面,克拉申也自觉地将他的理论与语言教学的实践结合起来,提出了"自然法"。尽管"自然法"也还有很多不完善的地方,但是,相对于其他的第二语言学习与习得理论,它能首先自觉与语言教学结合就难能可贵。因为第二语言学习与习得研究是以语言教学为导向的,它要通过语言教学法指导课堂教学的实践。而事实上,克拉申的努力并非没有结果,监控模式理论与自然法形成了迄今体系最完整,可借鉴程度最高的一个理论连续统,为许多教师所接受。有人说,克拉申很善于将自己的理论加以整合,使其易于为第二语言教学的实践者所理解(Barry McLaughlin,1987,p.19)。这话也许在一定程度上道出了克拉申理论的成功之处——他不但在一定程度上完善了"二语习得"理论,并且使之与语言教学产生了关联。监控模式理论有一些在语言教学实践的角度看起来是颇有实际意义的观点,比如,区分"学习能力"与"学习态度",主张重视后者。这种观点有利于在第二语言教学的课堂上营造一种气氛,把每一个学习者的积极性都调动起来。再比如,理想监控器使用者的培养,语言输入的循序渐进,努力降低学习者的情感过滤,等等,这些主张是大多数具有教学经验的教师都会举双手赞同的,这应当是克拉申理论一度在第二语言教学界大受欢迎的主要原因。

总起来讲,对比分析理论由于它的绝对而受到批评,监控模式理论则是由于它的空灵而受到质疑,前者太过于依赖结构主义语言学,后者太过于依赖乔姆斯基语言习得机制,二者的共同特点都是只执一端而不顾其余。事实上,第二语言学习与习得研究作为语言学和心理学互动的产物,它的研究过程离不开二者的共同参与。对比分析理论的不足,其根本原因在于它对语言习得机制的忽略,而监控模式理论也同样由于它只依靠心理学理论没有从语言学的角度用语料的研究去证明它的观点,从而使得"五个假设"始终停留在假设的阶段难以让人们信服。其实,五个假设谈到的现象很多是有目共睹的,这也是它形成的"自然法"在许多教师那里大受欢迎的原因,但是由于缺乏语料的支撑,这些理论缺乏可操作性,人们在实际的应用中无从下手。语言教学必须从语料的处理着手,这是谁也避不开的。

从对比分析理论到监控模式理论我们不难看到第二语言学习与习得理论发展的一个脉络,即从重视语言学习的外部因素到重视语言学习的内部因素,从重视纯语言的因素到重视包括语言在内的文化、社会、心理因素,每个理论都有各自的不足,但也都有可资借鉴之处,它们共同形成今天第二语言学习与习得研究的平台。面对前人的研究,我们需要做两件事情:第一,将每一种理论都作为第二语言学习与习得理论整体框架的一部分,吸收它们的有益之处,采各家之长来推动第二语言学习与习得理论的发展;第二,在今后的研究中努力将语言学与心理学有机地结合起来。

4.4 第二语言学习与习得研究的方法

第二语言学习与习得研究离不开语言学与心理学的互动,因为第二语言学习过程中学习者心理机制对目的语的内化过程不可能直接观察到,学习者对目的语的摄入量和摄入过程必须通过输入与输出的语料来把握,这就需要将语言学和心理学的理论结合起来对可采集到的数据进行分析和处理。这里简要谈谈分析和处理语料的基本方法。

4.4.1 研究的基本手段

第二语言教学对学习者学习与习得情况的研究一般是采用"四参量法"(Herbert W. Seliger, Elana Shohamy,1999),即指在研究过程中将有四个方面的参数进入研究程序。其实就是把研究过程分为四个步骤:
(1) 综合或分析
(2) 归纳或演绎
(3) 把握因素控制程度
(4) 数据搜集分析

第一个步骤是考虑从综合或者是分析角度进入研究,也就是研究角度的选取。这里的"综合(synthetic approach)"是指把研究对象看成一个整体来研究,"分析(analytic approach)"则是把研究对象看做不同的部分,选取其中一部分来研究。比如研究中介语,是把中介语看成一个整体研究整个中介语系统,还是选取其中的语音、语法或词汇问题进行研究,或者就语音问题选取其中的声调加以研究。第二个步骤是研究方法或者研究手段的采用,这时要确定以描述为目的还是以证明某个假设为目的。比如,前述的几个理论中,中介语理论的研究主要以描述为目的,而监控模式理论主要以证明某个假设为目的。第三个步骤是对研究过程中涉及研究的各种变量的把握,对研究范围加以控制和调整。比如,在搜集中介语语料之前要考虑在什么条件下采集,选择什么样的被试,等等。第四个步骤则是收集数据,并对数据进行处理。前两个步骤主要是有关研究目的和研究方法,后两个步骤则有关如何根据研究目的和方法进行研究的策划、数据的收集和整理。这四个步骤是第二语言研究不可或缺的。下面着重讨论研究的基本手段。

4.4.1.1 归纳—演绎

在选定了研究角度以后,就要确定一定的研究方法和手段。归纳和演绎是理论研究中的两个最基本的方法。归纳是通过对材料的搜集和整理,从中归纳出带有普遍意义的理论;演绎则是通过对现象的观察提出假设,并作进一步推理演化而形成一种理论构架。

因此,研究方法的选取,在一定程度上决定了研究的性质,是实证性的研究还是推论性的研究。也就是说,你采取什么样的方法进行研究,将决定你的研究性质是什么样的。如果你选择归纳法,那么你的研究就是实证性的;如果你选择演绎法,那么你的研究就是推论性的。反过来说,当你要提出一些设想的时候,是演绎为主;而当你观察到一些现象,为了形成某种看法,或者要用材料证明或证伪某个观点或理论的时候,应当主要采用归纳的方法。

归纳法的特点是自下而上,以数据为出发点,用材料说话,显得有分量,有说服力。但是由于材料的有限性和不能穷尽性,它的结论或提出的理论也局限在一定的范围内,有时候它仅能在局部的调查结论上提出某种对更大的研究范围的假设。所以,采用归纳法进行研究时首先应当锁定研究范围,研究结论适用的范围明确,结论才具有可信度。

演绎法的特点是自上而下,它可以超越资料的限制,吸引研究者去了解现象的全貌,但它的价值有待于证实。所以,从这一点上讲,这两种研究方法又是互为因果的,在一个长期的研究过程中或者一个较大的研究项目进行过程中这两种方法可能交替使用,形成一个从理论假设到实证结论的循环:

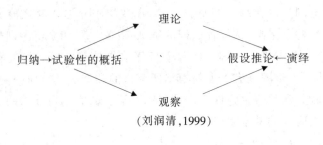

(刘润清,1999)

图 4-4

比如,监控模式理论的"五个假设",明显是演绎性质的。但这些假设事实上又是在小范围的归纳研究,以及这些研究长期积累形成的经验基础上做出的,"五个假设"不是在同一时间提出的,它体现作者对第二语言学习的一个认识过程。中介语理论的"偏误分析"则大多是以归纳为主,在一定量的基础上做出结论。

所以,从另一个方面讲,在我们应用他人所做出的研究结论和假设推论时,对归纳法所作的研究要注意比较它的研究类型、范围和我们当前研究的异同,这样才能确定材料处理方法是否科学,比如说:别人根据英语语素习得顺序研究得出的结论,并不意味着我们可以直接拿过来说明汉语的虚词习得顺序,必须经过在汉语中的再研究来证实;对演绎法的研究结论,则需要通过一定的实验或进一步的数据归纳去证实或者证伪它。

4.4.1.2 定量—定性

跟归纳法和演绎法相关的研究手段是定量与定性。

定量与定性曾经是两种完全不同的研究手段,早期人类学的研究主要是采用定性的手段,即,研究者通过外在的客观的观察、调查和了解来确定某种现象的性质,比如人类学家马利诺夫斯基(B. Malinowski)在对特罗布里恩群岛(Trobriand Islands)的语言进行了观察并了解以后提出这些岛上的语言有三种功能。再比如,琼斯(William Jones)在对梵语跟印欧语言作了初步比较以后提出二者同源的结论,等等。19 世纪以后,随着逻辑实证主义的影响不断扩大,以及自然科学中的实验、统计方法被广泛借鉴,定量研究更加受到关注。不论是历史比较语言学还是结构主义语言学都把研究数据的量化看做结论的主要基础。

定性研究的前提是研究者要处在一个客观的角度去观察被研究对象，避免掺杂研究者个人的主观臆测。比如随堂听课，观察学生的情况，作笔记，根据笔记确定某个学生或某班学生的学习情况；再比如，通过访谈了解学习者的"学习策略"，或者对某个学习者进行"个案追踪"，如舒曼（J. Schumann）对第二语言英语学习者阿尔伯特（Alberto）的追踪观察。所以定性研究的结论多半是描述性的。定性研究要注意的是，研究者一方面要参与其中，体会过程，另一方面又要把自己作为一个局外人，这样才能防止主观臆断，以偏概全。

定量研究一般分为两种，统计和实验。统计的目的是用数字说话。比如，要知道哪一种"把"字句应该先教，哪一种后教，我们要确定哪一种更容易，数量又最大，这就需要统计。比如你认为带趋向补语的"把"字句要先教，那么你就要对这类"把"字句加以统计，并与其他"把"字句的统计结果对比，证明你的主张有道理。实验的目的是用小范围的经验和数据说明某个普遍规律。比如，阿舍尔（J. Asher）用全身反应法（TPR）教德语，跟别人用其他方法教的班级作对比，证明全身反应法的有效性。当然，在第二语言教学的课堂里做实验要谨慎，如果一味地追求研究成果而把学习者当试验品是有违师德的。定量研究的关键是要封闭材料，并向别人说明你统计的范围，实验的基本条件等等。

从理论上讲，定量与定性可以是完全不同的研究手段，但在实践中，定量和定性往往成为一项研究的两个阶段。定量可以看做是研究的操作过程，定性则是对操作形成的数据下结论。所以，定性可以是在定量的基础上做出的。目前的大部分研究都是在定量的基础上进行归纳，然后确定问题的性质。一般来讲，定量研究的手段更多地跟归纳法相关联，当你用归纳的方法处理材料时，它就是一个定量研究的过程，当你要对研究做出结论时，你就是在定性。

4.4.2 语料的搜集与处理

4.4.2.1 调查方式

语料的搜集与处理往往要从调查开始,从调查选取的角度看,我们可以把调查分为横向(cross-sectional)和纵向(longitudinal)两种。

横向调查是从某个平面一般地了解学生整体的情况。比如调查处于同一个水平阶段学习者中介语的情况,如"着、了、过"的使用情况,了解汉字圈学生和非汉字圈学生阅读的情况,或者是根据母语的不同进行调查,等等。

纵向调查是随着学生学习进度进行调查。可以是个别追踪性质的,只关注一个人,比如了解某个学习者在一定阶段内"平均句长"的增长;也可以是同时调查某几个人或者一批学习者,从零起点一直到中高级水平。

横向调查跟纵向调查还可以结合起来进行,比如从零起点到中高年级,在每一个水平阶段选取一批研究对象进行调查,比如,不同阶段补语习得情况。这类研究需要注意的是学习者变量的控制,因为尽管调查对象形成一个梯度,可以在一定程度上显示出某些语言点习得的趋势,但由于不是同一批学习者从低水平到高水平的真实发展过程,不同学习者的变量有可能会掩盖真实情况或制造某种假象。此时比较理想的是配之以某个个别追踪调查的数据作为佐证。

语料的搜集方式有很多种,比如、观察、访谈、问卷、实验、择取,等等。

观察一般要和记录或者录音结合起来做,比如,进入第二语言教学课堂,在课堂上观察学习者的表现,教师使用的教学方法,等等。边观察边记录,课后对记录或者录音的材料加以整理,从中发现研究所需数据。

访谈可以根据需要选择不同条件的研究对象,比如,了解学习者对学习策略的使用。访谈是面对面的,所以学习者的很多个人因素都可以通过访谈得到,比如,国别、性别、年龄、学习年限、是否有过社会工作的经验,甚至对教师和教学的个人评价,等等,都可以通过访谈了解得很细致。

问卷是一种简便易行的语料搜集方式,但是如果问题设计得不好,也可能流于形式,只得到一些不实用的数据。因而,问卷的设计是关键。需要注意几点:第一,最好使用选择题,这样便于统计;第二,所设计的选择项要便于分类;第三,要避免主观性。比如,当你想要了解学习者的努力程度或进步情况时,不能明着问,而是应通过了解学习者每天用于学习的时间、几次考试的结果等测知。

通过实验来搜集数据,一般可能在两种情况下进行:一种是在教学过程中进行实验,这时研究对象往往是不自觉的,容易得到较为真实的数据,但是要避免我们在4.4.1.2谈到的师德问题;另一种是做专门的实验,后者被试一般是自愿的,这时需要控制好各种参数和变量。

择取也是一种语料搜集的办法,教师可以从学习者的作业,平时跟学习者的谈话,暗中摘取语料,加以整理综合。当然要注意不能涉及学习者的个人隐私。

4.4.2.2 语料处理方法

拉尔森-弗里门(Diane Larsen-Freeman)和麦克 H. 龙(Michael H. Long)认为,对语料进行数据分析可以从四个方面进行:第一是对比分析,第二是偏误分析,第三是语言行为分析(performance analysis),第四是话语分析(discourse analysis)(Diane Larsen-Freeman,Michael H. Long,1991)。

这里的对比分析泛指对比一切具有可比性的数据,可以是目的语跟学习者母语的对比,比如汉语里的介词"跟"和英语"with"的对比(白荃,2001);也可以是不同母语同一水平学生的对比,比如欧美学生与日韩学生,等等。偏误分析是就学习者中介语中的偏误进行分析,探讨出错的原因。语言行为分析主要是针对学习者在一定条件下的语言表现进行分析,这些语料应当采集自学习者的语言行为过程。话语分析主要是了解学习者在交谈过程中对问话的反应以及回应语言的特点,这类数据会反映出学习者对目的语功能的掌握情况。

4.4.2.3 研究过程中的变量

"变量"这个术语我们前面已经多次用到,它指随时间或个体或条件不同而变化的因素。比如,学习者的学习水平是随时间而变化的因素,学习动机、年龄、性别等是随学习个体不同而变化的因素,语言教学的方法、课程的设置等等,则是随教学条件不同而变化的因素,它们都可以成为语言教学研究过程中的变量。

在研究中需要注意的是不同变量之间的关系。一般来讲,有两种变量以及它们之间的关系是不能忽略的,一个是自变量(independent variable),一个是因变量(dependent variable)。自变量指可以控制的变量,在一定的控制条件下一般不受其他因素影响;因变量会随某些因素变化而变化。比如,我们把语言材料的难易程度或者学生的学习水平确定为自变量,那么,教学方法就要随教材的难易或者学习者的水平而变化。这时,我们可以说,教材的难易或学习者的水平是自变量,而教学方法则是因变量。

另外,自变量和因变量又不是一成不变的,当我们把课时量作为自变量的时候,学习者整体的进步速度就是因变量,比如,每周 10 课时和每周 5 课时,学习的进步速度有可能不同。而在课时不变的条件下,学习者个体的因素就成为自变量,学习进步的速度会因人而异。

第5章 第二语言教学法的选择与应用

教语言的活动在人类历史上早已有之,对语言教学法的关注则始自16世纪,由此,我们不难看到教育学对语言教学的影响。欧洲在摆脱了宗教和拉丁语一统天下的局面以后,开始逐步走上国家工业化的道路,实现国家工业化的一个重要条件是普及学校教育。学校教育可以提供工业发展所需的基本技术人才。随着学校教育的普及,现代教育学也逐渐发展成熟。语言教学法的作用与必要性正是在现代教育理念的指导下通过学校教育凸现出来的。因为不论人们考虑"教什么"还是"怎样教",语言教学的教学目标、教学大纲、教学设计、教学步骤乃至教学活动都往往与学校教育条件下的课堂教学联系在一起。因此,语言教学法的变革也往往是不同教育理念影响的结果,当我们要对一定的教学法加以选择和应用的时候,需要了解它的教育学基础:产生背景和教学原则。

与此同时,一种语言教学法的产生又跟一定的语言观和学习观联系在一起。有关语言问题的讨论早在古希腊就开始了,但是对语言本质的认识却延续了一千多年而没有改变,直到18世纪语言学诞生前夕才出现新的观点。与此一致的是,语言教学的方法——语法翻译法,自16世纪以来就一直在使用,到了19世纪才开始倡导新的方法。这不是偶然的,说明语言教学对方法的选择与改变受到人们对语言的认识的影响,这种选择与改变显然是在语言理论的指导下进行的。

进入20世纪60年代以后,语言教学法的选择与应用又较多地受到心理学的影响。在第4章我们已经指出,第二语言学习与习得研究是以语言教学为导向的,这类研究的目的就是要了解第二语言学习的心理过程,它的成果会直接体现在语言教学法的选取与采纳上,这种趋势在认知心理学兴起以后的70~80年代尤其明显。语言学和心理学的双重影响使得语言教学的方法迅速繁荣起来。不过,在形形色色的教学法中,我们会看到,它们受到的语言学和心理学的影响并不均衡,有的深受语言理论的影响,有的则更多地依赖心理学的研究成果。

此外,语言教学的传统对新兴教学法的影响也依然存在。这种传统往往与一个民族的教育理念结合在一起,共同影响语言教学的方法。凯利(L. G. Kelly)和霍瓦特(A. P. R. Howatt)指出,语言教学中的许多问题都不是新的,而是历史问题的延续(Jack C. Richards & Theodore S. Rodgers,2000)。因此,当我们要对不同语言教学法作一个梳理和介绍的时候,我们还需要追溯到语言教学法最早产生的时期,因为任何一种新的方法都不可能脱离历史而存在,在任何一种现代的教学法中都能找到早期教学法的影子,第二语言教学法也不例外。

有鉴于此,我们对本章将要讨论的教学法作如下分类:第一类是早期的教学法,它们是语言教学的起源,现代语言教学法发展的基础,体现语言教学的传统;第二类是侧重语言学理论的教学法,它们的教学原则主要建立在语言学理论的基础上;第三类是侧重心理学理论的教学法,它们更多地从心理学角度,特别是语言学习理论的角度提出教学原则;第四类是前苏联使用过的教学法,第一次世界大战以后直至20世纪70年代苏联在学术上与欧美国家联系不多,在语言教学上也形成自己特有的一套理论和理念,而且由于中苏两国历史上的关系一度较为密切,这些教学理论和理念也对中国的外语教学产生过一定的影响,从学术基础和人才基础的角度看,它们也在一定程度上间接地影响着汉语第二语言教学,所以这里设一节加以介绍。

5.1 语言教学法的性质与特点

5.1.1 语言教学法的理论性

有经验的语言教师在谈到教学方法的时候都有这么一句口头禅:教无定法。没有教学经验的人往往把这句话的意思理解为:语言教学没有任何一定的方法可以遵循。其实,"教无定法"并不是说语言教学没有一定的方法,更不是说语言教学不需要方法,而是说,要根据教学需要和教学对象在教学中灵活使用不同的教学方法。要达到这个境界,作为教师就需要对各种教学法的性质和特点,特别是来龙去脉、理论基础、教学原则和适用条件等等,有充分的认识和了解。

事实上,在我们讨论教学法的时候,我们还处在理论层面上,这里所说的教学法距离课堂教学实践中所选取的某个具体的训练方法还有一段距离。后者是在某种教学法或者某些教学法所形成的教学理念的指导下所进行的教学实践。说到这里,读者可能会有些迷惑,前面已经说教学法是在语言学、心理学、教育学基础上产生的,它就应当属于教学实践,为什么还要说教学法的讨论依然还在理论层面上呢?这是由于人们以往对教学法的理解过于简单而造成的一种误解。我们不妨通过下图来说明教学法跟基础理论和语言教学实践之间的关系。

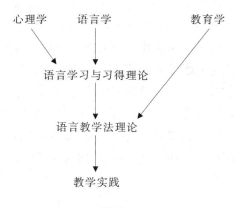

图 5-1

本章的图5-1与第1章的图1-3、第3章的图3-1并不矛盾。第1章1.3.5.1集中讨论了第二语言教学研究的三个出发点：教什么、怎样教、怎样学。第1章图1-3的展示着重在两个方面，一方面强调从这三个出发点开始形成的应用研究与语言学、心理学和教育学这三个基础理论的相互关系；另一方面强调从这三个出发点开始形成的各种应用研究之间的相互关系。这些应用研究的成果可能分别被语言学、心理学和教育学理论与语言教学实践所吸收，既可能上升到理论层面，充实、完善相关理论，也可能下行进入教学法，直接指导语言教学实践。在第3章的引言部分我们着重讨论的是语言学、心理学和教育学这三个基础理论在指导语言教学研究时的权重，第3章图3-1强调三个基础理论之间的相互关系，以及它们对语言教学实践的关系。本章图5-1则是在前面两个图的基础上进一步细化，以显示教学法理论在语言教学的理论体系中所处的位置，以及它与基础理论、语言学习与习得理论和语言教学实践的关系。

由本章图5-1可见，语言学始终是语言教学的核心理论，它既影响语言学习与习得、语言教学法的研究，也直接影响语言教学的实践。语言学习与习得理论是在心理学和语言学的基础上形成的，它以语言教学为导向，要服务于语言教学这个最终目的，所以它会直接影响到语言教学法的形成。在上述这些理论的基础上，我们形成对语言教学的认识和理念，这些认识和理念指导我们对语言教学的方法进行研究、选择、采纳和使用。一种教学法的形成要在语言学、心理学和教育学理论的指导下通过研究形成对一定语言进行教学的原则，在这些原则的指导下进行教学设计以确定教学目的、建立教学大纲，并安排教学步骤，等等。因此，语言教学法是在应用语言学的层面上对语言教学的实践加以指导。可见，教学法在性质上也是一种理论，它是语言教学自身的理论，我们说的教学法的讨论还是在理论层面上。

5.1.2 语言教学法的体系性

由于教学法与各种理论的关系,一种教学法的形成必然奠基在一定的理论基础上,在一定的理论指导下形成一种教学理念,并由这种教学理念来支撑一定的教学法。因此,一种完整的教学法理论是体系化的,它有一整套建立在基础理论之上的方法体系。否则它就很难形成一系列可操作的程序,供语言教师在课堂教学中使用。比如"直接法"虽然是作为对"语法翻译法"的反叛提出来的,在当时也产生了一定的影响,但是很快就被其他方法所代替。今天看来,其主要原因就是它的理论基础还不够完善,在实际教学中缺乏指导性的原则和可操作的教学步骤。

1963年爱德华·安东尼(Edward Anthony)提出一个从理论到实践的三层框架,主张教学实践是由理论组成的方法来指导的。他的框架图示如下:

图 5-2

从上图可见,安东尼的观点是:教学方法在理论研究的基础上形成,在教学方法的基础上再形成教学技巧。杰克·理查兹(Jack C. Richards)和塞尔多尔·罗杰斯(Theodore S. Rodgers)则进一步认为,"教学方法"应当是一个统摄全局的概念,不应当作为教学法体系中的一个环节,因此,他们对安东尼的框架作了修改,把教学方法作为一个涵盖理论研究到教学设计再到教学步骤的连续统的总概念。图示如下:

图 5-3

我们认为,这个框架比较能够反映教学法理论和教学实践的关系。图 5-3 的**教学方法**(Method)实际上已经具有了**方法论**(Methodology)的性质,它说明,语言教学法是跟语言教学实践相关的理论研究的总和,在以语言学、心理学和教育学为基础的研究之上,做出语言教学的设计,并对语言教学实施步骤做出安排,这样一来,一种教学法就有可能真正地贯彻到课堂教学的实践中去。

在**理论研究**这个层面上,教学法要受到两个方面的影响,一个是在理论语言学和语言本体研究基础上形成的语言观,一个是在语言学和心理学基础上形成的语言学习观。理查兹和罗杰斯认为,形形色色的语言观对语言教学法形成的影响可以归纳为三种:一种是结构观(structural view),把语言看成是一个若干语码组成的结构系统,在这种语言观的指导下产生的教学法把语音、语法、词汇作为语言的基本要素来教学,听说法就是这方面的代表;一种是功能观(functional view),把语言看成是一种表达语义功能的工具,降低语法结构在语言教学中的主导作用,比如威尔金斯(D. A. Wilkins)的"功能意念大纲(Notional-functional Syllabuses)"就做了这方面的尝试;还有一种是交际观(interactional view),把语言看成是实现人际交流的工具,把语言学习者看成是交际参与者(同上,p.17)。不过,从近年来的教学法实际研究看,功能观和交际观基本上已经合二为一,它们主要受到功能主义语言学的影响,而结构观则主要是形式主义语言学影响的结果。

至于语言学习观,它跟第二语言学习与习得研究紧密相关。拉尔森-弗里门(Diane Larsen-Freeman)和麦克·H. 龙(Michael H. Long)主张将第二语言学习与习得理论分为三类,一类是自然主义理论(Nativist Theory),比如,语言共性理论、监控模式理论;一类是环境决定主义理论(Environmentalist Theory)，比如，文化融合与语言混合化理论；还有一类是交际主义理论(Interactional Theory)，比如，基文（T. Givon）的交际类型理论（Functional-typological Theory）①，关注语言的交际环境和语言的上下文。这种区分主要是根据这些理论所赖以形成的语言学和心理学基础。

理查兹和罗杰斯则将语言学习理论分为两类，一类关注语言学习包含哪些心理的和认知的过程，另一类关注什么样的条件可以激活上述过程。他们把前者称为"过程导向(process-oriented)"的语言学习观，把后者称为"条件导向(condition-oriented)"的语言学习观。这种区分更关注语言学习理论的心理学方面。

从本书第 4 章的讨论可以看到，在理论上，语言学习理论是语言学和心理学互动的结果；从实践上看，各种理论的形成过程各有偏倚。有的更多地吸收了语言学的成果，比如，对比分析理论、中介语理论；有的更多地接受了心理学的影响，比如，语言共性理论、认知理论、监控模式理论等等。总起来讲，我们倾向于将语言学习观分为两类，一类倾向于语言学，一类倾向于心理学。而且，这种特点事实上也反映在语言教学法上，不同教学法在吸收语言学和心理学的成果方面也各有偏重。这种偏重从根本上讲是教学法受语言学和心理学影响的差异所致，而从学习理论跟教学法的关系看，也是教学法接受不同的语言学习理论所致。

基于一定的语言观和学习观，语言教学法形成一定的教学原则或教学主张。教学设计和教学步骤则是在这些原则和主张的基础上进行的具体的教学规划和教学实施。所以，教学原则是语言教学法层面上理论研究的成果。教学设计是对教学原则的贯彻过程，教学步骤则是对教学原则进行实施的过程，这两者才真正与语言教学实践直接关联。

教学设计将涉及到教学系统的诸多因素。比如，教学目的的确

---

① 该理论主要将功能语言学的观点引入语言学习与习得研究，鉴于它的影响范围和理论体系，本书第 4 章没有专门介绍。

定,是只关注语法的学习还是把语言作为一种工具来掌握,抑或是把语言教学作为人文教育的一部分,等等;教学大纲的制定,对教学内容进行选择与组织;课程的设置,是听说读写分别进行还是综合进行,孰先孰后,等等;教材的编写和选用;教学活动的形式,以及学生在教学中的地位和作用,教师应该起哪些作用,师生关系如何定位,等等。

教学步骤既包括了具体的教学技巧,也包括了教学实践。一种教学法最终由它来实现。在这个层面上我们既可以通过教学活动的采纳来考察一种教学法,比如采用机械练习、对话互动还是课堂活动,等等,也可以通过学习者的回应和反馈来考察一种教学法。

因此,这个三层框架既是考察一种教学法体系完善与否的尺度,也使得一个能够满足这个框架要求的教学法具有较强的体系性。依据上面的讨论,我们可以把图5-3进一步表述如图5-4。

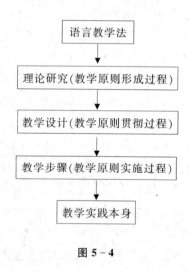

图 5-4

5.1.3 语言教学法的传承性和现实性

教学理念的变化跟历史和现实都有着割不断的关系。任何一种教学法都不是无本之木、无源之水。这一方面是由于人类文化的传

第 5 章　第二语言教学法的选择与应用

承作用,教育是文化传承最重要的手段之一,教学法作为人类教育的手段,会随着文化的传承而代代相传。另一方面是知识与经验的积累,历史上每个时期的教学方法都积存了许多优秀教师的宝贵经验和人类教育观的理论精髓,不可轻易抛弃。比如,尽管语法翻译法和直接法在很多课堂里早就为许多其他的教学方法所取代,但是,我们不论分析什么样的教学法,总能在其中看到二者的影子。比如,当人们谈到自觉对比法、听说法的时候,就会联想到它们在注重语法方面跟语法翻译法的一致之处,而人们说起全身反应法和自然法的时候,也会联想到它们与直接法的共同特点。所以,任何一种新的教学方法都是在传统基础上的延续,我们很难抛开历史上的教学法去大谈什么全新的教学法。

语言教学法又是应现实社会语言教学的需要而产生的,它必须适应当前社会语言人才培养的需要。语法翻译法在欧洲通行了数百年,很有权威,但是,由于它不能适应口语教学的需要,就必须加以改革,以适应新的形势和新的教学理念。听说法曾一度风靡美国,但是随着人们对交际能力培养的重视,它也不得不走下教学法历史的舞台。因此,语言教学法既具有传承性,又具有现实性。一种教学法会在一定程度上继续保持传统教学法的精粹,同时又会对传统教学法中不适应新的需要的部分加以改革。

基于上述讨论,作为第二语言教学理论的"概要",本书对语言教学法的介绍主要停留在理论层面上,从语言教学法的理论性、体系性、传承性和现实性来考察一种教学法及其与各种理论的关系。对既往的大多数教学法,我们主要重点介绍这些教学法的产生背景与理论基础、教学原则,并对其加以评价。主要关注教学原则及其形成过程(理论研究),至于教学原则的贯彻过程(教学设计)和实施过程(教学步骤)则简要概述,目的还是增强读者对教学原则的理解,以便于读者选择与应用。

5.2 历史上的第二语言教学法

5.2.1 语法翻译法

5.2.1.1 拉丁语的衰落与语法翻译法的形成

语法翻译法(Grammar-translation Method)的使用始于16世纪。它被公认为是最早的第二语言教学法。它的创始人是谁,我们今天无从知晓。但它却是世界上使用时间最长,也是在语言教学法史上被批判得最久的一种教学法。

罗马帝国对欧洲的统治使得拉丁语成为欧洲的通用语言。尽管在此期间,欧洲各国都有自己的民族语言,但是拉丁语作为欧洲各国的官方语言不仅用在宗教、教育、商务和政府公务等方面,也用于日常的口语交际。不过,相对于各国的民族语言,拉丁语也属于一种外语,当时各国学校教育中使用的拉丁语也可看成是外语教学的一部分。据此,我们可以说,第二语言的教学早在公元前就开始了。不过,由于当时拉丁语使用的范围极其广泛,在学校教育中它既是教学内容,也是教学语言,其教学方法并没有受到过多的关注。

文艺复兴推动了欧洲各国资本主义的发展,也使各国逐渐认识到普及基础教育、推广本国语言文字的重要性。随着罗马帝国的衰落,从16世纪开始,法语、英语、意大利语等开始逐渐成为所在国的通用语言,是口头及书面交际的主要工具。学校教育也强调本国语言的教学,第3章讨论过的《唯理语法》就是在这一需要下产生的。与此相应的是,拉丁语逐渐退变为一种文献语言,不再在日常口语中使用。但人们阅读古代文献还必须通过它,比如学生在学校要阅读维吉(Virgil)、奥维德(Ovid)、西塞多(Cicero)等古罗马诗人的诗歌,这些都是用拉丁文写成的。而且,当时的人们认为,拉丁语语法的分析有助于训练学生的心智,提高人文素质。在16~18世纪的英国还有专门的"文法学校",学生要接受严格的拉丁文法的训练,他们被要求死记硬背语法规则、变格和词形变化,并且进行翻译和写作的练习。因此,分析拉丁文法,阅读并翻译拉丁文,成为多数学校拉丁文课程的主要教学方法和教学传统。这就是最早的语法翻译法。

拉丁语的衰落使拉丁语成为一种人文训练。不过,由于各类学校在课程设置中对拉丁语的教学依旧极其重视,语法翻译法也因此成为一种公认的"外语文献语言"的教授方法。以至于到了18世纪,欧洲一些学校开始开设英、法等现代外语课程,人们很自然地也采用语法翻译法来教授。对语法翻译法的使用一直持续到19世纪,在有的地方甚至持续到20世纪。

5.2.1.2 语法翻译法的演变与发展

在辗转借用的过程中,语法翻译法有过多种名称。有人根据倡导该法的人命名,比如称为"奥朗多佛氏法(Ollendorff's Method)"、"雅克托氏法(Jacotot's Method)"等;有人将语法翻译法由重视语法发展至重视词汇以及重视母语跟目的语系统的对比,为了以示区别,又提出"词汇翻译法"、"翻译比较法"等名称与原有的"语法翻译法"并列;还有人为了使之与新产生的方法区别开来,还将其称为"传统法(traditional method)"、"古典法(classical method)"或"旧式法(old method)"等等(章兼中,1983)。

1840年到1940年是语法翻译法主导第二语言教学的时期,这个时期推行这一方法的代表人物主要是德国学者奥朗多佛(H. S. Ollendorff),所以这一方法也被认为是德国学术的产物。1845年西尔斯(B. Sears)将其介绍到美国,被称之为"普鲁士教学法"(Jack C. Richards & Theodore S. Rodgers,2000)。严格地说,语法翻译法并没有明确的理论基础,它的主要观点和教学原则是在传统中形成并延续下来的。由于每一代的使用者和推行者都对它加以完善和补充,语法翻译法依然有一套相对完整的教学理念和教学原则:(1)学习第二语言的目的是为了阅读典籍,发展心智,所以要把"读写"作为教学的主要内容;(2)学习第二语言的主要途径是通过母语翻译,所以阅读教学围绕课文选择词汇,以母语为中介掌握词义并理解课文,母语既是学习目的语的中介,也是课堂语言,所以语法翻译法也重视第一语言和第二语言的对比;(3)强调规范,尤其强调语法的系统性,所以教学以语法为纲,注重归纳,并且把句子作为教学的基本单位。在这样一些理念和原则的基础上所形成的语法翻译法教学有如下特点:一是以语法为中心,二是以孤立的句子作为语法训练的基本单位,三是口语练习被减少到最低限度。

语法翻译法的使用在教与学两者之间形成一种对立,一方面是要求学生做到最好,有无尽的语法规则要记忆,而且要做最好的翻译,因而让许多学习者苦不堪言,很多年后回忆起来还耿耿于怀;另一方面它对教师几乎没有什么要求,教师只要要求学生去做就可以了。事实上,时至今日,有不少教师还在一定程度上使用这一方法进行第二语言教学,并不是因为他们顽固坚持,主要是因为他们自己多半是被这样的方法训练出来的,相信语言就得这么教。由此也可以看到传统所造成的影响。

早期的语法翻译法由于过分强调对语言形式的学习,对词汇有所忽略,不利于学习者阅读课文、理解课文。后人在这个基础上提出要重视词汇的翻译,主要代表人物是法国的英语教师雅克托(J. J. Jacotot)和英国的教育家汉密尔顿(James Hamilton)。他们主张通过课文的阅读来翻译并学习词汇和语法,把课文作为第二语言教学的中心环节,而且主张课文语言材料的新旧衔接,也就是说,在新课文里要复现旧课文出现过的语言材料。有人把这种新的主张称之为"词汇翻译法"。词汇翻译法的教学目的依旧是培养阅读能力,由于它重视词汇的翻译,对学习者掌握词义、理解语言材料的意义有较大的帮助,从这一点上讲,它比原来的方法前进了一大步。另外,从具体的教学步骤看,这一教学方法在教学过程中依旧比较重视教师对课文的逐句翻译和解释,尚未关注到学生对目的语的使用。

从比较的角度出发,有人对早期的语法翻译法作了另一种改进,代表人物是德国学者马盖尔(K. Mager)。他吸收了历史比较法对不同语言进行对比的方法,主张在第二语言教学中进行学生母语和目的语的对比,在对比的基础上翻译。后人将他的主张称为"翻译比较法"。马盖尔认为语言知识的掌握有赖于语言的熟练使用,他主张让学生通过对比翻译的实践来理解语言材料的内容,在教学中强调背诵课文、在理解课文的基础上掌握词汇和语法。与词汇翻译法相比，翻译比较法又进了一步，开始关注到母语跟目的语的差异以及学习者对目的语的掌握。

随着时间跨入20世纪，特别是经历了语言教学改革的批判和直接法的反叛，虽然还有不少教师在使用语法翻译法，此时的语法翻译法已经在传统的语法翻译法基础上作了较大改进。有人把这一时期的语法翻译法称为"近代翻译法"（章兼中，1983）。近代翻译法在教学原则上有几个特点：（1）教学中注重语音、语法、词汇相结合，教学始于语音，以课文为中心，以语法为主线；（2）重视阅读能力和翻译能力的培养，兼顾听说训练；（3）以母语为中介，翻译既是教学手段，又是教学目的。在这样的原则的指导下，近代翻译法一般有这样几个教学步骤：先翻译并讲述课文大意，然后逐词逐句翻译讲解课文，最后用标准的母语翻译课文。在这个基础上再进一步培养学生直接、快速地阅读并理解原文。

20世纪的语法翻译法经过不断改进，在教学原则上已经有了很大进步，它在不断向语言教学的本质属性靠近，由单纯地强调学习语法、用母语翻译目的语文章，发展到了关注语言要素的教学，注重培养学生直接阅读目的语文章，兼顾听说能力的训练，等等。尽管如此，有两点是它始终缺乏的，一个是对学习者口语交际能力的培养，还有一个是对学习者学习过程的忽略。它的关注点始终没有脱离语法和书面语的阅读，这是它必须加以改革的最主要原因。实事求是地说，关注语法和阅读能力的培养本身并无可厚非，但这只是语言教学目的的一个方面，而不能作为第二语言教学的唯一目标。因此，我们与其说"语法翻译法"被抛弃了，还不如说新的教学方法发展了"语法翻译法"，吸取了其中的有益部分，弥补了其不足之处。

5.2.2 直接法

直接法（The Direct Method），顾名思义，它有两个特点，一个是不以其他语言为中介，直接学习一种语言；另一个是像儿童出生以后直接学习母语那样直接学习目的语的口语。这既是"直接法"的主要特点,也是直接法倡导者针对当时语言教学的弊病所提出的改革主张。"直接法"是作为语法翻译法的对立面而产生的。

5.2.2.1 19世纪的外语教学改革

在语法翻译法被用来进行现代外语教学的几百年里,并不是没有人对它的教学原则的合理性提出过质疑。16世纪的英国教育家罗杰·阿斯卡姆(Roger Ascham)、17世纪的捷克教育家夸美纽斯(Johann Amos Comenius)等人都提出过外语教学法改革的主张,尽管他们的教育学理论为后来的教学改革奠定了基础,但是在当时并未形成改革的潮流。这种情况一直持续到19世纪50~60年代,外语教学的革新才真正开始。

改革的动力首先来自社会的需求。随着欧洲各国资本主义的发展,国际贸易的交往日益增多,国际竞争也需要了解并学习别国的科学技术。语言不通就成为各国交往的主要障碍。各国交往需要学习和使用对方活的语言,而不只是书面翻译。语法翻译法培养出来的外语人才显然不能适应这种需要。贵族和新兴资产阶级开始设法将孩子送到目的语国家学习当地语言,或者请家教专门教授目的语。而家教们却找不到合适的课本。有的家教开始自己尝试使用新的方法进行教学,当时在英、德、法等国都出现了用新方法教语言的家教。与此同时,普及外语教学的呼声也日益高涨,一些公立中学开始开设现代外语的课程。这些外语课程更需要新的教学法以及新教学法指导下编写的教材。

改革的实现主要得益于现代语言教学所需要的基础理论——语言学、心理学和教育学的成熟。19世纪上半叶语言学的独立对语言教学法的改革具有理论上的重要意义,前述马盖尔"翻译比较法"对传统语法翻译法的改进就是在历史比较语言学的启发下完成的。尽管此时大多数语言学家还沉浸在亲属语言的历史比较中,无暇顾及共时语言的教学。但是人们对语言认识的加深和语言观的逐步改变已经从理念上对语言教学产生影响。特别是进入19世纪下半叶以后,库尔德内(Baudouin de Courtenay)此时已经开始提出语言的理论研究与应用研究的区分,稍后的索绪尔(Ferdinand de Saussure)

也已经开始从系统的角度认识语言①。

语言学对语言教学的具体影响主要表现在如下方面。首先是一些研究语言教学的专家提出了较为具体的改革主张。比如,法国人马索(C. Marcel)主张借鉴儿童学习母语的方法来教第二语言,他强调意义的重要性,主张听说领先,提出建立一个语言教学的原则和方法的框架。英国人普伦德盖斯特(T. Prendergast)首次记录了他观察到的儿童利用上下文情景来发展自己口语的过程。他指出,儿童在说话时常常使用一些记住的对话或语段。利用观察所得,他提出一个"结构纲要(structural syllabus)",主张利用它来进行句式教学。这个"结构纲要"后来在1920～1930年被"口语法"、"情景法"所采用。最有名的改革者要数法国人古安(F. Gouin)。他主张用儿童学习母语的方法来教第二语言。他强调语言学习要在使用中完成,为此,他设计了一套方法,用系列情景组成口语加上手势表达,如开门的过程、砍柴的过程等,此法风行一时。他的部分主张后来被"情景法"、"直接反应法"以及"自然法"所吸收。

先行者的倡导使语言教学有了很大改观,但还没有形成广泛的影响,问题主要在于还缺乏一定的理论指导。1886年国际语音学会(The International Phonetic Association)成立,制定了国际音标(International Phonetic Alphabet)。这是一个具有重要意义的标志性事件。国际音标的发表使人们看到了语音的系统性,人们认识到语音系统是可描写的,因此也就相信可以把这个可描写的系统教给学生。可以说,国际音标的制定直接推动了新教学法的形成和发展。另外,保罗(H. Paul)等青年语法学派的一些主张也对新教学法的产生提供了理论依据(章兼中主编,1983)。

英国人亨利·斯威特(Henry Sweet)的观点对直接法形成也有较大影响,他强调语言教学的原则应当建立在对语言进行科学分析和对学习心理加以研究的基础上。1899年斯威特在《实用语言教学

---

① 库尔德内1870年提出区分"纯粹语言学"和"应用语言学"(参见第1章),索绪尔在1878年的论文中讨论了原始印欧语言的系统(参见第3章)。

研究》(The Practical Study of Languages)一书中系统阐述了他的观点:(1)仔细挑选将要用于教学的语言要素;(2)确定教学范围;(3)根据听、说、读、写的顺序安排教学;(4)教材内容应当由易到难。

德国心理学家冯特(W. M. Wundt)是现代实验心理学的奠基人。冯特认为"语言心理中起主要作用的,不是思维,而是感觉。因此,引入意识中的概念和表象所伴随的刺激应当尽可能有感觉的成分。而最强有力的感觉又是由音响表象所引起的"(转引自章兼中,1983,p. 26)。这些论断为直接法强调"口语教学为主"、"模仿为主"提供了理论的准备。

在教育学方面,许多教育家的主张此时也逐渐被接受并形成教学理念,除了夸美纽斯之外,还有卢梭(J. J. Rousseau)、裴斯泰洛齐(J. H. Pestalozzi)、第斯多惠(A. Diesterweg)等人。夸美纽斯是现代教学论的奠基人。他主张教育顺应自然,认为青年人不论男女都应该接受学校教育,因为学校是人类延长生命的基础,而学校的秩序则应当以自然为鉴。在教学原则上,夸美纽斯主张"直观性"、"简易性",提出教师应当循循善诱,把自然的过程展现给学生;强调教学过程要注重由近及远,由易到难,由简单到复杂,由已知到未知,由具体到抽象,等等(夸美纽斯,1999)。这些主张在理论上也影响了新教学法,我们可以从直接法强调教学过程的直观性、注重语言对行为过程的叙述等主张看到这些影响。

5.2.2.2 直接法的成熟与衰落

在语言教学法历史上,1886年国际语音学会成立,被看成是直接法成熟的标志。这个学会早期研究的一个主要目的就是推动现代语言的教学。该学会有五项主张:第一,教学口语;第二,进行语音训练以便学生建立起良好的发音习惯;第三,使用对话体课文以便教给学生口语短语;第四,对教学语法进行归纳研究;第五,在教学中建立起目的语系统内部的语义关系,而不是建立母语和目的语之间的语义关系。这些主张体现了针对语法翻译法的两个重要观点:一个是重视口语,一个是反对翻译。而该学会的研究成果——国际音标则具体提供了准确描写任何一种语言语音系统的方法,使得一种语言语音系统的教学成为可能。

与此同时,语言学家们还就如何进行外语教学展开了讨论。作为德国的外语教育家,菲埃托(Wihlelm Vieetor)被认为是语言教学改革的先驱和直接法的奠基人。1882 年他发表了具有影响的小册子《语言教学必须改弦更张》(*Language Teaching Must Start Afresh*),直接抨击语法翻译法(Jack C. Richards & Theodore S. Rodgers,2000)。他主张重视语音训练,并且力图用语言学理论证明他的观点。他提出语言教师要发音准确,认为语言教学要教口语句型而不是语法规则。德国学者富兰克(F. Franke)也对语言教学的方法加以论述,他认为课堂语言教学要通过活动来进行,教师应当鼓励学生直接、主动地使用目的语交流,而不是仅仅对语言加以解释。他们的主张均成为直接法的理论基础。

通过论争,学者们在语言教学的基本原则上有了一定的共识:(1)语言教学要以口语为主,这一点必须在教学法中有所体现;(2)语音研究的成果必须应用于教学和师资培训;(3)学习者应当在开始阅读某种语言之前先通过语音听到这种语言;(4)在语境中教词汇,新词通过句子呈现,句子通过意义丰富、具有上下文语境的课文呈现;(5)语法教学应当视课文语法点呈现的情况通过归纳的方式进行;(6)要避免翻译课文,母语只在介绍新词语或检查课文理解等必要情况下使用。这些不仅成为直接法的主要教学原则,其中多数也成为此后语言教学的主要原则。

19 世纪末到 20 世纪 20 年代是直接法风行的时期,德国和法国的许多教学机构和教师都争相使用直接法,在私立学校中最为普遍,而且,由于索维尔(L. Sauveur)和贝力兹(Maximilian Berlitz)在一些语言学校的使用也享誉美国。在具体的教学步骤上,有几个人值得一提。

首先是古安(F. Gouin)。在语言教学改革的先行者中,古安被认为是实践直接法的最早代表。作为外语教师,他自己曾经使用语法翻译法学习德语,在完成了全部德语语法的学习之后,他又背了一本德语词典,但是走出门去才发现,他连简单的德语对话都无法应付。他在德国待了一年之后回到法国,却发现离家前还在咿呀学语的儿子此时已能说一口流利的法语。于是,他省悟到不能继续使用传统的语法翻译法来学习活的语言,并决心创建新法。古安的代表作《语言教学法》于1880年出版后立即引起轰动,1892年被译为英文(The Art of Teaching and Studying Languages),成为直接法的代表作之一。在这本书里,古安介绍了新法的教学步骤,他主张教师先做示范,把一个连续发生的动作切分成几个部分演示给学生看,比如"开门"这个动作是由以下一系列的动作合起来完成的:

  我走向门。(I walk toward the door.)
  我离门近了。(I draw near to the door.)
  我离门更近了。(I draw nearer to the door.)
  我来到门前。(I get to the door.)
  我停在门前。(I stop at the door.)
  我伸出胳臂。(I stretch out my arm.)
  我抓住门把。(I take hold of the handle.)
  我转动门把。(I turn the handle.)
  我打开门。(I open the door.)
  我拉动门扇。(I pull the door.)
  门扇移动了。(The door moves.)
  ……(摘并译自 Jack C. Richards & Theodore S. Rodgers,2000,p.6)

在这一系列的动作过程中,教师每说一个句子,就做出一个动作,让学生充分理解每一个句子所描述的动作跟句子在意义上的联系。学生理解以后开始模仿,在口头掌握这些句子之后再进入同一内容的阅读。在各种词汇中,动词是句子理解的核心。古安认为,掌握动词是学好目的语的关键。

德国人贝力兹不是语言教学法研究者,但却是一个颇具影响的直接法推行者。他所创办的"贝力兹外语连锁学校"遍及欧美各国。

据统计在第一次世界大战前达到340多所(章兼中,1983)。贝力兹的教学主张主要有以下几点:(1)课堂教学完全使用目的语;(2)只教日常词汇和句子;(3)小班上课,通过师生对话循序渐进地培养日常口语交际技能;(4)语法用归纳的方法教;(5)用口语引入新的教学内容;(6)具体词汇通过实物、图片、手势教学,抽象词汇则跟一定的想法关联起来教学;(7)会话和听力同时教;(8)强调语音和语法的正确性。这些主张形成了贝力兹语言学校至今仍然遵从的若干个"Never":

不翻译,只演示(Never translate: demonstrate);

不解释,只行动(Never explain: act);

不做讲演,只提问(Never make a speech: ask questions);

不模仿错误,只纠正错误(Never imitate mistakes: correct);

不说单个的词,只说句子(Never speak with single words: use sentences);

不说太多,让学生多说(Never speak too much: make student speak much);

不用书本,只用教学计划(Never use the book: use your lesson plan);

不随意变化,只遵循计划(Never jump around: follow your plan);

不过分快速,只按照学习进度(Never go too fast: keep the pace of the student);

不说得太慢,只用正常语速(Never speak too slowly: speak normally);

不说得太快,只用自然语速(Never speak too quickly: speak naturally);

不大声说,只用自然语调(Never speak too loudly: speak naturally);

不要失去耐心,要保持常态(Never be impatient; take it easy)(摘并译自 Jack C. Richards & Theodore S. Rodgers,2000,p. 10)。

由于贝力兹语言学校在美国的推广,这些原则对后来的听说法乃至整个美国第二语言教学都有深远的影响。

直接法的广泛使用极大地推动了语言教学的发展。但是,随着这一方法的普及,它的弱点也日益显现出来。一是它要求教师口语流利或者是以目的语为母语者,这一点在收费较高的私立学校尚能实现,但是在非盈利的公立学校就很困难。二是它适合小班上课,特别适合"一对一"的教学,而大多数公立学校显然也难以做到这一点。三是它过分地强调使用目的语,对于一些本来用学生母语很容易就解释清楚的词语却要花费大量的时间和精力用目的语去解释。美国著名的心理学家罗杰·布朗(Roger Brown)叙述了他亲历一个日语教师竭尽全力地用目的语解释词义的场面,他指出,这是一种费力不讨好的办法。四是过分强调口语,而纯口语教学在教学大纲中并不像语法那么容易规划和控制,所以,20 世纪 20 年代以后,法、德一些国家又改回去,重新启用语法翻译法。美国则开始推行"阅读教学法"。20 世纪 20~30 年代,一些英国应用语言学家则开始探讨新的方法,这就是将要讨论的"口语法"和"情景法"。

作为对语法翻译法的反叛,直接法最大的贡献是克服了语法翻译法只重视阅读和翻译的缺点,突出了语言教学的根本属性——教活的语言。它重视语言的交际性,关注语言学习的实用目的,对后来的"听说法"、"沉浸式教学法"、"交际法"等都有较大影响。但是,它过于强调用儿童学习母语的方式去教成人第二语言,这就不免使之幼稚化,而且,绝对地反对使用母语也使得本来可以简单完成的教学任务复杂化了,这都是其局限所在。可见,在听、说、读、写这四项语言交际技能中,绝对地只强调"读写"或绝对地只强调"听说",都有可能导致教学法失之偏颇,直接法对语法翻译法的彻底反叛及其短暂风行更清楚地说明了这一点。语言教学不重视"听说"固然不行,但只重视"听说"又会使语言交际能力的培养停留在初级的状态,难以上升到一定水平。因为阅读材料往往给我们提供加工精炼的语言作品,而"读"和"写"在实质上也是以书面方式进行交际的重要手段。

不过,从直接法与语法翻译法的对立,我们也不难看到,此后的语言教学法大多是在二者的基础上改进形成的,或偏向阅读,或偏向口语交际,依其教学目的和培养目标而变化。可以说,直接法与语法翻译法的对立奠定了语言教学的传统。

5.3 侧重语言理论的第二语言教学法

语言教学法是在语言学、心理学和教育学的基础上产生的,一般地说,这三者对教学法均有影响,但由于"怎样教"和"怎样学"往往要取决于"教什么",所以在三者中语言学的影响是主要的。20世纪20~60年代是行为主义心理学居主导地位的时期,由于行为主义不关注语言学习的内部因素,这个时期的语言教学对"怎样学"考虑得较少。与此同时,这个时期又是共时语言研究从历时研究中脱颖而出并走向辉煌的时期,这一趋势也使得语言教学更偏重对语言理论的应用。60年代以后,随着心理学对行为主义的批判,语言教学对"怎样学"的关注也日益增强,此后的许多教学法则较侧重从心理学的视角关注语言教学,也更多地吸收了这个时期语言学习理论的研究成果。这与第4章语言学习与习得研究的发展趋势是一致的。据此,我们从侧重语言学或者心理学理论的角度对教学法做一个基本划分,以便梳理教学法与基础理论、教学法与教学法之间的关系。

这一节集中介绍"口语法和情景法"、"听说法"、"视听法"、"交际法",它们的共同特点是较多地接受了语言理论的影响。

5.3.1 口语法和情景法

5.3.1.1 口语法和情景法的产生背景及其理论基础

口语法和情景法(The Oral Approach and Situational Language Teaching)是在"直接法"的基础上发展起来的,先后采用了"口语

法"、"情景法"等名称。该教学法的研究和探讨始于 20 世纪 20～30 年代,其影响一直持续到 60 年代。80 年代以后,尽管许多教师已不熟悉这个名称,但在许多英语第二语言教材中依旧继续使用它的一些教学原则,后来的交际法在一定程度上也吸收了它的教学原则。中国英语学习者熟知的《新概念英语》(*New Concept English*)(L. G. Alexander,1967)很大程度上是根据它的教学原则编写而成的。

口语法和情景法的产生主要得益于帕默尔(Harold Palmer)和霍恩贝(A. S. Hornby)等人的努力,他们既熟悉叶斯泊森(Otto Jespersen)、琼斯(Daniel Jones)[①]等语言学家,也熟悉"直接法"。鉴于直接法的缺憾,他们致力于建立一套扬其长避其短的英语第二语言教学原则。而这套原则又是建立在一系列的应用研究基础上的。这些研究主要分为两方面,一个是确定教学用的词汇量和词汇范围,另一个是建立教学语法体系。他们认为一方面要延续直接法对口语教学的重视,另一方面又要弥补其在阅读方面的欠缺。而词汇则是第二语言口语交际和阅读所需的基本因素。所以,在 1920～1930 期间,帕默尔等人组织了大规模的常用词汇调查,根据当时的词频统计,2000 个左右的词汇是第二语言阅读所需的基本词汇量,这项研究的成果后来发表在麦克·威斯特(Michael West)1953 年出版的《英语常用词汇手册》(*A General Service List of English Words*)。

从 1922 年起到第二次世界大战,帕默尔一直在日本指导英语第二语言教学语法的研究,与语法翻译法不同,他主张用教口语句型的方式来教语法,他与霍恩贝等人把英语的主要语法结构分析成句型,以帮助学习者掌握英语语法。这些成果被编入《当代英语高级学习者词典》(*The Advanced Learner's Dictionary of Current English*),于 1953 年出版。在此期间,还有其他一些同类的教学语法著作出版。这些应用研究成为后来许多教师编写教材的重要参考资料。

[①] 叶斯泊森(Otto Jespersen,1860～1943),丹麦语言学家,以研究英语语法著称,其巨著《现代英语语法》享誉甚高。琼斯(Daniel Jones,1881～1967)英国语音学家。

在词汇和句型研究的基础上,帕默尔、霍恩贝等人还制定了一个总的教学原则,主要有三点:一个是选择(selection),即教学前应当对将用于教学的词汇和语法进行选择;二是层级化(gradation),即对将要进行的教学内容加以组织与排序;三是表达(presentation),即建立一套用于课堂表达与实践的技巧。建立在扎实的应用研究基础上,这是口语法和情景法不同于直接法之处。

理查兹(Jack C. Richards)和罗杰斯(Theodore S. Rodgers)把口语法和情景法的语言理论基础称为"英式结构主义(British Structuralism)",因为推行口语法和情景法的人主张教共时的口语,并且把结构作为口语能力的基础。而且由于20世纪50年代的英国应用语言学家们对美国语言学的观点尽管知之甚少,他们的观点却与美国学者查尔斯·弗里斯(Charles C. Fries)[1]如出一辙(Jack C. Richards & Theodore S. Rodgers,2000,p. 35)。我们认为,这是由于口语法和情景法形成的理论基础与后来的听说法基本一致,前者主要受到当时在欧洲已经产生影响的结构主义语言学的影响,而后者则接受了在美国颇具影响的描写语言学,二者殊途同归。

当然,口语法和情景法还有自己的特色,这就是它将结构与情景连接起来,这又可以归结为当时英国语言学研究中的功能主义趋势的影响。在口语法和情景法盛行的20世纪50年代,伦敦学派已经开始崭露头角。也正是这种注重情景的特色使得它和后来的交际教学法之间,形成一定的传承关系。

口语法和情景法没有明确地运用某种语言学习理论,但是从帕默尔等人对语言学习过程的描述,可以认为它的心理学基础是行为主义的。比如帕默尔曾指出,学习一种语言的过程可以分为三个阶段,首先是接受语言知识或语言材料,然后是反复记忆,最后是通过实际练习使之成为一种个人技能(同上,p. 36)。在反对翻译方面,它与直接法则是一脉相承的。

---

[1] 20世纪50年代美国语言学及应用语言学家,支持对比分析理论及听说法教学。

"情景法"在 60 年代的澳洲再次受到大力推崇,被用于环澳太平洋岛屿地区的英语第二语言教学以及澳洲移民英语第二语言教学。

5.3.1.2　口语法和情景法的教学原则及其评价

从 20 世纪 30 年代到 60 年代,口语法和情景法在推广和使用中形成了如下一些教学原则:(1)语言教学始于口语教学,先语后文;(2)课堂教学语言要使用目的语;(3)新的语言点要通过情景引入,并在情景中操练;(4)重视词汇学习,教学词汇的选择必须包括最常用词;(5)语法教学要循序渐进,由易到难;(6)读写要在有足够的词汇量和语法项的基础上进行;(7)教学中应当尽量避免偏误的产生。

其中,第三条乃是这一教学法的核心原则,所以尽管这个方法在最初的时期多称为"口语法",但是 50 年代以后越来越多的人开始倾向于使用"情景法"这个称谓,这固然与口语法和情景法的倡导者较多地使用"情景语言教学(Situational Language Teaching)"这个术语(比如霍恩贝)有关,更重要的是"情景法"体现了这一方法的根本性质——重视在情景中使用目的语。

在这些原则的指导下,口语法和情景法的教学设计有两个特点,一个是重视口语教学,虽然听说读写四项技能都被认为是必须关注的,但是强调口语先行,60 年代在澳洲推行"情景法"的学者皮特曼(G. Pittman)甚至主张,在口头作文基础上才能开始笔头作文(同上,p. 37)。另一个特点是重视以句型为中心的语法结构,事实上,在这种教学设计中产生的教学大纲就是一个结构大纲,配之以一批相应的可以用于该结构的替换练习词。比如,第一课的句型是"这是……"、"那是……",相配的词汇诸如"书、铅笔、尺子、桌子、椅子"等等。这两个特点决定了该教学法极其注重学习者口语表达的语音准确性和语法结构正确性。

那么,如何体现这一教学法名称中的"情景"呢?主要是通过教师向学生展示教学内容(即句型)的方式以及学生练习的方式来体现。它要求教师在课堂上不是解释语法结构,而是在展示某个句型的同时,使用实物、图画、图表、幻灯、行为动作甚至表演来帮助学习者理解;在理解之后,学习者要通过重复、替换词语、听写等课堂练习来掌握这个句型。比如在教句型"这是……"、"那是……"的时候,会有如下一个过程:

教师:(拿起一只手表,说)这是一只手表。(说两遍,然后指着教室墙上的挂钟,说)那是一个钟。(说两遍,然后放下手表,走到墙边,摘下墙上的挂钟,拿在手里,说)这是一个钟。(说两遍,然后指着教室中间桌子上的手表,说)那是一只手表。

教师:(示意学生听,然后说)这是一只手表(说三遍)。这(说三遍)。

学生:这(说三遍)。

教师:这是一只手表(说三遍)。

学生:这是一只手表(说三遍)。

……(同上,p.40)

因此,情景法的教学一般有这样几个步骤:(1)学生听并看教师示范;(2)学生模仿教师所说(包括单词模仿和整句模仿,以及集体模仿和个别模仿);(3)教师在句型里填充不同词语,并要求学生继续模仿;(4)指挥学生就同一句型用其他词替换练习;(5)(师生之间、生生之间)问答练习;(6)纠正语音和语法错误(教师纠正学生,一个学生纠正另一个学生)。

由情景法的教学步骤可见,在情景法的课堂上,学生主要是被动地接受语言材料的输入,并在教师的指导下进行各种练习。整个教学过程主要在教师控制之下,教师先扮演模特角色——展示某个句型的使用,然后是教练——指挥学习者练习,最后是裁判——对学习者语句的对错进行判别。其课堂教学,不但要依靠书本教材,也离不开实物教具对情景的补充。

口语法和情景法从初期形成到最后的推广使用,在名称上经历了一个变化过程,在教学原则上也经历了一个由重视口语教学转向重视情景中的语法结构教学的过程。我们不难从它对口语培养和直观性教学方式的重视看到它对直接法传统的继承,也不难看到它在句型教学和词汇教学方面所显示出来的创新,这种创新的理论基础正是 20 世纪 30 年代到 60 年代盛行的结构主义语言学,以及逐渐发展起来的行为主义心理学。

60 年代以后情景法开始走下坡路,在英国逐渐被交际法所取代。情景法的衰落其根本原因主要是语言理论的更新和多元化,比如乔姆斯基(N. Chomsky)、弗思(J. Firth)和韩礼德(M. A. K. Halliday)等人的理论产生的影响。同时,也与情景法过于强调目的语结构的机械训练和语音的准确性,对语义关注不足有关。尽管如此,情景法还是以它的重口语、重句型,强调直观教学等特点受到不少教师的青睐,一些教学单位对它的使用一直延续到 80 年代。

5.3.2 听说法

5.3.2.1 听说法的产生背景及其理论基础

听说法(The Audiolingual Method)产生于 20 世纪 50 年代的美国。听说法产生的动因主要来自两方面。一方面是民间的需求,公众普遍对当时学校的外语教学法不满,许多人在外语环境中深感自己语言能力低下;而且大量的外来留学生和移民也需要学习英语。一方面是官方的需要,第二次世界大战中美军外语人才的培养,以及二战后与苏联的抗衡。

从 20 世纪 20 年代到 40 年代,美国大中小学的外语课程以及英语第二语言课程一直使用阅读教学法。阅读教学法是科尔曼(Algemon Coleman)等人的研究成果,它分别吸收了语法翻译法和直接法的一些优点——以阅读为主,只关注内容不关注语法,由教师用学习者的母语讲解内容。这个方法对阅读的重视曾在一定程度上影响了口语法和情景法的早期研究。但是由于它缺乏基本的理论研究,比如对教学使用的基础词汇和语法点不加规划和控制,教学效果并不理想。50 年代美国外语教学的状况在一定程度上也说明了这一点。

听说法的产生首先得益于二战期间美国陆军的外语培训法。

1941年1月日本空军袭击珍珠港,太平洋战争爆发,美国正式宣布加入战争。当时美军亟需能够流利使用德语、法语、意大利语、汉语、日语、马来语等不同语言的口语人才派往各个战场承担翻译、电码解读等工作。而各学校用阅读教学法培养的学生根本无法担此重任,更何况这也不是一般常规课程的教学目标。为此,1942年,美国建立了"军队特别培训项目(The Army Specialized Training Program)",并邀请55个大学参与项目研究。研究目标是在短时间内培养出口语熟练的外语人才。

事实上,一些参与项目的语言学家在此之前已经有了一些相关研究,比如布龙菲尔德(Leonard Bloomfield)等人就曾使用过"信息传递者法(Informant Method)"。这个方法早期曾用于语言学家、人类学家进行的印第安人地区语言和人种调查。由于没有现成教材,他们聘请说本族语者,在语言学家的指导和控制下直接与学习者对话。语言学家并不一定懂目的语,但是他们能运用语言学知识从说本族语者的语言使用中抽取出与情景配合的相应句型,要求学习者记忆情景对话并使用一定句型与说本族语者交谈。教学是"沉浸式"的,学习者每天要学习10个小时,每周学习6天,课程一般是6周为一期。这个方法被美军采用。在小班授课、学习者积极性较高的条件下,教学效果非常好。并在美国引起了轰动,称之为"陆军法(Army Method)"。

作为教学法,"陆军法"本身并没有更深入的教学理论研究,它当时主要是以强化训练、小班授课、一对一练习等教学设计和教学步骤取胜。不过,"陆军法"的成功却由此激发了美国学者研究语言教学的热情。特别是二战扩展了美国的影响,随着美国国际地位的不断上升,进入美国的留学生和移民数量也急剧攀升,英语第二语言教学(ESL)的需求也在不断增加,亟需找到可行的教学法。

密执安大学(The University of Michigan)最先成立了英语教学研究机构,该机构主任弗里斯主张将结构作为教学的起点,强调教学中对学习者进行语音和句型的强化训练。这种教学主张反映了一种结构主义语言观。50年代以后,随着越来越多的美国语言学家加入到教学法研究的行列中来,将结构主义语言学的原则应用于语言教学的理念也日益强化。当时在美国政府支持下出版的英语第二语言教材编写纲要就是以结构为主要内容的(Jack C. Richards & Theodore S. Rodgers,2000,p. 46)。这些都成为听说法产生的基础。

听说法最终在20世纪50年代末成形,其直接的社会动力是苏联发射第一颗人造卫星。这使美国政府认识到外语对国家国际竞争力的重要性,而当时仍在许多学校使用的阅读法却不能胜任国民外语素质提高的需要。不过,听说法的研制过程却始终跟英语第二语言教学联系在一起,其极具代表性的英语第二语言教材之一就是许多中国英语学习者熟知的《英语900句》(*English 900*)。

听说法的产生过程,也正是美国结构主义语言学昌盛的时期,由于大量语言学家对语言教学研究的介入,结构主义语言学自然而然地成为听说法的语言学基础。美国结构主义语言学一方面接受了欧洲以哲学为本的语言学研究传统,重视印欧语言的研究,把语法作为逻辑的一部分;另一方面又吸收了达尔文(Charles Darwin)《物种起源》(*Origin of the Species*)以来所形成的逻辑实证主义和经验主义,关注非印欧语言,主张对这些语言进行据实描写,形成了自身的描写传统。因此,结构被认为是语言要素的组成方式,这些依照一定的规则组成的语言要素可以进行穷尽描写,描写的顺序依照其组成方式由低到高应当是这样一个顺序,语音系统→形态系统→短语、从句、句子系统。此外,由于美国描写语言学所研究的印第安语是没有文字系统的,美国语言学也形成了这样一个理念,即,语言是说出来的话,而不是写在纸上的文字。按照这个语言观,语言学习的顺序就应当是从语音开始学起,而且要学习活的语言。然后再进入语法的学习。

听说法不仅有坚实的语言学基础,也处在美国行为主义心理学的发展时期。20世纪20年代以来不断呈上升趋势的行为主义心理学也是以经验主义、机械主义为哲学基础的,特别是斯金纳(Burrhus Frederic Skinner)的新行为主义,它宣称可以通过"刺激

(Stimulus)"、"反应(Response)"、"强化(Reinforcement)"这三个要素来了解包括语言学习在内的人类行为的全部。其中"强化"是语言学习得以不断持续的关键,语言学习在"强化"的作用下形成一个循环往复的"刺激—反应"链。哲学基础的一致性,使得行为主义与美国结构主义语言学一拍即合。在布龙菲尔德的《语言论》中我们已经看到这一点。因此,尽管听说法本身并没有直接阐述它的语言学习观,但是从它所接受的语言学理论和对比分析理论可以看到行为主义心理学对它的影响。

5.3.2.2 听说法的教学原则及其评价

在上述理论指导下听说法形成了下列教学原则:(1)语言是一种口语行为,话语的自动产出和理解要通过操练获得。外语学习是一个机械的行为习惯的形成过程。良好的习惯形成于正确的反应,应当通过记忆对话和操练句型降低出错率。(2)听~说训练是发展语言其他技能所必需的基础。"听说领先,读写跟上"是获得语言技能的有效途径。(3)学习语言采用类推(analogy)胜过分析(analysis),类推过程包括了归纳和辨别。要在充分操练之后再对规则进行解释。(4)语言的词义必须在语境和文化中获得。语言教学要结合相关文化的各个方面进行。

在这些教学原则的指导下,听说法的教学设计有两个突出特点。一个是口语领先,反复操练;另一个是结构中心,关注情景。这两个特点在教学活动的安排上体现得很鲜明,口语操练放在首要位置,而操练的内容又是以语言结构为主的。因此,听说法的教学大纲主要是一个语言大纲,语音、形态和句法是基本内容,语言要素的教学顺序则是在对比分析的基础上依据情景需要来安排的。语言技能以听说~读写为序,先学习听说,然后"读写"已经会"听说"的内容。教学活动分为两部分,前一部分是记忆情景对话,后一部分是就情景对话中的句型进行反复操练。在操练过程中强调及时纠错。操练的方法依据所教语言的特点变换,比如英语第二语言教学有如下一些操练方式:

重复——跟随教师重复某个句型。

屈折——在句型不变的情况下变换句子中的性、数、格。比如：I bought the ticket→I bought the tickets.（我买了票）

置换——用代词替换句中名词短语。比如：He bought this house cheap→He bought it cheap.（他买这房子很便宜→他买它很便宜。）

转述——用变换说话角度的方法转述他人话语。比如：Tell him to wait for you. →Wait for me.（告诉他等着你。→等着我。）

完成句子——补出某个句子的残缺部分。比如：I'll go my way and you go…（我走我的路，你走……）

变序——根据需要变换词序。比如：I'm hungry.（so）——So do I.（我很饿。——我也饿。）

扩展——在一定的句型中添加词语。比如：I know him.（hardly）→I hardly know him.（我知道他。→我几乎不知道他。）

句式转换——同一句型不同句式的转换，比如把肯定句变为否定句、疑问句等。

合并——把两个以上的句子合并为一个。比如：They must be honest. It's important. →It's important that they be honest.（他们必须诚实。这很重要。→……）

应答——根据情景要求对问话做出相应回答。比如：礼貌应答——Thank you. → You are welcome.（谢谢你。→不客气。）

组词成句——根据所给的基本词语组成一个完整句子。比如：students/waiting/bus → The students are waiting for the bus.（学生/等/公共汽车→这些学生在等公共汽车。）（摘并译自 Jack C. Richards & Theodore S. Rodgers, 2000, p. 54~55）

从上面这些操练方式可见，听说法的操练主要针对语言结构的掌握。不过,尽管非常重视结构的学习,听说法是反对语法解释的,它主张让学习者通过操练逐步类推并掌握语法。因此,听说法的教学步骤主要可以分为五个阶段:(一)学生听对话,并逐句重复,教师关注发音、语法的准确性。然后,学生开始逐句记忆对话,在此期间不用课本。(二)根据学生的兴趣或者情景由学生改变对话中的词汇或短语。(三)将对话中的关键句型抽取出来进行操练,必要时可略微讲解一点儿语法;(四)进入课本学习,开始读、写对话或句子以及词汇练习。(五)在语音室进一步听其他对话并加以操练。

在听说法的课堂上,学习者被视为在训练刺激下反应的生物体,由于要尽量避免出错,听说法不主张让学生用目的语自主交流,一切都在教师指挥下进行。所以教师是课堂的中心,教师必须通过操练方式的变换让学习者保持专注,在这里语言学习主要通过师生的口头互动进行。而这种口头互动又是局限于事先确定的情景对话和句型范围内的。由于强调口语,听说法不重视学生课本或练习册,尤其是在初级阶段,但非常重视教师参考书以及录音材料,教学往往要严格依照教师参考书所设计的顺序通过录音材料进行。

听说法一度风靡美国,不过,由于它过于强调语言结构的掌握和专注于句型操练使得学习过程较为枯燥,而且学习者往往不能将课堂上所学的句型跟实际生活的真实情景联系起来,因此,进入20世纪60年代后期,特别是随着乔姆斯基语言学革命对结构语言学和行为主义心理学的批判,人们开始关注语言学习的心理过程,听说法也就逐渐走向衰落。

不难看到,听说法的教学主张跟"口语法和情景法"颇为接近。实际上它曾一度被称为"the Oral Approach(口语法)"或"Aural-oral Approach(听—说法)",以及"the Structural Approach(结构法)"等,尽管二者的研究过程完全是分别进行的。所不同的是,听说法进一步明确了对语言学理论加以应用的理念,同时也开始关注语言学习理论,它以美国结构主义语言学和对比分析理论为理论基础,有更为明确的语言观和学习观。听说法与"口语法和情景法"不约而同的"相似"在一定程度上体现了语言教学法研究者在语法翻译法和直接法的较量过程中获得的一种共识,即,语言学习的目的是交际,要达到这个目标,语言教学必须在科研的基础上建立起自己的教学方法,而科学教学法的建立是以应用一定的理论为前提的。所以,二者的努力也奠定了当代语言教学法的共同目标——培养目的语的听说读写技能。

5.3.3 视听法

5.3.3.1 视听法的产生背景及其理论基础

视听法(Audio-visual Approach)于20世纪50年代首创于法国。它由南斯拉夫萨格勒布大学教授古布里纳(P. Guberina)提出,并由法国圣克卢(Saint Cloud)高等师范学院"全世界普及法语研究所"研究推广形成。因此又称为"圣克卢法"。它的特点是采用图片、幻灯等图像跟语音配合教学,重视教学过程中语言材料的完整性。在这个意义上,它又被称为"视听整体结构法"(章兼中主编,1983)。

此前,听说法在法语第二语言教学中曾一度风靡。不过,随着推广使用,人们很快发现听说法过于重视句型操练、教学过程枯燥乏味的局限性。这促使人们探求新的教学方法,视听法就是在这一背景下产生的。

视听法形成于对情景法和听说法的改造。它吸收了情景法用目的语教目的语的主张,结合实物图片和幻灯,直接培养学习者运用目的语的能力。同时,它也吸收了听说法"听说领先"的教学原则,重视用口语进行句型训练。

视听法最初运用于成年人法语第二语言短期速成教学,由于采用了视听说结合,比之单纯的听说结合要丰富许多,逐渐推广开来。视听说结合在今天已经成为语言教学不可缺少的手段之一。

视听法的语言学基础主要还是结构主义语言学。根据索绪尔(Ferdinand de Saussure)对语言和言语的区分,视听法将语言跟语音、语法、词汇等语言知识关联,将言语跟听、说、读、写等活动关联,主张语言教学要培养学习者听、说、读、写目的语的能力,而不是帮助他们掌握语音、语法、词汇等知识。同时,由于语音是语言的物质外壳,也是语言最本质的特性,因此,在听、说、读、写四项技能中,口语能力的培养应当放在第一位。此外,由于语言的结构是可以通过分析来加以描写的,语言教学就可以在描写目的语的基础上确定达到一定水平目标所需的词汇量和语言结构,并对语言的语音、语法和词汇作整体的协调,包括语调、节奏等,然后根据循序渐进的原则来安排它们的难易程度。

视听法的心理学基础主要是行为主义,不过,作为在欧洲大陆发展起来的语言教学法,它也在一定程度上吸收了"格式塔心理学①",以及其他一些心理学的主张。视听法把语言学习的过程看成是刺激—反应的过程,它认为利用图像与声音相联系共同刺激,就能引起学习者对目的语的条件反射。同时它也认为人对语言的认识具有整体性,而且人的视觉、听觉等感知能力也能对刺激形成整体反应,因此,语言教学需要从各个方位向学习者展示目的语,从而使学习者的感知能力得到整体运用。另外,视听法还吸收了心理学有关语言信息传递方式的解释,即认为语言交际的过程是一个信息传递的过程,它包含了信息发出者(说话人)编码和信息接收者(听话人)解码的过程。此外,视听法也在一定程度上受到对比分析理论的影响,它比较重视学习者母语跟目的语的对比,而且把两种语言体系的异同作为确定目的语难易程度的依据。

5.3.3.2 视听法的教学原则及其评价

视听法的教学原则基本上沿袭了听说法和情景法的特点,并有所创新:(1)注重对学生听、说、读、写四项技能的培养,强调反复操练。这个原则跟听说法一致。(2)语言要跟情景相结合,情景以日常生活情景为主。这个原则跟口语法和情景法相关,由于视听法要采用声像配合语言教学,它的教学实践强化了口语法和情景法的这个原则。(3)发挥学习者各种知觉能力,培养学习者对语言整体结

---

① 格式塔心理学是20世纪20年代在德国发展起来的一个心理学流派,它主张把人的心理活动看成一个整体,认为人对事物的认识具有整体性。由于格式塔心理学在知觉、学习、思维等方面开展了许多实验,为后来认知心理学的发展奠定了基础。

构的感知。这个原则是视听法首创,也是视听法理论的核心。(4)语言教学以口语教学为基础,要努力摆脱母语和目的语文字的影响。这个原则跟视听法产生初期的教学目的有关,它要解决成年人在短期内掌握目的语的问题,这个目的使得它必须帮助学习者绕过读写障碍,在有限的词汇和语法知识范围内进行语言交际,而声像配合教学也给这种需要提供了条件。

视听法既是第二语言教学努力突破情景法、听说法局限的一种尝试,同时也是第二语言教学手段的一种创新。它改变了原有教学手段的单一性,丰富了教学手段,并且成为时至今日始终被使用,而且不断更新的一种教学技术。尽管电化教学的手段从传统幻灯、电影,发展到了今天的多媒体、网络,但是采用声像技术配合语言教学的这个特点没有改变。这是视听法对今天语言教学的一大贡献。"对外汉语教学"中一度风靡的"视听说"课程,就是对它的借鉴。

不过,我们也不难看到,作为一种教学法,视听法创新的有限性。这种有限性跟它的理论基础和它的教学目的有关。它的理论基础比之情景法、听说法没有很大变化。这使得它的主要教学原则在很大程度上与二者一致。由于这个原因,它除了增加声像配合教学这一主张以外,没有更多的建树。视听法始于短期速成的语言教学,这个教学目的使得它的原则集中在解决当前问题上,比如要以口语为主,摆脱母语和目的语文字,等等。这样的教学原则显然不能适应长期的语言教学,特别是像汉语这样使用汉字记录词汇的语言,因其阅读能力的培养必然无法避开汉字。理论基础和短期教学目的决定了视听法的成果最终只能作为一种配合语言教学的教学手段。

5.3.4 交际法

5.3.4.1 交际法的产生背景及其理论基础

交际法(Communicative Language Teaching)又称为功能法(Functional Approach)或者功能—意念法(Functional-notional Approach)。功能指用语言表达思想的行为,意念指根据特定的交际目的要表达的思想内容。比如,初到异地要问路——"请问,去图书馆怎么走",在这个句子里,"询问"是功能,"图书馆"和"怎么走"是意念。由于它重视语言交际能力的培养,所以这个教学法近年来更多地被称作"交际法"。对交际法的研究始于20世纪60年代末的英国。

交际法的产生分别得益于语言理论的多元化和西欧各国的语言交际需求。进入60年代,听说法和情景法的语言学基础分别在美国和英国都受到质疑,乔姆斯基批评结构主义只关注语言行为,不关注语言能力;韩礼德则批评结构主义只关注语言的结构,不关注语言的功能。后者在英国对语言教学法从情景法向交际法的转变起了很大作用。

20世纪50年代,西欧各国完成了二次大战后的经济复原,开始进入一个经济飞速发展的时期。为了加强相互之间的政治、经济、军事、科技和文化各方面的联系,西欧各国于1957年成立了"欧洲共同体"①,但语言不通给各国之间的交流带来了不少障碍。这迫使欧共体国家要加快培养外语人才的速度,特别是能够使用多种语言的人才。同时,随着欧洲共同市场的形成,各国也需要更多的外来人工,所以,不论是对本国人进行外语培训还是对外来员工进行本国语言的培训都成了极为迫切的事情。

1971年欧共体文化合作委员会在瑞士召开了对成年人进行第二语言教学的专题座谈会。此后又召开了欧共体15国专家会议,有100多名语言学家和教学法专家参加,根据欧洲语言学习者的需要讨论制订欧洲现代语言,包括英、法、德、意、西等语言的第二语言教学大纲。专家们经过三年努力完成了欧洲一些主要语言的教学大纲——《入门阶段》(*Threshold Level*)其中特别吸收了英国语言学家威尔金斯(D. A. Wilkins)提交的研究成果。威尔金斯主张语言教学关注语言的两种意义范畴,一种属于意念,比如,时间、顺序、数量、

---

① "欧洲共同体"最初有法国、德国、意大利、比利时、荷兰和卢森堡6国,后来又扩展到英国、丹麦、爱尔兰、希腊、西班牙、葡萄牙、奥地利、芬兰和瑞典等15个国家,包括欧洲经济共同体等几个独立的共同体,并于1993年正式更名为"欧洲联盟"。

位置、频率等;另一种属于交际功能,比如,要求、拒绝、提供、抱怨等。威尔金斯的研究于 1976 年正式出版,即《功能—意念大纲》(*Notional Syllabuses*)。应用语言学的研究和欧共体的推动促成了交际法的产生。

交际法从两个方面吸收了语言理论的营养,一个是海姆斯(Dell H. Hymes)、拉波夫(William Labov)等人的美国社会语言学,一个是弗思(John Firth)、韩礼德等人的功能语言学。针对乔姆斯基提出的"语言能力(Linguistic Competence)",海姆斯提出了"交际能力(Communicative Competence)"这一概念,在海姆斯看来,乔姆斯基的"语言能力"不能解决语言跟交际和文化的关系,他认为,语言能力不应该仅仅只包括是否能造出合乎句法的句子,还包括恰当地使用语言的能力,所以,一个说话人要想在某个语言社团中进行有效交际必须具备"交际能力"。海姆斯提出,交际能力表现在四个方面:第一,能组织合乎句法的句子;第二,能判断语言形式的可接受性;第三,能在适当的环境中使用适当的语言;第四,知道语言形式出现的或然率(是常见的还是罕见的)。基于海姆斯的主张,有人进一步提出将"交际能力"分为四个方面:语法能力、社会语言学能力、交谈能力、策略能力。并认为乔姆斯基的"语言能力"只包括第一种,即语法能力;后面三种分别指一定社会条件下的语言交际能力、在谈话中获取信息的能力,以及如何开始、结束、持续、修复谈话等的能力。

韩礼德的系统功能理论也与海姆斯的观点不谋而合,他提出语言的三种功能,概念、人际、语篇,并把语言的分析范围扩展到句子以外,从而将语义、语用和语法关联起来。特别是韩礼德对儿童学习第一语言七种功能的研究给交际法研究者不少启示。此外,威多森(H. G. Widdowson)的《语言教学交际法》(*Teaching Language as Communication*)也致力于将语言系统跟它的交际价值关联起来,给予交际法语言教学理论方面的支撑。交际法的语言观可以归结为四点:(一)语言是一个意义表达系统;(二)语言的基本功能是交际;(三)语言结构反映其功能和交际用法;(四)语言的要素不仅包括语法结构,也包括功能和交际意义等范畴。(Jack C. Richards &

Theodore S. Rodgers,2000,p. 71)

相对于语言理论借鉴之丰厚,交际法发展初期有关心理学和学习理论的论述并不多。理查兹(Jack C. Richards)等人通过一些有关交际法教学实践的描写提出,交际法的学习观主要有三点:(一)包含真实交际的课堂活动促进语言学习;(二)通过实施含有意义的任务性活动推动语言学习;(三)含有意义的语言有利于语言学习(同上,p.72)。另外,人们发现交际法的学习观跟20世纪80年代以后的一些以认知心理学为基础的学习理论和教学法颇为接近,比如克拉申(Stephen D. Krashen)等人就强调通过交际活动、含有意义的活动习得语言。这表明交际法在一定程度上接受了认知心理学的观点。此外,还有人认为,交际法强调意念,而"意念"本身就属于心理学范畴(章兼中主编,1983)。

5.3.4.2 交际法的教学原则及其评价

交际法始于英国学者的研究,在欧共体的推动下影响不断扩大,在美国、苏联都产生了影响。不少教学部门或者放弃原有的教学法(比如自觉实践法、视听法、认知法等等),采用交际法,或者在原有方法的基础上吸纳交际法的教学主张。随着使用范围的扩展,研究者的不断加入,交际法的教学原则也在不断丰富。它的基本教学原则可以归纳如下:(1)语言是表达意义的系统,人类的意念通过语言来表达。人类的意念范畴是有限的,且具有共核(common core),操不同语言的人有共同的意念范畴,但是同一个意念在不同语言中表达方式不同,第二语言的学习就是掌握对目的语意念的表达。(2)语言的主要功能是交往和交际,所以课堂的活动应当通过真实的交际来进行。听说与读写并重,前者是口头交际,后者是视觉交际(H. G. Widdowson,1978)。(3)语言结构在使用中反映它的实用性和交际性,语言结构要配合它的交际功能来教学;(4)语言的主要单位是反映在语段中的交际和功能意义的种类,教学要以语言功能项目为纲。(5)中介语需要从不完善逐步向完善过渡,要允许学习者的语言出现偏误,接受不完善的交际。

20世纪70年代的不少第二语言教学大纲是依据这些原则制定

的。比如《入门阶段》(*Threshold Level*)确定了两类意念,一般意念和特殊意念。一般意念有八个,表示存在、空间、时间、数量、质量、精神或心理、关系、指代。每个意念再分为"存在不存在"、"可得不可得"等。与意念相对的形式是句子、短语和词。特殊意念跟话题相关,由话题决定词汇项目,等等。不过,随着交际法研究不断向前推进,在教学大纲如何体现结构和功能的关系上不断产生争议。比如,威尔金斯主张"结构加功能";布卢姆菲特(C. Brumfit)则主张结构为主线,由功能环绕,螺旋上升;威多森则主张完全采用交际式的,普拉布(N. Prabhu)提出以任务为基础,等等。我们可以看到,随着交际法研究的推进,在交际法的教学大纲中结构逐渐被弃置,功能则上升为主体。

由于以培养交际能力为教学目的,交际法的教学活动极为丰富。理特伍德(W. Littlewood)把交际法的教学活动分为两类,一类是功能交际活动,一类是社会交流活动。前者包括比较图画的异同,描画某个事件发生过程,发现地图或图画上缺少的标识,根据指令画图,等等;后者包括谈话、讨论、对话、角色扮演、辩论,等等。这些活动均由学习者相互协作来完成,因此,学生在课堂上比较自由,积极性和主动性得以充分发挥。

由于课堂存在较多的"生生互动",而不仅仅只是"师生互动",交际法教师的角色也与其他教学法不同。布林(M. Breen)和坎德林(C. N. Candlin)提出,教师有两个基本角色,一个是交际活动的设计和组织者,一个是交际过程的引导者。前一个体现在课前准备,后一个体现在课堂活动过程中。理查兹等人认为,除此之外,教师还应该是需求分析师或咨询师,随时准备为学生解答疑问。

交际法的教材主要有三种,一种以课文为主,一种以任务为主,还有一种是真实教具。以课文为主的教材,许多是建立在结构研究上的。也有一些以交际为中心,比如《交流》(*Communicate*)(Morrow and Jonhnson, 1979)这本教材就采用了可视提示、录音提示、图画和句子片断来开始谈话。任务为主的教材则提供大量的游戏活动、角色活动、任务活动等等。真实教具则来自日常生活,比如路标、杂志、广告、报纸,以及可以用于交际的材料,像地图、图画、表格,等等。

交际法的教学步骤可归纳为如下几条:(1)用学习者的语言向他们介绍简短的目的语对话;(2)口头练习这些对话;(3)根据对话内容问答;(4)围绕对话主体结合学习者个人经验问答;(5)从对话中提取一个基本的表达方式或者具有某个功能的结构集中学习;(6)让学习者发现句式规律;(7)口头翻译活动;(8)口头生成活动;(9)抄写课本中尚未出现但已经练习的对话;(10)从作业中采集样本;(11)口头提问以评估学习效果。

从这些步骤可以看出,情景法和听说法等传统方法的教学步骤并没有被完全摒弃,而是被加以改造了。因此,理特伍德提出,交际法的教学步骤实际上可以分为两层四个阶段:

第一层:前交际活动——结构活动
　　　　　　　　　——准交际活动
第二层:交际活动——功能交际活动
　　　　　　　　　——社会交流活动

理查兹等人认为,与其把交际法看成一种"方法(method)",还不如看成一种"研究(approach)",因为它留给教学设计和教学步骤较大的空间,教师可以根据教学的需要加以扩展(Jack C. Richards & Theodore S. Rodgers,2000)。

交际法产生在语言理论多元化和不同心理学理论更替的时代,对不同理论的吸纳使得它颇具活力,有人称它是"多元理论的联合体"(王才仁,《语言教学的流派》导读 p.18)。其应用的广泛性又进一步促进了它的发展。而且由于许多研究者和教师对它的进一步研究和应用推广,不同的研究者对不同理论的侧重以及不同的教学条件使它向多个方向发展。前述的结构和功能孰重孰轻是其中一个分歧;认知心理学的引入又使得它与一些侧重心理学理论的教学法并轨,比如,克拉申就宣称自然法也是一种交际法;而人文主义教育学则使它增加了对学习者因素的重视,等等。

交际法在各国的中小学外语教学中最受欢迎,因为它改变了以往教学法的枯燥无味,使得儿童和青少年喜欢外语课。但是,在交际法广受欢迎的热潮过去以后,也留下一些问题待我们思考,比如在教学大纲中结构和功能的关系应当如何处理,如何在教材编写中体现交际原则,如何对教师加以培训,如何对学习的效果加以测评,该方法是否适合任何一种水平阶段的教学,等等。实事求是地说,这些问题在交际法中尚未得到妥善解决。

5.4 侧重心理学理论的第二语言教学法

乔姆斯基(Noam Chomsky)语言学对行为主义的批判动摇了行为主义在心理学领域的主导地位,与此同时,乔姆斯基《语言与心理》一书的出版又推动了认知心理学的发展。20世纪60年代以后,认知心理学在语言学习理论和语言教学法中的影响日益增强,人们对语言学习过程中心理机制的关注同时也带动了教育学理论对学习者因素的重视,使得一批新的教学法脱颖而出。下面将要讨论的"认知法"、"沉默法"、"全身反应法"、"社团学习法"和"自然法"都不同程度地侧重应用心理学、教育学理论,而且都在一定程度上接受了认知心理学和人文主义教育学的主张。与此相对,它们对语言理论的关注则比较少,有的甚至怀疑语言理论在教学法中的作用。

5.4.1 认知法

5.4.1.1 认知法的产生背景及其理论基础

认知法(Cognition Approach)产生于20世纪60年代的美国,是认知心理学指导语言教学的产物。它最初在美国的外语教学中使用,是作为听说法的对立面提出来的。跟"认知理论"一致的是,认知法也是多人倡导的结果。在众多的心理学家和语言教师的倡导下,认知法在美国的外语教学界曾经形成一股潮流。

60年代的美国正处在与前苏联的冷战时期,随着科学技术的发展,高水平外语人才的缺乏日渐突出,而曾经红极一时的听说法也逐渐显露出它的局限。比如注重机械训练,轻视学习者对语言材料的理解,等等。也正是在这个时期,由于乔姆斯基对结构主义语言学和行为主义心理学的批判,行为主义心理学日渐衰落,原先与行为主义对峙的格式塔心理学逐渐占了上风,发展成为一个新兴的心理学流派——认知心理学。在认知心理学的影响下还形成了与"刺激～反应"学说完全不同的第二语言学习理论,即认知理论。不过,认知法与认知理论的关系并不是简单的应用与被应用关系,二者同时产生于60年代,而且,认知理论的大量研究成果出现在70～80年代,所以,与其说认知法应用了认知理论,还不如说二者互相借鉴共同发展,特别是认知理论后期对学习策略的研究,更多地得益于认知法的教学实践。

认知法在心理学方面主要直接吸纳了不同心理学家有关语言认知的主张。从心理学的源流上讲,认知心理学是在20世纪20年代格式塔心理学的基础上发展起来的。格式塔心理学在知觉、学习和思维方面的大量研究及其结论,成为认知心理学发展的基础。

此后,瑞士心理学家皮亚杰(Jean Piaget)吸收了索绪尔(Ferdinand de Saussure)的结构主义思想,在60年代提出了"发生认识论",他认为学习过程是一种智力活动,每一种智力活动都包含着一定的认知结构。他指出,只有当一定的刺激被个体同化于认知结构中,个体才会对刺激做出反应,因此从理论上否定了行为主义的"刺激—反应"学说。

在20世纪50～60年代美国的外语教学改革中,美国心理学家布鲁纳(J. S. Bruner)也提出了类似的主张。他认为语言教学要让学习者了解语言的基本概念、原理和规则等"基本结构",这样才有助于学习者认知。而且,语言教学要"以学生为中心",发挥学习者的主动性,主张"发现学习(discovery learning)"。

认知心理学家奥斯贝尔(D. P. Ausubel)则提出两种学习,一种是机械的,一种是有意义的,后者更为重要。他认为后者要建立在理解的基础上,并与记忆相关。所以他主张语言教学要进行有意义的交际活动。

美国心理学家卡鲁尔(J. B. Carroll)最早提出了认知法的教学理念,他主张把第二语言作为一个知识体系来掌握,认为学习者在一定的情境中对这些知识体系的运用会使其语言能力逐步地发展起来(章兼中主编,1983,p. 187)。

认知法的语言学基础主要来自乔姆斯基。乔姆斯基认为婴儿掌握母语的过程实际上是婴儿大脑中语言习得机制的成熟过程。因此,人类也能借助这种机制掌握一种新的语言。乔姆斯基有关语言学习的观念跟早期认知心理学把学习看成是一种技能的掌握在关注语言习得的内部机制这一点上是一致的。当然,认知心理学的学习理论更注重学习者对语言这一复杂技能的掌握过程。

5.4.1.2 认知法的教学原则及其评价

认知法的教学原则主要可以归纳为以下几条:(1)"以学生为中心",一切从学生的需要出发,要激发学生的学习兴趣,通过大量的建立在理解基础上的交际活动培养学生使用目的语的能力。并鼓励学生将目的语用到课堂以外的一切交际场所。(2)主张在理解的基础上练习目的语,强调有意义的语言学习。(3)主张听说读写齐头并进,认为这可以调动各种感觉器官,收到更好的语言学习效果。(4)重视第二语言习得过程中产生的偏误,认为产生偏误的原因很多,主张在偏误分析的基础上帮助学习者逐步克服学习难点。(5)在教学中不排斥使用母语,认为母语的恰当使用可以帮助学习者利用正迁移。(6)注重声像教学手段的运用,主张用这些手段扩展交际环境。

从认知法的教学原则可见,很明显,在以往教学的重视"教什么"与"怎样教"之外它又增加了一个值得关注的方面:"怎样学",并把这个部分提高到了相当重要的位置。在上面的5条教学原则中,有4条都跟"怎样学"密切相关。这表明,随着认知心理学的发展,特别是随着学习理论的发展,人们从过去的只关注教学内容和教学方法开始关注语言教学的主体——教学对象。这是语言教学的一个重大进步。

由于这个特点,认知法的教学主张有很多方面与听说法是针锋相对的。事实上,在认知法推行以后不少教学单位也做了大量的教学实验将认知法跟听说法加以对比。从外语教学对比实验的结果来看,认知法在总体上优于听说法。但也不是居绝对优势,因为在有些实验中二者表现出势均力敌的局面(章兼中主编,1983,p.202)。对比实验的结果让人感到,认知法虽然在理论上比之听说法更有说服力,但是在指导语言教学的实践方面并不那么得力。原因何在?

我们认为,认知法对教学实践的指导之所以会产生这样的结果,主要是由于它在一定程度上对语言理论的忽略。尽管它吸纳了乔姆斯基从语言学角度提出的有关语言学习的主张,却没有像听说法那样关注语言学对语言结构描写的成果,也没有像交际法那样以语言功能的研究为基础,因此,它缺少有关教学内容的应用研究,这使得它在"教什么"的问题上缺少实际内容,结果使它的教学原则缺乏系统性和可操作性。乔姆斯基提出的有关语言学习的主张相对来说具有一定的宏观性,以它作为语言教学的宏观指导很有说服力,这也是认知心理学得以在这个理论的启发下迅速发展起来,给行为主义以沉重打击的原因。但是,这些主张距离具体的语言教学对语言材料的处理还有一段距离,尚不能对语言教学的实践形成具体的指导。此外,尽管认知法在理念上与认知理论具有一致性,但是,由于二者时间上的差异,此时的认知法尚不可能应用认知理论语言加工过程和学习策略的许多研究成果。因此,认知法的教学原则显得空泛。总之,以上的5条教学原则尽管很有意义,但是如何将它们跟语言教学的具体内容联系起来,还有待于进一步的研究。

矫枉不能过正,否则就有可能走到另一个极端。认知法作为听说法的对立面而产生,给语言教学注入了清新的空气,但是,由于它完全抛弃了听说法的合理内核,也使得自己的教学主张缺乏系统性和可操作性。由此可见,语言理论作为语言教学的核心是不能忽略的,只有将心理学与语言理论很好地结合起来,在二者互动的条件下才有可能产生理想的教学法。

认知法和听说法在美国一度形成对峙的局面：一方面是许多中小学风靡认知法，另一方面是不少大学还在继续使用听说法；一方面是美国国内的外语教学在推行认知法，另一方面是美国的不少机构在对外英语教学中依旧坚持使用听说法。甚至还有人提出要把认知法和听说法结合起来，称之为"认知—习惯法（Cognitive-habitual Approach）"（章兼中主编，1983，p. 202～204）。提出这种主张的人当然主要还是关注"怎样学"，这可能跟当时认知心理学兴起时的盛况有关。

认知法作为听说法的一个对立面给语言教学带来了更多的可以选择的机会，也在它之后形成了一股侧重心理学理论的语言教学法潮流。

5.4.2 全身反应法

5.4.2.1 全身反应法的产生背景及其理论基础

全身反应法（Total Physical Response）由美国心理学家詹姆斯·阿舍尔（James Asher）于20世纪60年代首倡，他主张通过说话和动作的协调来教授目的语。

阿舍尔并未对全身反应法的语言学理论基础作过明确阐述，不过从全身反应法的教学设计和教学步骤来看，它的语言理论基础主要还是结构主义的。阿舍尔的语言观主要表现在四个方面：一是动词中心论，他认为动词是语言表达的核心，语言使用的主题是以动词为中心组织起来的，因此学习语言动词是关键。二是语言意义具体论，他认为语言内容由抽象和非抽象两种意义组成，其中表示具体意义的词语更重要，因为语言"认知图式"的建立以及"语法结构"的习得不必借助于表示抽象意义的词语。三是理解中心论，即，听的技能先于其他技能形成。四是语言可以整块习得，语言是整体的，不是一些零散的词条，所以要把整个句子教给学生。

全身反应法吸收了比较多的心理学、教育学理论。首先它体现出一定的行为主义心理学传统观念。全身反应法这种强调用行动配合口语指令的教学方法可以说是刺激—反应论的具体表现——通过口语刺激引起行动的反应。不过,阿舍尔对他的研究还有其他的理论解释。主要有:(1)人类具有一种内在的语言生理机制,它产生一种对第一和第二语言学习都很理想的途径。由于将第一语言和第二语言的发展等同起来,阿舍尔把三种学习过程看成是最重要的,第一,儿童发展听力理解先于口语表达能力——他们往往能理解他们尚无法说出来的复杂句子,采用先听后说的办法,就能使目的语在学习者的大脑中留下印记,这个主张实际上吸收了心理学的"记忆痕理论(Trace Theory)",认为某个记忆重现的次数越多,记忆得就越深,也就越容易引起回忆。第二,儿童的听力理解能力是在成人指令下发展起来的,所以,第二语言的学习也需要在目的语指令下先发展听力理解能力。第三,一旦听力理解能力建立起来,口语表达自然产生。有人把这种方法叫"理解法(Comprehension Approach)"。基于这些理由,阿舍尔认为,成人第二语言首先要通过"听"来建立起目的语的认知图式,"听"又需要在行为的配合下进行。在语言基本功能通过"听"建立起来以后,"说"自然会随之产生。(2)大脑功能具有偏侧化的特点,大脑左半球与右半球学习功能各有侧重。阿舍尔吸收了神经语言学的研究,认为左右脑的分工是左脑掌握语言,右脑主管活动,而根据儿童语言发展和神经解剖学的研究,左脑的语言发展必须由右脑主管的活动激活,所以,第二语言教学应该先用活动配合理解来为左脑发展语言做准备。(3)紧张感会阻碍语言习得。阿舍尔认为,第一语言是在自然环境下习得的,没有任何紧张的压力,但是成人语言学习的环境却往往引起他们紧张和焦虑,所以,利用语言生理机制习得语言就能让成人体会儿童学语的轻松,因为此时关注点在意义上,而不是在语言的形式上。

5.4.2.2 全身反应法的教学原则及其评价

全身反应法的教学原则可以归纳为以下几条:(1)语言必须通过理解获得,所以,听力理解技能是发展口语表达及其他语言技能的基础;(2)表示具体意义的词语和日常生活使用的句式最容易习得,所以教学内容要以表示具体动作的动词为中心,配以相关词语,组成基本句式;(3)语言的获得要靠左右脑相互协作,用行动配合口语可以达到最佳效果；(4)语言教学要降低学习者的紧张感，提高学习效率，采用活动式的教学可以做到这一点；(5)语言教学要吸引学习者关注目的语的意义，而不是形式。

在这些教学原则指导下，全身反应法的教学目标主要是培养初级口语能力，教学大纲是以句子为基础的，词汇则限制在课堂指令可以使用的范围内，根据阿舍尔的主张，凡是不易于学生在短期内掌握的结构和词汇都应当从教学大纲中剔除出去。因为它们尚不适于这个阶段的学习(Jack C. Richards & Theodore S. Rodgers, 2000, p.92)。

祈使性听令活动是全身反应法的主要教学活动，其次是角色活动和看幻灯，看幻灯的过程配合教师的讲解，学生只需根据幻灯片内容简单回答问题。对话一类的练习要等到120个小时的祈使性听令活动之后才能开始，阿舍尔认为，谈话所涉及的内容较为抽象，理解对话需要目的语在较高程度上的内化。读写也跟随在祈使性听令活动之后，主要是为了进一步巩固所学语法结构和词汇。在课堂活动中学习者的角色主要是听者和实践者，跟着教师做出行为反应(如：走到桌子那儿去)或语言的反应(如：让玛丽走到桌子那儿去)。教师鼓励学生主动说话，不过课堂活动还是以教师为主，教师决定教学内容和教学步骤。教师应当事先把每一课的教学内容和步骤写下来，以防教学活动中断。教学内容的质和量都应当适合学习者当前水平，以便学习者有足够的输入及早建立起"认知图式"，要循序渐进，切忌太难或太易。教师应当采用父母对待儿童的办法，开始时要容忍偏误，随着学习者程度提高逐渐有限度地纠正偏误，切忌纠错过多。

全身反应法往往没有定型的教材，主要依靠教师的声音、行动和手势指挥活动，充分利用教室已有的实物(书、笔、杯子、家具)进行教学，在一段时间后，引入图画、其他实物、幻灯、图表等，比如，提供家庭、超市、海滩等情景。教学步骤基本上可以分为三个阶段：(1)复习已经学过的内容，并以此作为一种教学导入。比如"杰夫，把那朵红花扔给玛丽亚"、"丽塔，喝水，然后把杯子给艾莲"等等，用这个办法让全班学生动起来。(2)引入新的指令和以动词为中心的词语,比如:洗——洗手、洗脸、洗头发、洗杯子;找——一条毛巾、那块肥皂、一把梳子,等等。(3)通过提问和读写来测评和巩固第二阶段所学内容。

从理论上看,全身反应法明显分别继承了语法翻译法和直接法以来的教学传统,比如,它的"动词中心论"以及对理解和身体活动的重视可以从古安(Gouin)的直接法、帕默尔(Harold Palmer)的 *English through Action*(《通过动作学英语》)(1925)一书中看到;而它对基本句型的重视又表明它吸收了自语法翻译法以来,通过情景法、听说法等沿袭下来的以语法结构为基础的语言教学观。同时,它又将这些做法跟一定的心理学、教育学理论关联起来,增强了其方法的理论性。也使它的理论基础跟语言学习理论和其他一些教学法关联起来。比如,对语言内容抽象和非抽象加以区别,尽管阿舍尔没有作进一步解释,我们可以从认知理论有关"说母语者在阅读时往往只关注实词"(参见 4.3.4.2)的结论看到这种关联。再比如,它强调理解先于其他,关注意义,强调舒缓学习者的紧张感,这些主张跟监控模式理论所提出的输入假设和情感过滤假设也不无关系,克拉申(Stephen D. Krashen)在讨论这些假设的时候就曾以全身反应法的教学实验为例。此外,这种理解中心的教学原则也与沉默法如出一辙,尽管阿舍尔没有对理解技能与其他技能(比如产出、交际等)的关系做出解释。

从实践结果来看,全身反应法在初级阶段,特别是入门阶段的外语教学和英语第二语言教学方面都取得了较好效果,因为它提供了一个较为有效的教学技巧。至于它是否适合高级阶段的教学尚需实践证实。不过,阿舍尔本人也指出,全身反应法的使用应当跟其他方法结合起来。

5.4.3 沉默法

5.4.3.1 沉默法的产生背景及其理论基础

沉默法(the Silent Way)产生于 20 世纪 70 年代的美国。它的创始人是凯勒伯·盖特格诺(Caleb Gattegno)。沉默法的特点是采用一系列的彩色棒和彩色图表来进行语言教学。教学始于阅读,每个读音都用一定的颜色来表示。教师在教学过程中要尽量保持沉默,学生则要尽量地使用目的语。不过,彩色棒的使用并非始自盖特格诺,原本是比利时教师奎茨奈尔(Georges Cuisenaire)用于教数学的,因此,彩色棒又称为"奎茨奈尔棒(Cuisenaire Rods)"。作为阅读教学和数学教学的设计者,盖特格诺在参观了奎茨奈尔数学教学之后受到启发,将彩色棒用于第二语言教学。

　　盖特格诺对语言理论在教学法中的作用持怀疑态度,也明确反对听说法把语言理论作为语言教学的基础。他主张把语言看成是经验的替代品,一组音义的随意组合体,经验赋予语言意义,所以,学习者必须"感觉"语言。表面看,沉默法有意识地不借鉴任何语言理论。不过,从课堂观察来看,沉默法在教学中对语言材料的处理方式表现出它采纳的依旧是结构主义语言观。在课堂上,语言材料并不与任何交际条件相关联,而是被人为地分成若干部分用彩色棒来表示,句子是教学的基本单位。教师在教学过程中主要关注内容,学习者必须通过自己的归纳学语法,词汇是教学的核心内容。沉默法选择教学用的词汇极其严格,盖特格诺把要进入教学的词汇分为两类,一类叫半高级词(semi-luxury vocabulary),主要是一些日常生活词汇,如食品、衣服、旅游、家庭生活,等等;另一类叫高级词(luxury vocabulary),多半是一些用于表达思想的词,比如政治、哲学等方面的词汇。这种对教学内容的苛求跟沉默法的教学原则有关,由于教师必须保持沉默,学生只能通过自己的辨识和归纳掌握目的语,语言材料就必须局限在一定范围内,这样结构和词汇的意义才有可能相对准确。

　　盖特格诺应用了大量的学习理论和教育学原理,形成他的学习观:(1)发现或创造比记忆和重复更有益于学习;(2)实物伴随有利于学习;(3)解决问题的教学方式有益于学习。盖特格诺把语言学习看成一个成长过程,他主张让学习者体验儿童学习第一语言的过程。不过他又指出二者不同,认为第一语言学习是无意识的,第二语言学习则是有意识的。所以他主张学习者通过"自我"完成学习。这里的"自我"包括两个系统：一个是学习系统，另一个是保持系统。学习系统只能被智力意识激活，它需要学习者不断地进行抽象、分析、综合、一体化等心理活动。保持系统则可以帮助学习者记住并且回忆起所学的东西，把能指和所指、音和义等这样的关系连接起来。沉默是完成上述过程最好的方法，因为在沉默中学习者专注于完成任务。所以"沉默"能帮助学习者回归天籁，唤醒潜能。盖特格诺认为意识（awareness）是可教的，通过有意识的学习，一个人可以增强自己的意识能量和学习能力。

由上面这些主张可见，盖特格诺实际上已经把沉默法看成一种教育手段，而不仅仅是一种教学法。不过，他的理论有一定道理。布鲁纳（Jerome Bruner）区分了两种传统教学，一种是讲解式的，一种是假设式的。前者的方式、进度、风格等一切均由教师把握，学生只是听众；后者则需要二者配合进行，学生有时能居主导地位。沉默法属于后者。它把学习看做是解决问题的、创新的、发现的活动，在教学中，学习者居主要角色。布鲁纳认为"发现学习"对学习者有四种好处：第一，激发智力潜能；第二，将外动力转化为内动力；第三，具有启发特点；第四，加强记忆。此外，彩色棒和发音图表提供一种实物性质的聚焦，吸引学生，有助于在学生大脑中产生记忆图像。就像富兰克林（Benjamin Franklin）所说的"告诉我可我会忘了；教我，我会记着；让我参与，我就学到了。"（译自 Jack C. Richards & Theodore S. Rodgers, 2000, p. 100）沉默法让学习者通过自己的感知能力、分析能力获得语言，可以培养学习者在学习中独立自主，建立起责任感。

5.4.3.2 沉默法的教学原则及其评价

沉默法的教学原则可以归纳为以下几条：（1）第二语言的学习过程是一个体验目的语的过程，学习者必须通过发现问题、解决问题去感知目的语；（2）沉默能够帮助学习者专注于抽象、分析目的语，并唤起回忆，激发学习者的创造力和潜能，所以，在教学过程中，教师必须尽量保持沉默；（3）色彩和实物可以激发想象、引起联想、增加兴趣,所以,彩色棒和彩色图表是不可缺少的教具。

在这些教学原则的指导下,沉默法的教学目标主要有两个:一个是从阅读开始,培养初级听说能力;一个是形成第二语言自学能力。尽管盖特格诺强调沉默法可以用于高年级口语或者读写能力的培养。不过,从美国和平队(Peace Corps)[①]培训的教学大纲来看,尚限于初级听说能力的培养。而且它的大纲主要是根据语法结构来安排的,词汇随结构的需要而定。这也是人们将他的语言观归结为结构主义的主要原因。沉默法的教学活动始于教师示范或提示,然后学生反应、回答,并且说更多的句子。在教学活动中,学生要自立、主动、有责任感,并且互相帮助。当某个学生的发音或者说出的词句有误时,其他学生要主动补出正确的。所以,在沉默法课堂上,学生有时是老师,有时是个人,有时是团队成员。教师则主要根据学生的需要充当模特、助手、指导者,等等。教师主要采用手势、图表、教鞭控制课堂,对正确的进行鼓励,对错误的明确告知。沉默法的教材主要是彩色棒、彩色拼音图、词汇图、教鞭和练习图表。

沉默法的教学始于语音,然后是句式、结构和词汇。基本教学步骤可简述如下:(1)教师将彩色棒倒在桌子上;(2)教师拿起某个颜色的棒,然后示范读音,或者用教鞭指着图表上的某个字母,然后示范发音;(3)学生开始模仿发音或读音;(4)一个学生错了,教师再示范或者示意另一个学生示范。在全部彩色棒所代表的字母或词语都介绍完毕之后,开始新一轮的学习。

沉默法在课堂活动的安排和组织方面是有所创新的,特别是它所主张的"发现学习"、培养自学能力等充分体现了20世纪60年代以后美国在教育学方面的理论主张。彩色棒在语言教学中的使用也颇有新意。不过,它在创新的道路上前进得有限。尽管盖特格诺明确反对听说法以语言理论为基础,并认为像听说法那样要求学生不断地重复目的语只会白白消耗学习者的时间,分散学习者的精力,无

[①] 和平队(Peace Corps)是由美国肯尼迪总统发起的,将受过训练的志愿人士送到发展中国家提供技术服务的组织。

助于学习能力的培养,我们还是不难发现沉默法带有明显的情景法和听说法的痕迹。一是它的学习过程不与任何交际条件相连接,以单个句式作为学习的基本单位;二是它要求学生自我归纳语法;三是它对语言材料范围的严格限制。也许可以说,正是由于它对语言理论的忽略,限制了它在第二语言教学法上更大的创新,从而没能产生更大的影响。

5.4.4 社团语言学习法

5.4.4.1 社团语言学习法的产生背景及其理论基础

社团语言学习法(Community Language Learning)的创始人是美国心理学家查尔斯·库伦(Charles A. Curran),他将心理咨询方法用于学习过程,被称为"咨询式学习(Counseling-Learning)",这个方法用于语言教学则称为"社团语言学习法"(以下简称"社团法")。

社团法主要吸收了"罗杰斯辅导法(Rogerian Counseling)"的教育理念,把教师喻为咨询人,学生喻为顾客。所以教学要包含这样一个基本步骤:学生围坐成一圈,教师立于圈外,一个学生用母语对教师耳语某个信息,教师将其译为目的语,告诉这个学生,这个学生复述这段话,并将其录下来。其他学生也如法炮制,在教师的帮助下把他们想说的录下来。因此,教师的作用在于帮助学习者解决问题或满足其需求。

同时,社团法也接受了人文主义教育理念,它与莫斯考维茨(G. Moskowitz)的"人文教学法(Humanistic Techniques)"颇为接近,后者主张把学习者的感受、想法和所知道的事情跟目的语的学习混合在一起,把"自我否定"转化成"自我评价"和"自我追求",由此提高学习者在目的语学习中的自信,并活跃课堂气氛。

此外,社团法还吸收了麦琪(W. F. Mackey)在双语教学中使用的"语言交替法(Language Alternation)",后者在课堂活动中先后交替使用第一语言和第二语言表达同一内容。

至于社团法的语言理论基础,库伦本人并未做过任何说明。从该法的推崇者拉·富吉(La Forge)对社团法所作的一些阐述来看,社团法是把语言看成一种人与人之间的信息交流工具,通过学生与教师之间的信息传递,学生理解目的语的基本音义关系并建立起基本的语法结构(Jack C. Richards & Theodore S. Rodgers,2000,p.115~116)。不过,库伦反对听说法曾经主张的"信息传递",他认为那只是信息在人与人之间流动,而社团法则强调信息传递者本身也投入到传递活动中,作为一种"社交过程(social process)",它包括了人际交流、社会交际、发展、教育、文化等诸多内容。在这个过程中,学习者要经历"自我主张——不满——容忍——独立"等几个阶段。因此这也是一个情感冲突的过程。

在心理学方面,库伦既反对把语言学习看成智力和实际能力的培养过程,也反对把语言学习过程看成是行为习惯的建立过程。他认为这两种学习观都是把人看成动物,在学习过程中学习者始终处在被动地位。社团学习法在学习上关注两个因素,一个是认知因素,一个是情感因素。他把学习过程看成是一个新生儿的成长过程,即,从出生到获得安全感,在父母关注下培养自立能力、形成自我意识,在一定安全感的支撑下开始评价周围事物,最后长大成人。因此,他提出语言学习的四个阶段,简称"SARD":

  S——stands for security(获得安全感)

  A——stands for attention and aggression(学习参与与进击)

  R——stands for retention and reflection(语言内化并进入角色)

  D——denotes discrimination(掌握并会分辨目的语)(同上,p.118)

5.4.4.2 社团语言学习法的教学原则及其评价

社团法的教学原则可以归纳如下:(1)语言是人际交流的工具,它通过人与人的接触、回应来体现,教师与学习者之间的交流可以实现这个过程;(2)第二语言的学习过程是一个学习者在目的语中成长的过程,教学要让学习者体验到儿童成长过程所经历的各个阶段,逐渐地认知语言并学会独立使用语言;(3)语言教学要为学习者在学习过程中增加安全感、消除情感冲突创造条件。

基于这样一些原则,社团法的教学设计并不明确设定教学目标,只限于一般地培养听说能力,少数情况下有一些读写教学。而且,由于学习者决定学习内容,也没有确定的教学大纲,社团法也就没有确定的教材。有经验的教师可能会依据对学生的了解预备一些话题和结构、词汇加以引导,这就使得课程内容会因教师跟学生的不同而不同。

社团法的教学步骤基本如下:(1)学生相互介绍(2)教师介绍课程目的和原则(3)进入目的语课堂活动阶段。有如下一些教学活动:学生围坐一圈——学生用母语提出话题或想用目的语表达的内容——教师翻译这一内容——学生进行小组活动、商议话题、准备对话、策划向另一小组传递的信息等——学生将活动中所说的目的语录音——学生抄写、整理录音内容。(4)学生交流学习过程中的感受。(5)师生分析所抄写的语言材料中的词语和语法。(6)学生自由提问、抄写黑板上教师写下的语法分析,等等。

在教学中,学生像儿童一样在某个语言社团中成长起来:从出生开始,此时像婴儿;然后进入尚须父母照顾的阶段,此时像儿童;继而开始涉足社会,但尚需帮助;逐渐进入青春期,期望独立;最终独立成人。教师则既要像咨询顾问一样帮助顾客分析困难、解决问题,又要像父母培养孩子一样,给学习者提供一个具有安全感的目的语成长环境。不过,富吉也承认,安全感的多少仍是一个需要进一步研究的问题,因为,在过度"安全"的条件下,学习者又可能因为完全失去学习压力而什么也学不到(同上,p.123)。

社团法的优点在于它充分关注第二语言学习的认知过程并且努力为学习者营造宽松的学习气氛,较之认知法、沉默法和全身反应法,它更为集中地体现了美国教育传统中"教育即生长,学校即社会"的教育理念。同时,在重视交际这一点上它跟交际法有异曲同工之妙,在交际法中,教师的角色之一也是咨询师,随时准备回答学生提出的问题。不过,社团法在实施过程中也不可避免地产生了问题,首先是它对语言规律的完全忽略,使得整个学习过程随意性太强,教学目的不明确,缺乏教学规划,很难达到一定的教学效果。其次,由学生提出的话题,从理论上讲,这些话题会比较贴近学习者的生活,容易在学生中引起共同兴趣,但也会因为带有个性难以引起共鸣;最后是它对教师的要求过高,既要懂学习者母语又要懂目的语,而且还必须有相当广博的知识面,否则不一定能翻译学习者提出的内容,所以并非一般教师所能胜任。

5.4.5 自然法

5.4.5.1 自然法的产生背景及其理论基础

自然法(the Natural Approach)始于20世纪70年代美国西班牙语教师特勒尔(Tracy Terrell)对第二语言习得理论中"自然原则"的教学探讨,随后,特勒尔与克拉申(Stephen D. Krashen)合作,将克拉申的监控模式学习理论和特勒尔的教学设计与步骤相结合,并于1983年首次出版《自然法》(*The Natural Approach*)一书。由于监控模式理论在当时的影响,自然法也因此得以广为传播。

克拉申和特勒尔将该法称为"自然法",目的在于指出,自直接法对语法翻译法的反叛以来,人们不断尝试提出新的教学法,每一种新法都在努力改革旧法,结果是又形成新的教条。事实上,教学法传统本身就是违反语言学习的自然规律的,所以,主张回归真正的"自然传统"。他们认为,殖民地区当地人自然学会官方语言、进入发达国家的民工学会当地语言、各国疆界上边民通过相互贸易学会对方的语言、历史上贵族把孩子送到某国去居住学会那里的语言,等等,这些才称得上是一种通过传统方法或者在自然条件下学语言。所以,语言教学要回归这种传统和自然。

自然法不主张语言教学以语言理论为基础,更看重学习理论对语言教学的指导。所以,它明确反对教学关注语言结构,主张把交际作为语言的基本功能,强调语义在语言学习中的作用,重视词汇教学。由于将意义放在首位,自然法也强调理解在语言教学中的作用。不过,从实际的教学设计和教学步骤看,自然法并未将交际法对语言功能的研究纳入教学范围。另外,从它的学习理论看,它也在一定程度上涉及到语法结构,一个是"自然顺序假设",讨论了语素习得顺序;一个是"输入假设",提出"i+1"公式,主张结构教学的渐进性。

自然法有一个相当系统的学习理论作为它的理论基础,这就是第4章讨论过的监控模式理论及其"五个假设":习得—学习假设、自然顺序假设、监控器假设、输入假设、情感过滤假设。在这五个假设中,"习得—学习假设"是其他四个假设的基础,克拉申努力在"学习"与"习得"这两个概念区分的基础上建立起他的学习理论框架。同时,他又把"可理解的输入"作为"习得"的基本前提,强调理解是语言交际的核心。因此,他提出如下主张,将监控模式理论与语言教学关联起来:

(1) 语言教学最好是在信息传递中进行,而不是在有意识地了解某一条语法规则的条件下进行。成人学第二语言跟儿童学第一语言一样,也需要可理解的输入,所以,课堂使用的目的语必须调整到学习者可理解的水平。

(2) 词汇对语言习得很重要。要理解信息,就需要较多的词汇。词汇量越大,理解得也就越透彻,对目的语的习得也就越好。所以,在可理解的前提下不应当限制词汇量。

(3) 教师应该关注学生是否理解了输入的信息,而不是关注学生用了哪些结构。结构的习得顺序可以预测,但是不可以人为地规定,只要以理解为标准即可。因为输入一旦被理解,信息的难度就一定在合适的水平上,习得就可能进行。

(4) 每个人都可以是习得者。尽管不同的人有年龄、个性、学习能力以及使用监控器理想与否的差别,理解都应当作为第二语言习得的前提。

(5) 对初中级水平的成人来说,课堂仍然是良好的学习场所。因为自然条件下的语言交际不可能总是提供"i+1"的输入,说母语者不会像保姆那样迁就每个学习者的水平。而且,成人第二语言学习既需要迁就,话题又不能跟儿童等同。

(6) 由于存在情感过滤,有效的输入必须是学生感兴趣的。教师要引导学生关注教学内容,同时又要在学生兴趣焦点变化时,变更课堂的话题。所以教师既要善于组织教学,又要善于控制课堂。

(7) 输出对语言习得不是必须的。但语言教学不禁止成人输出,因为课堂条件下的句型和规则可以帮学习者提前打破沉默期。

(8) 语法训练的作用是培养理想的监控器使用者(the Optimal Monitor User),但不是每个人都会受益,所以语法教学必须限制在情景中,以不干扰交际为前提。

5.4.5.2 自然法的教学原则及其评价

基于监控模式理论,自然法提出了相应的教学原则:(1) 培养交际技能是语言教学的首要目标。习得是获得语言的根本途径,可理解输入导致语言习得,而可理解输入的前提是交际。所以课堂教学要以创造自然交际条件为中心。(2) 理解先于表达。不主张超前表达,在初级阶段尤其不宜敦促学生表达,超前输出会使学习者求助于第一语言,从而产生偏误。语言教学要集中在听或读上,流利地说或写会自然出现。(3) 允许输出是各种形式的,如手势,身体语言等。如果教师懂学生母语,也可以用混合语表达。教学中要允许不完整回应,不强调纠错。在充分输入和低情感过滤条件下,混和语会很快被抛弃。(4) 教学活动要围绕习得这个核心。以习得为核心,课堂教学就可以忽略个人差异,把全体学生纳入教学范围。因此,教学设计要以是否促进习得为前提,把课堂变成习得场所。(5) 情感过滤高低是衡量教学设计优劣的标准。没有哪种方法可以取消情感过滤,但是可以设法降低情感过滤。(6) 不提供任何形式的句型练习,不鼓励学生在口语表达中有意识地使用语法或检查语法。提高不用监控器者的正确性,抑制过分使用监控器者,使全体学习者向理想的监控条件发展。

自然法主张根据学习者的需要来进行教学设计,因此,将教学目标定为两层:(1) 培养交际技能(communication skills);(2) 培养学术学习技能(academic learning skills)。然后根据教学目标的不同来确定教学大纲和课堂活动。"培养交际技能"这一目标要求口语达到能听对话、公共通知,看电视、电影,以及在公共场所进行咨询等;书面语则要达到能读便条、标识、表格、广告、信件、趣味作品;能写便条、填表、写信等。"培养学术学习技能"这一目标要求口语达到能听讲座、有学术内容的视听材料、讨论,以及加入讨论、作报告等;书面语要能读课本、文学作品,写报告、记笔记,等等。不过,总体上讲,自然法的教学原则主要是针对第一层的,即以培养交际技能为主,特别关注将初学者带入中级阶段。

自然法的教学活动始于教室中的实物和图画,进行指认问答,学生可以不回应或用不同方式回应;当学生具备了初步的表达能力以后,教师开始提供慢速的目的语输入,只要求简单回应,比如"是"、"不是"等。然后进入学生之间的交流。教师一般不纠错,对于内容、发音和语法这三种错,采用不同方法,比如,只纠正内容的错,用重复正确发音来提示学生有错,用正确句子提问来引导学生改错,等等。

自然法将交流活动分为五组,各组活动间有一定的渐进层次。第一组是人情活动。目的在于给学生安全感,主要有"对话"、"采访"、"个人资料排列(如几个爱好)"、"个人作息时间表"、"个人习惯(如日常饮食)"、"想象活动"等;第二组是解决问题活动,目的在于吸引学生注意力,主要有"描述一个活动的过程"、"制作图表、绘制地图"、"完成某个情景下的会话"、"制作广告";第三组是游戏活动,目的在于提高兴趣,增进输入,比如,比赛说奇怪的事、猜词,等等;第四组是内容活动,主要指用目的语进行有内容的活动,比如讨论电影、谈音乐等;第五组是集体活动,主要是可以多人进行的活动,比如,全班根据不同特征变换队形,多人向一人提问,集体编故事,等等。

在自然法的教学中,学生的角色随着学习阶段的不同而变化,在"前产出阶段(the pre-production stage)",学生主要听命于教师,做出反应即可;在"早期产出阶段(the early-production stage)",学生只作简短回答或提问;在"自然话语阶段(the speech-emergent phase)",学生参与小组活动,做角色表演、游戏、提出个人建议和观点、共同解决问题,等等。学生有四种责任:提供活动所需信息、努力参与活动增进输入、决定何时开始表达以及何时提高表达难度、与教师共同决定练习方式。教师主要有三个任务:第一、提供最初的输入;第二,营造和谐有趣的课堂氛围,以便降低情感过滤;第三,根据学生的需求和兴趣选择并设计课堂活动。自然法强调有意义和真实性,所以多数教材来自生活,比如,图画、日程表、小册子、广告、地图、小读物等,游戏是最受欢迎的。

自然法的教学步骤据水平不同略有区别,比如零起点的教学分如下三个阶段:听力理解阶段(全身反应法、可视图片介绍)、初期输出阶段(使用图表、广告)、扩大输出阶段(完成句子、继续对话)。初中级水平的教学步骤也分三级:第一,降低情感过滤,介绍自己、描写家人和朋友;第二,扩大理解输入,如谈论最伤心或最幸福的事情;第三,进入共同兴趣范围,如婚姻、家庭、政治。

正像监控模式理论一样,人们对自然法也褒贬不一。人们认为,它的优点首先在于它自觉地将学习理论与教学法较好地结合在一起,使得每一个教学原则和每一种教学活动都显得有理有据。其次,它强调学习者对目的语的理解,在教学中关注词汇和语义,有益于交际能力的培养。第三,它把每个学习者都作为习得者之一,这就给每个人同样的机会,而不是以"学能"论英雄,充分体现了人文主义教育理念。第四,它吸收了大量的其他教学法的研究成果。尽管克拉申和特勒尔宣称要打破教条,回归"真正传统",但实际上,自然法不仅借鉴了早期的直接法,也在一定程度上将"认知法"、"全身反应法"、"沉默法"、"社团学习法",以及"交际法"都整合在它的教学原则和教学活动中。比如,直接法的"模仿活动"、"手势活动",情景法的"情景下句式使用活动",全身反应法的"祈使性听令活动",交际法的"任务活动",等等。所以,理查兹等人说自然法开了广泛利用各种教学法的先河,形成一种综合各种方法的新理念(Jack C. Richards & Theodore S. Rodgers,2000,p.140)。

人们对自然法的批评也跟上述优点有关,人们认为它没有创新,许多教学技巧主要借自其他教学法。其实,强调"自然"也并非始自自然法,直接法推广时期就已经有过类似提法。再比如,尽管交际活动能够提供学习者自然条件下的练习,能产生融洽的学习气氛以降低情感过滤,但是它们不一定能提供组织较好的、可理解的输入,克拉申和特勒尔指出了这一点,但没有提出改良办法。当然,最严厉的批评还是因其对语言理论的忽略,有人说,自然法完全没有语言理论(同上,p. 130)。克拉申是反对语法教学的,他甚至认为,听说法的缺陷就在于仅以结构为基础,而没有以习得理论为基础(Stephen D. Krashen and Tracy Terrell,1995,p. 1)。如今看来,自然法的缺陷实际上也正在于对语言理论的完全忽略。这种忽略使得它虽然借鉴了不少交际法的教学活动,却完全没有关注交际法在语言理论方面的研究基础。

今天来看,这不仅仅是自然法一家之过,也是 20 世纪 60 年代以来,随着语言理论界对结构主义的批判,语言教学逐渐走向对语言结构教学忽略的共同趋势。已如前述,交际法发展到后期也表现出逐渐滑向忽略结构的趋势。而正如我们在本书第 3 章已经指出的那样,结构主义并未过时,只关注结构是错误的,完全忽略结构也未必恰当。因为,在教学中如何处理语言材料对大多数语言教师来说是一个不可回避的问题。近几年,语言教学界又出现了"形式关注说(form-focused)"不能不说是对这个问题的一个反思。

5.5 前苏联第二语言教学法简介

汉语第二语言教学始于 20 世纪 50 年代,最初的教学方法在一定程度上借鉴了国内的外语教学法。而当时中国的外语教学法又在很大程度上受到前苏联外语教学法的影响,主要是接受了自觉对比法"侧重对语言现象的分析和翻译,而对语言使用注意不够;侧重语言能力的培养,对言语能力的培养不够"(应云天,1997,p. 81)。因此,简要了解前苏联外语教学法,有助于我们认识汉语教学早期在教学法上的一些特点,同时,也能使我们对历史上出现过的教学法有一个相对全面的认识。

5.5.1 自觉对比法

5.5.1.1 自觉对比法的产生背景及其理论基础

自觉对比法(сознательно-сопоставительный метод)产生于 20 世

纪30年代前后的苏联,始于前苏联国内的外语教学,后来也用于第二语言的俄语教学。十月革命的成功诞生了世界上第一个社会主义国家。这个国家从一开始就受到资本主义的封锁、孤立和包围,而它本身也努力要摆脱资本主义的影响,树立起社会主义在各个方面的形象。外语教学也不例外。因此,俄帝国时期使用的和当时西方社会还在使用的"直接法"自然不在可接受之列,被指控为机械的、直觉的教学法,在政治上和意识形态上都遭到批判。而且,由于"直接法"过于强调口语,它带来的问题之一是对教师的口语要求比较高,而在一个遭到封锁的国度里,外语人才并不多。所以直接法实际上也缺乏可应用性。

自觉对比法的语言学基础主要是斯大林(Joseph Vissarionovich Stalin)的语言学思想,即把语言看做是一种由语音、语法和词汇组成的体系,在这个体系中,语音是语言的物质外壳,词汇是它的建筑材料,语法是语言的结构规则。因此,掌握一种语言,也就是掌握该语言的体系,把语音、语法、词汇作为获得听说读写四项技能的基础。而不同的语言其语言体系是不相同的,所以要对目的语和学习者母语的语言体系加以对比。而且,语言是思维的物质外壳,人要依靠语言思维,所以,用目的语进行思维的时候要经过不同语码的转换,因此,母语翻译是必要的。

前苏联心理学对语言学习理论产生较大影响的主要是巴甫洛夫(Ivan Petrovich Pavlov)的"条件反射学说"。根据这一学说,第二信号系统是语言刺激构成的刺激—反应系统,学习一种新的语言就是建立另一套新的第二信号系统,由于原有的第二信号系统已经建立起来,新的系统的建立就要受到旧有系统的影响。也就是说,目的语的学习过程必然伴随着母语的影响。该学习理论认为,这种影响在两种语言相同的地方会对学习起到促进的作用,两种语言似是而非的地方则会成为第二语言学习的最大障碍。排除障碍的有效办法就是提前帮助学习者自觉地加以对比,从而预防母语干扰。

前苏联的教育学强调学校教育中的德育,要把学习者培养成为共产主义者。正如列宁(Vladimir llyich Lenin)所言"只有用人类创造的全部知识财富来丰富自己的头脑,才能成为共产主义者"(章兼中主编,1983,p.73)。因此,语言教学也被看做是一种知识传授。同时,外语教学还被看做是普通教育教养的一部分,通过母语和目的语的对比,可以增进学习者对母语的认识和了解。所以,一门外语课程首先是一门知识课,其次才是一门工具课。而在传授这种知识的过程中,只有将两种语言加以对比,才有可能帮助学习者既了解母语,也了解目的语,同时自觉地克服母语可能对目的语的干扰。

5.5.1.2 自觉对比法的教学原则及其评价

正像5.1.3谈到的,语言教学法有其传承性,任何一种新方法的产生都是以借鉴已有的方法为前提的。在当时的历史条件下,新方法的创立只有两个可以参考的对象,一个是古典的语法翻译法,一个是直接法。由于直接法是在改革语法翻译法的基础上形成的,这两个方法本身就存在对立和互补。所以,为了避开直接法,自觉对比法的创立实际上更多地借鉴了语法翻译法。从它的教学原则我们不难看到它与语法翻译法,特别是"近代翻译法"的相似之处。

自觉对比法的教学原则主要归纳如下:(1)依靠母语。强调母语在目的语学习过程中的作用,以实现母语跟目的语的自觉对比。教学过程基本上是用母语来解释目的语的过程。(2)先理论后实践,用理论指导实践。语言是一个语音、语法、词汇组成的体系,应该先了解这个体系,然后学会使用它。也即,先了解语言的语法规则、语音的发音规则并学习一定的词汇,之后才开始进入语言操练。(3)在理解的基础上模仿。这既是与直接法强调直接模仿的对立,也是第二条原则的具体化。(4)先分析后综合,反对直接法的从学习句子入手。(5)注重书面材料,因为书面材料便于分析,尤其重视将文学语言作为教材,因为文学语言经过加工,语言较为典范,既有助于实现掌握文化知识的培养目标,又有助于达到普通教育教养的目的。

自觉对比法在前苏联通行了近30年,一度被称为"苏维埃教学法"。20世纪50年代后期到60年代初,随着前苏联对外文化经济贸易以及科学技术各种活动的日益频繁,自觉对比法的弊病也日益显露出来,主要原因是它指导下的外语教学培养出来的人才缺乏实际使用外语交际的能力。自觉对比法由此开始受到批判,被认为是"语法翻译法"的翻版。60年代自觉对比法被前苏联当局用行政手段禁止在中小学使用。但是它在学术界一直有较大影响,特别是在大学外语教学界,一些教师坚持认为自觉对比法是最理想的外语教学法,坚持继续使用经过改进的自觉对比法(章兼中主编,1983)。

用今天的眼光来审视自觉对比法,它的问题主要是:在基础理论方面,由于简单地把语言看成是一个系统,把学习过程看成是条件反射的过程,把语言能力的培养看成是一种普通教育教养,教学实践中必然忽略人对语言的认知过程和语言交际能力的培养,而把语言结构和语言规律的学习放在首位;在意识形态方面,把"直接法"作为"资本主义教学法",重视母语的中介作用,反对直接模仿,其结果必然是重视目的语书面形式,从而忽略语言实践。据后人调查,自觉对比法指导下的课堂教学中使用学生母语谈论目的语的时间占课时的80%(同上,p.84),在这样的课堂上要培养实践能力强的目的语人才当然只能是南辕北辙。

客观地说,我们不能将自觉对比法跟语法翻译法完全等同。在语言教学法的历史上,自觉对比法有它的贡献。第一,"对比"概念的引入,这在语言学习理论上比拉多(Robert Lado)提出"对比分析理论"早了近20年,在当时的历史条件下不能不说这是它的先进之处,而且,用今天的眼光来看,第二语言学习中"对比"依旧有其存在的价值;第二,它主张引导学习者"自觉对比",与传统语法翻译法的直觉对比不同,已经上升到语言学的境界,当然,也正是这种"境界"使得它可能更适合于培养语言学家而不是培养使用目的语的口语人才;第三,自觉对比法强调教材内容的文学性和典范作用,在一定程度上能够达到培养学习者文学修养的目的。实践也证明在这种方法指导下培养的人才文学修养较好;第四,自觉对比法的语言学、心理学等基础理论跟后来的"情景法"、"听说法"有一致之处,这说明它在基础理论方面的先进性,只是由于当时意识形态的一些偏激认识限制了它对直接法合理部分的吸收,这也正是自觉对比法遭到批评,并最终被自觉实践法取代的主要原因。

5.5.2 自觉实践法

自觉实践法诞生于 20 世纪 50 年代后期到 60 年代初。随着对外交往的日益频繁,前苏联需要各个领域的专业人才具备与国际接触的能力,但是不少专业人才外语口语水平都不理想,这使得外语教学的质量开始受到社会的关注和质询。不少人认为,外语教学质量不佳的原因主要是教学法落后。与此同时,国际上第二语言教学法的不断改进、创新,语言学和心理学的新理论、新观点的不断产生,这些都刺激了教学法改革。通过两次外语教学大改革的讨论,自觉对比法遭到批评,最终正式禁止使用,自觉实践法则登上教学法的舞台。

5.5.2.1 自觉实践法对自觉对比法的改革

自觉实践法(сознательно-практический метод)是在对自觉对比法加以批判继承的基础上提出来的,顾名思义,它主张重视语言实践,不再强调对比,同时依旧继承了前苏联教育学的传统——重视自觉性。由此,我们注意到,它在基础理论方面的变化主要是心理学和语言学的。

在语言学方面的变化主要是接受了谢尔巴(Л. В. Щерба)院士关于区分语言和言语的主张,并且把谢尔巴的"言语活动说"作为教学法的语言理论基础。根据谢尔巴的主张,"语言"这个概念指的是语言体系,它包括"语音体系"、"语法体系"和"词汇体系"。把语言的这些体系教给学生并不意味着语言教学就完成了任务。语言教学要培养学习者在言语过程(即交际过程)中用目的语思维并使思维目的语形式化。言语过程的具体活动就是"听说读写"。在这一语言理论指导下,语言教学分为三层:一是语言的教学,这个层面注重对语言体系的了解;二是言语的教学,这个层面注重言语表达等创造性能力的培养;三是言语活动的教学,这个层面分别对"听说读写"等不同技能加以训练。最终实现语言与言语的统一。

心理学对自觉实践法的影响最大。在心理学方面,自觉实践法主要吸收了两位心理学家的理论,一位是别利亚耶夫(Б. В. Беляев),另一位是 А. А. 列昂季耶夫(А. А. Леонтьев)。前者强调直觉掌握外语,后者则主张把言语看成是一种活动。自觉实践法是别利亚耶夫首先提出来的,他从心理学角度提出了自己的语言学习理论,并由此总结出一系列的语言教学原则。列昂季耶夫则在自觉实践法的实施过程中用他的学习理论进一步推动了自觉实践法的发展。可以说,后者在理论上对前者作了进一步的补充和发展,二者共同形成自觉实践法的心理学基础。

别利亚耶夫的学习理论可以归纳为几个方面:(1)语言与思维直接关联,掌握第二语言的过程也是用这种语言形成并表达思想的过程。(2)两种语言所表达的概念常常是不吻合的。由于语言同思维直接关联,用目的语思维和用母语思维必然不相同,所以要培养学习者学会直接用目的语思维。(3)由于语言同思维直接关联,在语言的交际过程中,说话人要将注意力集中在思想内容上。所以对语言的语音、词汇、语法等要素的使用是在无意识的情况下通过直觉完成的,因此,第二语言学习要通过直觉掌握目的语。(4)由于目的语可以跟思维产生直接关联,翻译也就不再必要。所以在第二语言的教学中学习翻译的目的主要是掌握一种帮助其他人进行语言沟通的技能,而不是为了学习者本人对目的语的理解。(5)语言使用具有创造性,不是对已学知识的简单重复。而且,由于语言同思维直接关联,在语言的使用过程中就存在内部言语和外部言语,内部言语跟思维关联,语言使用者通过使用语言的各种要素将内部语言转化为外部语言。所以,语言交际技能的掌握不在于对语言理论的掌握,而在于通过实践达到使用语言的自动化程度。

基于上述观点,别利亚耶夫提出了他对语言教学的主张:第一,第二语言教学中起决定性作用的是学习者用目的语进行的听说读写活动。目的语听说读写的训练必须用目的语完成,练习内容不得超出学生的知识范围,时间要占课时的85%以上。第二,教师的任务是努力通过大量实践来培养学习者使用目的语进行思维的能力和目的语语感。教师在教学中可以简要指出外语跟母语概念有差异的地方,帮助学生建立起目的语概念,讲解知识可以借助母语,但时间不得超过总课时的15%。翻译可以使用,但目的仅在于帮助学习者理解目的语。

尽管熟练掌握语言应当在有意识地了解语言规律的前提下,但是考核外语水平的标准不是学生对外语规则了解多少。第三,在语言教学中,要注重语言创新能力的培养,教会学生灵活使用语言。而且,由于语言的使用跟情景和具体条件密切相关,所以,要使用新的和活的语言材料帮助学习者创新。综上所述,别利亚耶夫的语言教学观有两个基本特点,一个是强调第二语言教学的言语实践,另一个是主张这种实践要以理性的认识为基础。即,学习者首先应当了解目的语的规律,然后进入言语活动,在理解的基础上实践。尽管他本人特别声明,他所主张的自觉实践法不是语法翻译法和直接法的混合物(章兼中主编,1983,p.156~157),但是,我们还是能够看到,他的这些主张兼收并蓄了二者的长处,又在一定程度上克服了二者的短处。

"活动"是20世纪60年代以后苏联心理学的基本范畴。列昂季耶夫的"言语活动论"从另一个角度为自觉实践法提供了心理学依据:(1)活动是人与周围环境发生关系的基本形式,而人的活动又是有目的、有动机、有意识的,因而人的活动具有自觉性、能动性和社会性。(2)言语既是一种智力活动,又是一种交际活动。人类活动的目的性决定了言语活动要以解决交际问题为其前提。所以言语活动一方面跟思维相关联,另一方面跟交际实践相关联。(3)由于交际活动处在一定的社会条件下,随着社会条件不断变化,言语活动又具有创新性。(4)语言有民族性,而思维是全人类的,人们只是用不同的语言代码来表达思想而已。因此,语言教学的目的是教会学习者用目的语来表达思想。列昂季耶夫的这个观点跟别利亚耶夫有所不同。

基于上述观点,列昂季耶夫提出了他的语言教学主张:第一,教学活动是第二语言教学法的基本范畴。教学活动的中心任务是两个,一个是帮助学习者熟练掌握用目的语表达思想所需的知识,另一个是帮助学习者获得在不同场合使用目的语进行言语活动所需的言语技能。所以应该在以往区分语言教学和言语教学的基础上再加上言语活动教学,三者合一形成第二语言交际的教学。第二,言语活动的目的性决定了言语教学必须有明确的目标。第二语言教学要让学习者了解自己的学习目标,以及为达到这一目标所制定的步骤,这样才能形成学习者的自觉实践。他进一步把"听说读写"四项言语活动分为两种不同形式,口头形式和书面形式。主张全面培养学习者四项技能。第三,外语教学既要程序化,以便在短时间内达到最佳效果,又要避免程序化限制学习者的语言创新。因此,他主张"知识→熟练→技能"的培养过程,在言语活动中学习者一方面获得语言知识,一方面进行言语操练。言语操练达到自动化的程度,就进入"熟练",然后再进一步形成运用语言知识和熟练解决交际问题的技能。

列昂季耶夫认为,掌握语言的途径有两个:一个是从下到上,即由直觉到自觉;另一个是从上到下,由自觉到直觉。前者是儿童学习母语的过程,后者是成人学第二语言的过程。所以在教学的开始阶段要让学习者理解语言,在理解的基础上进一步训练,最终达到自动化。他把语言教学中的"交际原则"提到了首位,这样就为别利亚耶夫强调的用目的语进行听说读写活动提供了更为坚实的理论基础。

从列昂季耶夫的语言学习理论也可以看到,苏联心理学在语言学习理论方面对西方其他心理学流派观点的吸纳,比如,上述的自动化理论就跟认知心理学有一致之处。这说明,随着前苏联跟世界各国交往的日益频繁,它也逐步克服了过去强调意识形态差异而摒弃科学方法的僵化教条。

5.5.2.2 自觉实践法的教学原则及其评价

基于上述语言学和心理学理论,自觉实践法在 20 世纪 80 年代形成了有自身特色的教学原则,主要归纳如下:(1)交际性原则。这条原则是在列昂季耶夫语言学习理论的基础上提出来的,因此,它成为 60 年代和 70 年代自觉实践法的一个明确标志。它也使自觉实践法得以与当时欧洲盛行的交际法分庭抗礼。(2)口语领先。这条原则主要承自直接法,尽管也有人主张"听、说、读、写"齐头并进,不过由于交际性原则的影响,更多教学单位还是很重视在初级阶段给学习者开设"入门课",这种"入门课"本身是纯口语的。(3)重视直观性。基于列昂季耶夫有关教学活动的两个中心任务——学习交际手段和掌握不同场合的交际技能,自觉实践法继承直接法的直观性,也吸纳了视听法的主张,大量引入电化声像技术,比如,唱片、录音、广播、幻灯、电影,等等。(4)强调自觉性。这里的自觉性主要指在语言知识的指导下自觉将知识转化为语言技能,这是前苏联语言教学法的基本原则。(5)参考母语。针对自觉对比法的主要依靠母语,自觉实践法提出母语的作用主要在于帮助学习者理解目的语,因此一方面不反对使用母语,另一方面规定课堂教学中母语的使用不能超过课时的20%。(6)句法为先,在此基础上开始学习词汇和形态。这个原则既继承了直接法的句本位原则,又在一定程度上吸收了结构主义语言学的观点,同时,由于别利亚耶夫和列昂季耶夫思想的影响,自觉实践法强调句法、词汇和形态学习的创新性。除了语音、语法、词汇这三个语言要素之外,自觉实践法认为修辞和民俗也是第二语言教学不可忽略的两个方面。从今天的眼光来看,它已经把文化的诸多因素考虑进去了。

此外,在教材编写方面,自觉实践法注重以题材为纲,重视功能与情景结合。可以看出,它在一定程度上吸收了20世纪60年代以来功能教学法的一些主张,但同时还保留了传统的自觉对比法重视文学作品的特点。由于重视教材的题材,它对教材内容的语体风格也有一定的重视,在教材中注意选入诸如"政论体"、"科技体"、"文艺体"等不同语体风格的作品。

语言教学法既具有传承性又具有现实性,自觉实践法的产生再次充分体现了这一点。它一方面分别继承了自觉对比法和语法翻译法、直接法的一些优点,同时又根据现实的需要,在新的理论指导下吸收了西方当时流行的"口语法"、"听说法"、"视听法"以及交际法的许多优点。从70年代以后的自觉实践法我们可以看到,它已经和当代西方其他语言教学法逐渐合流。

5.6 语言教学法的比较与评估

教学法的选择与应用是在比较与评估的基础上做出的。只有通过比较才能了解不同教学法的差异与共性,只有通过评估,才能确定某种教学法是否适合某一条件下的语言教学。这里不打算对前面讨论过的教学法再做细致的对比和分析。事实上,本章前面的介绍中所采用的体例已经为读者自己去比较和评估教学法做了一些准备,读者完全可以自己去实践这种比较和评估。因此,此处主要是用举例的方式提出一些对比的方法和评估的原则。

5.6.1 语言教学法的比较

教学法的比较可以是多方位的。不过,任何一种教学法都不是空穴来风,由于教学法的理论性和传承性,它的产生既会受到语言学、心理学、教育学在理论上和理念上的影响,又会受到语言教学传统的影响;而且由于教学法的体系性和现实性,一种教学法还会受到自身体系内部各种因素相互制约以及现实需求的影响。因此,在我们要对语言教学法加以比较的时候,我们在总体上可以考虑从两个视角来进行。一个是历史的发展的角度,我们称为纵向比较;一个是共时的平面的角度,我们称为横向比较。

5.6.1.1 教学法的纵向比较

纵向比较是通过教学法形成的基础和过程来了解并评价一种教学法。我们可以从两个方面对不同的教学法进行纵向比较,一个是它们的理论基础对它们的形成产生的影响,一个是从它们的传承特征来考察它们的形成过程。

当我们从基础理论的考察来对比两种或两种以上的教学法的时候,对理论的偏重首先可以成为我们观察的着眼点。从本章前面的叙述已经清晰可见,对语言学或者对心理学理论的偏重使得众多教学法形成了泾渭分明的阵营,一方面是偏重语言学理论的教学法——情景法、听说法、视听法和交际法,另一方面是偏重心理学理论的教学法——认知法、全身反应法、沉默法、社团语言学习法、自然法。它们之间在语言观上和学习观上的共性及差异在教学原则上体现得非常清楚,可以大致归纳如下:

表 5-1

偏重语言学理论的教学原则	偏重心理学理论的教学原则
语言是结构系统、意义表达的系统	语言是一种生成能力
语言是一种口语行为,一种交际行为	语言学习是对目的语理解和体验的过程
语言教学要以目的语词汇、语法项目为纲;语言教学要以功能项目为纲	语言教学要激发学习者的学习兴趣和语言创造能力
语言教学要跟语言使用的情景和条件结合	语言教学要增加学习者的安全感,降低情感过滤。
语言教学要注重目的语听说读写能力的培养	语言教学要以活动为中心,采用各种方式调动学习者的各种器官来培养听说读写能力

表 5-1 所列的这些教学原则,左栏明显关注的是语言的性质,语言教学应当怎么处理语言材料;右栏则更关注语言学习的性质,语言教学应当如何帮助学习者掌握一种语言。这种理论基础上的差异使得二者在进行"教学设计",考虑"怎么教"的时候也表现不同,前者更重视从"教什么"出发,后者更关注从"怎样学"入手,所以,前者比之后者有更为详细的教学大纲和教学内容的安排。而在进入"教学步骤"以后,后者则比前者更重视具体的教学活动。今天看来,二者都各有得失,今天的教学应当在兼收并蓄二者之长的基础上进行。

与此相同,我们还可以从其他方面对教学法进行对比。比如,同样是侧重语言学理论或是侧重心理学理论的教学法,我们又可以根据某个方面的理论基础的差异来加以对比,比如听说法的形成是建立在结构主义语言学和行为主义心理学基础上的,交际法则与之不同,它的形成建立在功能主义语言学基础上,并在一定程度上受到认知心理学的影响,因此,如果给它们分别画一条粗略的发展路线的话,可能会有如下差别:

结构主义语言观和行为主义学习观→对比分析理论→听说法
功能主义语言观和认知学习观→意念功能理论 →交际法

这种发展路线的差异使得听说法和交际法在教学上也存在较大的差别,有人对它们的特点一一作了对比,我们不妨摘录几条来看看二者之间的差别:

表 5-2

听说法的特点	交际法的特点
以语言学能力为培养目标	以交际能力为培养目标
关注语言结构和形式	关注语言的意义
不关注语言变体	关注语言变体
要求记忆基于结构的对话	围绕交际功能学习对话
语言学习要学习结构、语音和词汇	语言学习要学习如何与人交流
语音要达到说母语者水平	语音要达到被对方理解的水平
不可解释语法	是否解释语法根据学习者需要而定
禁止使用学习者母语以及翻译	需要时可以使用学习者母语或翻译
听说领先,读写随后	听说读写可以同时开始
要设法避免偏误	偏误是学习过程中的必然现象

(摘并译自 Jack C. Richards & Theodore S. Rodgers,2000,p. 67~68)

同样都是侧重心理学的教学法,由于接受了不同心理学理论或者学习理论也可能作如是的对比,比如沉默法和社团语言学习法尽管都受到发展心理学的影响,但是由于后者侧重使用心理咨询的方法,二者的差异也是明显的;抑或是受到不同教育学理论的影响,教学法也会产生差异,比如情景法和听说法,尽管它们均受到结构主义语言学的影响,听说法在教育学方面同时还受到美国实用主义哲学,特别是杜威(John Dewey)实用主义的影响,反映在教学设计和教学步骤上,它更加重视具体的语言操练。

此外,对比也不仅仅是为了找出差异,也可以通过对比来看共性,比如,我们可以将视听法分别与情景法和听说法加以对比,从中找出视听法对二者的借鉴以及它自身的创新。再比如,如果我们将自然法和认知法加以对比,我们也不难从二者的共同之处看出自然法对认知法的继承与借鉴,等等。

语言教学法又具有传承性,它要继承以前教学法的传统,所以从差异和共性可以看到它们各自的传承特征。事实上,从语法翻译法和直接法开始,就形成了两种鲜明的传承特征,一种是把语言本身的学习作为教学的重点,另一种是把语言使用能力的培养作为教学的重点,因此,尽管它们之后的教学法一直在对二者取长补短,但是总会显示出一定的偏倚,这种偏倚是侧重语言学理论和侧重心理学理论两类教学法产生的一个重要诱因。另外,在各种当代语言教学法中,产生于不同时期的教学法之间往往显示出一定的共性,这种共性往往是它们之间传承关系的一种体现。比如,交际法产生于英国,是在口语法和情景法的基础上发展起来的,对比二者,我们就不难看到它对口语法和情景法的继承和发展。同理,从自然法跟认知法、全身反应法、社团语言学习法的相关性来看,其吸收与借鉴也清晰可见。再比如,自觉实践法对自觉对比法的传承,视听法跟情景法、听说法的关系,等等,都表现了这种传承关系。

5.6.1.2 教学法的横向比较

通过纵向比较,我们看到教学法之间的共性和差异尽管在细节上有所反映,但更多的是反映在理论层面上。因此,当我们要了解教学法之间的一些细节上的同与异时,横向比较可以帮助我们看得更清楚。横向比较是通过教学法体系中的各种要素来考察不同教学法的共性与差异。尽管不同的教学法理论基础和传承关系不一定相同,但是由于教学法自身的体系性和现实性,体系内部各种要素的相互制约,现实教学的需要,以及同一时期的教学法在教学原则上互相借鉴形成的相互渗透,等等,都会形成它们之间在体系要素间的共性与差异,所以又可以通过平面的对比来观察。

在教学设计和教学步骤这两个层面上,也就是教学原则的贯彻过程和实施过程,要涉及教学法体系的诸多因素。比如,教学目的、教学大纲、课程设置、教材、师生角色、课堂活动等等。通过对这些基本要素的对比,我们可以从平面上看到不同教学法之间的异同。比如,尽管全身反应法和社团语言学习法的心理学基础和教育学基础非常接近,通过比较,我们还是会发现它们的基本要素有同有异。

表 5-3

基本要素	全身反应法	社团语言学习法
学习者水平	0—初级	0—初级
教学目标	建立安全感	建立安全感
教材形式	无成型教材	无成型教材
教学大纲	有	无
教师角色	指导	协助
学生角色	听指令、流动	提建议、固定
生生关系	无关	合作
教学实践	机械反应	能动思考

由此可见,通过横向的比较更容易获得一些跟教学实践直接相关的信息,因为这些信息更多地通过教学实践反映出来。再比如,交际法和自然法,它们分别是偏重语言理论和偏重心理学理论的"集大成者",交际法克服了从情景法到听说法重视结构忽略意义和社会交际的缺点;自然法则弥补了认知法的实践性不足,将全身反应法、社团语言学习法等整合到一起,并有意识地将语言教学的实践同语言学习理论有机地结合起来,克拉申(Stephen D. Krashen)和特勒尔(Tracy Terrell)甚至也将自然法称之为"交际法"。那么,二者究竟有什么相关性呢?这是值得我们关注的。我们可以通过横向比较来了解一下。不妨先来看看二者的教学原则。

表 5-4

交际法	自然法
语言是表达意义的系统,人的意念通过语言表达,因此语言教学要培养表达能力	培养交际技能是语言教学的首要目标
语言的主要功能是交往和交际;课堂的活动应当通过真实的交际来进行	掌握一种语言时,理解先于表达,不主张超前表达
语言教学要以语言功能项目为纲	允许输出是各种形式的,如手势、身体语言

续表

语言结构要配合它的交际功能来教学	不主张教任何形式的结构,教学活动要围绕习得这个核心
中介语需要从不完善逐步向完善过渡;允许学习者出现偏误,接受不完善的交际	情感过滤高低是衡量教学设计优劣的标准,使全体学习者向理想的监控条件发展

对比教学原则,我们会发现,二者是有差异的,交际法的侧重点还在语言上,自然法则基本上是围绕学习者来设立教学原则的。不过我们也能发现二者的相似之处,即它们的教学目的都是培养交际能力。正是这种教学目的上的接近,使二者在教学体系上有了许多共性。这一点可以从基本要素的对比来看。

表 5-5

基本要素	交际法	自然法
教学目的	培养交际技能	培养交际技能和学术学习技能
教学大纲	功能意念大纲	据学习者需求而定
教材形式	课文、任务和真实教具	任务和真实教具
教师角色	交际活动的设计、组织者 交际过程的引导者 分析师、咨询师	提供输入 营造气氛协助学习
学生角色	交际活动参与者	分三个阶段参与交际活动
教学活动	功能交际活动 社会交际活动	实物问答 交际交流活动

从表 5-5 可见,尽管自然法在教学大纲上是不明确的,但是由于教学目的的一致性,使得二者的教材形式、师生角色和教学活动都非常接近,尽管交际法的教材还有部分课文,但是它也非常重视任务和真实教具;尽管二者交际活动的前一阶段分别强调"功能"和"实物问答",但进入后一阶段它们都主张进行真实的交际交流活动。

交际法与自然法的这种相近与相关,从理论上讲是教育理念所致,因为无论是人文主义教育理论还是实用主义教育理论,它们都重视学习者在教学中的主体作用。从教学法的体系看,这是 20 世纪

60年代以来语言教学面对的现实要求的结果,即要培养学习者在现实社会中使用目的语与他人交流的能力。这是语言教学发展的总趋势,也是偏重语言学和偏重心理学这两类教学法在交际法和自然法之后逐渐走向合流的一个重要原因。

5.6.2 语言教学法的评估

教学法的评估有两个作用:一个是在实施某种教学法之后,通过评估来了解应用的效果;另一个是借助评估来确定是否应用某种教学法。

理查兹(Jack C. Richards)等人提出,对教学法的评估至少应该在四种数据的基础上作出:描述性数据(descriptive data)、观察性数据(observational data)、有效性数据(effectiveness data)和比较性数据(comparative data)(Jack C. Richards & Theodore S. Rodgers, 2000)。

描述性数据主要通过教师或者教学法的倡导者对教学实施过程的描述获得。这类数据要求描述得越具体越好,应当包括教学活动的使用条件(学校课程还是社会培训项目)、使用人群(青少年还是成人、在校学生还是社会人员,目的语水平阶段)、所在环境(母语环境还是目的语环境)等等,以及教学活动的每一个细节。描述性数据应当形成书面材料,切忌夸张和神秘化。不过,由于这类数据的描述人是使用者或倡导者,往往会由于当事人对某个教学法的偏爱而致使数据非客观化,因此,仅有这类数据还不足以完成对某个教学法的评估,需要另一类数据来对它加以完善和补充。这就是观察性数据。

观察性数据由观察者通过课堂实录获得。观察者既非教师也非学生,其任务就是坐在教室里记录教师和学生的每一句话,每一个活动,把课堂的整个过程客观地记录下来,并加以整理。它重在关注教学过程,能够切实地反映课堂中实际的师生角色,以及教学跟教材的关系。因此,观察性数据不但可以完善描述性数据的不足,还可以通过课堂实录来验证某个教师是否在课堂上真正实施了某种教学法的教学原则,或者对不同教学法的实施过程加以对比。

有效性数据一般用来验证某一教学法的实施效果,比如,教学目标是否得以实现,学习者是否在目的语水平方面达到了预期的进步,等等。这类数据的获得不仅应当对比目标和结果,还应当对比教学法实施前后的情况和数据。比如,目标是使初级水平学习者通过教学达到中级水平,就需要在教学法实施前先对学生进行测试,确定其之前水平,在教学法实施后再次测试,确定其当前水平,然后对比测试结果。由于这类数据是通过测试获得的,它的客观性比之观察性数据又进了一步。

比较性数据主要是用来判定某个教学法是否优于另一个教学法。这种比较一般是通过对不同教学法在同一水平几个课堂中的实施来考察孰优孰劣。比如,在认知法刚刚兴起之时人们曾经就认知法和听说法孰优孰劣做过类似试验。同时,这种比较也可以在前面三种数据的基础上做出,即,可以是对某两个或某几个教学法描述性数据的比较,也可以是对某两个或某几个教学法观察性数据的比较,还可以是对某两个或某几个教学法有效性数据的比较。此外,它也可以用于同一教学法实验阶段,用变换教学法体系中的某些因素来测知最佳效果。比如,是先语后文好,还是语文并进好,等等。

总之,教学法的选择和应用应该在多方位的对比和多种数据的基础上进行,这样才能做到心中有数。同时,对教学法的考察与实验应当注意研究目的,是为了最终帮助学习者达到最佳的效果,而不是完成某人的研究项目,切忌把学习者当成试验品。此外,教学法的选择和应用还应该跟课程性质、教学需求、教学对象、教学条件等因素结合起来考虑,比如学校教育条件下的第二语言课程(外语课程)和社会条件下的第二语言课程(进修课程)不同,前者是某个民族或者国家普通教育教养目标的一部分,要依照国家或民族人才培养规划来设课,后者则主要依照学习者需求来设课,等等。

事实上,当我们采用一种教学法的时候有两层含义,一是对某种教学法从理论到体系和实践全盘吸收,一是吸纳某种教学法中的某些教学原则、教学设计和教学步骤。从今天的视角来考察既往的教学法,后者可能是我们应该更多考虑的。

第6章　学习者母语文化传统与跨文化语言教学

语言教学作为应用语言学的一个领域,它研究的核心是怎样教语言,所以它要以语言学、心理学和教育学为基础理论,其中语言学是核心,心理学和教育学是两翼。而作为第二语言教学的语言教学,又有其自身的特殊性,这就是它的跨文化性质。本章着重讨论第二语言教学和教师的文化定位。

从以上各章的讨论中我们不难看出,第二语言教学的讨论始终无法脱离"文化"这个因素。在 1.3.2 我们已经讨论到"汉外语言文化对比研究"是"对外汉语教学"8 个主要研究领域之一,其中的"跨文化交际"是人们比较关注的课题;在 2.2 和 2.3 我们讨论了第二语言学习者难以达到说母语者水平的原因,熟练程度是第二语言学习者与说母语者的差别,而文化则是第二语言学习者难以跨越的一个较大障碍。在交际能力的四个要素中,"历史"自不待言,"实践"、"有效"和"语境"都与文化关系密切。在 3.5.1 我们讨论了功能语言学的"语篇理论"对第二语言教学的重大意义,语篇衔接与连贯的成功在很大程度上要依赖学习者对目的语文化的了解。同时,在 3.5.2 我们从第二语言教学的角度指出了隐喻的第四个特点——民族性,这个特点从跨文化的视角看尤其突出。4.3.5 有关"文化融合与语言混合化"理论的研究也使我们看到,学习者母语文化与目的语文化的差异是导致目的语水平停滞不前的重要原因。最后,落实到教学法的选择与应用也与文化分不开,因为任何一种教学法都产生于一定的社会文化,是某种理论、某种教学传统和某种现实要求的产物,它是否适用于某类学习者也是我们应当考虑的。

因此,文化是第二语言教学避不开的话题。那么,什么是文化,文化与第二语言教学如何关联,从文化的角度看第二语言教学在教育学中应当如何定位,学习者母语文化传统与第二语言有怎样的相关性,等等。这些是我们在本章要讨论的问题。

6.1 文化的概念与特点

什么是文化?据说,"文化"的定义有数百种,比如,有人说文化是"一个民族的活动、风俗和信仰的总和"、"适应我们的环境——自然环境以及社会环境——的不同方式的知识",也有人说文化是某个"人群共有的能够代与代、国与国相传的行为"、"一个社会集团过去和现在做事和思考问题方式的总和",还有人说"文化包括继承下来的实物、东西、技术过程、思想、习惯和价值观念",等等(胡文仲, 1999,p.30~31)。

综合各家之言,有人对文化做出了下述界定:文化是人类在处理人和世界关系中所采取的精神活动与实践活动的方式及其创造出来的物质和精神成果的总和(张岱年、程宜山,1990)。根据这个定义,我们首先可以确定,文化既是一种活动方式,又是一种活动成果。作为一种活动方式,它存在于人们的行为中,成为某个社会共同的制度与风格,而人们的行为和活动方式是受思想支配的,因此文化也有可能上升进入意识形态,成为一种思想,一种意识或是一种观念;作为一种活动成果,它则覆盖了大大小小的各种文化事物。所以,人们认为,文化是一个多层体系,它的底层是物质文化,中间是文化制度,上层则是思想、意识以及观念方面的文化(顾明远主编,1998)。

通过各种定义,我们可以进一步明确文化的一些特点:(1)一种文化属于某个特定的民族,它是一个民族的活动、风俗和信仰的总和,民族不同,则文化相异,因此,文化具有民族性;(2)文化是由一定的民族在一定的历史时期、一定的地理环境中所创造的,因此,文化具有地域性;(3)文化作为某个民族的共同行为,是通过不同历史时期代代相传的结果,因此,文化具有传承性;(4)在文化的传承过程中,每一代人对前一代留下的文化会加以选择,同时又在此基础上创造出新的文化,并向下一代传递,因此,文化具有变异性;(5)文化的代代相传,使得一定的文化在某一时期内并不表现出巨大的明显的变化,而是呈现出一种渐变,因此,文化也具有相对的稳定性;(6)文化属于一定的社会,它从行为和观念上对社会成员施加影响,形成一定的文化约束,因此,文化具有统摄性;(7)由于文化涉及到社会生活的各个方面,从文物到制度到思想意识,因此,它也形成自身的系统,这就是文化的系统性。

由于文化具有民族性,民族不同,文化相异,当某一民族的人要学习另一民族的语言时必然不可避免地要学习这种语言所携带的民族文化;由于文化具有地域性,不同的地理环境和自然条件可能塑造不同的文化,因此,对一种文化的分析就需要跟该文化形成的条件关联起来,同时,由于这个特点,母语相同的学习者可能携带的文化并不相同,比如,英语既是英国人的母语,也是美国人的母语,我们并不能就此认为英国学习者和美国学习者携带同一文化;由于文化具有传承性,它必然形成一种传统,成为"一个民族经过长期历史积淀而形成的对现实社会仍产生巨大影响的文化特质或文化模式"(顾明远主编,1998,p.6),语言是它的传承媒介,教育是它的传承手段,因此,在不同文化中成长起来的学习者其言行思想必然会打上某种文化的烙印;文化的变异性和稳定性,既使得一种文化被携带或者传播到另一地域会逐渐形成新的文化,也使得原文化的许多特征在新文化里长期存在,比如,英国文化在美洲大陆经过数百年渐变并与其他文化融合形成了与之大相径庭的美国文化,而一些原英国文化的特征(比如饮食习惯、餐桌礼仪等等)在今天的美国文化中也能观察得到,再比如,儒家文化在传播到朝鲜半岛之后与当地文化相结合形成了今日的韩国文化,而儒家文化的"长幼有序"在韩国文化中也依然可见;由于文化具有统摄性和系统性,它就不是某个个人能够改变的,任何一个生活在某种文化中的人都会自觉或者不自觉地受到这一文化的约束和影响。

6.2 第二语言教学的跨文化性质

语言是文化的载体,这就注定了第二语言的学习是一种跨文化的行为。学习第二语言也就意味着要接受另一种文化。

有过第二语言教学经验的教师都能举出一两个例子,介绍自己曾经"目击一个学生怎样进入一门陌生的语言、又和这一门语言所附丽的文化历史相抵牾、相适应、最后融化其中"①。一个耶鲁大学的优等生,虔诚的基督徒,学了两年中文,居然放弃了宗教专业和已经学了一年的法学专业,转而研究东亚文化,毅然地走向可能会比较清寒而且艰难的人生道路,令他的中文教师感慨不已。而每当我读到一个学生的习作"五分钟等于一辈子"(邓灏文,2000),我都会被作品中主人公毅然决然地和女朋友分手,登上飞往北京的飞机的行为所震撼。一种语言当真有那么大的吸引力吗? 有人说这是因为人"被语言所塑造",而我想说,与其说语言塑造了人,不如说是这种语言携带的文化将学习者重新塑造。在这里,我们看到了文化的力量。

然而,目的语文化对每个学习者的塑造都那么成功吗? 如果这样问,说明我们只看到了成功的辉煌,而没有看到成功背后的艰辛。事实上,由于每个学习者都已经带有自身的文化,尽管目的语文化对每个学习者都充满了诱惑,但任何人接受目的语文化时都要经历不同程度的痛苦,因为他(她)要使这种文化与自身的文化兼容,并存于一体,在这个过程中必然要经受两种不同文化产生的撞击。

盛炎把到中国学习汉语的第二语言学习者对汉语文化的接受过程分为四个阶段:观光期、挫折期、逐渐适应期、接近或完全复原期(盛炎,1990)。在观光期阶段,学习者刚到一个新的国度,对一切都感到新鲜,如同度蜜月一般;新鲜劲过去以后,开始进入挫折期,感到百般地不适应,看什么都别扭,然后逐渐适应,最后接近或完全复原。

其实我们还会看到,这些已经"文化复原"的学子,一旦返回自己

---

① 苏炜《语言的气味与一个人的走向》,《南方周末》2004 年 5 月 6 日。

的国度,会再一次地经历上述过程,这时他(她)不是在接受新的文化,而是回到自己阔别已久的母语文化中去,但是他(她)同样也要经历一次文化的冲击,因为他已经接受了目的语文化的洗礼,在还原到母语文化中时要再次经受两种文化产生的撞击。这种撞击既跟一个人的社会价值的体现和语言功能的交际性密切相关,也跟文化冲突有关。有人把上述的前后两种过程分别称为"文化休克(Cultural Shock)"和"反向文化休克(Cultural Reshock)"。由此可见,目的语对学习者的"塑造"不是某种文化的单向影响,而是不同文化在同一个人身上相互撞击的结果。

应当看到,这种两种文化的撞击既可能将学习者推向目的语文化,也可能将其"弹"回母语文化。因为并非在所有的情况下目的语及其携带的文化对学习者的"塑造"都那么成功。舒曼(J. Schumann)对哥斯达黎加移民阿尔伯特(Alberto)的调查就表明了这一点。事实上,有相当数量的汉语学习者长期地徘徊在初级水平阶段。尽管造成这一现象的原因是多种多样的,但可以肯定地说,学习者对目的语文化的距离应当是原因之一。我们不一定完全赞同舒曼"社会、心理距离"理论中所说的每一种可能产生"距离"的原因,但是第二语言教学决不应该忽略任何由文化差异形成的距离。

两种文化的撞击最终可能有几种结果,一是学习者完全接受目的语,两种语言在学习者身上兼容;一是学习者完全不接受目的语,两种语言不能兼容于一体;还有一种就是部分地兼容。从可观察到的情况来看,第三种在第二语言学习者中占居多数。在第二语言学习者中,一般来讲,初中级水平人数最多,精通汉语者或者始终停留在"零起点"的毕竟是少数。这表明,语言的跨文化教学还有很大的努力空间,有待第二语言教师去填补。

那么,在第二语言教学的过程中,文化将以何种方式介入呢?我们认为,它至少存在于两个过程中,一个是学习者的语言学习过程,一个是课堂教学的过程。前者涉及学习者对目的语的认知,后者涉及到师生、生生之间的课堂互动。两者都会对第二语言教学产生影响,同时又会相互促进,相互影响。

第6章 学习者母语文化传统与跨文化语言教学

由于文化的无处不在,目的语的学习过程本身既是一个接触、了解目的语文化的过程,也是一个两种文化撞击、整合并兼容的过程。从社会物质生活的方方面面到文化制度乃至思想观念,学习者都将通过目的语的学习接触到目的语文化,感受到两种文化的撞击。不过,处在不同层面的文化表现方式不同,有的容易观察到,有的则不易直接观察到。有人将文化分为显性的和隐性的,显性的文化指服装、音乐、饮食、礼仪等,隐性的文化指价值取向、时空观念、人际关系、交际模式等(胡文仲,1999,p.41)。如果将整个文化比作海上的冰山,那么前者只是浮在海面上的冰山一角,更多的文化潜藏在下面。前者主要涉及处在物质和制度层面的文化,在这个层面的文化一般比较直观,容易直接观察和感受到。相比较之下,思想观念上的文化往往不容易直接看到或者感受到,需要通过语言的交际过程来了解。比如,有的汉语第二语言初学者在回答"你家有几口人"时,常常会把"狗"也算进去,中国人一听就乐了,一再重申,问的是"人",不包括"狗"。从这里可以看出学习者在观念上已经把宠物作为家庭成员之一,但中国人并不这样认为,可见在学习的开始阶段不同文化观念的冲突就已经产生了。当然,随着饲养宠物的中国人日益增多,中国人对"狗"的观念也许会发生变化,不过,这是另外一个问题。

语言是靠语义来负载文化的,有时候,更深一层的文化观念往往反映在词义中,比如,学习者常常不明白"心理"和"心里"的差别,不明白为什么不能说"心里上有压力",而要说"心理上有压力"。从语义上看,"理治玉也"(《说文》),玉有纹理,治玉要依其纹理,由此意义向两个方向引申:一个具有名词性,表示"物质组织的纹理",产生了"道理"、"事理"、"物理"、"心理"等词;一个具有动词性,表示"使有纹理"、"使整齐",产生了"治理"、"管理"、"整理"等词。玉的纹理是客观存在的,因此,"心理"用于表示"人脑反映客观现实的过程",比如"感觉、知觉、思维"等,进一步引申表示客观现实引起的内心活动,比如"嫉妒心理"、"心理压力";"心理上"则指"在心理方面"。"里"本指衣服的里面,"心里"指胸口里面,古人认为心脏是主管思维的器官,因此,"心"转指头脑,"心里"可以表示"头脑里面"。总之,"心理"和

"心里"的差别有两层,一层是"心理"可以指客观现实引起的内心活动,"压力"也来自客观现实;另一层是"心里"已经包含有表示方位的"里",就没必要再在后面用"上",故不能说"心里上"。这种词义及其使用上的差别源于说汉语的人从过去到现在在"做事和思考问题的方式",它反映了深层的文化观念。第二语言学习者在汉语学习过程中的这种对语言的不理解本身就反映了不同文化的撞击。

在语言教学的课堂上,存在着两种互动,一种是教师与学习者的互动,一种是学习者之间的互动。这两种互动过程也是学习者文化与目的语文化的共同介入过程。一方面教师要设法将学习者引入目的语文化,使其接触、熟悉乃至接受目的语文化;另一方面,如果师生、生生来自不同文化,互动过程也成为不同文化的撞击、兼容过程。此外,文化还跟语言教学法密切相关,涉及到采取哪种方式进行课堂互动,包括教材编写、师生角色安排、教学活动、教学步骤等等都有一个从哪种文化角度进行的问题。因此,是采用学习者母语文化的角度还是采用目的语文化的角度也成为教师必须考虑的问题。如果要采用学习者母语文化的角度,教师就需要对学习者母语文化和教育背景有相当的了解,而且学习者来自不同母语文化时,教师还需要了解不同的文化及其教育方式,等等。这时,我们不难发现,教学过程也是一个跨文化的过程,这个过程可能促进学习者的目的语水平,也可能抑制其水平的提高,比如,当学习者认同某一互动方式,他(她)就会积极参与,情感过滤相应降低,用克拉申(Stephen D. Krashen)的话说,此时监控器就会向输入开放。显然,问题又与教育学联系在一起了。

6.3 第二语言教学在教育学上的特殊意义

以上的分析表明,从教育学的视角看,第二语言教学具有双重性质。一方面,它要以教育学为基础理论之一,它自身也属于教育学的研究范畴;另一方面,第二语言教学在教育学的领域里又具有特殊性,这就是它的跨文化性质。从教育学的视角看,这种特殊性表现在两个方面:一个是教与学的过程中要涉及学习者自身母语文化和目的语文化的碰撞、冲突、适应以及兼容过程,这使得教师负有沟通不同文化的任务;另一个是当学习者来自不同文化,甚至不同社会或者国度,而他们又仅以语言为主要学习目的的时候,第二语言教学此时并不一定负有普通意义上的教育教养责任。在这种情况下,则要涉及语言教学的定位——是作为某个国家或民族教育教养任务的一部分,还是作为满足学习者目的语需求的一种培训。

当我们把第二语言教学定位为满足学习者目的语需求时,教师的角色就不能简单地定义为普通的教育工作者,而更应当看做是沟通目的语文化和学习者母语文化的使者。这时教师肩负的责任主要集中在两个方面:一是传授目的语及其文化,二是帮助学习者完成从母语向目的语文化的过渡。前一种责任大多数教师都容易意识到,因为人们直接面对目的语教学和教学对象;后一种责任则往往会被忽略,因为它潜藏在人们日常的行为活动和思想观念中,不易直接观察到。后一种责任尤其应该引起关注。

必须声明的是,语言教学的目的绝非是要去刻意地塑造什么人,汉语教学也是如此。但是,由于语言与文化的不可分离性,第二语言的教与学一旦开始,学习者母语与目的语文化的撞击就不可避免地开始了。而作为沟通两种文化的使者,第二语言教师对于减缓这种撞击给学习者带来的痛苦和困惑就负有不可推卸的责任。在第二语言教学的课堂上,不同文化的冲突可以从几个角度来看。

第一种角度,当学习者和教师都来自第一语言文化,这时的冲突主要是学习者自身文化与目的语文化的冲突,教师的责任也比较单一,就是通过两种文化的沟通,将学习者领进目的语文化的殿堂,教师自身作为不同文化撞击的亲历者甚至可以现身说法,将自己的体会和经验传授给学习者。在这样的课堂上,由于教师与学习者文化的同一性,教师很自然会采用学习者熟悉的教学方式,而且,这类课堂往往就在学习者母语文化环境中,或者它干脆就是当地社会学校教育的一个组成部分,教学定位和教师角色目标一致,都是要完成国家或民族普通教育教养人才的任务,此时的教学目标、教学大纲、课程设置以及教学法等等都是学习者所熟悉的。因此,这种条件下的课堂互动所产生的文化冲突不明显。

第二种角度,当学习者和教师来自不同文化时,比如,教师属于目的语文化,这时携带不同文化的第二语言学习者和教师同处在一个课堂上,这种文化的撞击可能就不仅仅产生在学习者自己身上,往往更多地会出现在师生之间。此时如果忽视文化的差异,就肯定会在师生之间产生距离,甚至裂痕,最终导致目的语教学的失败。"在跨文化的教育中经常可以观察到由于己方的感知模式与他方的实际经验不一致而造成的认知冲突"(梁镛主编,1999,p.274)。比如,一位刚刚开始从事"对外韩语教学"的教师曾遇到一件令她疑惑不解的事,一个生长在加拿大的韩国后裔在课上抱怨,对韩国人的风俗习惯颇为不满,这位教师觉得很难堪,不知如何面对。特别是抱怨竟然出自她视为"同胞"者之口。作为旁观者,我们不难看到这里的误区:其一是这位教师误将属于不同文化的人认知为同一文化的人,此人是韩裔不假,但是他生长于加拿大文化,根据我们前面对文化特点的分析,由于文化的地域性和统摄性,此人显然已经是在用加拿大文化的眼光衡量韩国的风俗民情;其二是教师仅将自己作为母语文化的代表,而未能将自己作为沟通两种文化的使者,结果是使自己直接面对这一冲突而难以自拔。类似的情况在"对外汉语教学"中并不鲜见,事实上,进入21世纪以来,大量上世纪八九十年代赴海外留学人员的子女开始陆续走进"对外汉语教学"的课堂,已经有不少教师有过跟上述那位从事"对外韩语教学"教师类似的经历。

当我们在讨论到"对外X语教学"的时候,往往是学习者处于目的语环境,而教师处在自己的母语环境中。这时缺乏安全感的往往是学习者,由于置身于陌生的目的语环境中,语言交际的障碍使得自身的社会价值一时得不到体现,因水平所限在课堂上的表现往往比较生硬,这就需要教师宽容大度,设身处地地为学习者着想。一个丹麦学生曾经作为交换生在中国学了一年汉语,两年以后他再次自费重返中国到同一所学校学习汉语。这次他特地找到先前教过他的老师表示问候,并对过去在课堂上自己对老师态度生硬表示歉意。因为那时他对中国的很多事情包括课堂教学的方式都不习惯。因此,那些抱怨学生没礼貌、对老师说话不带称呼的教师如果细心了解一下也许会发现,他(她)的学生可能在此时还不知道如何用汉语跟老师说话。

有时情况会倒过来,教师置身于学习者母语文化环境,"身在异乡为异客",一方面自身要经受"文化休克"的冲击,另一方面依旧要努力承担起沟通不同文化的任务。此时如果学习者母语文化一致他们往往会形成一个群体立于两种文化冲突的另一端,师生之间的文化冲突有可能更加容易产生。此时需要教师在表现出充分的大度的同时也要努力了解并尽快地适应学习者的母语文化。

第三种角度,当同一班级的学习者来自不同的母语文化时,学习者之间也存在着文化冲突和文化互融的问题。此时教师不但要注意自身的定位,还需要关注不同母语文化学习者各自的特点,营造和谐的气氛,将不同文化整合在一起,使教学得以顺利进行。

从上面的后两种角度考虑,教师至少应关注以下三个问题:一是自身的文化定位,要从沟通两种文化来考虑;二是需要对学习者母语文化传统有充分的了解;三是做好课前的文化沟通准备和相应的教学设计。

第二语言的教学是一种跨文化的语言教学,不能忽视不同文化可能产生的撞击,汉语第二语言教学同样如此。文化冲突能否化解,关系到汉语教学的成败。特别是,当教师自身来自汉文化时,教师的任务至少有3层:(1)培养学习者使用汉语进行交际的能力;(2)关注中华文化的传递,特别要关注汉语所负载的汉文化的沟通,以帮助学习者理解汉语;(3)充分了解学习者的母语文化及其所生长的社会条件和教育环境,并将这种了解与关注贯穿在课堂教学的设计与安排中,消除学习者在第二语言学习中因文化冲突而产生的障碍,降低课堂教学中产生的情感过滤,最终既帮助学习者达到其学习目的,也圆满完成自己的教学任务。

6.4 学习者母语文化传统与第二语言的课堂教学

文化的民族性与语言对文化的负载作用决定了第二语言教学的跨文化性质,也决定了第二语言教学在教育学意义上的特殊性。这种特殊性赋予第二语言教师沟通目的语文化和学习者母语文化的责任。因此,通过对学习者母语文化传统的了解来帮助学习者向目的语文化过渡,化解课堂教学中可能产生的文化冲突就是每个第二语言教师应当具备的基本素质。

那么,学习者母语文化传统与课堂教学有着怎样的关联呢?我们不妨通过两组学习者的对比来了解。当我们同时面对英国学习者和美国学习者的时候,我们也许会发现,这两种学生尽管母语基本一致,文化也有关联,可是在课堂上的表现却不尽相同,而同时这种差异又表现出一定的整体性。下面是笔者搜集到的一些现象。

表 6-1①

英国学习者	美国学习者
学语言追求"其所以然",爱问"为什么"	学语言重视"知其然",很少问"为什么"
注重语言材料的文化内涵	注重语言材料的现实性和实用性
对古代历史文化有相当兴趣	对近现代历史、当代风俗更感兴趣
注重汉字结构的学习	缺乏对汉字结构的兴趣
课堂参与性不强,注重自学	课堂参与性较强,喜欢互动
不轻易与当地人或其他母语的学生交友	广泛交友
在课堂上彬彬有礼,但比较严肃	在课堂上不拘小节,比较随和
对教师保持一定距离	与教师很快熟悉起来
有一定的文化优越感	有优越感但容易接近

表 6-1 从对比的角度列举了二者的不同。有人把上述的这种

---

① 这里列举的是两种学习者在整体上表现出的一种趋势,不宜与具体的某个学习者对号入座。

差异称之为不同文化的学生的"学习风格"(罗忠民,2005)。由于学习风格既涉及到学习者民族文化传统对学习者的塑造,也涉及到学习者个人的经历,比如,具体的学习环境、生活圈子和家庭氛围等个体变量,本书不打算在这个问题上深入。这里要重点讨论的是,在这种"学习风格"表象背后潜藏着的塑造这一风格的学习者母语文化传统与第二语言课堂教学的相关性。

任何人都不能脱离某种民族文化而存在。一般来讲,民族文化对一个人的影响主要来自两个方面,一个是他(她)所生长的家庭与社会,一个是他(她)所受到的学校教育。从民族文化传统的形成看,教育是民族文化传承的重要手段,民族文化的延续在一定程度上得益于教育的实施,因此,当我们从第二语言教学的视角讨论某个民族文化的传统时,我们强调关注两点:一是该文化传统形成的自然条件和人文条件及其现实社会生活的各个方面;一是这种文化的传承手段——学校教育的体制、第二语言教学的方法及其课堂互动模式,等等。作为文化的传承手段,后者本属于前者,是前者的一个部分,这里把它单列出来,是基于第二语言教学的特殊需要。

了解某个民族的文化传统要从文化的特点来看。文化具有地域性,这使得生成于英伦三岛的文化和成长于北美大陆的文化具有地域上的差别;文化既具有传承性又具有变异性,它使得美国文化虽然脱胎于英国文化却因为数百年的演变而与之相去甚远。而这两种文化的统摄性和系统性又分别对处在各自文化中的人加以约束,并从不同方面加以影响。因此,如果我们追溯英美两国学习者所生长的社会及其主导文化,我们就会发现,英美学习者在整体上表现出来的这种差异并非无源之水,无本之木,它们是各自文化塑造的结果。

今天,人们在谈论到英国中产阶级的时候,往往发现他们还保有一种"贵族情结",在生活中追求"贵族气质"。比如,吃香蕉的时候要先将香蕉横在盘子上,用刀叉将两头切去,从中剖开香蕉皮,最后将香蕉切成小块,优雅地送入口中。他们认为,用手撕开香蕉皮、将香蕉直接塞入口中的行为缺乏教养。再比如,买衣服要去伦敦西尔维亚街,衬衫、西装、鞋子或行李上的标签必须是手工制作的,他们不追求名牌,认为没有教养的暴发户才那样做;写信讲究用平头钢笔沾墨水写圆体书法,信笺纸和信封要特制的,带有压印浮雕花纹,不用胶水,只使用古老的蜡制封泥,等等(《读者》2006,23期,p.56)。

孟子曰:"天时不如地利,地利不如人和"(《孟子·公孙丑下》)。孟子的本意是讨论战争的胜败。不过,这段话同时也道出了"天、地、人"三者的关系,"天时"指气候条件,"地利"指地理环境,"人和"本义指人心向背。如果我们用"人文特点"来代替其中的"人和",也可以说,这三者是一个民族的文化传统生成的基本条件。

当我们从英国民族文化形成的气候条件、地理环境和人文特点来分析这种对"贵族气质"的追求和对贵族生活的敬仰时,我们不难发现,这种时尚其实源自英国贵族在英国民族文化传统中的地位。英国是个岛国,气候条件多变,地形复杂,资源有限,对外交往也多受局限。这形成了英国国民务实、冷静、注重经验、不走极端、不冒险的保守性格和观念上的注重经验主义。由于长期与欧洲大陆分离也使得它的历史具有一定的连贯性,而较少受到欧洲大陆社会变动的影响。在欧洲历史上,英国是古罗马最晚征服的地区,没有经受过古罗马共和文化的洗礼和拉丁化的影响。它也没有经历过法国资产阶级大革命那种彻底的变革,在1688年和平地完成了资产阶级革命。因此有人说"没有任何一个民族(像英国那样)把它的过去如此完整地带入了现代生活"(顾明远主编,1998,p.194~195)。

这种历史的连贯性使得英国的民族文化传统的平稳性胜于它的变异性,具有平缓的变革方式造成人们崇尚过去的成就,把继承传统看成行动指南。因此,它的贵族制度存留时间最长,而王室则保留至今。英国贵族重视绅士风度,有社会责任感,讲求血统、注意品行和为人表率,崇尚勇敢和公正,这种特点使得在英国的传统文化中人们把贵族视为社会精英,人们重视社会等级,崇尚贵族所表现出的绅士风度。这形成了英国民族文化传统中以贵族文化为主导文化的特征。

在学校教育方面,由于等级制和贵族文化的延续,英国的教育在历史上曾长期保持双轨制,分贵族公学和平民学校,后来又实行三轨制,分为文法学校、技术中学和现代中学,文法学校培养精英,实际上就是贵族公学的延续,技术中学培养工业所需的技术工人,现代中学则带有扫盲性质。这种情况一直到20世纪60年代才有所改观,将三种学校作为不同培养方向合在每个学校中,供所有学生自由选择(同上)。这种英才教育体系和对古典人文主义传统的崇尚无疑会影响到每个学习者。

在这里我们不难看出,英国学习者的矜持、稳重,与贵族文化的关联,因为表现得有教养是这个社会对每个人的约束,这是文化统摄性的一个具体表现。而在语言学习中注重历史与古典文化当然也是与英国民族文化崇尚过去的传统一脉相承的。曾经有一个英国学生对我说,他的英语不如同班一个德国学生的英语好,看到我惊奇的表情,他便郑重其事地向我解释,这位德国同学中小学都在英国的私立贵族学校学习,所说的英语是纯正的"Queen's English",而他自己则是在一般公立学校里念出来的。这个例子也从一个侧面反映出英国民族文化传统中的贵族文化对学习者产生的影响。

相比之下,美国文化则与之形成较为鲜明的对照。美国的文化中虽然含有承自英国文化的要素,但是,经过三百多年的演变,及其与其他民族文化的融合,它已经具有了自己的文化特质,形成了美国的民族文化传统。美国文化是在广袤的北美大陆的开发中成长起来的,新移民对北美大陆的开拓进取,激发了美国人崇尚自由,重视个人权利的个人主义精神。自第一批拓荒者踏上美洲大陆,美国的文化传统便受到宗教的影响。16世纪的宗教改革迫使英国"卡尔文(Kalwin)"教派的大量清教徒迁往北美。清教徒提倡禁欲,笃信宿命,反对奢华和懒惰,主张勤奋、诚实和谦卑的观念也成为美国文化的一个重要组成部分。同时,在美国立国的过程中,自由、平等、民主和参与,也成为美国人追求的目标,形成了美国独具特色的共和文化传统。因此,个人主义文化、宗教文化和共和文化形成了美国社会的主流文化,即中产阶级文化(同上)。

美国的这种主流文化也塑造了美国人的性格特征:强调独立自主,以依赖他人为耻;勇于探索,关注现实,喜新厌旧;讲求平等,注重参与。在美国的历史上人们总是不断地拔桩而起,举家迁徙,寻找新的机会。因此,当一个美国人搬家,他的中国朋友前去祝贺"乔迁之喜"时,被贺者却轻易地说,这不算什么,美国人一年搬两三次家也是有的。以个人为中心也使得美国人结交新友和告别旧友几成家常便饭。不少住在美国的外国人普遍感到许多美国人极易交友,但友谊保持并不长久,等等。

在学校教育中,美国教会有悠久的办学历史,这源于当年清教徒为了宣讲自己的教义而"重教兴学",这也推动了美国重视普及教育传统的形成。在教育管理上,美国实行地方和联邦分权管理,联邦一般只限于立法和拨款,因此,教学大纲往往由州一级教育局甚至学区的教育委员会来制定。由于重视民主参与,学校、教师和家长三方共同管理学校。某个团体要参观学校,进入课堂,拍摄教学过程等等,往往需要提前告知教育委员会,校长和教师不一定有权私自决定。中小学学制也是由各州教育局或者学区教育委员会制定的,12年的中小学,有的学校按照"8—4制"分段,有的按照"6—3—3制",还有的是"4—4—4制"。

开拓和垦荒也造就了美国文化中独具特色的实用主义哲学观。实用主义由皮尔士(Charles Pearson)于19世纪末首创,20世纪詹姆士(William James)和杜威(John Dewey)则先后结合美国的功利主义以及达尔文(Charles Darwin)的进化论和爱因斯坦(Albert Einstein)的相对论对实用主义进行了发展,使其成为一种颇具美国特色的哲学,也使得"崇尚实用"和"学生中心"成为美国学校教育的理念。杜威主张"教育即生长"、"学校即社会"把教育看成是"经验的连续不断的重新组织",强调在"做中学"(同上),等等。同时,要素主义则从另一方面影响美国的教育,强调要把"民族文化传统的要素"作为学校教育的核心,主张对学生严格要求,重视教师的主导作用。这两种教育观此消彼长,共同影响着美国人的教育理念。因此,我们会看到,美国学生在课堂上一方面表现活跃,注重参与,另一方面也遵守课堂约定,重视教师事先确定的教学大纲。

由以上的简要分析可见,美国学习者和英国学习者课堂表现的背后潜藏着深厚的民族文化传统及其教育背景。显然,作为第二语言教师,对学习者的民族文化传统及其教育背景了解得越多,课堂教学的成功率也就会越高。首先,你会理解你的学生为什么有这样或那样的表现,比如某个英国学习者的"矜持"或"冷淡"可能是从小养成的习惯,他对教师保持距离,可能出自礼貌或者要表现得有教养。再比如,当美国学生不举手就提问的时候,教师应当知道这是他们从小养成的习惯,而没有不礼貌的意思。而韩国学习者上课不发言,下课来提问的做法则可能是由于他们要照顾群体利益,不想耽误其他人的时间,因为重视群体关系是韩国的民族文化传统(朱志平、张仙友,2003)。理解了这些,你就不会在意学生的表现,从而避免师生之间产生真正的距离。其次,这种了解会提醒你采用学习者所能接受的方式与他们展开教学互动,比如,在初级水平阶段采用全身反应法,美国学习者可能会积极参与,而英国学习者则要根据教师对学习者的了解,或者视情况而定。再次,这种了解也会使你容易与学习者产生共同话题,因为你知道哪些话是该说的,哪些话是不该说的,哪些话会引起学习者的兴趣,哪些话会引起学习者的反感。比如,跟韩国学生大讲特讲春节,就不如让他们来介绍一下韩国的春节,因为韩国人也是要过春节的,但具体的年俗可能会有差别。师生共同话题的建立是营造课堂和谐气氛的开始,因为语言教学的第一步就是要消除学习者的紧张感。这种了解还会使你在同一班级里在面对来自不同母语文化的学习者时,能够处理好他们之间的关系,帮助学习者相互之间建立起和谐友好的关系,是生生互动的基础,也是课堂教学得以顺利进行必不可少的。此外,宗教在跨文化交际中往往是个敏感的话题,特别是当同一班级中有来自不同宗教文化的学习者时,教师尤当关注。比如,伊斯兰教原则上是禁止喝酒的,因此,把"干杯"这样的词语教给学生就很不合适[1]。根据伊斯兰教义,男女有别,婚姻由父母决定,因此穆斯林忌讳说"男朋友"和"女朋友",只说"对象",在课堂上教师就应当注意。穆斯林不吃猪肉,他们对"猪"没有

---

[1] 有关伊斯兰教文化的细节由北京师范大学文学院伊朗博士生萨一德提供,在此表示感谢。

概念,因此,当课文或教学过程谈及"你这个猪脑子"、"你当是喂猪呐"之类的语句时,教师就要注意解释。

因此,当我们面对任何一种学习者的时候,我们不但需要了解:目的语中的哪些文化因素是学习者需要了解的,对这些因素的了解是否有助于学习者目的语水平的提高;目的语的某些语句、词语的语义和表达方式以及使用条件是否能为学习者所理解,是否会引起偏误。我们同时也需要了解:什么样的教学法适合这样的学习者,什么样的教学内容会引起这样的学习者的兴趣,什么样的课堂互动方式能够将他们的学习积极性调动起来,从而营造出最好的课堂气氛,甚至于开玩笑的方式、批评的程度,等等。而要做到这一点,我们就需要对这些学习者的民族文化传统,受教育的过程有相当程度的了解。

另外,学习者母语文化传统的追溯还要与该民族所处的当前社会关联起来。进入 21 世纪,现代社会的信息传递加速了各民族文化之间的相互渗透与融合,同时,世界各民族都在致力于推动本民族教育的现代化进程,因此,不同民族文化的相互影响,各国之间先进教育经验的互相借鉴也会使得一些学习者的表现不同于该民族以往给人留下的印象。另外,每个学习者由于个性以及各自的生活经历不同,课堂表现也往往具有个别性,因此,在学习者母语文化传统的分析中切忌用"刻板印象"①生搬硬套。总之,第二语言课堂教学对学习者母语文化传统的关注应当本着一个原则,这就是帮助学习者进行不同文化之间的沟通,营造良好的课堂教学氛围。

限于本书的目的和本章的篇幅,我们不可能把世界各民族的文化传统及其教育制度一一介绍给读者,也不可能更深入地探讨跨文化交际中的种种现象及其规律,那是另外几门课的任务。以上举例性质的简单介绍,目的在于抛砖引玉,引起广大汉语第二语言教学工作者对第二语言教学跨文化性质的关注和重视。我们实际要了解的和研究的,远比这些多得多,深远得多。

---

① "刻板印象"译自英语"stereotype",指"对于某些个人或群体的属性的一套信念",比如,法国人浪漫,德国人严肃,等等。(胡文仲,1999,p.180)

参考文献

——中文著作

A. P. 卢利亚(1987)《神经语言学》,赵吉生、卫志强译,北京:北京大学出版社。
爱德华·萨丕尔(1985)《语言论》,陆卓元译,陆志韦校订,北京:商务印书馆。
安托尼·阿尔诺,克洛德·朗斯洛(2001)《普遍唯理语法》,张学斌译,长沙:湖南教育出版社。
布龙菲尔德(1985)《语言论》,(袁家骅、赵世开、甘世福译),北京:商务印书馆。
陈保亚(1999)《20世纪中国语言学方法论》,济南:山东教育出版社。
程裕祯主编(2005)《新中国对外汉语教学发展史》,北京:北京大学出版社。
崔　刚(2002)《失语症的语言学研究》,北京:外语教学与研究出版社。
董　明(2002)《古代汉语汉字对外传播史》,北京:中国大百科全书出版社。
Doris Bergen, Juliet Coscia (2006)《大脑研究与儿童教育》,王爱民译,北京:中国轻工业出版社。
杜继文主编(1991)《佛教史》,北京:中国社会科学出版社。
范　晓(1996)《三个平面的语法观》,北京:北京语言文化大学出版社。
冯志伟(1999)《应用语言学综论》,广州:广东教育出版社。
高名凯、石安石主编(1963)《语言学概论》,北京:中华书局。
高素荣(1993)《失语症》,北京:北京医科大学、协和医科大学联合出版社。
顾明远主编(1998)《民族文化传统与教育现代化》,北京:北京师范大学出版社。
桂诗春(1985)《心理语言学》,上海:上海外语教育出版社。
桂诗春(1988)《应用语言学》,长沙:湖南教育出版社。
胡明扬主编(1999)《西方语言学著作选读》,第二版,北京:中国人民大学出版社。
胡文仲(1999)《跨文化交际学概论》,北京:外语教学与研究出版社。
胡壮麟(1990)《语言系统与功能》,北京:北京大学出版社。
胡壮麟(1994)《语篇的衔接与连贯》,上海:上海外语教育出版社。
胡壮麟(1995)《当代语言理论与应用》,北京:北京大学出版社。

胡壮麟(2004)《认知隐喻学》,北京:北京大学出版社。
胡壮麟、朱永生、张德禄(1989)《系统功能语法概论》,长沙:湖南教育出版社。
胡壮麟、朱永生、张德禄、李战子(2005)《系统功能语言学》,北京:北京大学出版社。
黄长著(1991)《世界语言纵横谈》,北京:人民邮电出版社。
霍凯特(1986)《现代语言学教程》,索振羽、叶蜚声译,北京:北京大学出版社。
J. E. 霍普克罗夫特、J. D. 厄尔曼(1979)《形式语言及其与自动机的关系》,莫绍揆等译,北京:科学出版社
J. M. 布洛克曼(1987)《结构主义——莫斯科-布拉格-巴黎》,李幼蒸译,北京:商务印书馆。
贾冠杰(1996)《外语教育心理学》,南京:广西教育出版社。
蒋祖康(1999)《第二语言习得研究》,北京:外语教学与研究出版社。
靳洪刚(1997)《语言获得理论研究》,北京:社会科学出版社。
John B. Best (2000)《认知心理学》,黄希庭主译,北京:中国轻工业出版社。
夸美纽斯(1999)《大教学论》,傅任敢译,北京:教育科学出版社。
黎锦熙(1956)《新著国语文法》,北京:商务印书馆。
梁启超(1988)《中国佛教史研究》,上海:上海三联书店。
梁镛主编(1999)《跨文化的外语教学与研究》,上海:上海外语教育出版社。
刘坚主编(1998)《二十世纪的中国语言学》,北京:北京大学出版社。
刘润清(1999)《外语教学中的科研方法》,北京:外语教学与研究出版社。
刘珣(2000)《对外汉语教育学引论》,北京:北京语言文化大学出版社。
刘涌泉等(1989)《应用语言学论文选》,北京:商务印书馆。
刘涌泉、乔毅(1991)《应用语言学》,上海:上海外语教育出版社。
刘月华等(2004)《实用现代汉语语法》,(增订本)北京:商务印书馆。
陆俭明(2005)《作为第二语言的汉语本体研究》,北京:外语教学与研究出版社。
陆志韦(1957)《汉语的构词法》,北京:科学出版社。
路易-让·卡尔韦(2001)《社会语言学》,曹德明译,北京:商务印书馆。
吕必松(1990)《对外汉语教学发展概要》,北京:北京语言学院出版社。
吕叔湘(1982)《中国文法要略》,北京:商务印书馆。
吕文华(1994)《对外汉语教学语法探索》,北京:语文出版社。
吕文华(1999)《对外汉语教学语法体系研究》,北京:北京语言文化大学出版社。
罗常培(1956)《汉语音韵学导论》,北京:中华书局。
诺姆·乔姆斯基(1986)《句法理论的若干问题》,黄长著、林书武、沈家煊译,北

京:中国社会科学出版社。

诺姆·乔姆斯基(1992)《乔姆斯基语言哲学文选》,徐烈炯、尹大贻、程雨民译,北京:商务印书馆。

彭聃龄主编(1997)《汉语认知研究》,济南:山东教育出版社。

皮亚杰(1984)《结构主义》,倪连生、王琳译,北京:商务印书馆。

戚雨村(1997)《现代语言学的特点和发展趋势》,上海:上海外语教育出版社。

全国十二所重点师范大学联合编写,(2002)《心理学基础》,北京:教育科学出版社。

R. H. 罗宾斯(1997)《简明语言学史》,许德宝等译,北京:中国社会科学出版社。

S. 皮特·科德(1983)《应用语言学导论》,上海:上海外语教育出版社。

沈　阳(1994)《现代汉语空语类研究》,济南:山东教育出版社。

盛　炎(1990)《语言教学原理》,四川:重庆出版社。

苏培成(2001)《现代汉字学纲要》,北京:北京大学出版社。

苏培成选编(2001)《现代汉字学参考资料》,北京:北京大学出版社。

王德春、吴本虎、王德林(1997)《神经语言学》,上海:上海外语教育出版社。

王　还(1987)《门外偶得集》,北京:北京语言学院出版社。

王建勤主编(1997)《汉语作为第二语言的习得研究》,北京:北京语言文化大学出版社。

王　洁(1997)《法律语言研究》,法律出版社。

王　力(1980)《汉语音韵》,北京:中华书局。

王　宁(2001)《汉字学概要》,北京:北京师范大学出版社。

王义高(1998)《当代世界教育思潮与各国教育改革趋势》,北京师范大学出版社。

威廉·冯·洪堡特(2001)《洪堡特语言哲学文集》,姚小平译注,长沙:湖南教育出版社。

伍铁平(1994)《语言学是一门领先的科学》,北京:北京语言学院出版社。

伍铁平主编(1993)《普通语言学概要》,北京:高等教育出版社。

徐通锵(1998)《语言论》,长春:东北师范大学出版社。

姚小平(1995)《洪堡特——人文研究和语言研究》,北京:外语教学与研究出版社。

叶蜚声、徐通锵(1981)《语言学纲要》,北京:北京大学出版社。

约翰·莱昂斯(1996)《诺姆·乔姆斯基》,杨光慈译,北京:商务印书馆。

约翰·洛克(1999)《教育漫话》,傅任敢译,北京:教育科学出版社。

约翰·奈比斯特(1984)《大趋势——改变我们生活的十个新方向》,北京:中国社会科学出版社。
张必隐(1992)《阅读心理学》,北京:北京师范大学出版社。
张岱年,程宜山(1990)《中国文化与文化争论》,北京:人民大学出版社。
张德鑫(2000)《对外汉语教学回眸与思考》,北京:外语教学与研究出版社。
张厚粲、孙晔、石绍华主编(2000)《现代英汉心理学词汇》,北京:中国轻工业出版社。
张　敏(1998)《认知语言学与汉语名词短语》,北京:中国社会科学出版社。
张绍杰(2004)《语言符号任意性研究》,上海:上海外语教育出版社。
张旺熹(1999)《汉语特殊句法的语义研究》,北京:北京语言文化大学出版社。
张西平等(2003)《西方人早期汉语学习史调查》,北京:中国大百科全书出版社。
张亚军(1990)《对外汉语教法学》,北京:现代出版社。
章兼中主编(1983)《国外外语教学法流派》,上海:华东师大出版社。
赵金铭主编(1997)《新视角汉语语法研究》,北京:北京语言文化大学出版社。
赵金铭主编(2005)《对外汉语教学概论》,北京:商务印书馆。
赵丽明主编(2003)《汉字传播与中越文化交流》,北京:国际文化出版公司。
赵世开(1989)《美国语言学简史》,上海:上海外语教育出版社。
赵永新主编(1997)《汉外语言文化对比与对外汉语教学》,北京:北京语言文化大学出版社。
周有光(1992)《新语文的建设》,北京:语文出版社。
周有光(1997)《世界文字发展史》,上海:上海教育出版社。
朱永生主编(1993)《语言·语篇·语境》,北京:清华大学出版社。
朱志平(2005)《汉语双音复合词属性研究》,北京:北京大学出版社。
祝畹瑾(1992)《社会语言学概论》,湖南:湖南教育出版社。
邹晓丽(2002)《传统音韵学实用教程》,上海:上海辞书出版社。

《第一届国际汉语教学讨论会论文选》,(1986)北京:北京语言学院出版社。
《第二届国际汉语教学讨论会论文选》,(1988)北京:北京语言学院出版社。
《第三届国际汉语教学讨论会论文选》,(1991)北京:北京语言学院出版社。
《第四届国际汉语教学讨论会论文选》,(1995)北京:北京语言学院出版社。
《第五届国际汉语教学讨论会论文选》,(1997)北京:北京大学出版社。
《第六届国际汉语教学讨论会论文选》,(2000)北京:北京大学出版社。
《第七届国际汉语教学讨论会论文选》,(2004)北京:北京大学出版社。

《中国大百科全书·语言文字卷》,(1988)北京:中国大百科全书出版社。
《中国教育年鉴》,(1988~2005)北京:人民教育出版社。
《中国教育统计年鉴》,(1978~1997)北京:人民教育出版社。

——中文论文

白　荃(2001)"跟"与"with"的对比,《世界汉语教学》,第 2 期。

陈　绂(2000)汉日量词的比较研究,《第六届国际汉语教学讨论会论文选》,北京:北京大学出版社。

陈　曦(2001)关于汉字教学法研究的思考与探索,《汉语学习》,第 3 期。

程　棠(2004)对外汉语教学学科发展说略,《汉语学习》,第 6 期。

程相文(2004)汉语作为第二语言教材发展的三种形态,《语言教学与研究》,第 1 期。

崔　刚(1994)布鲁卡氏失语症实例研究,《外语教学与研究》,第 1 期。

邓灏文(2000)五分钟等于一辈子,《学汉语》,2000 年第 5 期。

邓守信(2003)作为独立学科的对外汉语教学,《汉语研究与应用》,第一辑。

葛林伯格(1983)语言学是一门领先科学,傅怀存译,《国外语言学》,第 2 期。

郭谷兮(1985)钻研·创新·贡献——纪念博杜恩·德·库尔特内诞生 140 周年,《外国语文教学》,第 1—2 期。

胡明扬(1992)再论语法形式和语法意义,《中国语文》,第 5 期。

黄国文(2000)韩礼德系统功能语言学 40 年发展述评,《外语与外语教学》,第 1 期。

贾　放(2002)中年女性称呼语的社会语言学考察,《语言文字应用》,专刊。

贾　颖(2001)字本位与对外汉语词汇教学,《中国对外汉语教学学会北京分会第二届学术讨论会论文集》,北京:北京语言文化大学出版社。

江　新(2003)不同母语背景的外国学生汉字知音和知义之间关系的研究,《语言教学与研究》,第 6 期。

江　新(2005)词的复现率和字的复现率对非汉字圈学生双字词学习的影响,《世界汉语教学》,第 4 期。

江　新、柳燕梅(2004)拼音文字背景的外国学生汉字书写错误研究,《世界汉语教学》,第 1 期。

江　新、赵　果(2001)初级阶段外国留学生汉字学习策略的调查研究,《语言教学与研究》,第 4 期。

金善熙(2006)韩国学生汉语语篇连贯问题研究,北京师范大学汉语文化学院硕士学位论文。

李　枫(2000)思维方式的差异与第二语言学习,北京师范大学硕士学位论文。
梁彦民(2004)汉字部件区别特征与对外汉字教学,《语言教学与研究》,第4期。
柳燕梅、江　新(2003)欧美学生汉字学习方法的实验研究,《世界汉语教学》,第1期。
鲁健骥(1984)中介语理论与外国人学习汉语的语音偏误分析,《语言教学与研究》,第3期。
陆俭明(2000)对外汉语教学是汉语本体研究的试金石,张德鑫主编《对外汉语教学回眸与思考》,北京:外语教学与研究出版社。
陆俭明、郭　锐(1998)汉语语法研究所面临的挑战,《世界汉语教学》,第4期。
鹿士义(2002)母语为拼音文字的学习者汉字正字法意识发展的研究,《语言教学与研究》,第3期。
吕文华(2002)对外汉语教材语法项目排序的原则及策略,《世界汉语教学》,第4期。
罗忠民(2005)中美学生学习风格的文化差异探析,《外语与外语教学》,第7期。
潘晨婧(2006)外国学生汉语疑问句语义功能听辨研究,北京师范大学汉语文化学院硕士学位论文。
屈承熙(1998)汉语功能语法刍议,《世界汉语教学》,第4期。
阮氏芳(2005)汉语比喻式成语与对越汉语教学,北京师范大学汉语文化学院硕士学位论文。
沈家煊(1988)心理语言学述评,《外语教学与研究》,第2期。
施家炜(1998)外国留学生22类现代汉语句式的习得顺序研究,《世界汉语教学》,第4期。
施家炜(2002)韩国留学生汉语句式习得的个案研究,《世界汉语教学》,第4期。
施家炜(2006)国内汉语第二语言习得研究二十年,《语言教学与研究》,第1期。
万业馨(2001)文字学视野中的部件教学,《语言教学与研究》,第1期。
万业馨(2003)从汉字识别谈汉字与汉字认知的综合研究,《语言教学与研究》,第2期。
万业馨(2004)从汉字研究到汉字教学,《世界汉语教学》,第2期。
万艺玲(2001)汉字难易度测查与对外汉字教学研究,北京师范大学文学院博士学位论文。
王　宁(1997)训诂学与汉语双音词的结构和意义,《语言教学与研究》,第4期。
王　宁、孙　炜(2005)论母语与母语安全,《陕西师范大学学报》,第6期。

王若江(2004)对法国汉语教材的再认识,《汉语学习》,第6期。
王振昆(1997)对比语言学与语言的类型分类,《语言文字应用》,增刊。
柱　为编译(1989)心智与语言习得,《外语教学与研究》,第2期。
伍铁平(1981)《资本论》和语言学,《语言漫话》,上海教育出版社。
杨德峰(2003)英语母语学习者趋向补语的习得顺序,《世界汉语教学》,第1期。
杨慧玲(2004)明清时期西方人汉语学习史的开篇之作,《世界汉语教学》,第3期。
杨庆蕙(1986)对外汉语教学中"离合词"的处理问题,《第一届国际汉语教学讨论会论文集》,北京:北京语言学院出版社。
姚小平(1993)索绪尔语言理论的德国根源,《外语教学与研究》,第3期。
易　敏(2005)交际心态与谦敬用语,《语言文字应用》,第2期。
张西平(2002)明清时期的汉语教学概况——兼论汉语教学史的研究,《世界汉语教学》,第1期。
赵金铭(2001)对外汉语研究的基本框架,《世界汉语教学》,第3期。
朱志平(1990)乔姆斯基谈语言学对心理学研究的贡献,《学术之声》,第3辑(北京师范大学学报增刊)。
朱志平(1999)日本学生与欧美学生汉语习得差异分析,《北京师范大学学报》,专刊。
朱志平(2000)作为应用语言学分支的对外汉语教学,《北京师范大学学报》,第6期。
朱志平(2001)日本学生表达的误区与对日汉语写作教学,《北京师范大学学报》,专刊。
朱志平(2002)汉字构形学说与对外汉字教学,《语言教学与研究》,第4期。
朱志平(2002)知其然与知其所以然,《语言文字应用》,专刊。
朱志平(2003)应用哪些与怎样应用,《海外华文教育》,第3期。
朱志平(2005)汉字教学与词汇教学的衔接,《国际汉语教学动态与研究》,第4期。
朱志平(2005)隐喻与词义引申及词汇教学,《民俗典籍文字研究》,第二辑,北京:商务印书馆。
朱志平(2006)21世纪汉语第二语言教学展望,《北京师范大学学报》,第3期。
朱志平、伏学凤、李晟宇(2007)句型教学与交际能力的培养,《对美汉语教学论集》p.194－197,北京:外语教学与研究出版社。
朱志平、哈丽娜(1999)波兰学生暨欧美学生汉字习得的考察、分析和思考,《北京师范大学学报》,第 6 期。

朱志平、金善熙(2006)汉语第二语言语篇连贯偏误分析,《第八届世界华语文教学研讨会论文集》,第 4 册,教学研究(2)p. 43~60,台北:世界华文出版社。

朱志平、张仙友(2003)对韩国学生汉语热的文化阐释,《北京师范大学学报》,专刊。

——外文著作及论文

Alan Davies(1991) *Native Speaker in Applied Linguistics*, Edinburgh: Edinburgh University Press.

Alan Davies(2005) *A Glossary of Applied Linguistics*, Edinburgh: Edinburgh University Press.

Alessandro Duranti (2002) *Linguistic Anthropology*, Beijing: Peking University Press; Cambridge: Cambridge University Press.

Barbara Lewandowska-Tomaszczyk (1992) *Ways to Language*, Lodz: Wydawnictwo Uniwersytetu Lodzkiego.

Barry McLaughlin(1987) *Theories of Second Language Learning*, London: Edward Arnold.

Diane Larsen-Freeman and Michael H. Long(1991) *An Understanding Second Language Acquisition Research*, London: Longman Group Limited.

David Nunan(2001) *The Learner-Centered Curriculum*, Shanghai: Shanghai Foreign Language Education Press.

David Crystal(2002) *The Cambridge Encyclopedia of Language* (second edition), Beijing: Foreign Language Teaching and Research Press Cambridge: Cambridge University Press.

Eve Sweetser(2002) *From Etymology to Pragmatics, Metaphorical and Cultural Aspects of Semantic Structure*, Beijing: Peking University Press.

Guy Cook & Barbara Seidlhofer(1995) *Principles & Practice in Applied Linguistics*, Shanghai: Shanghai Foreign Language Education Press.

H. G. Widdowson(1978) *Teaching Language as Communication*, Shanghai: Shanghai Foreign Language Education Press.

H. G. Widdowson(1999) *Aspects of Language Teaching*, Shanghai: Shanghai Foreign Language Education Press.

Herbert W. Seliger, Elana Shohamy(1999) *Second Language Research*

Methods, Shanghai: Shanghai Foreign Language Education Press.

Jack C. Richards & Charles Lockhart(1994) *Reflective Teaching in Second Language Classroom*, Cambridge: Cambridge University Press.

Jack C. Richards & Theodore S. Rodgers(2000) *Approaches and Methods in Language Teaching*, Cambridge: Cambridge University Press; Beijing: Foreign Language Teaching and Research Press.

James Dean Brown (1988) *Understanding Research in Second Language Learning*, Cambridge: Cambridge University Press.

J. Michael O'Mallay, Anna Uhl Chamot(2001) *Learning Strategies in Second Language Acquisition*, Shanghai: Shanghai Foreign Language Education Press.

John I. Saeed (2000) *Semantics*, Beijing: Foreign Language Teaching and Research Press.

Krystyna Drozdzial-Szelest(1997) *Language Learning Strategies in the Process of Acquiring a Foreign Language*, Poznan: MOTIVEX.

Noam Chomsky(1968) *Language and Mind*, Orlando, Florida: Harcourt Brace Jovanovich.

Noam Chomsky(1988) *Language and Problems of Knowledge*, Mass. : MIT Press.

Noam Chomsky(2000) *New Horizons in the Study of Language and Mind*, Cambridge: Cambridge University Press.

Patricia Ackert(1999) *Facts & Figures* (second edition), Beijing: China Water Power Press.

R. H. Robins (2001) *A Short History of Linguistics*, Beijing: Foreign Language Teaching and Research Press.

Robert A Hall Jr. (1987) "Can Linguistics Be a Science?" *Current Issues in Linguistic Theory*, Berlin: E. F. K. Koerner, ZAS.

Robert Lado (1957) *Linguistics Across Cultures*, Ann Arbor: University of Michigan Press.

Rod Ellis (1999) *Understanding Second Language Acquisition*, Shanghai: Shanghai Foreign Language Education Press.

Ronald Carter(1993) *Introducing Applied Linguistics*, London: Clays Ltd.

Stephen D. Krashen, Tracy D. Terrell(1995) *The Natural Approach*, New

York: Phoenix ELT.

Vivian Cook (2000) *Second Language Learning and Language Teaching*, Beijing: Foreign Language Teaching and Research Press.

William Bright (1992) *International Encyclopedia of Linguistics*, Oxford: Oxford University Press.

William Labov(2001)《拉波夫语言自选集》,Beijing: Beijing Language and Cultural University Press.

W. S. Felix (1987) *Cognition and Language Growth*, Dordrecht: Foris Publications.

后 记

这本书得以现在的面貌呈现给读者,首先要感谢北京师范大学汉语文化学院 1998 级至 2005 级的全体硕士研究生。

1999 年起,我开始给北京师范大学汉语文化学院的硕士研究生开设专业课"应用语言学"。当时手头并没有一本适用于汉语第二语言教学这个领域的"应用语言学"教材。我开始从各种零散的资料中汲取可用的内容自编讲义。为了不断修正错误、弥补不足,每个学期结束时我都要求研究生们给本学期所学的这门课提一点儿"建设性的意见",以使这门课更切合汉语第二语言教学研究的需要,对下一届研究生有更多的帮助。8 年来,毕业生送走了一届又一届,但是他们的意见却不断地更新着讲义的内容,最终使这本书形成了现在的面貌。

感谢北京师范大学汉语文化学院历届领导对我的信任、支持和鼓励,使这门课得以不断发展、成熟。2005 年,在汉语文化学院领导和研究生的共同支持下,这门课被列为北京师范大学研究生精品课程。作为精品课程,我们曾经承诺了三点,一是建设教师梯队,二是出版教材,三是采用多媒体手段授课。令人深感欣慰的是,在这个项目完结之际,这三个任务都按时完成了。

感谢黄晓琴和刘智伟两位老师,作为精品课程项目的参加者,近一年多来为这门课程的发展做出的努力。是她们的加入在不断地敦促我尽快完成此书。

感谢北京大学出版社有关负责人积极筹划本书的出版,感谢责任编辑李凌和邓晓霞女士编辑本书付出的辛劳。

由于本书涉及的许多理论并非始于汉语第二语言教学的研究,

作为应用语言学,本书的写作过程也需要吸取各种研究成果,不少研究直接来自外语原著,因此,有些内容的介绍可能会带有作者的主观理解,如有不当之处,敬请同仁们批评指正。

朱志平

2007 年 2 月于北京师范大学励耘 9 楼